韓國 漢文學의 理解

車 溶 柱

景仁文化社

序

　본 저는 평소에 한문학에서 관심을 가졌던 것에 대해 몇 개를 선택하여 구체적으로 고찰해 보고자 한 것이다. 대상으로 한 것이 산문보다 시에 대한 것이 많은 것은 시에 관심이 더욱 많았던 것이 아니고 산문에서 소설문학에 관한 것을 제외했기 때문일 것이다. 그리고 본 저에서 대상으로 한 論題들 가운데는 이미 先學들의 論究가 있었던 것도 있고, 처음으로 시도한 것도 있다. 기존 연구가 있었던 것은 보완하기도 하고 견해를 달리한 바가 있었기 때문이며, 처음 시도한 것은 다음 연구의 기초를 마련하기 위한 목적에서였다.

　지금까지 필자는 우리 한문학에 대해 몇 권의 저작을 출간한 바 있었는데, 그것은 연구에 따른 축적된 지식이 있어 한 것으로는 생각하지 않고 다만 한문학에 대한 애정으로 겁 없이 만용을 부려 본 것이다. 이와 같이 自愧를 금하지 못하면서 본 저를 시도한 것은 알고싶었던 것에 대해 문제를 제기하고, 또 체계적으로 정리해 보려는 의도에서였다. 그러므로 선택된 論題들에 대해 가급적이면 필자의 의견을 자제하기로 하고 先賢들의 견해를 문헌에서 찾아 論證하는데 주력하고자 했다.

　한문학은 이천여년에 가까운 悠久한 역사를 통해 우리 先人들로부터 애호를 받아 왔으나, 최근 시대의 변천으로 저작이 단절되었고, 연구도 사양길로 접어들어 脚光을 받지 못하고 있다. 저작이 단절된 것은 어쩔 수 없다 할지라도 그에 대한 연구마저 포기할 수는 없지 않은가. 우리 선인들이 남긴 문화유산 가운데 한문학만큼 사상 감정을 풍부하고 다양하게 표현한 것이 얼마나 더 있겠는가. 따라서 한문학은 우리의 귀중한 문화유산으로써 그것을 보전하고 연구하는 것이 오늘날 우리의 막중한 책무일 것이다.

필자는 본 저에 대한 起筆이 조금 진행이 되었던 이천 삼년 시월 하순경에 불의의 교통사고로 수술을 받아 십여일간 입원해 있다가 퇴원했으나, 얼마 후 오른 쪽 손발에 이상이 있어 다시 뇌수술을 받게 되었다. 그때 수술을 받기 직전 病床에서 여러 생각들을 하게 되는 가운데 본 저를 마무리하지 못할 듯 해 아쉽게 여겼는데, 序를 쓰게 되었으니 다행으로 생각한다.

그리고 이제 나이로 미루어 쓴 책에 이같은 글을 초할 기회를 가지기도 어렵지 않을까 한다. 학문은 책을 넓게 보고 깊게 생각하는 것이지 꼭 써서 남겨야 하는 것은 아니겠지만, 이 글을 쓰면서 다행함과 아울러 마음 한편으로 처연한 생각을 금할 수 없다. 출판 사정이 어려운 이 즈음 원고지에 난필로 쓴 것을 쾌히 받아준 景仁文化社 韓相夏會長과 임직원들에게 사의를 표한다.

2005년 立夏節

月泉齋에서

著者 識

<목 차>

序

제1장

法古와 創新에 대한 考察

Ⅰ. 序 言

漢文學이 발달해 오면서 修辭上의 방법도 다양해 졌다. 즉, 시에
서는 用事와 新義와 같은 방법이 있었고, 산문에서는 法古와 創新
이 논의되면서 산문의 발전을 더욱 촉진시키지 않았던가 한다.

本稿에서 고찰하고자 하는 法古와 創新은 다같이 修辭上에서
매우 비중 있게 논의되었던 방법들이다. 그러므로 산문의 저작에
法古가 왜 필요했으며, 또 어떻게 하는 것인가 하는 방법 등에 관
해 고찰해 보고자하며, 創新에 대해서도 그것을 강조하는 문인들
의 주장은 어떤 것이었으며, 왜 하고자 했던가 하는 것을 고찰해
보려는 것이 본고의 목적이다.

修辭上에서 法古와 創新은 서로 다른 것인데, 같이 묶어 고찰하
고자 하는 것은 兩者의 관계가 서로 대립되는 듯한 것으로 생각되
나, 꼭 대립되는 것으로만 볼 수 없고 경우에 따라 보완적일 수 도
있다. 그러므로 法古를 이해하는데 創新이 도움이 되지 않을까 하
는 생각이었으며, 또 創新에 대한 이해에서도 法古가 참고가 될 것
으로 여겨지기 때문이다.

Ⅱ. 法古에 대한 理解

法古는 글을 지을 때 옛 사람이 지은 글을 法한다는 것이다. 그런데, 왜 法을 해야 하며, 또 무엇을 어떻게 法을 해야 하는가 하는 문제들이 제기되기 때문에, 단순한 것이 아니다. 그러므로 法古에 대해 옛 문인들 사이에서 많이 논의되어 왔다. 이에 대해 成俔 (1439~1504)은 六經이 聖人의 言行을 기록한 것이며, 문장은 六經을 거름으로 한 것이다. 글을 지을 때 古文을 法하지 않으면 새들이 공중에서 날다가 바람을 만났을 때 날개가 없는 것과 같으며, 經典에 바탕을 두지 않은 글은 큰 파도에 노가 없는 것과 다름이 없다고 했다.[1] 이로써 보면 글을 지을 때 古文이나 經典의 글을 法하지 않으면 방향감각을 상실하여 전진할 수 없는 것과 같다고 했으니, 古文을 法하지 않으면 글이 될 수 없다는 것으로 강조하고 있음을 알 수 있다.

그리고 金昌協(1651~1708)은 제자인 魚有鳳의 시를 본 뒤에 시는 좋으나 法이 없는 것이 결점이다. 시가 비록 小道라 할지라도 반드시 法이 있어야 한다. 主唐, 主杜, 主宋 가운데 어느 것을 선택해서 法을 하여 중심이 잡힌 뒤에야 볼 만한 작품이 될 것이라 했다.[2] 이와 같이 시를 짓는 데도 法이 중요하다고 했는데, 이것은

---

1) 成俔, 與林功書, 『虛白堂集』 卷 12. "夫六經者 聖人之言行 而文章者 六經之土苴 爲文而不法乎古 則猶凌禦風而無翼也 爲文不本乎經 則猶凌波而無楫也"

2) 金昌協, 『農巖集』 「別集」 卷 3 附錄, 語錄, 魚有鳳 錄. "余嘗以詩卷 質于先生 則先生覽訖 曰頗好 但欠無法 爲詩雖小道 亦必有所師法 或主唐 或主杜 或主宋 以爲安身立命處 方有可觀"

시를 짓는 것에 대해 한 말이었으나 위에서 알아본 바와 같이 산문에서도 다를 바 없다.

역사적인 趨勢에 따라 문화적인 모든 현상이 후대로 내려올수록 발전하는 것이 일반적이라 할 수 있겠는데, 이와는 달리 漢文學에서는 法古를 강조하고 있다. 그러나 法古가 단순히 옛 것이기 때문에 法하고자 하는 것이 아니고 좋은 글을 짓기 위해 修辭上 필요하다고 생각했던 것이다. 어쨌든 문장에서 法古를 강조한 것은 우리 나라 문인들만이 주장했던 것이 아니고, 역대의 중국 문인들도 그와 같이 주장하면서 法古에 대해 先導的인 역할을 했다. 그러므로 지난날의 문인들이 古文을 어떻게 이해하고 평가하고 있었는가 하는 것부터 먼저 살펴보고자 한다.

法古는 古文을 法한다는 말이므로 어떤 글을 古文이라고 지칭하며, 法을 어떻게 하는가에 대해 먼저 언급하고자 한다. 古文은 唐代 韓愈가 古文運動을 일으키면서부터 비롯된 말이다. 韓愈의 古文運動은 정치적인 이유도 있었겠지만, 표면적으로는 魏晉時代로부터 발달해 온 騈偶文을 반대하기 위한 것이다. 이로써 볼 때 古文은 騈偶文 이전의 글을 지칭한 것임을 알 수 있다.

이러한 古文의 명칭에 대해 韓愈의 古文運動이 성공하게 되자 그 후에 저작된 글들도 騈偶文과 구분하기 위해 모두 古文이라 했으므로 옛사람들이 지은 글만을 말하지 않고 散文을 지칭하는 말이 되었다. 이에 대해 王紓運은 古文이라는 것은 騈偶文과 대칭한 것이며 古人의 글만을 말한 것이 아니고 散文이라 하기도 한다 했다.3) 그리고 正祖는 古文과 今文의 文體를 논하면서 지금 古文이라고 하는 것은 어떤 것을 말하는가. 글은 古今이 없이 같은 것인

---

3) 王紓運, 古文觀止 序. "古文云者 別於用韻語對仗之騈偶文而言也 非謂古人文 故亦曰散文"

데 다만 작자가 古人과 今人이 다를 뿐이라고 했다.[4]

어쨌든, 駢儷文이 발달했던 魏晋 이전의 산문을 古文이라고 했을 때 그것이 얼마나 法을 받을 만한 가치가 있었는가 하는 것에 대해 살펴보고자 한다. 宋의 陳后山(1053~1101)은 자신이 古文을 三等으로 나누면서 周代의 글이 제일이고, 春秋戰國時代의 글이 그 다음이며, 漢代의 글이 하등이다. 周代의 글은 깨끗하고 戰國時代의 글은 壯偉하기는 하나 달리는 듯한 결점이 있으며, 漢의 글은 華贍하기는 하나 느리다. 그리고 東漢 이후의 글은 취할 것이 없다고 했다.[5]

陳后山이 周代의 글을 높게 평가했는데, 이러한 주장은 陳后山이 처음 말한 것이 아니고 韓愈 등이 古文運動을 일으키면서 이와 같은 논의가 있었다. 그리고 宋代로 접어들면서 陳后山 뿐만 아니라, 문인들 사이에 이러한 논의가 보편화되어 文則西漢이라는 말이 유행하게 되었다. 중국 문단의 이러한 풍조는 宋代에 그친 것이 아니고 후대에까지 계속되어 우리 나라 문인들에게까지 영향을 끼쳐 法古를 강조하며, 東漢 이후의 글을 과소평가 하려는 경향이 나타나지 않았는가 한다.

다음에는 이러한 古文에 대해 무엇을 法할 것인가 하는 것을 알아보고자 한다. 許筠(1569~1618)은 자신에게 당신의 글이 平易하고 流便함을 볼 수 있는데, 法古했다는 것을 어디에서 찾아야 하겠는가 했을 때 마땅히 篇法, 章法, 字法에서 구할 것이다. 글자가 밝지 못하면 句가 깨끗하지 못하고 章이 안정되지 않으면 뜻이 흐리게 된다. 이 두가지를 갖춘 후에 成篇이 되는 것이다. 나는 그것을

---

4)『弘齋全書』「日得錄」卷 162. "嘗論古今文體 敎曰 今所謂古文何謂也 文何曾有古今之別也 文是一也 但作之者 自有古人今人之同不同耳"
5) 宋 王正德 撰,『餘師錄』卷 1. "余以古文爲三等 周爲上 七國次之 漢爲下 周之文雅 七國之文壯偉 其失騁 漢文華贍 其失緩 東漢而下無取焉"

알고 글을 썼으며 古文도 그렇게 한 것이라 했다.6) 이와 같이 古文을 法하고자 했을 때 篇法, 章法, 字法 등에서 구해야 한다고 했다.

南公轍(1760~1840)은 法古에서 무엇을 法할 것인가 한 것에 대해 篇에는 篇法이 있고 句에는 句法이 있으며 字에는 字法이 있다. 그리고 記序에는 記序의 法이 있고 碑誌에는 碑誌의 法이 있고 章疏 策論에는 章疏 策論의 法이 있고 書牘 題跋에는 書牘 題跋의 法이 있다. 法은 서로 法을 하면서 踏襲하지 않는다 … 그런데 오늘날의 문인들은 法을 알지 못해 史漢의 筆力을 尺牘 題跋에 옮겨 잘못하고 있다고 했다.7) 南公轍도 法古에는 篇法, 句法, 字法 등이 있다고 하여 許筠의 주장과 다름이 없음을 알 수 있다.

그런데, 南公轍은 篇章間의 法만 말한 것이 아니고 記序, 碑誌 등의 法도 있다고 했다. 이러한 형식의 글들은 각자 서로 다른 구성형식이 있다. 그러므로 南公轍이 말한 바와 같이 司馬遷의 史記와 班固의 漢書와 같은 筆力을 題跋에 옮겨서는 안 될 것이라고 했다. 이로써 보면 法古의 범위에 대해 許筠과 차이가 있는 것으로 생각할 수 있겠으나, 許筠은 기본만을 말한 것으로 그쳤고, 南公轍은 확대해서 말한 것으로 근본적인 견해에 대해서는 차이가 없다고 생각된다.

張混(1759~1828)은 法古에 대해 학의 다리가 길어도 자르고자 하면 슬퍼하고 오리발이 짧아도 길게 해 준다면 근심한다는데, 문

---

6) 許筠, 文說, 『惺所覆瓿藁』卷 12, 文部 9. "客曰 子之文 旣平易流便 其所謂法古者 當於何求之 余曰 當於篇法章法字法求之 … 字不亮 則句不雅 章不妥 則意不讀 二者備而乃可以成篇 余之文只悟此也 古之文亦行此也"

7) 南公轍, 與金國器論文書. 『金陵集』卷 10. "何謂法 篇有篇法 句有句法 字有字法 序記有序記法 碑誌有碑誌法 章疏策論有章疏策論法 書牘題跋有書牘題跋法 法相師而不相襲 … 今人作文 患不知法 以史漢之筆力 移之於尺牘題跋而失之矣"

장도 같은 것이다. 일분을 감하면 너무 짧고 일분을 더하면 길어진다. 글을 짓는 法은 起頭, 轉腰, 結尾에 불과한데, 이 삼자의 묘는 길고 짧은 것을 싫어하지 않고 오직 그 軌範을 잃지 않은 것이라 했다.8) 이와 같이 글을 짓는 要諦는 起頭, 轉腰, 結尾에 있는데, 그 軌範을 잃지 않아야 한다고 했다.

金澤榮(1850~1927)은 秦漢 이상의 글은 起承 轉結의 法이 없다고 말하는 사람이 있다. 起承 轉結은 기술하는 순서를 말한 것이다. 순서 없이 기술이 가능하겠는가. 秦漢 이상의 글은 起承 轉結이 더욱 深活해 후대 글의 淺局과 같지 않다고 했다.9) 이로써 보면 글의 구성요건인 起承 轉結에서도 古文이 우수하다고 했다.

古文을 높게 평가하며 法할 만한 가치가 있다고 말한 것은 위에서 말한 인사들의 의견에 그친 것이 아니고 시대를 초월해서 많은 문인들이 인식을 같이 하고 있었으므로 글을 지을 때 古文의 무엇을 法할 것인가 하는 것에서, 한 걸음 더 나아가서 어떻게 할 것인가 하는 것에 대해 알아보고자 한다.

金澤榮은 글에는 體와 法과 妙와 氣가 있다고 말하면서 體는 典雅, 雄渾, 簡嚴 … 등을 말하며, 法은 篇章 사이에 起承 轉合을 이름이다. 妙는 起承 轉合하는 가운데 或出, 或入, 或縱, 或橫 … 등 千變 萬化하는 것이며, 氣는 鼓之, 盪之, 躍之, 驟之 … 하는 것 등을 말한 것이다. … 韓愈의 글이 좋다고 해서 蘇東坡의 글을 읽지

---

8) 張混, 古文柯則 序,『而已广集』卷 11. "莊周之言曰 鶴脛雖長 斷之則悲 鳧脛雖短 續之則憂 文章亦猶是已 減之一分則太短 增之一分則太長 述作之法 不過起頭也轉腰也結尾也 此三者而已 三者之妙 不廉多不嫌少 唯在乎不失其軌範"

9) 金澤榮,『韶濩堂集』卷 8, 雜言 三. "或謂秦漢以上 文無起承轉合之法 夫起承轉合 言之序也 焉有無序 而可以成言者 宜曰秦漢以上 起承轉合益深活 而不如後之淺局耳"

말라는 것은 아니다. 그러나 起承 轉合은 글을 구성하는 요건이기 때문에 바꿀 수 없는 定法이다. 그것이 아니면 순서가 없어져 하고자 하는 말의 연결이 되지 않으므로 글이라고 말할 수 없을 것이라 했다.[10]

이와 같은 金澤榮의 주장에는 體, 法, 妙, 氣 등을 구분하며, 특히 法과 體의 구분을 분명히 했다. 다시 말하면 體는 典雅, 雄渾, 幽奇한 것 등을 말하는데, 그것은 수시로 변하고 바뀌어 일정한 것이 아니기 때문에 韓愈의 글을 좋아한다고 해서 蘇東坡의 글을 읽지 말라는 것은 아니라고 했다. 그러나 法은 篇章 사이에 起承 轉合을 하는 것으로써 바꿀 수 없는 定法이며, 그것이 아니면 글의 순서가 없어 연결되지 않기 때문에 글이라 말할 수 없다고 했다.

이상의 고찰로써 法古에 대해 許筠은 篇法, 章法, 字法 등에서 구해야 한다고 했고, 南公轍 역시 篇法, 句法, 字法이 있다고 하여 許筠의 주장과 다름이 없음을 알 수 있다. 그런데, 南公轍은 篇章 間의 法만을 말한 것이 아니고 序記, 碑誌 등의 法도 있다고 했다. 張混은 글을 짓는 요체는 起頭, 轉要, 結尾에 있다고 하며 그 軌範을 잃지 않아야 한다고 했다. 그리고 金澤榮은 篇章 사이에 起承 轉合하는 것이라고 하여 許筠, 南公轍 등의 주장과 차이가 있는 듯 하나 모두 篇章間의 연결하는 法이기 때문에 서로 차이가 없다고 생각된다.

그런데, 金澤榮은 法을 강조하면서도 古文의 것을 法하되 그대

---

10) 金澤榮, 答人論古文書,『韶濩堂文集』卷 1 書. "體者 或典雅 或雄渾 或簡嚴 … 類之名也 法者於章篇之間 起之承之轉之合之之名也 妙者 就起承轉合之中 爲或出或入或縱或橫 … 千萬變化之名也 氣者皷之盪 之躍之驟之 … 名也 然則 體之典雅雄渾幽奇之類 隨時變易 靡有一定 … 讀韓愈者 未可以非蘇軾矣 至於起承轉合 乃爲文者 萬世不易之定 法 非是則言無其序 辭不得達 而無所謂文者矣"

로 固守해야 한다는 것이 아니고 때에 따라 變易이 필요하다고 했다. 그는 法의 變易에 대해 비록 바꿀 수 없는 것이라 할지라도 그 범위 내에서 반드시 變易이 필요할 때가 있다. 그렇게 해야만 法도 살아나고 글도 좋아진다고 할 수 있겠는데, 그 變易에는 出入, 縱橫, 長短, 高下 등에 運用의 묘가 있다. 이러한 것이 모두 차지해야 할 위치를 얻었을 때 글이 자연히 氣를 발생한다고 했다.[11] 法의 變易에 대한 金澤榮의 이러한 주장은 상당히 합리적인 것이 아닌가 한다. 그것은 法에 지나치게 얽매이게 되면 문장의 개성을 찾아보기 어렵기 때문이다.

뒤에 다시 언급할 기회가 있겠지만 法을 지나치게 固守하게 되면 個性과 創意性이 구속된다고 생각하며 法을 무시하려는 문인들도 없지 않았다. 이러한 주장을 하는 자에게 法을 버려야 하겠는가 했을 때 어찌 버리고자 하는가. 다만 法에 구속을 받지 않고자 하는 것이다. 구하다가 좋은 것을 얻게 되면 그것이 스스로 法에 맞게 되어 法을 하고자 아니해도 法을 한 것이 된다고 했다.[12] 이러한 견해에서도 法에 지나치게 구속받을 것은 없지만 그렇다고 해서 法을 버릴 수는 없다고 했다.

그리고 본고에서는 法古에 대해 산문을 중심으로 한 것이겠지만 詩에서도 金昌協과 같이 法이 필요하다고 강조한 문인이 있는가 하면 이와는 달리 구속을 탓하며 벗어나고자 하는 견해도 있다. 金昌翕(1653~1722)은 시에서도 法이 없는 것은 아니나 法으로부터 구속을 받을 필요는 없다고 했다.[13] 이로써 보면 시에서도 法은 무

---

11) 위와 같음. "然法雖萬世不易 而不易之中 又必有大變易 然後其法也活 而文至於工 此所以有出入縱橫長短高下之類之運用之妙 而彼出入縱橫長短高下之類之妙 既皆得其必當之位 則氣於是乎自然鼓盪"
12) 黃玹, 答李石亭書, 『梅泉集』卷 6. "然則 法終可拾歟 曰胡可拾也 惟不拘乎法 而求以得其意 則其佳者 自與法合 斯乃不法之法耳"

시할 수 없으나, 지나치게 法으로부터 구속받을 필요는 없다고 했음을 알 수 있다.

法古가 글을 짓는데 구속을 하는 것도 사실이지만 그와는 달리 法古를 했기 때문에 글이 더욱 좋아진 것도 사실이다. 그러므로 지난날 문인들 가운데는 法의 구속에서 벗어나고자 하는 인사들도 없지 않았으나, 역대의 많은 문인들 사이에 法古가 계속 강조되어 온 것은 그만큼 필요하다고 생각되었기 때문인데, 그것은 한문의 구조상의 특성에 따른 것이 아닌가 한다.

위에서 金澤榮은 글의 구조상의 특성을 말하면서 體, 法, 妙, 氣로 나누었는데, 그는 體와 法을 분명히 구분해서 말했다. 이러한 구분은 金澤榮이 독자적으로 말한 것이 아니고, 이미 구분되었던 것을 더욱 명료하게 말한 것에 불과한 것이다. 그런데, 體와 法은 경우에 따라 혼동해서 구분하기 어렵게 말한 것도 없지 않다. 이러한 생각은 필자만이 가지는 것이 아니고 지난날의 문헌에서도 애매하게 기록된 것이 있기 때문이다. 그러한 예를 들어보면 崔滋는 林椿이 李仁老에게 보낸 글에서 내가 당신과 더불어 東坡의 글을 읽지 않았는데, 句法이 서로 비슷한 것이 많은 것은 마음에 생각했던 것이 모르게 서로 같았기 때문이 아니겠는가 … 세상 사람들이 林椿의 글이 古人의 文體를 얻었다고 하나 그의 문집을 보면 古人의 말을 절취한 것이 수십자에 이르기까지 연결되어 있는데 그것을 자신의 말이라고 하니, 그것은 그의 體를 얻은 것이 아니고 다른 사람의 말을 빼앗은 것이라고 했다.[14]

---

13) 金昌翕, 何山集 序,『三淵集』卷 23. "詩之爲道 不可無法 不可爲法所拘也"

14) 崔滋,『補閑集』卷 中. "林先生椿 贈李眉叟書云 僕與吾子雖未讀東坡 往往句法 已略相似矣 豈非得於中者 闇與之合 … 世以椿之文 得古人 體 觀其文 皆攘取古人語 咸至連數十字綴之 以爲己辭 此非得其體 奪

이러한 崔滋의 기록에서 林椿은 자신의 글의 句法이 東坡와 서로 같은 점이 많다고 한 것을 볼 때 法古에서 篇章의 法과 같은 의미로 생각하고 있음을 알 수 있다. 그러나 崔滋는 사람들이 林椿의 글을 古人의 體를 얻었다고 하지만 자신이 볼 때 體를 얻은 것이 아니고 古人의 말을 攘取한 것이라고 했다. 法古는 글을 지을 때 古文을 法한다는 것인데, 무엇을 法하는 것인가 하는 것에 대해서는 위에서 알아본 바와 같이 篇章間의 法을 말하고 있음을 알 수 있는데, 林椿은 자신의 글의 句法이 東坡와 相似하다고 한 것에 대해 사람들이 得古人體라 한다고 하여 法한 것이 아니고 體한 것이라고 했다. 이와 같이 法과 體에 대해 구분을 어렵게 말하고 있는 경우도 있다.

法古는 중국에서 唐代 韓愈 등이 古文運動을 주도하면서 주장되었으며, 후대까지 계속되었다. 우리 나라 문단에서도 文則西漢이라는 口號가 조선조 초기를 약간 지나면서 己卯名賢들 가운데서 처음 나왔다. 그렇다면 이 시기 이전의 文體는 어떠했으며, 왜 이 시기에 나오게 되었을까 하는 것도 생각해 볼 필요가 있지 않을까 한다.

三國時代와 統一新羅 때의 글은 전하는 것이 극히 零星하기 때문에 말할 수 없으나, 신라 최후기에 생존했던 崔致遠의 문집 桂苑筆耕集에 실려 있는 산문은 모두 騈偶文이다. 중국에서 韓愈 등에 의해 古文運動이 일어난 시기는 中唐 때부터였는데, 그 전까지는 대부분 騈偶文이었으며, 宋나라 초기까지 騈偶文이 주류를 이루었고 古文은 크게 보급되지 않았다고 한다. 崔致遠이 중국에 유학한 시기는 唐의 후기였다. 그러므로 崔致遠은 중국에 있을 때 보급되기 시작한 古文에는 익숙하지 못하고 그때까지 문단의 주류를 이

其語"

루고 있었던 駢偶文에 능하지 않았던가 한다. 따라서 崔致遠과 동시 또는 그 전의 통일신라 때의 많은 遣唐留學生의 글도 駢偶文이었을 것으로 추측된다.

고려조는 武臣亂을 중심으로 하여 전후로 나누었을 때 전기 한 동안까지는 문헌이 적어 정확히 알 수 없으나 駢偶文이 주류를 이루지 않았던가 한다. 그런데, 전기 말에 金富軾(1075~1151)에 의해 古文이 강조되면서 우리 나라에서도 駢偶文에서 古文으로 전환되지 않았는가 한다. 이렇게 보려는 것은 東文選에 실려 있는 金富軾의 글에 古文과 駢偶文이 混在해 있기 때문이다.

고려조 후기부터 조선조 전기 己卯名賢들이 활동할 때까지 문단에 古文이 주류를 이루고 있었는데, 己卯名賢들 가운데 문장에 관심이 있었거나 능했던 인사들이 文則西漢이라는 주장을 처음으로 하게 되었다. 이러한 주장을 하게 된 것은 文體가 古文으로 전환된지 얼마되지 않았기 때문에 대부분의 작가들의 글이 篇章間의 轉合은 물론 文體면에서도 典雅, 雄渾, 簡嚴함이 부족했던 까닭이 아니었을까 한다.

金昌協은 우리 나라 산문이 膚率해 切深하지 못하고 俚俗해 雅麗하지 못하며 兀靡해 簡整하지 못하기 때문에 情理가 밝지 못하고 風神이 잘 전달되지 못하며 典則에 볼 만한 것이 없다고 했다.[15] 文體와 아울러 篇章間의 轉合을 포함한 것에 대해 金昌協의 이러한 지적은 조선조 문인들이 공통적으로 가졌던 생각이었을 것이다. 그러므로 문인들 사이에는 文體에 대한 자각과 반성이 요구되었을 것이며, 또 중국에서도 明代 이후에까지 文則西漢이라는

---

15) 金昌協, 息菴集 序,『農巖集』卷 22. "盖嘗謂我東之文 其不及中國者有三 膚率而不能切深也 俚俗而不能雅麗也 兀靡而不能簡整也 以故其情未晰 風神未暢 而典則無可觀"

口號가 계속 提唱되어 우리 나라 문단에 적지 않은 영향을 끼쳤을
것이다.

위에서 살펴본 바에 따르면 法은 篇章 사이의 起承 轉合을 말한
것이라고 하면 法古는 옛 글의 起承 轉合하는 것을 의미하는 것이
므로 그것이 文體에 어느 정도 영향을 끼쳤는지 모르지만 法은 體
와는 엄연히 구분되는 것이다. 그런데, 古文은 산문으로써 騈偶文
과 대칭되는 것이지만 文則西漢이라고 했을 때 周代에서부터 西
漢까지의 글을 法하고자 한 것이므로 金昌協이 지적한 바 우리 나
라의 산문이 典雅 簡整하지 못하다고 했을 때 그것에서 탈피하고
자 한 것이라면 篇章法에 국한된 것이 아니고 文體까지 포함된 것
이 아닌가 한다. 여기에서 文體에 대해 이와 같이 언급하는 것은
文體를 간혹 篇章의 法古와 구분이 되지 않게 말하는 경우가 있기
때문이다.

Ⅲ. 創新의 意味

創新은 法古와 함께 지난날 문인들 사이에 많이 논의되어 왔던
것이다. 金昌協은 創新의 개념에 대해 韓愈가 글을 지을 때 陳言
을 사용하지 않고자 했다. 陳言은 일상생활에서 사용하는 말이 아
니고 옛 사람들이 이미 사용한 말은 모두 陳言이다. 그러므로 左丘
明의 國語와 班固, 司馬遷 등의 글이 비록 瑰奇하나 그것을 다시
사용하면 陳言이라고 했다.16) 이로써 보면 創新은 陳言과 반대되
는 개념으로 새로운 말을 개발 또는 사용하는 것이다.

산문에서 이러한 創新은 시의 修辭에서 말하는 新義와 그 의미를 같이 하는 것으로 볼 수 있겠는데, 시에 대한 新義는 고려 때 李仁老, 李奎報, 崔滋 등에 의해 활발하게 논의되었으나, 산문에서 創新에 대한 논의는 조선조 중기에서부터 논의된 것을 찾아볼 수 있다. 이로써 보면 시에 비해 산문의 이론이 뒤떨어졌기 때문이라고 말할지 모르겠으나, 創新이라는 말만 뒤에 보일 따름이며, 그 意趣는 오래 전부터 논의되었을 뿐만 아니라, 그 시작은 詞章이 어느 정도 발달했을 때부터 있었을 것이다.

어쨌든, 創新은 修辭上에서 새로운 것을 창조 또는 모색한다는 것인데, 지난날 우리 나라 문인들이 創新에 대해 어떻게 생각하고 있었는지 알아보고자 한다. 許筠은 자신을 古文의 大家로 자처하면서 左氏와 莊子는 스스로 左氏와 莊子가 되었고, 司馬遷과 班固는 스스로 司馬遷과 班固가 되었으며, 韓愈, 柳宗元, 歐陽修, 蘇軾은 서로 답습하지 않고 一家를 이루었다. 내가 배우고자 하는 것은 독자적으로 一家를 이루는 것을 원하며, 다른 사람의 집 아래 집을 지어 답습했다는 말을 듣는 것을 부끄럽게 생각한다고 했다.17) 이로써 볼 때 許筠은 屋下架屋을 부끄럽게 여기고 자기 중심의 개성 있는 글을 쓰고자 했음을 알 수 있는데, 이것이 바로 創新이 아닌가 한다.18)

그리고 李植(1584~1647)은 옛날과 지금은 풍속과 사정이 매우

---

16) 金昌協,『農巖集』卷 34, 雜識, 外篇. "退之爲文 務去陳言 陳言非專指俗下庸常語也 凡經古人所已道者皆是 如左國班馬之文 雖則瑰奇 一或襲用 皆陳言耳"

17) 許筠, 文說,『惺所覆瓿藁』卷 12. "左氏自爲左氏 莊子自爲莊子 遷固自爲遷固 愈宗元修軾亦自爲愈宗元修軾 不相蹈襲 各成一家 僕之所願 願學此焉 恥向人屋下架屋 蹈竊鉤之誚也"

18) 許筠은 문장의 기본이 되는 篇法, 章法, 字法 등은 法古를 해야 하겠지만 文體에서는 自爲的인 글을 짓고자 한 것이 아닌가 한다.

달라졌다. 그 사이를 글로써 연결하게 되는데, 옛날 문인들이 오늘날에 태어났더라도 지금의 文體를 따를 것이라 했다.[19] 이러한 李植의 주장은 당시 문인들 가운데는 글은 古文을 따라야 한다는 사람들이 많았기 때문이었을 것이다. 그런데, 古文을 강조하는 許筠과 今文을 따라야 한다는 李植의 견해가 相反되는 듯하나 創新을 추구하는 것에는 다를 바 없을 것이다. 이렇게 보고자 하는 것은 許筠이 法古를 강조했으나 篇章法에 국한하면서 自爲的인 글을 쓰고자 했고, 李植도 오늘날의 유행문체에 따라야 한다고 했지만 創新을 무시하고 추종해야 한다는 것은 아닐 것이다.

創新에 대해 가장 구체적인 이론을 제시하면서 독특한 文體로써 크게 주목을 받은 朴趾源(1925~1790)은 자신이 본 바 사람들이 다른 사람의 글을 칭찬할 때 산문은 兩漢의 것을, 시는 盛唐에 견주어 말하고 있다. 그러나 같다는 것은 진짜가 아니다. 漢과 唐의 것이 어찌 오늘날에 있을 수 있겠는가. 漢唐은 今世가 아니며, 우리 나라의 風謠는 중국의 것과 다르다. 班固와 司馬遷이 다시 태어난다 할지라도 결코 지난날의 글에 따르지 않을 것이라고 했다.[20] 이와 같이 朴趾源은 당시 문인들 사이에 많이 주장되었던 詩則盛唐 文則兩漢이라는 것에 강하게 반대하며 오늘날의 우리의 것을 강조하고 있다.

그리고 南公轍은 兩漢에는 賈董과 馬班의 글만 있었던 것이 아니며, 唐宋에는 李杜와 黃陳의 시만 있었던 것은 아니다. 사람들이 웃으면 따라 웃고 성내면 따라 내는 것을 하지 않는데, 하물며 詩

---

19) 李植,「作文模範」,『澤堂集』別集 卷 14 雜著. "古今風俗事情懸殊 而 文章詞令通於其間 雖使古人生於今世 必爲今之文"
20) 朴趾源, 贈左蘇山人,『燕巖集』卷 4. "我見世人之譽人文章者 文必擬 兩漢 詩則盛唐也 曰似已非眞 漢唐豈有 … 漢唐非今世 風謠異諸夏 班馬若再起 決不學班馬"

文으로써 옛 사람의 노예가 될 수 있겠는가 했다.[21]

위의 고찰에서 李植은 옛날과 지금의 풍속과 사정이 다르기 때문에 古文을 따를 필요가 없다고 했고, 朴趾源은 漢唐이 어찌 오늘에 있을 수 있는가 하며 古文으로 回歸하는 것을 강하게 반대했으며, 南公轍은 詩文으로 古人의 노예가 될 수 없다고 했는데, 이러한 주장은 당시 문인들 사이에 創新에는 관심을 가지지 않고 文則西漢이라는 口號를 내세우며 古文으로 回歸하고자 하는 것에 반대한 것이 아닌가 한다. 이에 대해 南公轍은 지금 보고 듣는 것이 모두 옛날의 것이 아닌데 글만 억지로 古文을 따르고자 하니, 그것은 원숭이가 갓을 쓰고 사람이라 하는 것과 같으며, 추하게 생긴 여인이 화장을 하고 西施처럼 아름답게 생긴 것으로 생각하는 것과 무엇이 다른가 했다.[22] 南公轍은 자신에게 古文을 배워야 하는가 하고 물었을 때 옛 사람이 아닌데 무엇 때문에 古文을 배우고자 하는가 하며 이와 같이 말했다고 했다. 南公轍은 朴趾源과 같이 正祖 때 활동했던 인물로서 초기에 그의 文體가 醇正하지 못하다고 正祖로부터 심한 견책을 받기도 했다.

지난날 우리 나라 문인들 가운데 創新에 대해 가장 강조한 인물은 朴趾源이었을 것이다. 그는 자신에게 그의 제자인 李德懋가 古詩를 배우고자 했으나 古詩와 같지 않다고 했을 때 그 말을 듣고 기뻐하면서 今者는 古者의 對稱이며, 같다는 것은 다른 것과 비교해서 한 말이다. 李德懋는 朝鮮 사람이다. 山川과 氣風이 중국과 다르고 언어와 謠俗은 漢唐의 것이 아니다. 만일 중국의 것을 法하

---

21) 南公轍, 雅亭集 序,『金陵集』卷 11. 兩漢自有文 不必賈董馬班也 唐宋自有詩 不必李杜黃陳也 人笑我笑 人怒我怒 吾於世亦莫之効 況肯以筆墨 爲古人之奴僕儓隸乎.
22) 南公轍, 與沈穉敎書,『金陵集』卷 10. "今之所見聞 皆非古之物事 而文則强爲之 是何異於猿狙衣冠之爲人 醜子施粉之爲西施乎"

고 漢唐의 體를 따른다면 그 法이 높다 할지라도 뜻은 더욱 낮을 것이며, 體는 같은 듯하나 말은 더욱 거짓이 될 것이라고 했다.[23] 여기에서 朴趾源이 비슷하다고 하는 것은 實物과 비교해서 하는 말이다. 비교한다는 것은 實物이 아니기 때문이라고 했는데, 이것은 法古를 한다 할지라도 古文과 같은 글이 될 수 없다는 것을 말한 것이다. 그리고 山川 風氣와 言語 謠俗이 다른 중국의 古文을 法하고자 하면 法은 높아도 뜻은 낮을 것이며, 體는 같은 듯 해도 말은 거짓이 될 것이라고 했는데, 이러한 주장은 朴趾源 전에도 보기 어렵고 뒤에도 없었던 것으로 생각된다.

朴趾源은 古文을 따르고자 하는 것에 대해서는 이와 같이 강하게 부정적이었고 創新에 대해서는 매우 적극적이었다. 그는 綠天館集序에서 옛글을 본받아 글을 짓고자 하는 것은[24] 거울로써 물건을 비추는 것과 같으니 實物과 거울 속에 나타난 것과 같다고 말할 수 있겠는가. 本末이 轉倒되었는데 어찌 같다고 할 수 있는가. 그렇다면 결국 같은 것은 얻을 수 없는데 어찌 같은 것을 구하고자 하는가. 같은 것을 구하고자 하는 것은 진짜가 아니다. 세상에서 같은 것을 구하고자 할 때 酷肖라 하며, 구분하기 어려운 것을 逼眞이라 한다. 사실 酷肖와 逼眞이라고 말할 즈음에는 진짜와 다르다는 것이 그 가운데 있는 것이다. 李書九는 16세 때부터 나에게 글을 배웠는데 매우 총명했다. 그는 자신의 綠天稿를 가지고 와서 말하기를 글을 짓기 시작한지 몇 해 되지 않는데 사람들을 화나

---

23) 朴趾源, 嬰處稿 序, 『燕巖集』 卷 7. "然則 今者對古之謂也 似者方彼之 辭也 … 今懋官朝鮮人也 山川風氣地異中華 言語謠俗 世非漢唐 若乃 效法於中華 襲體於漢唐 則吾徒見其法益高 而意實卑 體益似 而言益 僞耳"

24) 여기에서 倣古爲文은 篇章法과 起承 轉合의 法古를 의미하는 것이 아 닐 것이고 古文의 文體를 의미한 것으로 생각된다.

게 한 적이 많았다. 片言이 다르거나 隻字가 같지 않으면 화를 내
며 어찌 이같이 짓느냐 한다. 古文에 있는 것이면 다시 쓸 것이 무
엇이 있겠는가. 선생께서 가르쳐 주기 바란다고 했다. … 자네는
나이 젊었으니 글을 보고 화를 내는 사람이 있으면 공손히 인사하
며 배운 것이 넓지 못해 古書에서 찾아보지 못했다고 하고 그렇게
해도 화를 풀지 않으면 殷誥와 周雅는 三代 때의 時文이었고, 李
斯와 王羲之의 글씨도 秦과 晋의 俗筆이었다고 답하라 했다.25)

朴趾源은 여기에서도 같은 것은 있을 수 없고, 같은 것을 구하는
것은 같지 않기 때문이며, 酷肖 逼眞이라고 할 때 이미 그 속에 다
른 것이 있다고 했다. 그리고 李書九가 쓴 글에 새롭고 이상한 글
이 있으면 그 出典을 묻는데 典故에 있는 것이면 다시 쓸 것이 있
는가 했다.26)

朴趾源은 이 綠天館序에서 李書九의 입을 빌어 당시 문인들이
가지고 있는 創新에 대한 태도를 말했으나, 그것은 바로 자신의 글
에 대한 당시 문인들의 반응을 말한 것이다. 그리고 朴趾源의 이러
한 주장을 볼 때 創新에 대한 당시 문인들의 반발이 얼마나 심했던
가 하는 것을 짐작할 수 있을 듯하다.

---

25) 朴趾源, 綠天館 序, 『燕巖集』卷 7. "倣古爲文 如鏡之照形 可謂似也歟
曰左右相反 惡得而似也 如水之寫形 可謂似也歟 曰本末倒見 惡得而
似也 … 曰然則 終不可得而似歟 曰夫何求乎似也 求似者非眞也 天下
之所謂相同者 必稱酷肖 難辨者亦曰逼眞 夫謂眞語肖之際 假與異在其
中矣 … 李氏子洛瑞年十六 從不佞學有年矣 心靈夙開 慧識如珠 嘗携
其綠天之稿 質于不佞曰 嗟乎 余之爲文 纔數歲矣 其犯人之怒多矣 片
言稍新 隻字涉奇 則輒問古有是否 否則 怫然于色 曰安敢乃爾 噫 於古
有之 我何更爲 願夫子有以定之也 不佞攢手加額 三拜以跪曰 … 吾子
年少耳 逢人之怒 敬而謝之曰 不能博學 未攷於古矣 問猶不止 怒猶未
解 曉曉然答曰 殷誥周雅 三代之時文 丞相右軍 秦晋之俗筆"
26) 散文에서도 용어의 出典을 중요시했다. 여기에서 새롭고 이상한 말은
典故에서 나온 말이 아니고 創新한 말을 의미한 것이 아닌가 한다.

　근세의 黃玹(1855~1910)은 문장은 風氣와 가장 상관이 있고 옛
날의 것과 지금의 것에는 분명히 한계가 있다. 역대의 뛰어난 작가
들을 중심으로 보면 李白과 杜甫의 시는 그들의 것이지 漢魏의 것
이라고 말할 수 없으며, 韓愈와 柳宗元은 그들의 글이지 司馬遷과
班固의 것이라고 말할 수 없다. 李杜와 韓柳가 당시에 어찌 옛 것
을 따르지 않고 자신의 것을 하게 되었을까. 그것은 재능에 따른
것이 아니고 風氣가 다르기 때문이라고 했다.27) 黃玹의 이러한 주
장에 따르면 李杜와 韓柳가 뛰어나게 된 것은 자신의 것으로 創新
을 했기 때문이지 옛 것을 따른 것이 아니라고 한 것이다.

　卞榮晩(1889~1954)은 글을 짓고자 할 때 천천히 또는 편안하게
할 것이며, 급하게 서둘러 근세 名家의 글에 같고자 할 것이 아니
다. 같기를 바라면 반드시 같은 것이 아니고 같으면 부끄러운 것이
라 했다.28) 이와 같이 創新을 강조하며 名家들의 글에 같고자 하는
것에 반대했다.

　위에서 創新을 왜 해야 하는가 하는 것에 대해 살펴보았는데, 다
음에는 創新을 하고자 했을 때 글을 어떻게 쓸 것인가 하는 것에
대해 알아보고자 한다. 金昌協은 옛 사람이 사용한 말을 다시 襲用
하면 陳言이라고 하면서 韓愈의 글을 많이 읽어보아도 옛 사람의
말을 襲用한 것을 발견할 수 없다. 그의 平淮西碑가 온전히 尙書
를 法했으나 尙書에 있는 말은 하나도 찾아볼 수 없다고 했다.29)

---

27) 黃玹, 答李石亭書,『梅泉集』卷 6. "竊謂文章之學 最與風氣相關 截然
　　有古今之界 今取歷代所推傑然者而考之 李杜自李杜 謂漢魏則不可 韓
　　柳自韓柳 謂遷固則不可也 計李杜韓柳之在當日 何嘗不取法於古 而止
　　竟不過自家之詩若文 非天之降才爾殊也 風氣限之也"
28) 卞榮晩, 再答河敬初書,『山康齋文鈔』. "僕還望足下之徐徐而馳 安安
　　遊 無汲汲焉求似於近世一二名家之所爲也 求似則必不似矣 似矣亦可
　　恥也"
29) 金昌協,『農巖集』卷 34. 雜識 外篇. "今讀韓集累百篇 無一語襲用古人

이로써 보면 陳言을 사용하지 않은 것도 創新의 하나라 할 수 있을 것이다. 그리고 韓愈의 平淮西碑가 온전히 尙書를 法했으나 尙書에 있는 語句는 하나도 사용하지 않았다고 했는데, 平淮西碑가 尙書에 사용한 말을 襲用하지 않았으나 許筠이 말한 篇章法에는 적지 않은 영향을 받았으므로 여기에서 法이 모방이 아니라는 法古의 의미를 이해할 수 있을 듯하다.

朴趾源은 法古와 創新에 대해 글을 쓸 때 어떻게 할 것인가에 대해 말하는 자들은 반드시 法古를 해야 한다고 하기 때문에 모방을 하면서도 부끄러워 할 줄을 모르고 있다. 그렇다면 創新하는 것이 좋은가. 사람들이 怪誕하고 淫僻한 글을 쓰면서도 겁을 내지 않으니 創新인들 어찌할 수 있겠는가. 그렇다면 어떻게 하는 것이 좋겠는가. 法古는 과거에 빠지는 병폐가 있고, 創新을 하면서 經典을 무시하지 않고 글을 쓰게 되면 今文이라 할지라도 古文과 같은 것이라고 했다.[30] 여기에서 朴趾源이 말한 바 글을 지을 때 法古而知變 剏新而能典을 해야 한다는 것은 卓見이라 하지 않을 수 없을 것이다.

그리고 朴趾源은 저작의 실제에 있어서 글을 잘 짓는 사람은 버릴 글자가 없다. … 그 이치를 정확히 알게 되면 주위 사람들이 예사롭게 하는 말도 學官이 하는 말과 같을 수 있으며, 아이들이 부르는 노래도 爾雅할 수 있을 것이다. 그러므로 글이 좋지 못한 것은 글자의 죄가 아니다. 字句의 雅俗과 篇章의 高下를 말하는 사

成句 如平淮西碑 專法尙書 而無一尙書中語"
30) 朴趾源, 楚亭集 序, 『燕巖集』卷 10. "爲文章如之何 論者曰 必法古 世遂有儗摹倣像 而不知恥者 … 然則 剏新可乎 世遂有怪誕淫僻 而不知懼者 … 剏新寧可爲也 夫然則 如之何其可也 吾將奈何 無其已乎 噫 法古者病泥跡 剏新者患不経 苟能法古而知變 剏新而能典 今之文猶古之文也"

람들은 合變의 계기와 制勝하기 위해 조절하는 것을 모르기 때문
이라고 했다.31) 이와 같이 朴趾源은 이치에 맞게 글을 쓰면 일상생
활에서 사용하는 말과 아이들이 부르는 노래도 수준 높고 깨끗한
글이 된다고 하며 이치에 맞게 글을 쓰는 것을 강조했다.

朴趾源은 우리 나라 漢文學史에서 누구보다도 創新을 강조했고,
그가 쓴 글도 그의 주장과 같이 古文體가 아닌 독특한 文體의 글
을 썼다. 그러면서도 그는 法古와 創新이 가지고 있는 장단점을 정
확히 파악하고 그 장점만을 선택하여 수시로 變容하고, 또 이치에
맞은 글을 쓰고자 한 문인이었다.

李用休(1708〜1782)는 詩文이 다른 작가의 글을 法하여 주목을
받는 경우가 있고, 자신의 독자적인 것으로 유명하게 되기도 하는
데, 다른 작가의 글을 法한 것은 논할 가치도 없겠지만 독자적인
것은 간혹 참되고 편벽한 점이 있다. 그것이 좋은 작품이 되려면
반드시 뛰어난 재능으로 보완한 후에 성공할 수 있다고 했다.32) 여
기에서 李用休는 法古라고 말하지 않았으나 從人은 자신의 것이
아닌 다른 사람의 것을 따른 것이라고 했으니 法古와 다를 바 없겠
는데, 그것은 논할 가치도 없다고 했다. 그리고 從己 즉, 자신의 독
자적인 것에서도 眞才로써 보완이 필요하다고 했다.

黃玹은 法古에 대해 독특한 의견을 제시한 바 있다. 그는 그 시
기에 생존한 자는 그 재능에 따라 글을 쓸 것이며, 반드시 法古를

---

31) 朴趾源, 騷壇赤幟引, 『燕巖集』 卷 1. "故善爲兵者 無可棄之卒 善爲文
    者 無可擇之字 … 苟得其理 則家人常談 猶列學官 而童謠里諺 亦屬爾
    雅矣 故文之不工 非字之罪也 彼評字句之雅俗 論篇章之高下者 皆不
    識合變之機, 而制勝之權者也"
32) 李用休, 松穆館集 序, 李彥瑱, 『松穆館集』. "詩文有從人起見者 有從己
    起見者 從人起見者 鄙無論 卽從己起見者 毋或雜之 固與偏 乃爲眞見
    又必須眞才 而輔之然後 乃有成焉"

해야 할 필요는 없을 것이다. 설령 法古를 한다 할지라도 각자 그
재능에 따라 비슷하게 되는 것이며, 능력이 미치지 못하는 것을 억
지로 모방하여 다른 사람의 노예가 될 것이 있겠는가. … 北宋에
大家들이 많았는데 法을 엄격히 지켜 글을 쓴 사람은 曾子固였고,
法을 가장 무시한 인물은 蘇東坡였다. 東坡의 글을 古文이 아니라
고 말할 수 있겠는가. 또 曾子固의 글이 東坡의 글보다 좋다고 말
할 수 있겠는가. … 그렇다면 法을 버려야 할 것인가. 어찌 버릴 것
인가. 法에 구속을 받지 않고 쓴 것이 아름다우면 法과 합치된 것
이며, 그것은 法을 하지 않았으나 法을 한 것이라 했다.33) 黃玹의
이러한 주장에 따르면 글은 재능과 상관이 있는 것이기 때문에 法
古가 꼭 필요한 것이 아니며, 그렇다고 해서 法은 버릴 것이 아니
고 좋은 글은 자연히 法과 합치되는 것이기 때문에 法을 한 것과
같다고 했다. 이로써 보면 創新을 강조하면서도 法을 완전히 무시
하지 않았음을 알 수 있다.

曺兢燮(1873~1933)은 古今을 통해 글을 쓰는 자들 가운데 재능
이 뛰어난 자는 創新을 잘 하게 되고 氣가 약한 자는 다른 사람의
글에 의지하기를 좋아한다. 글에서 가장 좋은 글은 六經이라고 할
수 있겠는데, 六經의 글이 서로 의지하지 않은 것은 모두 聖賢들이
創新한 것이기 때문이다. … 대개 創新을 하는 자는 다르게 하는
것을 좋아하기 때문이 아니고 재능이 뛰어나므로 생각이 독자적인
것이었으며, 의지하게 된 자는 따라하는 것이 좋아서 하는 것이 아

---

33) 黃玹, 答李石亭,『梅泉集』卷 6. "生於其時者 各因其所賦之才 而成一
代之文 不必皆法古也 藉使有之 亦各不過因其才之所近 而得其彷彿
必不强其所不能 而剝皮搭影 甘爲人奴已也 … 北宋多大家 而以有法
勝者 莫如南豐 以無法勝者 莫如東坡 然謂蘇非古文可乎 謂南豐勝於
東坡可乎 … 然則 法終可捨歟 曰胡可捨也 惟不拘乎法 而求以得其意
則其佳者 自與法合 斯不法之法耳"

니고 氣弱하기 때문에 의지할 수밖에 없는 것이다. 이 두 가지는 情勢上으로 필연적이라 할 수 있을 것이라 했다.34) 이와 같이 曹兢燮은 뛰어난 재능을 가진 자만이 創新이 가능하다고 했다.

卞榮晚은 자신의 저작태도에 대해 六經의 글이 모범이 될 만하다는 것은 알고 있으나 배우고자 아니하며, 楚辭와 漢文이 富麗하기 때문에 좋아할 만한 가치가 있음은 알고 있으나 본받고자 아니하며, 韓李와 歐曾의 글도 마음에 두지 않았는데, 그것을 바로 말하면 榮晚은 榮晚의 글을 짓고자 하며, 이것이 글을 짓고자 하는 것의 모두라고 했다.35) 이로써 보면 卞榮晚은 六經과 楚辭 漢文을 본받으려 하지 않았고, 韓李와 歐曾의 글도 거부하면서 자신의 글 즉, 독창적인 글을 짓고자 한다고 했다.

이상에서 創新에 대한 역대 문인들의 주장을 살펴보았는데, 創新을 주장한 문인들이 조선조 후기로 내려올수록 많았기 때문에 근세에 와서 비로소 논의된 것이 아닌가 하는 생각을 할 수 있겠으나 그렇지는 않다고 생각한다. 法古가 먼 옛날부터 있었던 것과 같이 創新도 옛날부터 있었으며, 아마 詞章이 어느 정도 발달했던 시기부터 있었을 것이다. 그리고 創新에서도 주장하는 바에 따라 정도의 차는 없지 않으나, 일반적으로 法古에 얽매이는 것을 벗어나 새롭게 써 보려는 것이라 할 수 있을 것이다. 法古는 먼 옛날부터 있었으며, 아마 詞章이 어느 정도 발달했던 시기부터 있었을 것이

---

34) 曹兢燮, 山康齋文鈔 序, 金鐘河 編,『山康齋文鈔』. "古今之爲文者可知己才大者善創 氣弱者喜因 文莫盛於六經 然六經之文 未嘗相因 皆聖賢之所創也 … 夫創者匪好爲異也 其才大故 必思有以自立焉 因者匪悅於詭隨也 其氣弱者 不能不有所依循焉 二者情勢之所必然也"

35) 卞榮晚, 覆曹深齋書,『山康齋文鈔』. "雖六經之文 知慕之 而不敢學也 雖楚辭漢文之富麗 知愛之 而不敢効也 如韓李歐曾 未嘗置意緖間 簡直言之 榮晚第欲作榮晚之文耳 此乃所欲爲文之本末"

다. 그리고 創新에서도 주장하는 자에 따라 정도의 차는 없는 바 아니나, 일반적으로 法古에 얽매이는 것에서 벗어나 새롭게 써 보려는 것이라 할 수 있을 것이다.

Ⅳ. 法古와 創新의 相關關係

최근 詩作에서 用事와 新義의 관계가 대립적이다 아니다 하는 것으로 논의된 바 있었는데, 여기서는 산문에서 法古와 創新에 대해 서로 對立的인가 補完的인가 아니면 전혀 무관한 것인가 하는 것에 대해 살펴보고자 한다.

위에서 고찰해 본 바와 같이 法古와 創新에 대해 지난날 문인들이 많이 논의해 왔던 것을 알 수 있는데, 許筠은 法古에 대해 篇法, 章法, 字法을 말했고, 南公轍은 篇法, 句法, 字法, 序記法을 들었으며, 張混은 起頭, 轉腰, 結尾를 軌範에 따라 해야 한다고 했고, 金澤榮은 篇章 사이의 起之, 承之, 轉之, 合之를 말했다. 이와 같이 法古를 말한 것에서 서로 비슷한 것을 보면 法古는 古文의 篇法, 章法, 句法 등을 法하는 것임을 알 수 있다.

그런데, 金澤榮은 體와 法을 구분하며 문장의 典雅, 雄渾, 簡嚴한 것을 體라고 한다 했다. 이러한 구분은 金澤榮이 독자적으로 말한 것이 아님에도 불구하고 法古라 했을 때 篇章의 法古와 옛 文體를 法한 것과 서로 혼동하고 있지 않은가 하는 생각도 없지 않음을 먼저 밝혀 둔다.

法古에서 篇法, 章法 등은 문장 구성의 기본이기 때문에 옛날부

터 적지 않게 논의되어 왔으나, 創新에 대해서는 어떻게 하는 것
이 創新인지 논의된 바를 볼 수 없다.36) 그러므로 創新은 陳言을
사용하지 않고 독창적으로 새로운 표현방법을 개발하는 것이라고
했을 때 法古와 어떤 관계가 있는가 하는 것에 대해 살펴보고자
한다.

許筠 등이 말한 바와 같이 法古가 篇章 字句法에 국한된 것이라
고 했을 때 韓愈의 平淮西碑는 尙書를 法했으나 尙書에 있는 말은
하나도 사용하지 않았다고 한다. 法古와 創新의 相關關係를 말할
때 이 平淮西碑는 중요한 자료가 될 것으로 생각된다. 즉, 平淮西
碑는 尙書 가운데 尙書의 章句를 法했으므로 法古를 하지 않았다
고 말할 수는 없을 것이다. 그러나 尙書에 있는 말은 하나도 사용
하지 않았다고 했으니 陳言이 아니므로 創新이 아니라고 말할 수
도 없을 것이다. 이로써 볼 때 法古와 創新은 서로 對立的인 것만
은 아니고 補完的인 관계도 될 수 있는 것으로 생각된다.

그런데, 金澤榮은 法과 體를 구분했을 뿐만 아니라, 같은 것이
될 수 없음에도 불구하고 지난날 문인들이 글을 말할 때 시에는 唐
詩 또는 宋詩와 明淸詩의 영향을 받았다고 하며, 산문인 경우에는
唐宋大家들 가운데 누구의 글을 法했다고 하지 않고 體를 法했다
고 한다. 그리고 어느 작가의 글을 지적하여 前代 大家의 시나 글
을 法했다고 했을 때 듣는 사람은 하자를 지적한 것으로 받아들이
지 않았고, 말하는 사람도 그것을 찬사로 생각하는 것이 일반적이
었다. 물론 그때 法했다는 것은 시에서는 詩風일 것이며, 산문에서
는 文體를 이름일 것이다.

---

36) 創新을 왜 해야 하는 것인가 하는 것에 대해서는 논의가 되어 왔으나
   創新의 방법에 관해서는 논의로써 가능한 것이 아니기 때문에 없었을
   것이다.

그리고 金昌協은 위에서 인시한 바와 같이 시가 비록 小道라 할 지라도 安身 立命할 곳을 가지기 위해 唐詩, 杜詩, 宋詩 가운데 하나를 선택하여 師法해야 한다고 말한 바 있다. 이로써 볼 때 시에서도 主唐, 主杜, 主宋에서 어느 것을 하든지 意趣에 맞은 것을 선택하여 法을 해야 한다는 것을 강조하고 있음을 알 수 있다.

詩作에서 法한다고 했을 때 詩風이나 修辭上의 技法으로부터 영향을 받는 것으로 생각된다. 그런데, 산문에서 法했다면 실질적으로는 篇章에만 한정된 것으로 인정하지 않은 듯하다. 韓愈와 柳宗元의 古文運動은 魏晉時代에 유행했던 韻語의 對句로 형성된 浮華한 駢偶文體를 배격하고 周代와 西漢의 質樸한 文體를 따르고자 한 것으로 생각되는데, 이 때 韓愈 등의 古文運動이 글의 篇章만을 法한 것이 아니고 古文의 文體까지 法했다고 하면 부당하다고 말할 수 있을까. 만일 이 말이 부당하다면 法古는 고문의 篇章과 字句 등에 한정된 것으로 보아야 할 것이고, 그렇지 않으면 體까지도 포함해서 하는 말이 될 것이다. 法古가 篇章을 法한 것이라고 한 原則을 벗어나 體까지 포함해서 말한다면 法古와 創新과의 관계는 보완적인 것이 되기 어렵지 않을까 한다. 그러므로 약간 확대해서 살펴 볼 필요가 있을 것으로 생각된다.

위에서 인시한 바 있지만 崔滋는 林椿의 글에 대해 古文의 體를 얻었다고 말하나 자신이 볼 때 체를 얻은 것이 아니고 그 말을 빼앗은 것이라고 했다. 여기에서 그 體를 얻었다는 것은 法을 했다는 것과 같은 의미로 볼 수 있겠는데, 法했다는 글이 수십자나 절취해 놓고 그의 體를 얻었다고 했으니, 法을 篇章法에 한정해서 생각하지 않고 體까지 포함시켜 말하지 않았는가 한다.

다른 이야기가 되겠지만 붓글씨를 배울 때 體本을 정해 배우다가 상당히 익숙하게 되면 그 體本을 기본으로 하여 자기체를 개발

하는 것이 글씨를 배우는 일반적인 순서이다. 이 때 그 體本을 法
帖이라 하기도 한다. 이와 같이 글도 지을 수 있는 능력을 가지게
되면 古典이나 이름 높은 作家들 가운데 意趣에 맞는 것을 선택하
여 그 글을 익혀 體를 얻게 되는 것으로 알고 있는데, 그때 배우는
것이 章法과 句法도 포함되겠지만 體를 얻는데 주력했을 것이다.

　法古가 옛 글을 法한 것이라 했을 때 古文은 西漢 이전의 글만
을 지칭한 것이 아니다. 明淸이나 조선조 문인들이 唐宋大家들의
글을 法했을 때 그것도 法古에 포함시키고 있는 것을 볼 수 있다.
法古가 篇章法에 그치지 않고 體까지 포함시키고, 唐宋大家들의
글을 法한 것도 法古라고 했을 때 崔滋가 말한 바와 같이 大家들
의 文體를 모방하면서도 그것을 法古로 알고 있는 경우가 적지 않
을 것이다. 이러한 것까지 포함시켜 法古로 말한다면 創新과의 관
계는 對立的인 것으로 볼 수밖에 없을 것이다.

　法古出新이라는 말이 있다. 이 말이 法古를 강조하는 자들의 주
장인지 創新을 하고자 하는 자들의 견해인지 알 수 없으나, 大家들
의 글을 모방해 놓고 法古라 하는 것도 문제지만, 創新을 강조하면
서 새롭게만 하고자 하는 것도 모두 좋은 것은 아니다. 우리 漢文
學史에서 創新의 대표적인 인물로 지적할 수 있는 朴趾源은 法古
와 創新에 대해 위에서 引示한 바와 같이 法古를 주장하는 자는
옛 것에 지나치게 빠지는 병이 있고, 創新을 좋아하는 자는 經典을
무시하는 잘못함이 있다. 진실로 法古를 하되 變할 줄 알고, 創新
을 하면서도 經典에 능하게 되면 今文도 古文과 같은 글이 될 것
이라고 했다.

　이러한 朴趾源의 지적은 法古를 고수하고 創新을 강조하는 자
들이 가지고 있는 병폐를 정확히 말했다고 생각된다. 朴趾源은 그
렇게 말하면서 잇따라 與其創新而巧也 無寧法古而陋也라 하여 創

新을 하고자 하다가 巧한 것보다 차라리 法古하여 陋한 것이 좋은
것이라 했다. 이로써 보면 法古를 하고자 하는 문인들은 創新을 禁
忌할 것이 없고, 創新을 주장하는 자들도 法古를 卑陋한 것이라
하여 거부할 것이 아니라고 했음을 알 수 있다.

V. 結 言

　이상에서 法古와 創新 및 兩者의 相關關係에 대해 살펴보았다.
古文은 騈偶文과 對稱해서 散文을 말하고 있으나, 法古에서 古文
은 일반적으로 西漢 이전의 글과 唐宋大家들의 글까지 포함해서
말하고 있는데, 이러한 古文에서 무엇을 法할 것인가 하는 것에 대
해서는 지난날 여러 문인들이 말한 것을 많이 引示하고자 했다. 그
리고 文體를 法한 것도 法古 속에 포함시켜 말한 자도 적지 않았
다는 생각을 조심스럽게 해 보았다.
　創新도 法古와 같이 詞章이 어느 정도 발달하면서 문인들 사이
에서 논의가 되었던 것으로 생각되나, 法古와는 달리 創新의 필요
성에 대해 강조한 것만 있을 뿐 어떻게 한다는 것에 관해 말한 것
은 찾아보기 어렵다. 創新은 창작상의 문제이기 때문에 기초적인
技法에 대해서는 논의가 될 수 있겠지만, 創新의 실제에 있어서는
논리적으로 말하기 어려웠기 때문이었을 것이다. 그러므로 創新과
의 相關關係에 대해 法古가 篇章法에 한정된다면 創新과 서로 對
立될 것이 없고 相補的인 것으로 보는 것이 타당할 것이라 했다.
그러나 후대로 내려오면서 法古에 지나치게 집착하여 절취까지 하
고 있을 경우에는 創新과 대립적인 것이라 했다.

제2장

崔岦의 散文에 대한 考察
－否定的인 論評을 중심으로－

I. 序言

　우리 漢文學史에서 시는 고려조가 우수했고, 산문은 조선조가 더욱 발전했다고 한다. 그리고 조선조 오백년 동안 우수한 학자들과 문인들이 많이 배출된 시기는 宣祖 때로써 이 시기를 穆陵盛際라 하기도 한다. 崔岦은 이러한 宣祖 때에 활동했던 문인들 가운데서도 가장 우수했던 문인 중의 한 사람으로서 특히 산문으로 당시는 물론 후대에까지 적지 않은 찬사와 주목을 받았다.

　필자는 이미 崔岦 硏究1)에서 그의 생애와 아울러 그의 詩文에 대한 논평을 중심으로 그가 우리 漢文學史에서 차지하는 비중에 대해 언급한 바 있었는데, 그때 참고하게 된 문헌들은 대부분 그의 詩文에 대해 높게 또는 긍정적으로 평가한 것들이었다. 그러나 그의 산문에 대한 논평을 계속 살펴본 바 부정적인 견해도 적지 않았으며, 그것은 그의 생존 당시에 있었던 것이 아니고 후대에 나온 것이 대부분이다.

　이러한 논평들에 대해 주목되는 것은 조선조 후기로 내려오면서 산문의 文體가 점차 變移해 가기 때문이 아닌가 하는 생각을 가지게 한다. 물론 그의 산문에 대한 부정적인 견해는 평자의 개인적인 관점이나 취향에 따른 것이라 할 수도 있겠으나, 그 지적이 합리적이면서 설득력이 있는 것이라면 그의 산문에 대한 평가도 재고해 보아야 하지 않을까 한다. 본고는 文體의 변이에는 크게 상관하지 않고 그의 산문에 대한 긍정적인 평가보다 부정적인 견해가 어떤

---

1) 車溶柱, 崔岦硏究, 『韓國漢文學作家硏究』, 景仁文化社, 1996.

것인가 하는 것에 대해 초점을 두고자 하며, 그에 따라 對比的인 의미에서 그의 산문에 대한 긍정적인 견해까지 함께 간단히 고찰해 보고자 한다.[2]

II. 그의 散文에 대한 矜持

崔岦(1539~1612)의 호는 簡易, 또는 東皐이며 開城 출신이었다. 그의 年譜가 문집에 실려 있지 않은 것으로 보아 작성되지 않은 듯하고, 碑誌 등의 글도 보지 못했으므로 그의 일생을 구체적으로 알기는 어렵다. 그리고 그가 開城 출신이었다고 하니 조선조에서 등용에 忌避地域의 출신인물이었고, 따라서 그의 가문도 한미했다고 한다. 그러나 그는 타고난 재능이 뛰어나 明宗 16년 그의 나이 22세 때 문과에 장원했고, 또 宣祖 19년 文臣 庭試에 장원했다.

簡易의 나이 오십이 넘어 문장이 완숙했을 즈음에 임진왜란이 일어났다. 임진왜란은 칠년 동안 계속되어 전국이 초토화되었을 뿐만 아니라, 중국까지 참전하게 되어 국제관계까지 매우 복잡하게 되었다. 이때 簡易는 使臣 일행으로 중국에 세 번이나 가게 되었다.

簡易가 처음 使臣으로 선발되어 중국에 간 것은 임진란 직후였다. 宣祖가 明에 보내는 奏請使를 선발할 즈음 崔岦이 어떠한가 했을 때 당시 兵曹判書인 李恒福이 그가 문장에 능하다는 것은 알

---

2) 본 고에서 肯定的인 논평에 대해 인용한 문헌은 崔岦硏究의 것과 중복이 있음을 밝혀 둔다.

고 있는데 應辯은 어떠한지 알 수 없으나 평범한 인물이 아닐 것이라고 아뢰자 宣祖가 그렇다면 增秩을 해서 보내는데, 이번 使行은 국가의 존망과 관계가 있으므로 머물지 못하게 해도 죽음을 기약하고 우리의 의사가 전달이 되게 하며, 그렇지 않으면 돌아오지 못하게 하고 보내라 했다.3) 그리고 다음 달 11月에 宣祖가 奏請使가 언제 출발하느냐 출발하기 전에 引見해야 한다고 했고, 잇따라 侍臣과 奏請使 崔岦 등이 入侍했다고 한다.4) 이 때 簡易는 副使나 書狀官으로 간 것이 아니고 使臣 일행을 대표하는 正使로 갔음을 알 수 있다. 그리고 宣祖가 이번 使行이 국가의 존망과 관계가 있으므로 우리의 奏請이 받아지지 않으면 돌아오지 못하게 한 것으로 보아 매우 중요한 使命을 가지고 갔음을 알 수 있다. 또 簡易가 이러한 使行에 正使로 선발이 되었다는 것은 문장으로만 우수했던 것이 아니고 정치적인 능력도 있었음을 알 수 있다.

簡易가 중국에 使臣으로 간 것은 이때 奏請使로 다녀온 후에도 宣祖 27年 3月에 謝恩使 일행으로,5) 또 宣祖 27年 8月에 奏請副使로 갔다.6) 이와 같은 實錄의 기록을 보면 簡易가 使臣으로 중국에 세 번 다녀왔음을 알 수 있는데, 李睟光(1563~1628)은 簡易가 문장에 능해 質正官으로 두 번이나 명나라에 갔으며, 宗系의 辯誣事를 위해 간 것이라고 했다.7) 李睟光은 簡易보다 이십여세가 적었으나

---

3) 『宣祖實錄』, 卷 43, 26年 10月. "上曰 奏請使誰人可合乎 崔岦如何 兵曹判書李恒福對曰 岦之能文 人所共知 其能應辨與否 臣未知也 然非庸人 上曰 然則 崔岦增秩以送 此係國家存亡 雖被攔住 以死爲期必達 母還之意言送"

4) 같은 책, 26年 11月.

5) 같은 책, 卷 49, 27年 3月. 謝恩使金睟崔岦馳啓到中朝見聞.

6) 같은 책, 卷 54, 27年 8月. 以崔岦爲奏請副使.

7) 李睟光, 『芝峯類說』卷 9, 文章部 2. "崔簡易岦以能文 差奏請質正官 再赴京師 盖爲宗系辨誣事也"

같은 시대에 활동했던 인물로 볼 수 있는데, 簡易가 명나라에 간
것에 대해 實錄과 차이가 있다. 이것은 李睟光이 잘못 알고 있었던
것이 아닌가 한다.

지난날 우리 나라에서 중국에 使臣을 보낼 때는 문장에 능했던
인물을 선발해서 보냈다고 한다. 그리고 조선조는 명나라와의 관
계가 원만했기 때문에 문인들 가운데 使臣으로 가는 것을 영광으
로 생각하고 기피하지 않았다. 따라서 簡易는 임진왜란으로 인해
우리 나라가 매우 어려운 처지에 있을 때 使臣으로 명나라에 세 번
이나 갔다는 것은 국가로부터 그의 문장과 능력을 인정받은 것이
므로 자신에게 영광이었을 뿐만 아니라, 주의로부터 선망의 대상
이 되었을 것이다.

簡易는 문과와 庭試에 장원했고, 중국에 使臣으로 세 번이나 갔
다 왔기 때문인지 그의 문장에 대해 자존심도 대단했다. 權韠
(1569~1612)이 簡易를 보고 지금 산문으로는 公이 제일이겠지만
시로써는 누구를 으뜸으로 하겠느냐 하고 물으면서 자신을 추천하
지 않을까 하는 생각이 있었는데, 簡易가 눈을 감고 한동안 생각하
다가 내가 죽은 뒤에는 누가 으뜸이 될지 모르겠다고 하므로 權韠
이 실의에 젖어 부끄러워했다고 하니 詩文에 대한 그의 자부심이
이와 같았다고 했다.8)

지난날 문인들은 시와 산문에 모두 능했다고 하나 그것은 어느
정도의 수준을 말한 것이지 두 가지를 같이 잘하기는 어려운 것이
며, 簡易도 시보다 산문이 능했다는 것은 공통적인 의견으로 생각
되는데, 그는 시까지도 당대의 으뜸으로 자부하고 있었음을 알 수

---

8) 金昌協, 『農巖集』 卷 34, 雜識 外篇. "嘗聞權石洲見簡易問曰 當今文筆
固有吾丈 在詩則當推何人擅場 盖意其必許己也 簡易瞑目良久 曰不知
老夫死後 何人擅場耳 石洲憮然有慚色 其自負如此云"

있다.

簡易가 자신의 문장에 대해 자부심이 대단했다는 것은 여러 곳에서 볼 수 있다. 柳夢寅(1559~1623)은 簡易가 다른 사람의 글을 인정하는데 인색했다고 하면서 鄭澈이 그에게 栗谷의 시는 어떠한가 하고 묻자 簡易가 웃으며 말하기를 학문은 어떠한지 모르지만 詞翰은 어찌 나를 따라올 수 있겠는가 하니 그가 자부심이 강하고 교만함이 이와 같았다고 했다.[9] 栗谷은 性理學으로 유명했기 때문에 생존 당시에도 士類社會에서 매우 존경을 받았을 뿐만 아니라, 詩文에서도 유명했다. 簡易는 이러한 栗谷에 대해서도 문장만은 인정하지 않으려 했다.

簡易가 문장으로써 栗谷이 자신을 어찌 따라올 수 있겠는가 한 것은 사실일 것이다. 그런데, 柳夢寅이 그러한 簡易에 대해 驕亢하다고 한 것은 栗谷의 학문 및 사회적인 지위 같은 것을 감안해서 한 말이 틀림없을 것이며, 또 簡易가 그러한 물음에 사양하지 않고 바로 말한 것은 자신의 문장에 대해 대단한 긍지와 아울러 성격의 탓도 있었기 때문일 것이다.

簡易는 문명이 높았고 긍지와 자부심도 강했기 때문에 그에 따른 逸話도 적지 않았다. 簡易가 李山海를 방문했을 때 山海가 그에게 당세의 산문에 대해 논평을 하게 했던 바 그는 중국과의 遠近으로 비유해서 말하겠다고 했다. 山海가 자네는 얼마나 갔다고 생각하느냐 했더니 자신은 統軍亭 위에 앉아 있다고 했는데, 중국과 가장 가까운 거리까지 갔다고 한 것이다. 그리고 잇따라 李春英은 匹馬 單騎에 낡은 안장과 떨어진 갓을 쓰고 平山에 이르렀으며, 車天輅는 百萬軍을 거느리고 大將旗를 앞세워 沙峴을 넘고 있을

---

9) 柳夢寅,『於于野譚』卷 4, 傲忌. "東皐崔岦於文少許可 … 澈曰 叔獻之詩何如 … 岦笑曰 學力吾未知 若詞翰安得望吾門墻 其自負驕亢如此"

것이라고 했다. 李山海가 나는 얼마나 갔겠느냐 하며 물으니 대감
께서는 의관을 차려 입고 弘化門을 나서고 있다고 했다. 李山海는
그 말을 듣고 한동안 실의에 빠져 있었으나 화를 내지 않았는데,
그것은 산문을 중심으로 말한 것이고 시는 말하지 않았기 때문이
며, 簡易의 오만함이 이와 같았다고 했다.[10] 이러한 이야기가 실제
있었던 것인지 好事家들이 만든 말인지는 알 수 없으나, 어쨌든 簡
易가 자신의 문장에 대한 긍지가 대단해 당시의 독보적인 존재로
자처하고 있었기 때문에 나온 이야기가 아닌가 한다.

　이와 같이 簡易는 산문은 물론 시에 이르기까지 당시에 자신을
으뜸으로 생각하고 있었기 때문에 이에 따른 긍지는 그의 생활과
행동면에서도 볼 수 있다. 南龍翼은 簡易가 천하의 문장으로 자처
하면서 아무렇게 먹을 수 없다 하며 들깨 먹인 쇠고기를 먹었다고
하고, 평소에도 비단으로 만든 장막을 두르고 도포를 입었으며, 朝
廷의 문인들을 대할 때에도 극히 거만했기 때문에 당시 선비들로
부터 많은 미움을 사게 되었다. 그러나 그로부터 배운 자가 많아
그들이 추천하여 槐院提調를 역임하게 되었는데, 그것은 그의 문
장이 우수함을 알았기 때문이라고 했다.[11] 이로써 보면 簡易는 자
신의 문장에 대해 긍지가 매우 높았음을 알 수 있으며, 그것으로
인해 朝廷에 있는 인사들에게 미움을 사게 되었으나 그들의 추천

10) 南龍翼, 『壺谷詩話』. "簡易嘗造鵝溪 許鵝溪使之論當世之文 簡曰 請
　　以朝天遠近爲喩 鵝問君行幾何 答曰 吾則統軍亭上矣 盖言盡我國之文
　　章也 仍言李春英 以單騎匹馬跨破鞍着弊笠 方到平山 車天輅將百萬兵
　　立大將旗鼓 方踰沙峴矣 鵝問吾幾許 答曰 大監整冠帶修容儀 奉表出
　　弘化門矣 鵝憮然爲間 而亦不敢怒 此則專以文言 不但爲詩 而其簡亢
　　如此"
11) 위와 같음. "簡易自許以天下文章 不可草草自奉 以荏飼牛而食之 平居
　　必錦帳錦袍 接待朝士極傲 而其時文人皆受而不忤 多有受業者 亦多推
　　轂 至除槐院提調 亦由於眞知其文之可貴故也"

으로 槐院提調를 역임했다고 하니, 당시 문인들로부터 그의 문장
을 높게 인정받았던 것은 사실인 듯하다.

이러한 簡易에 대해 實錄에는 어떻게 말하고 있는지 그의 書卒
을 들어보고자 한다. 前同知中樞府事 崔岦이 세상을 떠났는데 …
그는 세 번 중국에 가서 禮部에 글을 올리면 그곳 문인들도 매우
칭찬했다. … 그는 대대로 집이 한미했으며, 성격이 오만하여 당시
문인들의 글을 인정하지 않았을 뿐만 아니라, 비록 문단의 宗匠이
지은 글이라 할지라도 한 번 보고 던져버리고 말이 없었기 때문에
그것으로 많은 비방을 들었다고 했다.[12]

조선조는 건국과 더불어 開城 출신은 등용하지 않으려 했다. 그
러므로 簡易의 집이 대대로 한미했던 것은 사실이었을 것이다. 그
러나 문과와 庭試에 장원했고, 임진왜란으로 우리 나라가 매우 어
려웠던 시기에 세 번이나 使臣으로 중국에 가서 그곳 禮部에 제출
한 呈文이 문인들의 칭찬을 받았다고 하니 문장에 대해 자부심을
가지는 것은 당연하다고 할 수 있다. 그런데, 한미한 가문의 출신
으로 오만했기 때문에 더욱 비방을 받지 않았던가 생각되므로 實
錄에 그의 書卒의 기록이 정확하게 지적한 것이 아닌가 한다.

Ⅲ. 肯定的인 論評

본고는 위에서 말한 바와 같이 簡易의 산문에 대해 긍정적인 평

---

12) 『光海君日記』卷 55, 4年 7月. "前同知中樞府事崔岦卒 三赴京師呈文
禮部 諸學士擊節歎賞 岦家世甚微 而爲人簡亢 未嘗許可一世 雖藝苑
宗匠之作 一覽便擲 傲然無一言 以是多得謗議"

가보다 부정적인 논평에 초점을 두고자 했는데, 여기에서 긍정적
인 논평부터 먼저 살펴보고자 하는 것은 부정적인 것과 긍정적인
것을 서로 대비하여 논리의 초점을 더욱 분명히 하고자 하는 의도
이다. 그리고 崔岦 研究에서는 주로 그의 시를 중심으로 언급했는
데, 여기서는 論題에 따라 산문을 중심으로 고찰하고자 한다.

　簡易는 생존 당시에 문명이 일세를 풍미했다. 그의 산문에 대해
許筠은 그의 문장이 簡古하여 일시의 巨擘이 되었는데, 당시 사람
들이 간혹 그의 시가 산문에 미치지 못한다고 했다.13) 이로써 보면
당시에도 그의 시보다 산문이 우수하다는 말이 있었음을 알 수 있
다. 그리고 그의 산문에 대해 가장 구체적으로 언급한 것은 張維
(1587~1638)가 아니었던가 한다. 그는 簡易集 序에서 宣祖 때 文
運이 隆盛해 문장에 능했던 인사들이 많이 배출되었는데, 그 가운
데 簡易가 가장 으뜸이었다. 그는 문재가 뛰어나 어렸을 때부터 古
文에 능해 弱冠에 문과에 장원해 문명이 크게 알려졌다. 그는 班固
와 韓愈의 글을 좋아했으나 만년에는 歐陽修의 글을 좋아했다. 簡
易는 글을 지을 때 많은 생각을 해 한 字와 한 句도 法에 어긋나지
않게 했으며, 초고를 여러 번 고치지 않은 것은 보이지 않았다. 그
의 글은 뜻이 깊어 어두울지언정 얕은 말은 하지 않았으며, 지나치
게 奇異하여 어려울지언정 평범하게 하지 않았기 때문에 한 편이
나올 때마다 사람들이 모두 전해 보며 애독한다고 했다.14)

　이와 같이 張維는 宣祖 때 우수한 문인들이 많이 배출되었는데

---

13) 許筠, 『鶴山樵談』. 崔中樞岦 文章簡古 爲一時巨擘 時人或以爲詩不及文.
14) 張維, 簡易堂集 序, 『谿谷集』卷 60. "右文之化 極隆於宣廟 文藝之士
　　蔚然群起 而簡易崔公爲稱首 公天才絶人 結髮操觚 卽爲古文詞 弱冠
　　擢壯元 名聲大振 於書酷嗜班韓 晩而好歐陽子 其爲文却意湛思 一句
　　一字 皆繩墨古作者 草稿不三四易不出也 意過深而寧晦 母或淺 語過
　　奇而寧澁 無或凡 每一篇出 人皆傳誦"

그 중에서도 簡易를 으뜸이라 한다 했고, 그가 글을 지을 때 깊게 생각하여 여러 번 고치지 않으면 보이지 않았으며, 어둡고 어려울 지언정 얕고 평범한 말은 사용하지 않았다고 했으니 작가로서 많은 노력이 있었음을 알 수 있다. 張維는 簡易보다 약간 후대의 인물로서 역시 산문으로 이름이 높았다. 그가 이처럼 칭찬한 것을 보면 簡易의 문명이 얼마나 높았던가 하는 것은 짐작할 수 있다.

許穆(1595~1682)은 簡易의 문장이 宏深 簡嚴하고 古雅해 法 받을 만하므로 우리 나라 문학에서 千載의 일인이라 할 수 있다. 국가의 인재가 明宗, 宣祖 때 많이 배출되어 능력 있는 인사들이 등용되었는데, 簡易는 그 중에서도 뛰어나 임진왜란 때 중국에 使臣으로 가서 그 곳 임금을 움직여 국난을 극복했다. 그때 詞命이 대부분 그가 지은 것이었기 때문에 그의 글은 九鼎 大呂와 같이 무거웠다고 했다.[15] 이와 같이 許穆은 簡易의 문장이 古雅해 우리 나라에서 으뜸이라 했고, 임진왜란 때 중국에 보내는 외교문서의 대부분을 그가 지었다고 하니 그가 당시의 대표적인 문인이었음을 알 수 있다.

金昌協(1651~1708)은 簡易를 張維와 비교하면서 그 장점에는 張維가 미치지 못하고 단점은 張維에서 볼 수 없으므로 서로 비슷하다고 했다.[16] 그리고 金昌協은 그의 글이 古雅 간결하게 잘 다듬어져 조금도 필요 없거나 천박한 말은 볼 수 없는 것으로 보아 그가 재능이 뛰어나고 노력이 많았음을 알 수 있으며, 중국 문인들이

---

15) 許穆, 簡易堂墓誌, 『記言』卷 18. "其文章宏深簡嚴 古雅可法 東方文學 殆千載一人 國家人才之盛 極於我恭憲昭敬間 賢能並用 公高才敏識 卓出千古 當國難兵連之日 使价交道 動天子威靈 以排患釋難 一時詞命 多出於公 於是其文重於九鼎大呂"

16) 金昌協, 『農嚴集』卷 34, 雜識 外篇. "簡易文 谿谷論之悉矣 今以擬於 谿谷 其高處谿谷所不能 而低處谿谷所不爲 要當爲鴈行也"

그의 글을 칭찬한 것은 당연하지 않겠는가 했다.17) 인물의 성격이
나 詩文에 대한 논평에서 해당 인물의 碑誌와 문집의 序跋과 같은
글에서는 약간의 과찬이 있을 수 있다. 그러나 金昌協의 이러한 논
평은 문집의 序跋의 글과는 달리 역대 인물의 詩文을 논평한 가운
데 簡易의 문장에 대해 자신의 견해를 밝힌 글이다. 다같이 簡易의
문장에 대해 높게 평가한 것이지만 張維와 許穆보다 더욱 객관적
이라고 할 수 있겠는데, 내용에 큰 차이가 없는 것으로 보아 簡易
의 문장이 높게 인정을 받고 있음을 알 수 있다.

李宜顯(1669~1748)은 우리 나라가 과거를 중시했기 때문에 詞章
에 뛰어난 자들도 科文과 對策을 많이 지었을 뿐 古文에 주력하지
않았다고 하면서 宣祖 때 崔簡易와 尹根壽 등 몇 사람들이 古文을
숭상하여 일시에 취향이 변하게 되었으니 그 공이 크다고 할 것이
라 했다.18) 이와 같이 李宜顯은 簡易가 당시 士類들이 科文體를
중시하는 것을 古文으로 바꾸게 했다고 하니, 이것이 사실이라면
우리 漢文學史에서 주목할 만한 것으로 생각된다.

正祖는 簡易의 문장에 대해 사람들이 말하기를 낮은 것은 너무
낮고 높은 것은 너무 높다고 하나 國朝의 古文 가운데 가장 우수
하다고 했다.19) 이와 같이 正祖는 簡易의 문장에 起伏이 많다고
하지만 本朝에서 가장 우수하다고 인정했음을 알 수 있다.

南公轍(1760~1840)은 簡易의 글이 雄深하고 瓌奇하며, 그 내용
의 무거움은 賁育과 같이 힘있는 사람들도 들기 어려울 것이라 했

---

17) 上同. 行文又高雅簡鍊 無一語冗率膚俗 觀此可見其才高功深 宜乎中朝
人之歎賞也.
18) 李宜顯,『陶谷集』卷 28, 雜著. "至宣廟朝 崔簡易尹月汀數公 始崇長古
文 一時習尙頓變 其功可謂大矣"
19)『弘齋全書』卷 161,「日得錄」1. "簡易文章 或以爲低處太低 高處太高
然我朝古文中 最爲近可"

다.[20] 그리고 成海應(1760~1839)은 宣祖 때 뛰어난 문인들이 많이 배출되었는데, 申欽의 문장은 奇하고 李廷龜는 達하고 李恒福은 健하고 李好閔은 逸해 모두 中興의 문인들로서 이름이 높았으나, 簡易의 문장과 내용이 완전한 것에 모두 양보해야 할 것이라고 했다.[21] 南公轍은 簡易의 글이 무겁고 힘이 있다고 했고, 成海應은 簡易는 당대 많은 문인들 가운데 가장 뛰어났다고 했다.

이상의 고찰로써 볼 때 簡易는 한미한 가문의 출신으로 역임한 관직도 능력에 비해 높았다고 할 수 없으나, 뛰어난 문장으로 임진왜란의 어려운 시기에 중국에 세 번이나 使臣으로 가서 국난을 극복하는데 공헌했고, 당시에 우수한 문인들이 많이 배출된 가운데서도 문장이 가장 우수한 것으로 추대되기도 했고, 후대에 내려오면서도 높게 평가한 견해가 적지 않았음을 볼 수 있다.

Ⅳ. 否定的인 論評

詩文에 대한 논평은 시대의 風潮에 따라 다를 수 있고 평자의 취향에 의해 상반된 견해가 있을 수 있다. 풍조의 변천으로 작품에 대한 평가가 달라진 것은 작품을 크게 탓할 것이 아니라고 생각한

---

20) 南公轍, 四君子文鈔 序『金陵集』卷 11. "盖簡易之文 以雄深壞奇之思 鼓鑄辭令 如五石之弓 當貫獲之力 而人鮮克擧之"
21) 成海應, 題崔簡易集後,『研經齋全集』卷 8. "穆陵盛際 文章蔚興 玄軒 之文奇 月沙之文達 白沙之文健 五峯之文逸 皆足以鳴中興之運 皆遜 於簡易之力完神足"

다. 그리고 평자의 취향은 일치할 수 없다. 예를 들면 歐陽修가 韓
愈를 좋아하면서 杜甫의 시는 좋아하지 않았고, 蘇東坡가 歐陽修
는 높게 말하면서 司馬遷의 史記는 좋아하지 않았다는 것은 너무
나 유명한 이야기이다. 이와 비슷한 경우는 동서를 막론하고 적지
않게 있었다.

이와 같이 작가와 작품에 대해 평자에 따라 서로 다른 견해가 있
을 수 있다는 것을 전제해 두고 위에서는 簡易의 산문에 긍정적인
논평을 중심으로 살펴보았는데, 여기서는 부정적인 논평에 대해
알아보고자 한다. 張維는 위에서 언급한 簡易集 序에서 그의 산문
에 대해 높게 평가했음을 보았는데, 그의 漫筆에서는 國朝의 산문
이 고려조에 비해 많이 뒤떨어지지만 유명한 작가라고 말할 수 있
는 사람은 金守溫, 金宗直과 근대의 崔岦을 들 수 있다. 이들 세
사람의 長短에 대해서는 簡易集 序에서 대략 말한 바 있었는데,
金宗直을 가장 우수하다고 한 것은 詞理가 갖추어 졌기 때문이다.
簡易의 글에서 높은 것은 前代 작가들의 글에 비해 앞서고 있으나
낮은 것은 지나치게 노출되어 쉽게 싫증을 느끼게 한다고 했다.[22]
漫筆의 이 글은 張維가 사십대 초인 仁祖 9년에 쓴 簡易集 序보다
뒤에 쓴 것이 아니었을까 생각되는데, 한 작가에 대한 논평이 前後
에 따라 적지 않게 차이가 있음을 볼 수 있다. 이러한 차이가 있게
된 것은 序文이기 때문에 약간 지나친 칭찬이 있을 수 있었을 것이
고, 또 선후에 따라 견해의 차이도 있지 않았는가 한다.

南克寬(1689~1714)은 簡易의 글이 沈實한 듯하나 말이 한정되
고 조잡하며 옛 사람의 글을 모방하고 字句에 기교가 적으며, 篇章

---

22) 張維, 『谿谷漫筆』 卷 1. "我朝之文 大不如前麗 稱名家者三 乖崖佔畢
及近代崔簡易 三家長短 余於簡易集序略論之 佔畢似最優 以其詞理備
耳 簡易文高處 往往揜前人 下者底蘊畢露 令人易厭"

의 大體를 알지 못하고 내용도 볼 것이 없어 李奎報에 비해 크게 미치지 못하고 있는데, 金昌協은 簡易를 칭찬하고 李奎報를 들쳐 내고자 하니 가소로운 일이라 했다.[23] 簡易의 산문에 대해 南克寬의 이러한 논평은 그 전에는 볼 수 없었던 것이다. 命辭가 局澁하다고 한 것은 瓌奇하기 때문이 아닌가 생각되는데, 그것은 보는 관점에 따라 달라질 수 있을 것이다. 그리고 只效古人이라고 한 것은 張維가 簡易集 序에서 말한 바 簡易의 글이 중년까지는 班固와 韓愈를 좋아했고, 만년에는 歐陽修를 좋아했다는 것과 상관이 있는 것이 아닌가 생각된다.

鄭弘溟(1582~1650)은 자신이 소년이었을 때 月汀 尹根壽를 찾았더니 그의 생일이 되어 친지들을 초청해 대접하고 있었는데, 簡易가 윗자리에 앉아 있었다. 月汀이 그에게 歐陽修의 글이 韓愈보다 좋다고 한다는데 사실인가 하고 물으니 簡易는 그렇다고 하며 韓愈의 글이 千變萬化하고 있으나 歐陽修가 한가지 體를 전용해 자연스러운 것만 못하다고 했다.[24] 이로써 보면 簡易는 班固와 韓愈의 글을 좋아하다가 晚年에 歐陽修의 글을 좋아했음을 알 수 있는데, 前代의 유명한 작가의 글을 지나치게 襲用하면 모방이라 할 수 있겠지만 자신의 文體를 定立하기 위해 취향에 맞은 작가를 선택하여 그의 글을 많이 읽으면서 영향을 받는 것은 모방이라 할 수 없을 것이다. 문학사에서 유명했던 작가들도 前代의 작가의 글을 많이 읽고, 또 많이 읽게 하여 독자적인 文體를 정립하는데 도움을

---

23) 南克寬,『夢囈集』坤. "崔簡易文雖似沈實 然命辭局澁 只效古人 字句小巧 不曉篇章大體 理致又無可觀 比李相國不及遠 金昌協稱崔 而詆李不遺力 亦可笑也"

24) 鄭弘溟,「畸翁漫述」『畸庵集』卷 12. "少時謁月汀門下 適值初度設酌崔東皐占首席 月汀問 聞令公以歐文 勝於昌黎信否 東皐曰 固然 韓之千變萬化 不及歐公專用一體爲自然"

얻게 권장하기도 했다. 南克寬은 只效古人이라 하여 평가절하 하
고자 했는데 그것은 쉽게 말할 수 있는 것이 아니라고 생각되며,
다만 이러한 지적이 있었다는 것을 말해 둔다. 그리고 南克寬은 簡
易의 글이 字句小巧라 했는데, 張維가 말한 바 簡易가 草稿를 여
러 번 고치지 않으면 보여 주지 않았고, 나오게 되면 사람들이 傳
誦했다는 것과 적지 않은 차이가 있으므로 이것은 관점이 다르기
때문인지 어느 한 쪽이 과장해서 말한 것인지 알 수 없다.

그리고 南克寬은 簡易의 산문이 篇章의 大體에 어둡고 理致에
볼 것이 없으므로 李相國에 미치지 못하고 있는데, 金昌協은 簡易
를 칭찬하고 李相國을 들쳐 내고자 한다고 했다. 南克寬은 李相國
을 누구라고 말하지 않았으나, 우리 漢文學에서 李相國이라 하면
고려의 李奎報를 지칭한 것으로 알고 있다.[25] 金昌協은 산문에서
李穡을 大家라 하고 李奎報의 시와 산문을 높게 인정하지 않았다.
그리고 簡易와 비교해서 언급한 것도 보지 못했으며, 위에 인시한
바와 같이 簡易에 대해 따로 언급한 바는 있으나 칭찬만 하지 않았
고 단점도 지적했다. 어쨌든, 簡易의 산문에 대한 南克寬의 논평이
얼마나 동의를 얻게 되었는지 알 수 없으나, 그때까지 높게만 평가
되어 왔던 簡易의 산문에 대해 상당히 부정적으로 말했는데 그것
으로 의미가 있다고 할 수 있을 것이다.

위에서 張維는 簡易의 글이 깊고 어두울지언정 얕은 말은 사용
하지 않으며 지나치게 奇異해 어려울지언정 평범하게 하지는 않았
다고 했는데, 簡易의 글이 이와 같았기 때문에 晦澁한 것은 사실이
다. 簡易의 이러한 文體의 형성과 상관 있는 逸話가 있다.

朴趾源은 세상에 전해 오는 말에 簡易가 중국에 가서 王世貞을
찾았더니 그가 朱墨으로 책을 검열하면서 매우 빨리 하고 있으므

---

25) 李奎報의 문집을 東國李相國集이라 했음.

로 놀라 侍者에게 老爺가 항시 이와 같이 바쁜가 하고 물었더니 오늘은 한가하다고 말하며 이미 시 만수와 저서가 천권이 된다고 했다. 簡易가 있다가 지은 글을 보이며 가르침을 청했다. 王世貞이 보고 作家에 뜻은 있으나 책을 많이 읽지 않았고 본 것이 넓지 못하므로 돌아가서 韓愈의 글 가운데 獲麟解를 오백 번 읽으면 작문의 길을 알 것이라 했다. 簡易가 크게 부끄럽게 여기며 王世貞 만난 것을 숨기고 李攀龍의 僻澁하고 奇崛한 文體를 따르고자 했는데, 王世貞이 李攀龍을 두려워했기 때문에 그를 억압하기 위한 것이라고 했다.26)

이로써 보면 簡易의 文體가 晦澁하고 奇崛하게 된 경위를 알 수 있을 듯 하나 과연 이것이 사실이었을까 하는 생각도 없지 않다. 어쨌든, 이 이야기는 흥미가 있었기 때문인지 朴趾源의 熱河日記 외에도 이와 비슷한 이야기를 몇 곳에서 볼 수 있다. 李德懋 (1741~1793)는 熱河日記와 같은 내용을 소개한 뒤에27) 簡易가 王世貞을 만난 것은 千古의 奇事라 할 수 있으나 지금 四部藁와 簡易集을 살펴보면 서로 만났다는 기록이 없다. 혹은 世貞은 무시했고, 簡易는 부끄러웠기 때문에 기록하지 않은 것인지, 아니면 거짓말일 수도 있다고 했다.28)

---

26) 朴趾源, 「熱河日記」, 『燕巖集』 卷 14, 別集. "世傳 簡易謁王弇州 … 弇州 硏朱點閱 手不停筆 簡易大驚服 問侍者 老爺往常如此否 侍者云 今適坐閒小間耳 老爺往日已得詩萬首 著書千卷 簡易默然心死 袖出所著文請敎 弇州曰 有意於作者 但讀書不多 見聞未廣 可歸讀昌黎文中獲麟解五百遍 當識作文蹊徑耳 簡易大慚恨 深諱見弇州一事 而爲文務爲僻澁奇崛者 學李于麟 于麟爲弇州所畏 故欲以此雄壓耳"

27) 여기서는 王弇州가 簡易에게 읽어보라는 글이 獲麟解가 아니고 原道임.

28) 李德懋, 崔簡易堂, 『淸脾錄』 卷 1. "簡易之遇弇州 千古奇事 然今考四部及簡易堂集 元無相逢 或者王則侮之 崔則恥之 不記之耶 無乃齊東

李德懋는 당시 우리 나라 문단의 대표적인 인물이라 할 수 있는
簡易와 중국 문단에 君臨하고 있던 王世貞이 서로 만났다는 것은
기록할 만한 일이겠으나, 그들의 기록에 만났다는 말이 없으니 그
眞否에 의심이 되는 바가 없지 않다고 했다. 그런데, 李德懋가 말
한 바와 같이 王世貞은 무시했고 簡易는 부끄러웠기 때문에 서로
기록을 남기지 않았을 수도 있다고 했으나, 이야기 내용이 이와 같
이 구체적으로 전하는 것을 보면 그 眞否를 쉽게 말하기는 어려울
듯하다. 李德懋는 朴趾源에 從遊했던 인물이었으므로 그의 淸脾
錄에 있는 기록의 출처는 朴趾源의 熱河日記와 상관이 있었을 것
이다.

다음에는 簡易와 王世貞과의 만남에 대해 熱河日記의 내용과
적지 않은 차이가 있는 기록도 있으므로 들어보고자 한다. 簡易가
처음 중국에 가서 王世貞을 보고자 했는데, 그때 世貞은 文衡을
잡고 있었으므로 각국 사람들이 記序 등을 청하는 것이 많아 책상
위에 종이가 쌓여 있었으며, 그는 붓을 멈추지 않고 계속 쓰고 있
었다. 簡易가 옆에서 보니 참고하는 기록도 없이 쓰고 있으므로 명
성과 같이 따를 수 없을 것으로 생각되었다. 다음 날 또 찾았더니
世貞이 簡易에게 자신이 피곤하므로 대신 써 주기를 부탁했다. 簡
易가 사양하지 않고 썼으나 世貞이 보고 칭찬하지 않았으며, 사오
십 편을 쓴 후 생각이 고갈되어 붓 움직임이 느리니 世貞이 보고
웃으며 자네는 내가 글을 쓸 때 참고하는 것이 없다고 했으나 나는
한 해 또는 그 이상 쓸 수 있으나 자네는 한 달이면 쓸 것이 없을
것이니 돌아가서 司馬遷의 伯夷傳을 많이 읽으면 가능할 것이라
고 했다. 簡易가 돌아와서 伯夷傳을 만 번 읽고 문장가가 되었
다.29)

_____

之言歟"

이 이야기는 熱河日記의 기록과 상당한 차이가 있다. 즉, 熱河日記에서는 簡易가 자신이 지은 글을 보였다고 했는데 여기서는 世貞이 代作을 시켰다. 그리고 熱河日記에서는 讀書不多 見聞未廣이라 하며 獲麟解를 많이 읽으라고 했으나, 여기서는 代作을 시켜 사오십 편을 지은 후 붓이 점차 느리게 되자 그것을 보고 돌아가서 伯夷傳을 많이 읽으라고 했으며, 돌아온 후 伯夷傳을 만 번 읽고 宏軸이 되었다고 했다.

어쨌든, 두 기록은 簡易가 중국에 가서 王世貞을 만난 것에서 비롯되었으므로 그 眞否에 대해 언급하고자 하는데, 먼저 簡易가 중국에 간 시기에 대해 알아보고자 한다. 簡易가 처음 奏請使로 중국에 간 것은 宣祖 26년 11월로써 그의 나이 54세 때였다. 그리고 金晬와 같이 謝恩使 일행으로 갔을 때는 宣祖 27년 3월이었으며, 또 奏請副使로 갔을 때는 宣祖 27년 8월이었다. 앞서 말한 바와 같이 이 시기는 임진왜란 초기였기 때문에 국내 사정이 대단히 급박했고, 또 明의 援軍이 왔으므로 對明關係가 매우 복잡했다. 이때 簡易가 2년 사이에 중국에 세 번을 갔다가 돌아왔다. 이와 같이 급박한 시기에 使臣으로 가서 兵部나 禮部의 책임 있는 인물이 아닌 王世貞을 찾아가 한담을 할 수 있었을까 생각된다.

그리고 熱河日記에서는 簡易의 글이 晦澁하고 奇崛한 것은 王世貞에게 수모를 당했기 때문에 그가 두려워했던 李攀龍의 文體

---

29) 編者 未詳,「東詩叢話」, 趙鐘業編,『韓國詩話叢編』卷 11. "崔簡易始入中華 刺謁王弇州世貞 時弇州典文衡 各國人乞記序 紙本堆案 筆無停息 簡易從傍看過 一無模稜 意謂名實不侔 明日又往訪 弇州曰 我實勞困 請子代手 簡易小不辭遜 畜意下筆 弇州見之不稱奇 構成四五十篇 思渴筆遲 弇州笑曰 子必以我文無模稜矣 我則窮年亘歲 寫之有餘 子則期月而盡 歸而多讀馬史之伯夷傳 可庶幾矣 簡易讀伯夷傳萬遍 遂成宏軸云"

를 배워 그를 억압하기 위한 것이라고 했다. 그러나 簡易가 奏請使로 선발된 것은 글을 잘 지어 문명이 높았기 때문이며, 그가 처음 갔을 때 54세였으니 그의 文體는 이미 형성되어 다른 文體의 영향을 받기 어려웠을 때였다.

崔簡易가 王世貞을 만났다는 說話가 실려 있는 東詩叢話는 編者를 알 수 없기 때문에 어느 시기에 저작 또는 편찬된 것인지는 알 수 없으나, 실려 있는 내용들로 보아 조선조 후기에 편찬된 듯하며, 실려 있는 내용에 대해 어디에서 듣고 본 것인지 그 출처를 밝히지 않았다. 朴趾源의 熱河日記에서도 이 說話에 대해 世傳이라 했으며 출처를 말하지 않았으나, 그의 인품으로 미루어보아 들었거나 보았기 때문일 것이며 근거 없이 쓰지는 않았을 것이다. 물론 그렇다고 해서 꼭 사실이라는 것은 아니다.

출처가 불분명할 때는 내용을 검토해 볼 수밖에 없겠는데, 熱河日記에 실려 있는 내용은 가능할 수 있는 것이겠으나 당시 簡易가 莫重한 국가의 사명을 가지고 간 使臣으로서 해당 부처가 아닌 高位 인사를 만났을 수 있었을까 하는 생각이 없지 않다. 또 簡易가 자신을 무시한 王世貞에게 크게 慚恨을 느끼며 만난 것을 숨겼다고 했는데, 그렇다면 어떻게 세상에 알려지게 되었는지 알 수 없다. 그러므로 李德懋도 근거 없는 말이 아닌가 하고 의심했을 것이다. 東詩叢話에 실려 있는 내용에서 簡易가 王世貞을 만났다는 것은 熱河日記와 같으나 내용에는 적지 않은 차이가 있다. 즉, 전날 잠깐 왔다가 다시 찾아온 외국 인사인 簡易에게 代作을 시켰다는 것은 믿기 어렵다.

이와 같이 가능성이 희박하거나 믿기 어려울 경우에는 眞否 또는 출처와는 상관없이 이러한 이야기가 어떻게 만들어 졌을까 하는 것을 미루어 볼 수 있겠는데, 熱河日記의 것은 簡易의 성격이

오만하고 자신의 글에 긍지가 대단해 다른 사람의 글을 인정해 주
지 않았기 때문에 受侮에 따른 보복 심리에서 만들어진 것이 아닌
가 한다. 그리고 東詩叢話에서는 代作을 하게 부탁을 받았고 讀書
不多와 같은 모욕적인 말을 듣지 않았다. 이로써 볼 때 熱河日記
의 기록과는 달리 簡易의 작가적인 능력을 높게 평가하기 위해 만
들어진 것으로 짐작된다.

　簡易의 文體에 대해 曺兢燮(1873~1933)은 20년 전에 簡易集을
보았으나 그때는 좋고 나쁜 것을 알지 못했고 단지 세상에 드물게
볼 수 있는 값진 것으로 알았다고 전제하면서 그 후 李攀龍, 王世
貞의 글을 읽고 簡易가 그들의 글을 法하지 않았는가 생각했으나
익숙하지 못하다고 생각했는데, 뒤에 李夢陽(1472~1529)의 全集을
읽고 그 文體가 비슷함을 알고 簡易의 文體가 영향을 받은 곳을
알게 되었다. 朴趾源이 이른바 李攀龍의 文體를 본받아 王世貞을
누르고자 했다고 한 것은 잘못 본 것이 아닌가 했다.[30] 이러한 曺
兢燮의 주장에 따르면 簡易의 文體가 李攀龍의 영향을 받은 것이
아니고 李夢陽의 영향을 받은 것이라 했으며, 이것이 사실이라면
朴趾源의 熱河日記에 있는 이야기는 好事家들에 의해 만들어진
것에 불과한 것이 된다.

　어쨌든, 簡易의 산문에 대해 熱河日記와 東詩叢話에 그러한 이
야기가 있다는 것은 그의 문명이 높았기 때문이라고 하겠는데, 근
세로 내려오면서 그 당시 또는 얼마 후까지 높게 평가되었던 것과
는 달리 부정적인 견해도 적지 않게 볼 수 있다. 金澤榮(1850~
1927)은 조선조 전기의 산문에 대해 牧隱 李穡은 李齊賢의 제자로

---

30) 曺兢燮, 與金滄江, (六信)『深齋集』卷 6. "其後得滄弇文讀之 意簡之所
　　取法在是 而猶謂其未深 旣而得讀空同全集 驚其神形克肖 然後知此老
　　有所本 而燕巖之謂摹擬滄溟 要壓弇州者 猶未執其眞贓矣"

서 비로소 程朱學을 唱導했는데 그의 글에는 註疏와 語錄의 氣가
많이 섞여 있었다. 이로부터 조선조 이백여년 동안 權近, 金宗直,
崔岦, 申欽, 李廷龜 등이 모두 牧隱으로부터 그러한 영향을 받았다
고 하며,31) 그가 편찬한 麗韓十家文鈔에 그들을 모두 포함시키지
않았다.

金澤榮이 麗韓十家文鈔에서 제외시킨 인물 가운데 牧隱과 簡易
에 대해 曺兢燮은 문장가들이 글을 논할 때 자신의 의견과 가까운
것을 취하며 여러 의견을 수렴하지 않는다고 전제하면서 金昌協이
우리 나라 산문의 작가에 대해 牧隱이 고려와 조선조를 통해 제일
大家이며, 簡易가 張維에 앞선다고 했다. 金昌協이 이와 같이 말한
것은 여러 의견을 수렴한 것이다. 執事는 글에서 단 것을 좋아하고
쓴 것을 싫어하며 神雋한 것을 높이 여기고 麤拙한 것은 낮게 생
각하기 때문에 選列에서 제외하지 않았는가 생각되나, 그 等位를
말하면 근래 몇 사람의 작가와 牧隱과 簡易의 大作을 비교했을 때
피리와 큰 종소리의 차이가 있는 것처럼 놀랄 만한 것이 아니겠는
가 했다.32)

이와 같이 曺兢燮은 金澤榮의 麗韓十家文鈔에서 牧隱과 簡易
를 제외시킨 것에 대해 위와 같이 지적하면서 牧隱과 簡易의 大作
은 麗韓十家文鈔에 선입된 근래 몇 사람의 작품과 비교하면 피리
와 큰 종소리가 다른 것처럼 많은 차이가 있다고 했다. 曺兢燮의

---

31) 金澤榮, 『韶濩堂集』卷 8, 雜言. "李牧隱以益齋門生 始唱程朱之學 而
其文多雜註疏語錄之氣 自是至吾韓二百餘年之間 有權陽村金佔畢崔
簡易申象村李月沙諸家 而皆受病於牧隱"

32) 曺兢燮, 與金滄江 (五信)『深齋集』卷 5. "金農巖嘗論吾東之文 以牧隱
爲二代之大家 簡易爲谿谷之前行 自今觀之 農巖之於二家 似大不相入
而其言如此者 以其能公聽並觀 執事之於文 喜甘而惡苦 尚神雋 而卑
麤拙 故二家不在選列 然必論其等 則以近代數公 比之於牧隱簡易諸大
家 豈不類箏笛之與洪鐘 可悅而不可驚耶"

이러한 주장에 대해 金澤榮이 反論을 제시한 答信이 있은 듯하나, 그의 문집에 실려 있지 않아 내용을 구체적으로 알 수 없는 것이 아쉬우며, 그 내용은 曺兢燮이 다음에 보낸 書信으로 짐작할 수밖에 없다.

曺兢燮이 金澤榮의 答信을 받고 보낸 글에 牧隱에 대해서는 그의 全集을 보지 못하고 다른 문집에 그의 글이 몇 편 실려 있는 것만 보았다고 전제하면서 뒤에 金昌協이 牧隱을 東方의 제일이라고 한 것을 보고 그의 見識이 매우 精明해 잘못 칭찬한 것이 아닐 것으로 생각되어 그렇게 말했는데, 난쟁이가 담장을 보고 웃는 꼴이 되었으니 가르침을 받고 이해하게 되었다고 했다.[33]

이와 같이 牧隱을 選列에서 제외한 것에 대해서는 승복했으나, 簡易가 제외된 것은 쉽게 승복하지 않고 계속 異議를 제기했다. 즉, 執事가 簡易의 글이 麤陋하다고 버렸으나 匠石과 卞和와 같이 정확하게 알고 한 것인지 모르겠다. 執事가 谿谷과 農巖의 글을 매우 무겁게 여기는데, 谿谷은 簡易集 序에서 극히 칭찬하면서 다만 밑에 쌓인 것이 모두 노출되었다고 했고, 農巖은 簡易의 높은 곳에는 谿谷이 미치지 못하고 그의 낮은 것에는 谿谷도 하지 않는다고 했다. 이것은 모두 정확한 논평이라고 생각되는데, 執事의 선택은 이들의 말과 다르지 않은가. 歐陽修가 韓愈를 배우면서 杜甫를 좋아하지 않았고, 蘇東坡가 歐陽修를 높게 여기면서 司馬遷의 史記를 싫어한 것은 당시에도 이상하게 생각했는데, 執事는 세태와는 달리 독특한 것을 가져 보고자 한 것이 아닌가 했다.[34] 이와

33) 曺兢燮, 與滄江.(六信) "後見農巖所論 以牧隱爲東方第一大家 此公見識極精明 似非曲譽 故前書云云 眞所謂矮人看場之笑耳 今承大喩 不覺爽然自失"
34) 曺兢燮, 與金滄江. (六信) "執事之斷簡易以麤陋, 未知能爲匠石之量 卞和之識也耶 且夫執事之所重 莫先於谿農 而谿之序 簡旣極其推服 但

같이 曹兢燮은 金澤榮이 높게 인정하는 張維와 金昌協이 모두 簡
易의 문장을 높게 평가하고 있는데, 張維와 金昌協은 취하고 簡易
는 버렸으니 세상 사람들과는 달리 독특한 것을 취하고자 하는 것
인가 하며 選列에서 簡易의 글이 제외된 것에 대해 수차 강하게
異議를 제기했으나, 金澤榮의 答信을 받고 결국 그의 의견에 동의
하는 듯 했다.35) 曹兢燮은 자신의 異議에 대한 答信을 받고 자신
은 어렸을 때부터 글을 좋아했으나 스승을 만나지 못해 포기했지
만 때때로 좋아했던 것을 잊지 못하고 執事로부터 定論을 얻고자
했다. 執事의 開喩한 것이 마음으로 옳다고 생각하고 있으나, 전날
좋아했던 것을 버리지 못해 생각과 본 것이 보잘것이 없다고 전제
하면서 簡易의 글이 자신도 배울 것이 못된다고 생각하고 있었지
만 그러한 文體도 알아 둘 만하다고 생각했다. 또 農巖의 견식이
밝고 정확해 우리 나라에서 그와 비교할 만한 사람이 적다고 믿었
기 때문에 그렇게 생각하게 되었다고 했다.36)

　　이로써 曹兢燮이 자신의 견해를 계속 주장하지 않고 金澤榮의
논리에 승복한 것으로 생각되는데, 曹兢燮이 끝까지 주장하지 않
고 승복한 것은 그의 말과 같이 처음부터 簡易의 글이 배울 것이
못된다고 생각되었기 때문인지, 아니면 金澤榮의 논리에 설득된
것인지 알 수 없다. 그러나 이와 같은 논쟁이 있었으므로 簡易의
글에 대해 근세에 이르러 相反된 견해가 있었음을 알 수 있다.

　　病其底蘊之或畢見　農則以爲簡之高處　谿所不及　其低處　谿所不爲　是
　　皆稱量錙銖之言也　而執事之取舍乃如此　昔歐陽學韓　而不喜杜詩　東坡
　　尊歐　而不喜馬史　當時以爲異事　執事得無類之然乎"
35) 曹兢燮이 金澤榮에게 보낸 與答書簡은 모두 14篇이 되나 金澤榮이 보
　　낸 것은 與曹仲謹 한 편밖에 그의 문집에 실려 있지 않다. 그러므로 簡
　　易의 글에 대해 金澤榮의 견해를 구체적으로 알 수 없는 것이 아쉽다.
36) 曹兢燮, 與金滄江. (七信) "夫簡易之文　兢亦知其不足學也　而猶意其可
　　備一體　且農巖見識之精明　吾東鮮有倫比　所以意其或然"

簡易의 글에 대해 否定的인 견해는 金澤榮으로 끝나지 않았다. 최근의 卞榮晚(1889~1954)은 조선조 중엽에 簡易가 가장 문명이 높아 국가의 중요한 글들이 그에 의해 지어진 것이 많았다고 하나 지금 그의 문집을 보면 상당한 차이가 있다. 글은 한가지 기준으로 말할 수 없으나 뜻은 奇하고 말은 穩해야 한다. 그런데, 簡易는 險僻한 말과 庸淺한 뜻으로 그 재능을 잘못 사용하고 있다고 전제하면서 물건이 좋지 못해도 버리지 못하는 것은 혹시 필요할 때가 있을까 생각하기 때문이다. 이 문집은 버릴 뿐이요 전혀 취할 것이 없다. 그렇다면 그가 칠십년 동안 독실하게 드린 功과 삼백년간 지닌 명성을 어떻게 이해할 것인가. 그것은 글을 쓰고자 하는 자들에게 簡易의 前轍을 밟지 않게 하는데 경계함이 될 것이니 이로써 簡易도 공이 있다고 할 것이라 했다.[37] 이와 같이 卞榮晚은 簡易의 글이 險僻하고 庸淺한 말로써 재능을 잘못 사용하고 있기 때문에 일고의 가치도 없다고 했다.

이상에서 簡易의 산문에 대한 否定的인 견해를 살펴보았는데, 이러한 견해가 전에도 간혹 없지는 않았으나 근세에 金澤榮, 卞榮晚 등에 의해 강하게 제기되었다. 金澤榮이 簡易의 글에 대해 직접 말한 것은 보지 못했으나 그가 편찬한 麗韓十家文鈔에서 제외시켰고, 簡易가 選列에서 제외된 것에 집요하게 항변을 한 曹兢燮을 설득시킨 것을 보면 簡易를 제외시킨 것에 대해 구체적인 견해가 있었음을 알 수 있다. 다음에는 金澤榮과 卞榮晚 등이 簡易의 글에 대해 어떻게 否定的인 태도를 가지게 되었는지 그들의 취향

---

37) 卞榮晚, 題崔簡易集後, 『山康齋文鈔』. "凡物雖於其未善者 人不能一棄而無顧 或誠有所取之 而若此文有棄之道而已 殊無所取 然則 彼其七十年間之用工之專且篤 三百載中之負名之盛且久 其故可解耶 有欲操筆學文者 當以不蹈簡易之轍爲戒 而於是乎簡易亦有功矣"

과 글의 성격에 관해 간단히 알아보고자 한다.

金澤榮은 乙巳保護條約이 締結되자 가족을 데리고 중국으로 망명하여 南通州에서 저작을 하며 일생을 마쳤다. 그의 산문에 대해 俞樾은 韶濩堂集 原序에서 曾鞏과 王安石 兩家의 글을 하나로 합쳤다고 했다. 이에 대해 金澤榮은 答俞曲園先生書에서[38] 자신의 글에 대한 지적이 사실이 아닌 듯하면서도 사실이라고 하며 韓愈를 배우고자 하다가 미치지 못하게 되면 자연히 曾鞏과 王安石의 글과 같게 된다고 했다. 그리고 卞榮晩은 金澤榮이 韓愈와 明의 歸有光과 우리 나라 朴趾源의 글을 매우 좋아한다고 했다.[39]

앞서 살펴본 바 簡易는 韓愈의 글을 좋아했다가 晩年에 歐陽修로 바꾸었다고 했다. 글의 취향에서 簡易와 金澤榮이 뒤에는 서로 달랐다 할지라도 처음에는 다같이 韓愈를 좋아했다. 그런데 뒤에 취향이 달랐기 때문인지 簡易의 글은 險僻했고, 金澤榮의 글은 단조롭지 않고 변화가 많으면서도 밝았다고 한다. 이와 같이 글의 특성이 서로 달랐기 때문에 金澤榮이 簡易의 글을 좋아하지 않았을 것으로 추측된다.

卞榮晩은 6·25 직후까지 생존했던 최근세에 漢文學의 大家였다. 金澤榮은 그에 대해 卞生은 淸의 말기에 龔定菴 曾滌生 무리들이 諸子의 글은 僞體라고 주장하고 있는데, 그의 議論은 바로 海外滌生의 黨派라 했다.[40]

그러나 曹兢燮은 이와 반대로 그의 글의 독창적인 文體를 격찬하면서 君의 재능이 屈原과 司馬遷에 이르는데 어렵지 않을 것이며, 더욱 노력하면 韓愈가 이르지 못한 곳에까지 나아갈 수 있을

---

38) 『韶濩堂文集』卷 1.
39) 卞榮晩, 滄江子傳,『山康齋文鈔』
40) 金澤榮, 答河叔亨牘,「借樹亭新收」. "承示卞生之說 滿淸之季龔定菴滌生輩 唱諸子僞體之文 卞生議論卽一海外之滌生黨派"

것이라 했다.41) 이로써 보면 卞榮晩은 정통문체에 대해 호의적인
것이 아니었고 독자적인 새로운 文體를 모색하고자 했기 때문에
전통적이면서 險僻한 簡易의 文體를 수용하기 어려웠을 것이다.

그런데, 簡易의 글에 대해 金澤榮, 卞榮晩이 부정적으로 말했다
고 해서 그것이 共論化된 것은 아니다. 글에 대한 가치인식은 개인
의 취향에 따라 선택이 달라질 수 있고, 또 세태의 변천과 상관관
계가 있다. 이에 대해 徐居正은 문장에 따른 취향은 시대에 따라
다르다. 옛날부터 시인으로 李白과 杜甫를 으뜸으로 추대하고 있
으나, 宋의 초기 楊大年은 杜甫를 村夫子로 생각하고 李長吉의 시
를 매우 좋아했는데, 당시 사람들이 그를 따랐다고 했다.42) 그리고
曹兢燮은 문자에 관한 것은 매우 넓어 사람마다 보는 것이 일치할
수 없다. 前漢 때의 楊雄의 글을 韓愈는 經傳 같이 높이 여겼으나,
柳宗元은 그를 韓愈 밑에 두었고, 蘇東坡 부자는 그의 글을 벌레
그려 놓은 것처럼 여겼다. 그리고 韓愈와 歐陽修는 강물이 긴 세월
을 통해 변하지 않고 흐르는 것과 같은데 河景明은 文法이 韓愈에
서부터 망했다고 했고, 李夢陽은 唐書를 읽지 못하게 경계했다. 이
것은 각자 좋아하고 미워하는 것에 따른 것이라 했다.43) 이와 같이
동일한 작가와 저작이라 할지라도 보는 사람의 취향에 따라 좋아
하고 싫어하는 것으로 구분된다. 이러한 경우는 漢文學에서만 볼
수 있는 것이 아니고 西歐의 문예사에서도 있다.

---

41) 徐居正, 『東人詩話』卷 上. "文章所尙 隨時不同 古今詩人 推李杜爲首
   然宋初楊大年 以杜爲村夫子 酷愛李長吉詩 時人效之"
42) 曹兢燮, 山康齋文鈔 序 『山康齋文鈔』. "君之才於屈馬之所至 至之已
   若無難者 使有至而加勉矣 或進於韓氏之所未至焉者"
43) 曹兢燮, 答金滄江. (六信) "文字之道甚廣 而人之所見不一 子雲之書 昌
   黎尊之如経 而同時如子厚 已處之韓下 至蘇氏父子 則擯之爲雕蟲矣
   韓歐之文爲江河萬古之流 而河大復之謂文法亡於韓也 李空同之戒不
   讀唐書 此其好惡 又何如也"

이상에서 簡易의 文體에 대해 否定的 또는 肯定的인 견해가 있
음을 살펴보았다. 한 작가에 대해 이와 같이 차이가 있는 것은 위
에서 말한 바와 같이 평자의 개인적인 취향과 思潮의 변천에 따른
것이다. 취향은 개인적인 것이기 때문에 각자 일치할 수가 없으므
로 어느 것이 옳고 잘못된 것이라고 말하기 어려울 것이다. 簡易의
산문에 대해 긍정과 부정적인 것을 시대의 변천에 따른 思潮와 관
련시키고자 하는 것은 簡易 당시와 그 직후에 있었던 논평들은 긍
정적인 견해가 많았으나 후기로 내려오면서 否定的인 견해가 金澤
榮, 卞榮晩 등에 의해 나왔다. 이것은 개인적 취향도 배제할 수 없
겠지만 근세에 文體에 대한 관념이 조선조 중기와 달라졌기 때문
이 아닌가 한다.

IV. 結 言

본고는 簡易의 산문에 대해 긍정적인 견해와 부정적인 견해를
중심으로 살펴보면서 부정적인 것에 더욱 치중했다. 그것은 부정
적인 것에 대해 동의하기 때문에 구체적으로 파악하기 위한 것이
아니고, 또 어느 견해가 더욱 타당한가 하는 것을 알아보고자 한
것도 아니다. 그것은 필자의 능력으로 감당하기 어려울 뿐만 아니
라, 또 그것은 무의미한 것일 수도 있다. 왜냐하면 작품에 대한 평
가는 수준의 미달로 부정적이라면 모르지만 견해의 차이, 즉 취향
에 따라 달라지게 되고 思潮의 변천에 의해 차이가 있게 된 것은
可否로써 말하기 어렵기 때문이다.

崔簡易는 시와 산문이 모두 우수하여 漢文學史에서 비중 있는 인물이다. 이러한 작가에 대해 양론이 있었다는 것은 그만큼 주목의 대상이 되었다는 것을 실증한 것이 아닌가 생각된다. 따라서 이것으로 인해 그의 문학에 대한 연구가 다각적으로 이루어지게 될 수 있지 않을까 한다. 그리고 그의 문학에 대한 부정적인 견해가 근세에 나온 것을 감안할 때 簡易 당시와 文體에 대한 가치인식이 근세에 이르러 적지 않게 달라졌기 때문이 아닌가 한다.

제3장

燕巖文體와 正祖의
復古政策에 대한 研究

Ⅰ. 序 言

18세기 후반 우리 나라 漢文學界에는 적지 않은 파란이 있었다. 그것은 燕巖 朴趾源의 참신하고 독특한 文體의 등장과 그에 따라 제기된 正祖의 강력한 文體의 復古政策이다. 문학사에서 새로운 文體의 등장은 문학의 발전에 필요한 것으로써 수용할 만한 가치가 있다고 인정되면 호응을 받아 유행되는 것이 일반적이며, 그것을 인위적으로 강조하거나 거부하고자 해도 일시적일 뿐 가능한 것이 아니다.

그런데, 燕巖의 文體는 어떤 특징으로 인해 일세의 주목을 받게 되었으며, 正祖는 무엇 때문에 政策的으로 復古를 강조하며 그러한 文體의 유행을 저지하고자 했을까. 또 燕巖文體는 正祖가 정책적으로 저지함으로 인해 그 유행이 어떻게 되었을까. 이러한 문제들은 당시 또는 그 후의 漢文學을 이해하는데 흥미와 주목되는 바가 아닐 수 없다.

지금까지 正祖의 文體 復古政策과 燕巖의 文體에 대해 적지 않은 연구가 있었다. 李家源의 燕巖小說研究에서 文體波動[1]과, 鄭玉子의 正祖의 學藝思想,[2] 및 朝鮮後期의 文風과 委巷文學[3]과, 鄭亨愚의 正祖의 文藝復興政策[4]과, 金血祚의 燕巖體의 成立과 正祖의 文體反正 등이다.[5] 본고는 이러한 기존연구를 전제로 하고 오로지 文體를 중심으로 고찰하고자 한다.

---

1) 李家源,『燕巖小說研究』, 乙酉文化史, 1965, 437～480쪽.
2)『韓國學報』11輯 여름, 1978.
3) 서울대 인문대 國史學科,『韓國史論』4, 1978.
4)『東方學志』11輯, 1970.
5)『韓國漢文學研究』第 6輯, 韓國漢文學研究會, 1982.

Ⅱ. 燕巖文體의 特徵

1. 燕巖의 文體에 대한 觀念

燕巖은 朴趾源(1725～1790)의 호이며, 그의 자는 仲美였다. 그는 정치적으로 상당히 안정된 시기인 英正 때 생존했던 인물로서 사상과 문학 兩面에서 크게 주목받는 인물이다. 燕巖은 사상적으로 性理學에서 實學으로 교체되어 가는 시기에서 商工業의 장려와 農政에도 많은 관심을 가져 당시 대두되기 시작한 實學의 선두주자의 한 사람이었다. 그리고 문학면에서는 그의 독특한 文體로 實學思想을 고취 강조하여 주목을 받았다. 燕巖이 당시 문단의 주목을 받게 된 것은 사상보다 그의 독특한 文體였다고 볼 수 있겠는데, 그의 文體의 특징에 앞서 그의 文體에 대한 관념부터 살펴보고자 한다.

燕巖은 文體에6) 대해 글은 의사를 표현하는 것으로 그쳐야 한다. 사람들이 제목을 가지고 글을 쓰고자 할 때 古語를 생각하며 經傳의 뜻을 찾아 근엄하게 하고 글자마다 矜莊하게 하고자 한다. 글 쓰는 것을 초상화를 그리는데 비유하면 초상화를 그리고자 하는 사람이 얼굴을 단장하고 눈동자도 움직이지 않으며 옷의 주름도 구겨지지 않게 하여 평상시와 다르게 하고 있으면 비록 뛰어난

---

6) 文體는 글의 체제로써 문장의 語句 措辭 등에서 나타나는 특색을 의미하는 것이므로 文 또는 文章과 구분되는 것이나, 경우에 따라 구분하기 어려울 때도 있다. 그러므로 본 고에서는 구분하기 어려운 것을 총칭하여 文體라 하고자 한다.

화가라 할지라도 그의 참 모습을 그리기 어려울 것이다. 글을 짓는
것도 그것과 다를 것이 있겠는가. 그러므로 글은 오직 진실할 따름
이다. 이로써 보면 글은 잘 짓고 잘못 짓는 것은 작자에게 있고, 그
것을 구분하는 것은 글을 보는 사람들에게 있다.[7] 이와 같이 글은
진실하고 과식 없이 자연스러운 것을 강조했다.

그리고 표현하고자 하는 내용에 대해 땔감을 지고 다니면서 소
금을 사라고 외치면 종일 다녀도 땔감을 팔지 못할 것이다. 글은
짓고자 할 때에도 추하다고 해서 이름을 숨기지 아니하며, 속되다
고 해서 자취를 감추지 않아야 한다고 전제하면서 孟子께서 성은
같으나 이름은 달라야 한다고 했는데, 글에서도 글자는 같지만 글
은 서로 달라야 한다고 했다.[8] 이로써 글은 표현하고자 하는 내용
을 분명히 하고 개성을 강조하고 있음을 알 수 있다.

글은 진실하고 개성이 뚜렷해야 한다는 것에 대해서는 글은 쓰
는 사람들이 예나 지금이나 누구를 막론하고 공통적으로 가지고
있는 생각이기 때문에 위에 인시한 것이 독특한 견해라고 말할 것
이 없을 것이다. 그러나 글을 쓰게 되면 과장이 있게 마련이고 개
성을 지닌다는 것은 쉬운 것이 아니기 때문에 燕巖이 이와 같이 강
조한 것이 아닌가 생각되며, 그것은 그의 文體의 특징과도 밀접한
상관이 있다.

燕巖은 문장의 독특한 개성을 강조하면서 그것을 兵法과 비유
하기도 했다. 즉, 用兵을 잘하는 장수는 버릴 병사가 없고, 글을 잘

---

7) 朴趾源, 孔雀館文稿 自序, 『燕巖集』 卷 3. "文以寫意 則止而已矣 彼臨
   題操毫 忽思古語 强覓經旨 假意謹嚴 逐字矜莊者 臂如招工寫眞 更容
   貌而前也 目視不轉 衣紋如拭 失其常度 雖良畵史 難得其眞 爲文者亦
   何異於是哉 … 爲文者 惟其眞而已矣 以是觀之 得失在我 毁譽在人"
8) 朴趾源, 答蒼厓, 『燕巖集』 卷 5. "孟子曰 姓所同也 名所獨也 亦唯曰字
   所同 而文所獨也"

짓는 문인은 선택할 글자가 따로 있는 것이 아니다. 능력 있는 장
수를 얻게 되면 훈련을 받지 않은 병사도 모두 强兵이 되며, 천을
찢어 깃발을 해도 精彩가 있을 것이다. 글을 지을 때에도 그 이치
를 알게 되면 가족들의 일상생활에서 하는 말도 學官들의 글과 같
을 수 있으며, 시골 아이들이 부르는 노래도 爾雅할 수 있다. 그러
므로 글이 잘못된 것은 글자의 죄가 아니고 字句의 雅俗을 평하고
篇章의 高下를 논하는 자들이 合變의 교묘함과 制勝의 權道를 알
지 못하기 때문이다. … 글을 짓는 자들은 빨리 가는 길을 잃고 요
령을 얻지 못한 것을 근심할 것이며, 徑路를 알지 못하면 한 자도
쓰지 못할 것이다.[9] 여기에서 燕巖이 글을 짓는 것과 用兵과 비유
해서 말한 것은 매우 적절할 표현이 아닌가 한다.

그리고 燕巖의 文體에 대해 雜駁하고 諧謔的인 것이 많다고 하
며 좋지 않게 말하고 있는 견해가 있는데, 그는 가족들의 일상생활
에서 사용하는 말도 그 이치만 얻게 되면 學官들의 말과 다를 바
없고 시골 아이들이 부르는 노래도 爾雅하게 된다고 했다. 燕巖이
이렇게 말한 騷壇赤幟引은 언제 지었는지 알 수 없으나 자신의 글
에 대해 비판이 있는 것을 의식하고 그것을 반박하기 위해 쓴 것이
아닌가 생각되며, 이것은 燕巖文體의 특성을 이해하는데 좋은 자
료가 될 것으로 생각된다.

이와 같이 燕巖은 글에서 개성과 合變의 묘를 터득해야 함을 말
하면서 獨創性을 강조했다. 그는 세상 사람들이 다른 사람들의 글

---

9) 朴趾源, 騷壇赤幟引, 『燕巖集』卷 1. "故善爲兵者 無可棄之卒 善爲文
   者 無可擇之字 苟得其將 則鉏耰棘矜 盡化勁悍 而裂幅揭竿 頓新精彩
   矣 苟得其理 則家人常談 猶列學官 而童謳里諺 亦屬爾雅矣 故文之不
   工 非字之罪也 彼評字句之雅俗 論篇章之高下者 皆不識合變之機 而
   制勝之權者也 … 故爲文者 其患常在乎自迷蹊逕 未得要領 夫蹊逕之
   不明 則一字難下"

을 칭찬할 때 산문은 兩漢의 글을, 시는 盛唐의 시를 따라야 한다
고 하는데 같다고 말하는 것은 이미 진짜가 아니다. 오늘날에 어찌
漢唐의 것이 있을 수 있겠는가. 漢唐은 今世가 아니며, 우리 나라
風謠는 중국과 다른 것이다. 斑固와 司馬遷이 다시 태어난다 해도
옛날 자신의 글을 따르지 않을 것이라고 했다.10)

중국 문단에서는 宋의 후기부터 文則西漢 詩則盛唐이라는 말이
유행하게 되었으며, 우리 나라에서도 조선조 초기부터 문인들 사
이에 점차 유행하기 시작했다. 이러한 주장은 시대에 따라 文體가
여러 번 바뀌면서도 변하지 않았고, 燕巖이 생존했던 시기에도 그
말은 권위를 잃지 않고 계속 유행했다. 그런데, 燕巖은 같다는 것
은 이미 진짜가 아니라고 하며 전통적인 유행을 강하게 거부하고
자 했다.

燕巖은 文體에서 같다는(似) 것에 대해 단순히 유행을 거부하는
것으로 그치지 않고 논리적인 체계를 가지고 있었다. 그는 옛글을
모방해 글을 짓는 것은 거울로써 물건을 비추는 것과 같다고 하겠
는데, 그렇게 했을 때 같다고 할 수 있겠는가. 좌우가 相反되었는
데 어찌 같다고 할 수 있겠는가. 그리고 물 속에 나타나는 형상을
본체와 같다고 할 수 있겠는가. 本末이 전도되어 나타나는데 어찌
같다고 할 수 있겠는가. 그렇다면 결국 같은 것은 얻을 수 없는가
했을 때 어찌 같은 것을 구하고자 하는가. 같은 것을 구하는 것은
진짜가 아니기 때문이다. 세상에서 서로 같다는 것을 말할 때 酷肖
라 하고, 구분하기 어려운 것은 逼眞이라 한다. 그런데, 逼眞과 酷
肖를 말할 때 그 가운데는 가짜와 서로 다른 것이 있다고 했다.11)

---

10) 朴趾源, 贈左蘇山人,『燕巖集』卷 4. "我見世之人 譽人文章者 文必擬
   兩漢 詩則盛唐也 曰似已非眞 漢唐豈有 … 漢唐非今世 風謠異諸夏 班
   馬若再起 決不學班馬"
11) 朴趾源, 綠天館集 序,『燕巖集』卷 7. "倣古爲文 如鏡之照形 可謂似也

이러한 燕巖의 논리에 따르면 이 세상에서 같은 것은 있을 수 없는 것이기 때문에 옛 글을 본받아 글을 짓고자 하나 결코 같은 글은 지을 수 없다는 것이다.

이와 같이 燕巖은 詩則盛唐 文則西漢이라는 구호에 반기를 들며 독창을 강조했는데, 그것은 자신의 文體와 상관이 있다고 생각했기 때문에 그에 대해 구체적으로 언급한 바가 있으므로 들어보고자 한다. 李書九는 16세 때부터 몇 년 동안 글 짓는 것을 자신에게 배웠는데 매우 총명했다. 그는 자신이 지은 글을 가지고 와서 보이며 말하기를 몇 년 사이에 지은 글이 사람들로부터 많은 혹평을 받았다. 말이 약간 새롭거나 글자가 하나라도 이상하면 옛글에 있는 것인가 한다. 없다고 하면 어떻게 이같이 짓는가 하며 답답해하고 있는데, 옛글에 있는 것이면 다시 할 것이 있는가 하며 가르쳐 달라고 했을 때 … 자네는 아직 젊었으니 사람들이 화를 내거든 공손하게 사례하며 넓게 배우지 못해 옛 것을 자세히 살펴보지 못했다고 하고, 그래도 화를 풀지 않으면 殷의 誥와 周의 雅도 三代 때의 時文이며, 李斯와 王羲之의 글씨도 秦과 晉 때의 俗筆이라고 하라 했다.[12] 이와 같이 옛 글에 있는 것이면 다시 쓸 필요가 있는가 하고 法古에 대해 강하게 반대하며 그것을 더욱 立證하기

歟 曰左右相反 惡得而似也 如水之寫形 可謂似也歟 曰本末倒見 惡得而似也 … 曰然則 終不可得而似歟 曰夫何求乎似也 求似者 非眞也 天下之所謂相同者 必稱酷肖 難辨者 亦曰逼眞 夫語眞語肖之際 假與異在其中矣"

12) 위와 같음. "李氏子洛書 年十六從不佞學有年 心靈夙開 慧識如珠 嘗携其綠天之稿 質于不佞 曰嗟乎 余爲文纔數歲矣 其犯人之怒多矣 片言稍新 隻字涉奇 則輒問古有是否 否則 怫然于色 曰安敢乃爾 噫 於古有之 我何更爲 願夫子有以定之也 … 吾子年少耳 逢人之怒 敬而謝之 曰不能博學 未攷於古矣 問猶不止 怒猶未解 嘵嘵然答 曰殷誥周雅 三代之時文 丞相右軍 秦晉之俗筆"

위해 書經의 湯誥와 詩經의 大雅와 小雅도 모두 당시의 時文이라고 했다.

그런데, 燕巖은 創新을 이와 같이 강조하면서도 法古를 완전히 排除하지는 않았다. 그는 創新과 法古에 대해 비교하며 언급한 바 있다. 燕巖은 이에 대해 글을 짓고자 할 때 어떻게 할 것인가. 論者들이 반드시 法古를 해야 한다고 하기 때문에 사람들이 摹像을 하고 있으면서도 부끄러운 줄을 모르고 있다. … 創新이 좋은가. 사람들이 怪誕하고 淫僻한 글을 지으면서도 무서운 줄을 모르고 있다. 그렇다면 어떻게 하는 것이 좋은가. 法古를 하게 되면 옛 사람의 자취에 빠지게 되는 병이 있을 수 있고, 創新을 하게 되면 經典을 무시하는 경향이 있을 수 있다. 그러므로 法古를 하되 변화를 알고 創新을 하되 經典을 잘 활용하게 되면 今文이 바로 古文이 된다. 그런데, 創新하여 교묘한 것보다 法古를 하여 투박(陋)한 것이 좋지 않을까 했다.[13] 이로써 보면 燕巖은 지나치게 創新을 강조하지 않았고 따라서 法古에 대해서도 부정적인 태도로 일관하지 않았음을 알 수 있는데, 그것은 創新을 지나치게 강조했을 때 怪誕함이 있을 수 있고, 法古에서도 옛 것에 빠질 수 있는 위험이 있음을 알았기 때문일 것이다.

이상에서 燕巖의 文體에 대한 관념을 살펴보았는데, 그는 글의 진실함을 무엇보다 강조했다. 글의 표현 내용이 진실해야 함은 극히 상식적인 것임에도 불구하고 이와 같이 강조한 것은 지난날 작가들의 쓴 글 가운데는 과장된 표현이 적지 않았기 때문일 것이다.

---

13) 朴趾源, 楚亭集 序, 『燕巖集』卷 1. "爲文章如之何 論者曰 必法古 世遂有儗摹倣像 而不知恥者 … 然則 創新可乎 世遂有怪誕淫僻 而不知懼者 … 夫然則如之何其可也 吾將奈何 無其已乎 噫 法古者病泥跡 創新者患不經 苟能法古而知變 創新而能典 今之文猶古之文 與其創新而巧也 無寧法古而陋也"

그러므로 진실과 아울러 자연스러움을 말하면서 글은 작자가 짓는 것이라 할지라도 글에 대한 평가는 독자가 한다는 것을 말하고 있다. 그리고 글의 개성에 대해서도 강조했다. 그는 개성에 대해 글자는 같지만 글은 달라야 한다고 했다.

燕巖이 文體에서 가장 강조한 것은 獨創性이 아니었던가 한다. 燕巖이 그와 같이 강조한 것은 漢文學에서 당시는 물론 옛날부터 지나치게 法古를 중시했기 때문이었을 것이다. 그러나 그는 創新을 하되 怪誕한 것을 피하고자 했고, 法古에서도 摹像은 부끄러운 것이라 했다. 文體에 대한 燕巖의 이러한 관념은 누구나 쉽게 동의할 수 있는 것으로 생각되지만, 동의만으로 반영되는 것이 아니고 의식과 재능과 노력이 따라야 가능한 것이 아닌가 한다.

2. 燕巖文體의 形成과 特徵

燕巖의 저작 가운데 그의 독특한 文體가 가장 잘 나타나 있는 것은 熱河日記라고 한다. 이에 대해 柳得恭(1744~1807)은 燕巖은 弱冠 때부터 글을 잘 지어 이름이 많이 알려졌다. 그는 과거에 합격하지 못하고 불우해 있으면서 使臣으로 가는 族兄인 錦城尉 朴明源을 따라 중국의 熱河에까지 갔다가 돌아와서 日記 20권을 지었는데, 그 문장이 嬉笑 怒罵와 아울러 寓言까지 섞여 있으며, 그 가운데 象記, 虎叱, 夜出古北口, 一日九渡河 등의 글이 극히 恢奇해 일시의 사대부들이 傳寫해 빌려 보았으며, 얼마 되지 않아 正祖도 보게 되었다고 했다.[14]

---

14) 柳得恭, 古芸堂筆記, 『泠齋集』 卷 3. "燕巖弱冠善屬文 名動京師 旣而落拓未第 隨族兄錦城尉使燕 遊熱河而歸 著日記二十卷 嬉笑怒罵 雜

燕巖은 正祖 4년, 그의 나이 44세 때 三從兄인 朴明源이 중국에 使臣으로 가게 되자 같이 가게 되었는데, 어떤 직책으로 가게 되었다는 말이 없는 것으로 보아 正使의 親族으로 수행하게 된 것이 아닌가 생각된다. 그리고 北京으로 갔다가 淸의 高宗이 피서하기 위해 熱河에 있었기 때문에 그곳까지 갔다고 한다. 燕巖이 熱河로 가는 도중에 지은 시가 있으므로 들어둔다.

書生白頭入皇京   白頭가 될 즈음에 皇京으로 가며
服着依然一老兵   입은 옷이 老兵과 비슷하다오.
又向熱河騎馬去   다시 熱河로 향해 가니
眞如貧士就功名.   가난한 선비 공명 찾아 가는 것과 같다오.
(『燕巖集』卷 4)

燕巖은 50세 때 繕工監假監役에 제수될 때까지 다른 관직에 임명되었다는 기록이 없고, 위에 인시한 시에서도 자신의 복색이 老兵과 같다고 했으니 뚜렷한 직책을 가지고 간 것은 아닌 듯하다. 그리고 그때 熱河까지 갔기 때문에 紀行文을 熱河日記라 했을 것이다.

燕巖은 熱河日記의 저작에 대해 내가 여행 중에 왼쪽은 滄海, 오른쪽은 太行山을 끼고 계속 가니 心目이 날로 새로워져 碌碌했던 지난날이 우습고 浩然之氣를 느끼며 長城을 지나 북쪽의 大漠까지 갔는데, 이것이 熱河까지의 여행이다. 돌아오자 物議도 없을 뿐만 아니라, 부러워하는 사람까지 있었다. 그때 지나면서 무료해 기록해 둔 것을 모아 몇 권으로 편집한 것이 熱河日記라고 했다.15)

以寓言 其象記虎叱 夜出古北口 一日九渡河等篇極恢奇 一時士大夫 傳寫借看 數年而未已 此書竟徹九重"
15) 朴趾源, 答李仲存書,『燕巖集』卷 2. "吾於是中 左環滄海 右擁太行 行 而復行 心目日新 笑前去之碌碌 覺是氣浩浩 遂出長城 北臨大漠 此其

燕巖이 중국에 갔을 때는 淸朝의 政情이 오랫동안 안정되어 문화
가 빛났기 때문에 燕巖은 그곳의 文物을 보고 매우 부러워했고, 또
熱河까지 가면서 광활한 대륙을 보고 경탄했는데, 그것은 그의 사
상과 문체면에 적지 않은 영향을 끼쳤을 것이다.

  燕巖의 文體가 중국을 다녀오기 전에는 크게 주목을 받지 못했
는데, 熱河日記가 알려지면서 그의 독특하고 참신한 文體에 대해
경탄과 아울러 비난도 적지 않았다. 다음에 언급되겠지만 燕巖의
文體에 대해 가장 부정적인 인물은 正祖였다. 그가 政策的으로 文
體復古를 강력히 추진하게 된 직접적인 계기도 熱河日記 때문이
었다고 해도 과언이 아니다. 南公轍(1760~1840)이 燕巖에게 보낸
書信 가운데 엊그제 筵中에서 자신에게 下敎하시기를 오늘날 文
風이 이와 같게 된 원인은 朴某의 죄가 아니라 할 수 없다. 내가
熱河日記를 숙독했으니 어찌 속일 수 있겠는가. 그는 도망친 큰 죄
인이다. 熱河日記가 세상에 유행한 후 文體가 이와 같이 되었으니
結者로 하여금 풀게 해야 할 것이라고 하시며 자신에게 명령하여
이 뜻을 알려 빨리 一部의 純正한 글을 지어 熱河日記의 贖罪를
하게 되면 蔭仕로 提學인들 아끼겠는가. 그렇지 않으면 重罪를 내
릴 것이라고 하였다.[16] 이로써 正祖가 당시 文體가 순정하지 못한
것에 대해 그 원인이 熱河日記에 있는 것으로 믿고 있었음을 알

      所以爲熱河之遊 及其歸後 非但物議不到 反有羨吾之是行者 出居無聊
      掇拾故紙 編成幾卷 此其所以爲熱河日記"
16) 昨日筵中 下敎于賤臣 曰近日文風之如此 原其本則 莫非朴某之罪也
      熱河日記 予旣熟覽 焉敢欺隱 此是漏網之大者 熱河日記行于世後 文
      體如此 自當使結者解之 仍命賤臣 以此意作書執事 斯速著一部純正之
      文 卽卽上送 以贖熱河之罪 則雖南行文任 豈有可惜者乎 不然則 當有
      重罪 以此卽爲貽書執事 下敎矣.
      이 글은 南公轍의 문집인『金陵集』에는 실려 있지 않고 朴趾源의 燕
      巖集 (卷 2)의 答南直閣書에 附記되어 있음.

수 있다.

그런데, 燕巖 文體의 형성은 熱河日記에서 비롯된 것이 아니고 그가 弱冠 전후에 저작했다는 九傳과 같은 글에서도 그의 독특한 文體를 볼 수 있음에도 불구하고 熱河日記만을 지적한 것은 그것이 文體와 아울러 당시 淸朝의 발달한 文物을 소개한 것으로써 세상 사람들의 많은 주목을 받았기 때문이었을 것이다. 그리고 한 작가의 文體가 형성되는 데는 하루아침에 되는 것이 아니고 많은 노력과 시간이 필요한 것이다. 燕巖 文體의 특징이 초기 저작인 九傳에서 비롯되었다 할지라도 熱河日記에 이르러 당시 淸朝의 찬란한 文物과 一望無際의 광활한 大陸을 본 뒤에 더욱 完熟해 진 것으로 볼 수 있을 것이다.

正祖의 文體 復古政策은 在位 16년경부터 강력히 추진되었는데, 그 때는 燕巖이 正祖 4년에 중국에 갔다 와서 저작한 熱河日記가 유행되면서 당시 文體에 적지 않은 영향을 끼치고 있었기 때문일 것이다. 그러므로 熱河日記는 正祖의 文體 復古政策을 유발하게 한 직접적인 원인이라 할 수 있을 것이다.

이와 같이 熱河日記의 文體가 당시 문단에 큰 파문을 던졌고, 이에 따라 正祖는 文體의 復古政策을 강력히 추진하게 되었는데, 燕巖은 자신의 文體의 형성에 대해 중년부터 불우하여 아무것도 하지 못하면서 몸가짐마저 철저히 하지 못하고 글 짓는 것으로써 유희를 하게 되어 때때로 근심에 젖거나 무료할 때 지은 것이 雜駁하고 無實하지 않은 것이 없어 俳優와 같이 사람을 웃기게 되었으니 참으로 賤陋하다고 했다.[17] 이로써 燕巖이 불우해 있을 때 근심

---

17) 朴趾源, 答南直閣書,『燕巖集』卷 2. "況如僕者 中年以來 落拓潦倒 不
   自貴重 以文爲戲 有時窮愁無聊之發 無非駁雜無實之語 自同排優 資
   人諧笑 固已賤且陋矣"

에 쌓이거나 무료할 때 유희로 지은 것이 雜駁하고 賤陋해졌다고
했다.

그리고 燕巖은 자신의 文體에 대해 朴山如가 稗官 奇書와 같다
고 했을 때 화를 내었다가 다음 날 아침에 山如를 불러 말하기를
자신이 오랫동안 궁하게 살아 왔기 때문에 글을 빌어 불편한 감정
을 표출해 遊戲를 하고자 하는 것이며 좋아서 하는 것이겠는가. 너
희들은 젊고 자질이 아름다우니 글을 지을 때 나와 같은 글을 배우
지 말고 正學을 興起하는 것을 책임으로 하여 다음 날 국가의 귀
중한 사람이 되라고 했다.[18] 여기서도 燕巖은 자신의 文體가 稗官
奇書와 같은 것은 궁하게 살았기 때문에 불평을 표출하는 것으로
써 유희를 하고자 한 것이라 했으므로 그의 文體의 형성에는 불우
했던 것과도 상관이 있었던 것으로 생각된다.

燕巖 文體의 형성과 특징에 대해 燕巖 자신은 어떻게 말했든지
그의 文體는 넘치는 활기와 아울러 발랄함은 물론 措辭가 참신하
고 표현이 형식에 구속을 받지 않고 대담하며 묘사가 精密하고 屈
伸이 자유로우며 俗語와 諧謔的인 용어를 많이 사용하는 특징이
있다. 이러한 燕巖의 文體가 당시 유행 文體와는 달리 독특하고
참신하여 젊은 문인들로부터 적지 않은 호응을 받았음에도 불구하
고 正祖의 정책적인 저지로 인해 그의 文體는 크게 유행하지도 못
했다. 뿐만 아니라 그의 文體에 대해 언급한 바도 드물었다. 그러
나 근세에 이르러 金澤榮(1850~1927)에 의해 높게 평가되었다. 그
는 燕巖이 근대에 생존하여 先秦의 글을 쓰고자 하면 先秦의 글을

---

18) 南公轍, 朴山如墓誌銘, 『金陵集』卷 17. "天且曙 燕巖旣醒 忽整衣跪坐
日山如來前 吾窮於世久矣 欲借文章 一瀉出傀儡不平之氣 恣其遊戲爾
豈樂爲哉 山如元平 俱少年美資質 爲文愼勿學吾 以興起正學爲己任
爲他日王朝黼黻之臣也"

썼고, 司馬遷과 같은 글을 쓰고자 하면 司馬遷과 같은 글을 썼으
며, 韓愈와 蘇軾과 같은 글을 쓰고자 하면 그들과 같은 글을 썼다.
그의 글은 雄壯하고 宏鉅했으며 優遊하고 閑暇하여 우뚝하게 서
있으면서 긴 세월을 흘겨보았으니 우리 나라 다른 작가에서는 있
지 않았던 것이라 했다.19) 先秦時代의 글과 司馬遷, 韓愈, 蘇軾 등
의 글은 독특한 특징을 가지고 있어 중국 문학사에서도 높은 비중
을 차지하고 있는 작가들인데, 燕巖을 그들과 비교해서 언급한 것
은 대단한 찬사라 할 수 있다. 金澤榮의 燕巖에 대한 찬사는 여기
에서 그치지 않았다. 그는 燕巖 文體의 기운이 특별히 성해 諸家
들이 가지고 있는 장점을 모두 가지고 있을 뿐만 아니라, 雄豪 鉅
厚한 것을 겸하고 있고, 변화가 아득해 千態 萬狀을 갖추고 있지
않은 것이 없어 造化翁이 사물의 성질에 따라 형태를 부여하는 것
과 같다고 했다.20) 이와 같이 燕巖의 文體가 雄豪하면서 萬狀이
구비하고 있음을 지적하며 찬사를 아끼지 않았다.

　燕巖의 文體에 대해 金澤榮과 같이 높게 평가한 견해도 있었으
나, 이와 반대로 좋지 않게 말한 것도 없지 않다. 金澤榮이 중국에
서 燕巖集을 간행하고자 했을 때 曹兢燮은 燕巖集 간행에 관한 일
이 이미 이에 이르렀으니 하지 않을 수 없겠으나, 처음부터 자신의
생각으로는 燕巖의 글이 平正함은 적고 譎詭함이 많아 문장가로
서 異端에 속한 것이기 때문에 그것을 많이 모아 전하게 하여 학자

19) 金澤榮, 重編燕巖集 序,『韶濩堂文集』文集 卷 2. "夫何朴燕巖先生 其
　　生在淸之中世 而其文欲爲先秦 則斯爲先秦 欲爲遷則斯爲遷 欲爲愈與
　　軾 則斯爲愈與軾 壯雄閎鉅 優遊閑暇 傑然睥睨于千載之上 而爲東方
　　諸家之所未有也"
20) 金澤榮, 與河叔亨論燕巖文書,『韶濩堂文集』卷 1. "惟燕巖其氣也特盛
　　旣已盡有諸家之長 而兼之以雄豪鉅厚 變動杳冥 千態萬狀 無之不見
　　如化工之隨物賦形"

들의 길을 잘못 들게 하지 않았으면 했다. 그리고 蘇東坡와 비교해
서 말하고 있는데, 東坡의 禪語와 諧謔은 십의 이삼에 불과하지만
燕巖은 십에 육칠이나 된다. 東坡는 禪院에 관한 글을 지으면서
禪語를 사용했음에도 望溪 方苞는 그 不雅함을 병으로 여겼다. 燕
巖은 일반적인 글의 제목에서도 禪語를 사용하고 있으니 그의 생
애에 불운함을 품고 기이한 것으로써 자신의 감정을 표출시키고자
한다 했으나 玩世不恭함이 심하다고 했다.21)

이와 같이 燕巖의 文體에 대해 金澤榮과 曹兢燮의 견해에 적지
않은 차이가 있음을 볼 수 있는데, 그것은 서로 관점의 차이가 있
었기 때문이다. 金澤榮은 燕巖의 文體에 대해 雄健하고 천태 만상
이 구비하고 있음을 말했을 뿐 禪語와 諧謔이 많은 것에 대해서는
언급하지 않았는데, 그것은 金澤榮도 禪語와 諧謔이 있는 것을 좋
아하지 않았기 때문일 것이다. 그는 儒家의 문장가로서 司馬遷, 韓
愈를 좋아했고 明의 歸有光의 영향을 많이 받았다고 하며, 純正한
전통문체를 좋아했던 문인이었다. 그러므로 燕巖의 文體에서 禪語
와 諧謔이 많은 것에 대해서는 언급하지 않고 萬狀이 구비한 文體
만을 언급했을 것이다.

曹兢燮은 燕巖 文體의 우수한 점에 대해서는 언급하지 않고 禪
語와 諧謔이 많은 점만을 지적했다. 그것은 燕巖 文體의 뛰어난
점에 대해서는 曹兢燮 자신도 인정하기 때문에 말하지 않고 다만
禪語와 諧謔은 순정하지 못하다고 생각되었으므로 지적한 것이 아

---

21) 曹兢燮, 答金滄江, 『深齋集』卷 6. "所敎燕集之刊事 已至此 不得不了
　　之 當初鄙意 但謂此老之文 平正少而譎詭多 終屬文章之異端 故不欲
　　廣取多傳 以誤學者門逕 承示以蘇氏爲喩固然 然蘇之禪語諧謔 十不過
　　二三 而燕則爲十之六七 且爲禪院文字 而作禪語 方望溪猶病其不雅
　　而然則 尋常題目 輒用此爲家計 雖其懷抱鬱屈 思欲以奇自見 而其玩
　　世不恭亦甚矣"

닌가 한다. 曺兢燮 역시 전통문체를 고수한 儒學者였기 때문에 禪
語와 諧謔은 불순하다고 생각했을 것이다. 사실 禪語와 諧謔은 표
현에 따라 필요하다고 인정될 때 사용하는 것은 마땅할 것이며, 전
통문체를 고수하는 문인들과 같이 배제할 것은 아니라고 생각한
다. 이로써 볼 때 燕巖이 이백여년 전에 禪語와 諧謔的인 용어를
사용한 文體를 썼다는 것은 曺兢燮과 같이 불순하다고만 할 것이
아니라, 용어의 다양성으로 평가할 만하다고 생각되며, 그것이 燕
巖 文體의 특징의 하나로 인정되기 때문에 지적해 두고자 한다.

Ⅲ. 正祖의 文體 復古政策

1. 正祖의 文體에 대한 觀念

18세기 후반에 우리 나라 漢文學界에서는 文體 復古運動이 있
었다. 그것은 당시 군주였던 正祖가 직접 주도했기 때문에 그 파동
이 적지 않았다. 그러므로 正祖의 文體 復古運動에 대해 알아보기
전에 그의 文體에 대한 관념부터 살펴보고자 한다.

正祖는 184권의 방대한 문집을 남겨 조선조 군주 가운데 가장
박식하지 않았던가 생각되며, 詞章에 관해서도 眼識이 매우 높아
역대 문인들에 대한 논평이 적지 않았다. 그런데 그는 국가를 통치
하는 군주였기 때문인지 文體에 대해서도 통치차원에서 보고자 한
바가 없지 않았다. 그는 문장이 사람을 매혹시키는 것은 淫聲과 美

色보다 더욱 심하다고 했다.[22) 그리고 帝王家에서 어찌 문장에 힘을 쓰겠는가. 實功과 實德에 관심을 가질 따름이다. 내가 소년이었을 때 文辭를 좋아했으나 지금에 와서 후회한다고 했다.[23) 이로써 보면 正祖는 實功과 實德에 관심을 가졌고, 淫聲과 美色보다 사람의 마음을 매혹시키는 詞章을 멀리 한다고 했으니 帝王으로서 통치에 방해가 되는 것은 피하고자 했음을 알 수 있으며, 조선조 선비들 가운데 詩作이 修己正心에 방해가 된다고 해서 짓지 않으려 했던 것과 일치했다고 할 수 있을 것이다.

이와 같이 正祖는 文藝의 無用論을 주장하면서도 다른 한편으로는 역대 문인들과 작품에 대해 많은 논평을 했다. 그는 시의 근원은 康衢謠에서 시작되었으며, 그 전의 것은 알 수 없는데, 태평성대에는 밭을 가는 노인들의 말도 노래가 되어 뒷날의 法이 되고 있으나, 후대로 내려오면서 학자들이 지은 것도 볼 만한 가치가 없으니 그것을 一言으로 말하면 화려한 것을 버리고 진실하게 해야 하며, 끝을 버리고 근본을 구해야 한다고 했다.[24) 그리고 아름다운 문장은 억지로 구할 수 있는 것이 아니다. 아름다운 무늬는 아름다운 바탕에서 나오는 것이다. 虎豹와 같은 무늬는 犬羊에서 나는 것이 아니며, 金玉의 광채는 瓦石에서 볼 수 없는 것이다. 그러므로 좋은 글은 智力으로 구할 수 있는 것이 아니라고 했다.[25) 이로써

---

22) 『弘齋全書』卷 162,「日得錄」2. 文章惑人 甚於淫聲美色.
23) 위와 같음. "帝王家焉用文章爲哉 務實功實德而已 予少好文辭 今甚悔之"
24) 같은 책, 卷 163,「日得錄」3. "詩之源 出於康衢之謠 而其前無以攷焉 至治之世 雖耕鑿之老人 知成章 爲後世法 降及後世 冠冕佩玉之人 陶心冶情之作 亦無足觀 一言以蔽之 曰祛華就實 舍末求本"
25) 같은 책, 卷 161,「日得錄」1. "文章不必强求藻采 文者生乎質者也 虎豹之文 不得不炳於犬羊 金玉之文 不得不耀於瓦石 此豈智力之所强求者哉"

보면 문장은 화려한 것보다 진실해야 하며, 타고난 바탕이 아름다
워야 한다고 생각하고 있음을 알 수 있다.

文體에 대해 正祖의 이러한 관념은 독특한 것이 아니고 이미 학
자들 사이에서 논의되어 왔던 것이라 할지라도 진실한 것과 근본
에서 찾고자 했다. 그리고, 지혜와 힘으로 구할 수 없다고 한 것은
도덕적 교훈적으로 附會하려는 유학자들의 견해와 상관이 있지 않
은가 생각되는데, 그것은 正祖가 詞章보다 학문에 더욱 관심을 많
이 가졌고, 또 군주였기 때문이었을 것이다.

正祖는 이러한 관념에서 문예를 보고자 했기 때문에 시에 대해
서도 世道와 治亂과 관계가 있다고 말하면서 화평한 것은 治世의
음이며, 조용하고 典雅한 것은 맑고 깨끗한 자질을 가진 자의 것이
다. 그리고 잘고 뾰족한 것은 亂世의 급박한 글이며, 幽險하고 奇
巧한 것은 孤臣 孽子의 글이라 했다.[26] 이와 같이 治世와 亂世와
관련시키면서 和平하고 맑고 깨끗한 글을 좋아했고 煩促하고 幽
險한 것은 좋아하지 않았다. 正祖가 문예에 대해 이와 같이 주장한
논리적인 근거는 朱子로부터 받지 않았는가 한다. 이렇게 보려는
것은 朱子가 글을 논하면서 治世, 亂世, 衰世의 글로 等位를 정했
는데, 治世의 글은 典雅하고 亂世의 글은 雄奇하고 衰世의 글은
薄劣하다고 했기 때문이다.[27]

正祖는 역대의 학자들 가운데 朱子를 가장 尊崇했다. 그것은 正
祖의 언행을 기록한 日得錄에 朱子에 대한 기록이 많고, 또 朱子
가 唐의 杜甫와 宋의 陸務觀의 시가 和平 粹美하다고 칭찬했기 때

---

26) 같은 책, 卷 163, 「日得錄」 3. "詩者關世道係治亂 雋永沖瀜者 治世中
和之音 春容典雅者 冠冕珮玉之資也 瑣碎尖斜者 亂臣煩促之聲也 幽
險奇巧者 孤臣孽子之文也"
27) 曺兢燮, 與金滄江, 『深齋集』 卷 6. "朱子論文 以治世亂世衰世爲等 治
世之文典雅 亂世之文雄奇 衰世則薄劣而已"

문인지 그들의 시를 선발해 杜陸千選이라 이름하여 鑄字所에서 간행해 여러 신하들에게 나누어 주기도 했다.28) 이와 같이 正祖는 朱子를 존숭하고 있었기 때문에 위에 언급한 바와 같이 시가 국가의 治亂과 깊은 관계가 있다고 한 것은 朱子의 영향을 받은 것이 틀림없을 것으로 생각된다.

朱子는 사상과 학문으로 중국은 물론 우리 나라에까지 많은 영향을 끼친 걸출한 道學者였다. 正祖는 이러한 朱子의 영향을 많이 받았기 때문에 文體에 대한 관념이 극히 도덕적이었으며, 또 그것을 쉽게 받아드릴 수 있었던 것은 국가를 통치하는 군주였기 때문이었을 것이다. 正祖가 文體를 국가의 治亂과 관련시켜 언급한 것을 들어보면 文體에는 道와 術이 있다. 道는 정직해야 하고 術은 조심하지 않으면 안 된다. 文體를 배우는 자는 六經을 宗主로 하고 諸子書와 史書를 날개로 하며, 上下를 포함하고 古今을 넓게 알아 朱子의 글에 귀착하게 된 후에 그 말이 醇正하고 道術에 어긋나지 않게 된다. 文體는 큰 것으로써 정치가 잘 되고 잘못되는 것과 풍속의 순박하고 하지 못한 것과 인심이 올바르고 거짓된 것에 대해 그 文體를 보면 정확히 알 수 있다고 했다.29) 正祖의 文體에 대한 이와 같은 관념은 극히 도덕적이고, 또 그것은 朱子의 영향을 적지 않게 받았음을 알 수 있다. 그리고 그의 문체관의 형성 배경 즉, 도덕적이고 朱子的인 것에 대해 이해가 부족하면 正祖가

---

28) 『正祖實錄』 卷 52, 23年 12月. "又以朱子於唐 獨取杜工部詩 陸務觀與朱子同時 而朱子許以和平粹美 有中原昇平氣像 … 名之曰杜陸千選 鑄字所印進 頒賜諸臣"
29) 『弘齋全書』, 卷 163, 「日得錄」 3. "嘗敎諸閣臣 曰文章有道有術 道不可以不正 術不可以不愼 學文者嘗宗主六經 羽翼子史 包括上下 博極今古 而卒之會極於朱子書 然後其辭醇正 而道術庶幾不差誤 況文章之道大矣 治敎之汚隆也 風俗之醇漓也 人心之正僞也 視此爲高下升降 而十卜其八九"

당시 유행하는 文體를 비판하며 復古政策을 강력히 추진한 것에
대해 이해하기 어려울 것이다.

　正祖는 이러한 문체관을 가지고 있었기 때문에 당시 文體에 대
해 作家의 文體와 儒家의 文體와 經濟家의 文體가 따로 있어 篇
章과 字句를 그 文體에 맞게 하므로 글을 지을 수 있는 것인데, 지
금 사람들은 독서를 하지 않고 글을 지을 때 주위 모으고 표절하며
필요 없는 말을 늘어놓아 雅俗이 뒤섞여 文質이 합당하지 않고 있
으니 어떤 체의 글을 지을 수 있겠는가 했다.30) 正祖의 이러한 주
장에 따르면 儒家와 經濟家의 글이 서로 다르므로 篇章과 字句를
그 체재에 알맞게 해야 하는데, 지금 문인들은 그렇게 하지 못하고
표절하고 필요 없는 말을 늘어놓을 뿐만 아니라, 품위 있는 말과
저속한 말이 뒤섞여 있기 때문에 體裁에 맞은 글을 지을 수 없다고
하며 강하게 비판했다.

　正祖는 당시 문인들의 글을 짓는 태도에 대해 여러 차례 언급한
바 있다. 그 예를 들면 글을 짓는 방법은 六經에 근본을 두어 그
法을 확립하고 諸子의 글로써 날개로 하여 취지를 넓히고 義理를
갖추어 빛이 나게 하여 위로는 국가가 태평성대임을 알리고 아래
로는 후대의 法이 되게 하는 것이 作家가 해야 할 사명이다. 그런
데 근대에 古文을 배운다는 자들은 이러한 妙理를 알지 못하고 단
지 字句로써 모방만 하고 있으니 아는 사람이 보면 비웃지 아니하
겠는가 했다.31) 이와 같이 正祖는 글을 지을 때 六經을 근본으로

---

30) 같은 책, 卷 164,「日得錄」4. "文章自有體裁 有作家之文 有儒家之文
　有經濟家之文 篇章字句 各適其體 然後方是合作 今人不甚讀書 而作
　文則掇拾剽竊 補綴釘餖 雅俗相雜 文質無當 果成何許體裁耶"
31) 같은 책, 卷 161,「日得錄」1. "爲文之道 當本之六經 以立其綱 翼以諸
　子 以極其趣 灌之以義理 發之以英華 上可鳴國家之盛 下可以垂後世
　之範 此乃作家宗旨也 近之學古文者 曾不理會此妙 徒欲以區區字句

하고 諸子를 羽翼으로 할 것을 강조하면서 당시 문인들의 태도에
대해 강하게 질책하고 있다.

그리고 正祖는 글을 지을 때의 근본 태도에 대해서만 언급한 것
이 아니고 세태와 관련시켜 말하기도 했다. 즉, 글은 그 시대에 유
행하는 文體가 있어 세태의 양상과 상관이 있으므로 그 시대의 글
을 읽게 되면 그 세태를 알 수 있다. 周나라가 쇠할 즈음에는 策士
가 활약했고, 漢나라가 융성하게 되자 西京에 깨끗한 文體가 유행
했는데, 뉘가 시켜서 그렇게 되었겠는가[32] 하며 文體를 세태의 성
쇠와 관련시켜 언급했다.

이와 같이 文體를 세태와 관련시켜 말했을 뿐만 아니라, 心性의
修養과 상관시켜 언급하기도 했다. 내가 일찍 말하기를 小品이 주
는 해가 邪學보다 심하다고 했는데, 사람들이 믿지 않는다. 소위
小品이라는 것이 처음에는 文墨과 筆硯 사이에서 생기는 일이라
할지라도 젊은 사람들이 지식이 얕고 약간의 재능이 있는 자들이
이미 있었던 것보다 새로운 것을 좋아하여 서로 다투어 모방하기
때문에 淫聲과 邪色이 사람의 마음을 좀먹는 것과 같아 그 폐단이
聖賢을 부정하고 人倫과 義理를 저버리게 된다고 했다.[33] 여기에
서 小品은 어떤 글을 의미한 것인지 말하지 않았기 때문에 알 수
없으나, 단순하고 간단한 것으로 보면 무리가 없을 것으로 생각되
는데, 이러한 글도 아무렇게 쓸 수 없는 것은 젊은 사람들이 그것

依樣畫葫 得不爲具眼者竊笑乎"

32) 같은 책, 卷 50,「策問」3, 文體. "文有一代之體 而與世道相汚隆 讀其
文可以論其世也 周道降而策士縱橫 漢業弘而西京爾雅之文體 孰使之
然歟"

33) 같은 책, 卷 164,「日得錄」4. "予嘗言小品之害 甚於邪學 人未知其信
然 … 而所謂小品 初不過文墨筆硯間事 年少識淺薄有才藝者 厭常喜
新 爭相模倣 駸駸然如淫聲邪色之蠹人心術 其獘至於非聖反經 蔑倫悖
義而後已"

을 보고 모방하기 때문이라고 했다. 이로써 당시 유행문체에 대한
正祖의 태도를 엿볼 수 있을 것으로 생각된다.

사람은 누구나 일상적인 것은 싫어하고 새로운 것을 좋아한다.
正祖가 좋지 않은 文體는 젊은 사람들이 모방하기 때문에 해독이
많다고 하면서 지금 사람들은 古文의 體裁를 이해하지 못하고 明
淸의 작가들 가운데 어렵고 詭誕한 글에서 괴상한 文體만 배워와
서 스스로 자랑하며 자신은 學唐, 學宋, 學先秦과 兩漢이라 말하고
있으나 그것은 잠꼬대와 같은 소리다. 그것이 어찌 佩玉과 冠冕한
사람의 글과 같을 수 있겠는가 했다.[34] 일반석으로 學唐 學宋은 唐
宋八大家를 말하며, 先秦과 兩漢은 秦以前과 東西漢을 지칭한 것
으로써 후대에서 그 시기의 글을 높게 평가한다. 正祖는 당시 문인
들 가운데 明淸의 괴상한 文體를 배워 唐宋의 文體를 배웠다고 자
랑하는 것을 잠꼬대 같은 소리라 하며 신랄하게 질책하고 있다.

다음에 언급되겠지만 正祖가 文體 復古政策을 강력히 추진한
것은 위에 인시한 바와 같이 당시 젊은 문인들 사이에 유행하는 文
體에 대해 좋지 않게 생각하고 있었기 때문이라고 하겠는데, 이에
대해서는 여러 곳에서 언급한 바 있다. 그 예를 들어보면 근세의
문인들은 이상하게도 일상 먹는 것은 싫어하고 龍의 간을 좋아하
며 冠冕을 벗고 侏儒를 입는다. 스스로 학식과 역량이 옛 사람에
미치지 못함을 알고 바른 길을 버리고 빠른 길을 구하고자 稗官小
說과 明淸諸子의 字句를 훔치고 奇僻한 것을 답습하면서 자신의
글에 대해 先秦과 兩漢의 글을 배웠다고 하나 先秦과 兩漢의 글이
아니며, 唐宋의 글을 배웠다고 하나 唐宋의 글이 아니며, 모두 사

---

34) 같은 책, 卷 161,「日得錄」1. "今文都不解古文體裁 却就明淸諸家中艱
棘詭誕處 學得怪體來 便自相詡 曰我學唐 我學宋 我先秦兩漢也 此殆
一場夢囈之歸矣 何可與論於佩玉冠冕之文哉"

실이 아닌 것으로 속이고 있다. … 내가 그것을 매우 미워하고 있
으나 救正할 방법을 알지 못하고 있다고 했다.[35] 이와 같이 당시
유행하고 있는 文體가 古文體가 아님을 지적하고 그것을 시정하
고자 하나 그 방법을 알지 못하고 있다고 했으니, 유행문체에 대해
매우 개탄하고 있음을 알 수 있다.

이상의 고찰로써 볼 때 正祖의 文體에 대한 관념은 표면적인 이
유로는 朱子의 治世, 亂世, 衰世의 글로 나누는데 근거를 두고 世
道와 관련시켜 보고자 했으며, 이에 따라 당시 신진사류들 사이에
유행하는 새로운 文體를 좋지 않게 보고 政策的으로 그 시정을 촉
구하고자 했다.

조선조는 건국과 더불어 朱子學을 지도이념으로 했고, 그것이
후대로 내려올수록 더욱 강조되었기 때문에 위로 군주에서부터 서
민에 이르기까지 학문은 朱子學 일색이었다. 正祖는 조선조 역대
의 군주 가운데 학문이 깊었던 군주였을 뿐만 아니라, 朱子學을 매
우 尊崇 했기 때문에 文體에 대해서도 朱子의 이론을 수용하지 않
았던가 한다. 더구나 正祖는 군주였으므로 文體가 世道와 상관이
있다는 것이 正祖의 마음을 더욱 긴장시켰을 것이며, 이에 따라 正
祖의 그러한 文體觀을 가지게 된 것에는 정치적인 이유도 강하게
작용하지 않았는가 한다.

---

35) 같은 책, 卷 163,「日得錄」3. "獨怪夫近世爲文之士 厭菽粟而嗜龍肝
毀冠冕而被袾儒 自知學識不及古人 力量不及古人 則乃反舍正路 而求
捷徑 剽竊稗官小說之字句 又就明淸諸子 蹈襲奇僻 自爲標實 曰我學
先秦兩漢 而非先秦兩漢 曰我學唐宋 而非唐宋矣 都是假汨董贗法帖之
錮人賞鑒者也 … 予於此未嘗不深惡切痛 而莫知救正之術也"

2. 正祖의 復古政策

正祖의 文體 復古政策을 고찰하기 전에 몇 가지 언급할 것이 있다. 여기에서 復古는 古文 즉, 옛날의 글로 회복시키는 것을 의미한다고 볼 수 있겠으나, 古文은 옛날의 글만을 의미하는 것이 아니다. 이에 대해 古文이라고 말하는 것은 韻語로써 對句를 형성하는 駢偶文과 구별해서 말하는 것이며, 옛 사람의 글만을 말하는 것이 아니고 散文을 의미하는 것이라고 했다.[36] 이로써 보면 古文은 駢偶文과 對稱해서 말하는 것이며, 옛글만을 말한 것이 아님을 알 수 있다. 正祖도 古今의 文體를 논하면서 지금 古文이라고 하는 것은 무엇을 이르는 것인가. 글에 어찌 古今의 구별이 있을 수 있겠는가. 古今의 글이 같은 것인데 단지 작가들 가운데 古文과 今文의 작가가 다를 뿐이라고 했다.[37] 이로써 보면 正祖도 古文을 따로 인정하지 않고 있음을 알 수 있다.

古文이라는 말은 唐의 韓愈와 柳宗元 등이 古文運動을 전개하면서부터 사용했던 말이 아닌가 한다. 그때 그들은 당시 유행하고 있는 駢偶體를 좋지 않게 생각하며 先秦과 西漢 때의 글인 古文으로 回歸해야 한다는 것이 古文運動이며 그들은 자신들이 지은 글을 古文이라 하지 않았으나, 唐代 이후부터 韓愈와 柳宗元 등이 지은 글을 古文이라 했다. 이러한 사실들과는 달리 일반적으로 古文과 今文이 對稱되는 것으로 알고 있는 것이 적지 않다고 생각되

---

36) 王紓運, 古文觀止 序, 中華民國 正言出版社, 56. 古文云者 別於用韻語 對仗之駢偶文而言也 非謂古人文 故亦曰散文.

37) 『弘齋全書』, 卷 162, 「日得錄」 2. "嘗論古今文體 敎曰 今所謂古文 何謂 也 文何曾有古今之別也 文是一也 但作之者 自有古人今人之同不同耳"

는데, 正祖가 지적한 바와 같이 글을 쓰는 사람이 다르다고 한 것
은 정확한 것이 아닌가 하며, 따라서 文體復古는 今文과 對稱되는
古文의 復古가 아닌 文體의 復古를 의미한 것이다.

그리고 正祖는 당시 유행하는 新文體를 비판하며 古文體로 回
歸시키려는 文體의 復古政策을 강력히 추진했는데, 이와 같은 復
古政策은 正祖가 처음 추진한 것이 아니고 중국에서는 이미 唐나
라 때에 있었고, 우리 나라에서도 고려 때에 있었다. 唐代에 있었
던 古文運動은 六朝 때에 유행했던 화려한 騈偶文을 배격하고 실
용적인 古文을 추구하려는 것이었는데,[38] 이 古文運動은 일반적으
로 韓愈가 주도했고 柳宗元 등이 동조한 것으로 알고 있으나 그
전에 이미 있었다고 한다. 중국의 古文運動에 대해 우리 나라 문학
사에서 古文運動은 일찍 西魏 때부터 시작되었는데, 545년 蘇綽이
지은 大誥에 典雅한 殷商의 古文을 제창하고 화려한 騈文을 반대
했다.[39] 이로써 중국에서 古文運動은 韓愈와 柳宗元 등이 제창하
기 전에도 이미 있었음을 알 수 있고, 그것이 표면적으로는 화려한
騈偶文에 대한 반대로 제창되었다고는 하나 정치적인 의미도 없지
않았다. 따라서 韓愈의 古文運動은 단순하지 않고 복합적이다. 즉,
사상 및 문학적인 復古를 위해 儒學을 제창하고 老佛을 배척하며
古文을 회복하고 騈偶文을 반대하기 위한 것이다. 韓愈가 이러한
주장을 하게 된 것은 당시 唐이 붕괴될 위기에 있었으므로 中央集
權을 공고히 하며 藩鎭의 침략과 軍閥의 割據를 물리치기 위한 의
도가 있었다.[40] 이로써 보면 韓愈의 古文運動은 정치적인 의미도

---

38) 王紓運, 古文觀止 序. "迄唐乃有韓愈柳宗元輩 一反浮華雕琢 奮然起八
代之衰 文恢復秦漢以上見道之文 緣是而有古文之名焉"
39) 中國文學史研究委員會,『新編中國文學史』二 309쪽, 復文書局. "我國
文學史上的古文運動 早在西魏就開始了 五四五年蘇綽作大誥 提倡典
雅的殷商古文 反對華麗的騈文"

상당히 있었다고 볼 수 있는데, 그것은 正祖의 復古政策과 무관하지 않을 것으로 생각되며, 그때의 古文運動으로 당시 크게 유행했던 騈偶文은 위축되고 古文이 유행하게 되었다.

고려 때 金富軾을 중심으로 있었던 古文運動은 唐代 문인들처럼 실용적인 古文을 추구한다는 논리적인 주장도 볼 수 없고, 正祖와 같이 정책적으로 추진했다는 기록은 없으나 金富軾이 활동했던 睿宗, 仁宗年間에 있었던 것으로 생각된다.

三國時代의 산문은 零星하기 때문에 말할 수 없으나, 통일신라에서 고려 초기의 산문은 약간 남아 전하는 것이 있다. 통일신라는 唐과의 관계가 좋아 遣唐留學生이 많았는데, 그때 唐의 문단에는 韓愈 등에 의해 古文運動이 있었으나 많이 보급되지 않았고 騈偶文이 많이 유행하고 있었으므로 遣唐留學生들의 산문은 騈偶文이었을 것이다. 이렇게 보고자 하는 것은 崔致遠의 桂苑筆耕集에 실려 있는 산문이 모두 騈偶文인 데서도 알 수 있다.

통일신라 때 유행한 文體가 고려조에서도 상당 기간 동안 계속되었음을 알 수 있는데, 그것은 金富軾과 같은 시대에 생존했던 鄭知常의 各賜單公服表 등의 글들이 騈偶文이기 때문이다. 그런데, 金富軾에 이르러 騈偶文에서 古文으로 바꾸어지기 시작한 것이 아닌가 한다. 이에 대해 金澤榮(1850~1927)은 金富軾이 신라 때부터 내려오던 騈偶文의 폐단을 버리고 樸實한 古文으로 돌렸으니 그 공이 위대하다고 했다.[41]

이와 같이 金澤榮은 당시 유행했던 騈偶文을 古文體로 돌린 주역을 金富軾이라 했고, 東文選에 전하는 그의 산문에는 古文과 騈

---

40) 中國文學史研究會編, 『新編中國文學史』 二 310쪽.
41) 金澤榮, 與河叔亨論燕巖文書, 『韶濩堂文集』 定本 卷 1. "高麗文烈公承新羅以來騈偶綺麗之獘 而反之以樸茂 固偉矣"

偶文이 共存하고 있다. 그리고 金富軾 후에는 古文體가 우세했다. 이로써 볼 때 金富軾을 중심으로 古文體와 駢偶文으로 나누어진 것이 아닌가 한다. 그런데, 金富軾의 古文運動이 국가의 정책적인 장려도 받지 않았으면서 성공할 수 있었던 것은 駢偶文이 통일신라 때부터 金富軾이 생존했던 고려 중기까지 오랫동안 유행이 계속되었기 때문에 싫증을 느끼었을 것이 가장 큰 이유가 되었을 것이다.

그리고 駢偶文에서 古文으로 전환하는 데는 많은 노력이 따랐을 것으로 생각되는데, 金富軾이 그러한 古文運動을 전개한 것에는 정치적인 의미도 없지 않았을 것이다. 그는 妙淸의 반란 때 元帥가 되어 討平했고, 또 자신과 文名이 비슷했던 鄭知常이 叛賊과 내통할 가능이 있다고 하여 죽이게 한 것을 보면 당시 정치적인 비중이 상당히 있었던 인물이었음을 알 수 있다. 金富軾이 古文運動을 전개한 과정에 대해서는 기록이 없기 때문에 알 수 없으나, 鄭知常과 文名을 다투다가 사이가 좋지 않아 그를 죽였다는 말이 전하는 것을 보면 그의 古文運動에는 政界와 아울러 문단까지 장악하려는 정치적인 목적이 內在해 있었던 것이 아니었을까 한다.

다음에는 正祖가 文體 復古政策을 어떻게 추진했는가 하는 것에 대해 살펴보고자 하며, 먼저 正祖는 당시 新進士類들 사이에 유행하고 있었던 文體를 어떻게 보고 있었는가 하는 것에 대해 알아보고자 하는데, 그것은 正祖가 復古政策을 하게 된 직접적인 동기가 되었기 때문이다.

正祖는 당시 유행문체와 관련 있는 자들에 대해 적지 않게 질책한 바 있다. 그 예를 들어보면 文詞의 體格은 세태의 융성하고 쇠퇴하는 것과 상관이 있다. 그런데, 오늘날 신진사류들의 文體를 보면 纖靡하고 浮薄할 뿐만 아니라, 오로지 明淸의 괴상한 文體만을 숭상하고 있으며, 詞律에 있어서도 平淡하고 渾厚함이 전혀 없고, 모두 宋元의 塡詞의 형식으로부터 온 것으로써 聲調가 급해 治世의 음이 아니다. 뛰어난 재능으로 獨創的인 것을 하고자 하면 없지 않을 것인데 어찌 그와 같이 하는가 하며,42) 당시 유행하는 文體가 纖靡 浮薄하고 詩律도 平淡 渾厚함이 없음을 개탄했다. 正祖가 당시 文體에 대해 이와 같이 개탄한 것은 文體가 世道의 성쇠와 관계가 있는 것으로써 純正해야 한다는 文體觀이 확고했기 때문이었을 것이다.

正祖가 낭시 유행문제에 대해 약산 구체적으로 언급한 섯을 들어 보면 근래 文風이 점차 변해 글을 짓는 선비들이 詩書 六藝의 글을 근본으로 하지 않고 稗家의 小品에 몰두하여 짓는 詩文이 騈偶의 작품과 같이 기운이 없어 잠에 취한 사람의 잠꼬대와 같은 것임에도 불구하고 스스로 극히 교묘한 것으로 생각하고 있다. 그것은 볼 것도 되지 못하고 쓸 곳도 없는 것으로 鄕黨에서 사용하고자 해도 學究의 陳言보다 못하고, 朝廷에서 사용하고자 하나 大小의 詞命에도 쓸 수 없으며, 前代에 찾아보아도 이러한 文體는 없었고, 우리 나라에서도 이와 같은 品格의 글은 없었으니, 이것이 어디에서 나왔는가 했다.43) 이와 같이 오늘날 글을 짓는 선비들은 詩書와

---

42) 『弘齋全書』 卷 162, 「日得錄」 2. "文詞體格 實關世道汚隆 而近見新進人文體 甚纖靡浮薄 專尙明淸間怪套 至於詞律 一無平淡渾厚 皆是宋元以來塡詞樣子 聲調促迫 大非治世之音 苟欲超群刱奇 何患無術 而豈必乃爾耶"

43) 같은 책, 卷 50, 「策問」 3, 文體. "近來文風漸變 其所謂操觚之士 不本乎詩書六藝之文 埋頭用心 反在於稗家小品之書 發而爲詩文騈儷之作也 筆未落紙 氣已索然 譬如昏睡之人 時作譫囈 自以爲極其巧透其妙 而不成葫蘆之畵 殆同迷藏之戲 用之鄕黨 而反不如學究陳言 用之朝廷 而無以行大小詞命 求之前代 無此體段 考之我東 無此品格 是果孰從而傳法之也"

六藝에 근본을 두지 않고 稗家의 小品에서 찾고자 하기 때문에 氣가 약해 사용할 곳이 없다고 했다.

正祖의 당시 신진사류들 사이에 유행하고 있는 文體에 대한 태도는 위에 인시한 것보다 더욱 강하게 언급한 것도 있다. 正祖는 오늘날의 폐단은 동서남북과 彼此 同異를 말할 것 없이 해야 할 것은 하지 않고 明淸 이후의 괴상한 文體만 알고 많이 읽고 있으니 그것은 읽어도 소용이 없는데 결국 어떤 것이 되겠는가. 작게는 사람을 속이는 거간꾼과 같은 사람이 되었다가 正學으로 돌아서지 못하면 마침내 邪學으로 빠지게 될 것이며, 크게는 無父 無君한 인물로서 惡鬼가 되어 자신의 몸은 물론 가족들까지 보호하기 어려울 것이라 했다.44) 이로써 明淸文體와 稗官雜記의 영향을 받은 文體에 대해 正祖의 태도는 매우 단호했음을 알 수 있다.

正祖는 당시 유행하고 있는 新文體에 대해 이와 같이 강경했기 때문에 復古政策도 다각적으로 강력하게 추진했다. 다음에는 그가 추진한 復古政策에 대해 살펴보고자 한다.

正祖는 文體 復古政策의 하나로 국가의 인재를 선발하는 과거에 반영한 것을 들 수 있다. 과거는 고려 光宗 때부터 시작하여 朝鮮朝 최후기까지 계속되었다. 正祖는 京試에 掌試하는 都事들에게 文體는 士氣와 상관이 있으며, 士氣는 바로 국가의 원기이다. 格式은 중요한 것이 아니므로 채점할 때 반드시 文體를 다른 것보다 우선으로 하라 했다.45) 舊韓末 과거제도가 폐지되기 전까지는

---

44) 『正祖實錄』 卷 51. 23年 5月. "今之時弊 無論東西南北 彼此同異 擔却
日用常行之當然事 只知有明淸詭怪之體 以至稗官雜記 無不仡仡孜孜
所謂明淸以後之文 雖欲多數誦讀 而決不可爲者 於是乎畢竟所得 當作
何狀 小則只是欺人取物 駔儈壟斷之術 故一轉而不得爲正學 再轉三轉
而終乃流入於邪學 大則無父無君 爲鬼爲蜮 不能保其身 而全其家"

45) 『正祖實錄』 卷 23. 15年 8月. "丙午召見京試官掌試都事等 上曰 文體

벼슬을 하고 家門을 빛내는 것으로는 과거에 합격하는 것이 으뜸이었으므로 선비들은 과거에 합격하기 위해 최선을 다해 노력을 했다. 이러한 과거에 다른 것보다 文體의 반영을 우선시 했다는 것은 復古政策을 가장 강력하게 추진한 방법이 될 것이며 따라서 효과도 크지 않았던가 한다.

正祖가 文體를 과거에 반영한 것은 여기에서 그치지 않고 더욱 구체적으로 지시하면서 처벌을 엄하게 한 바도 있다. 즉, 大司成 金方行에게 泮宮에서 시행하는 試紙 가운데 稗官雜記에서 나온 말이 있으면 全篇이 아름답다 할지라도 下位에 두고 그 이름을 알아 다음 시험을 보지 못하게 하여 용서해 주지 말 것이며, 다음 날 선비들을 모아 그 사실을 바로 알려 실효가 있게 하라. 얼마 전에 李鈺이 應製한 글에 小說의 문자를 많이 사용하고 있었는데, 선비들의 이러한 습관은 매우 놀라운 일이 아닐 수 없다. 지금 成均館의 日課에서 그러한 文體를 완전히 고치면 응시하게 하라. 이 문제가 한 儒生의 것으로 사소한 일이라 할지 모르겠으나, 文淵閣을 출입하는 文臣들이 그러한 文體를 모방하고 있다면 어찌 적은 일이겠느냐 했다.[46] 이와 같이 泮宮에서 시행하는 시험에 稗官 雜記에서 나온 문자를 사용한 것이 있으면 下位에 두고 다음에 응시를 하지 못하게 하며, 小說의 문자를 많이 사용한 李鈺은 文體를 완전히 고친 뒤에 응시하게 한 것으로 보아 科試로써 철저하게 단속했음

隨士氣 士氣卽國之元氣 體格程式 猶屬餘事 取舍之際 必以文體爲先"
46) 같은 책, 卷 36, 16年 10月. "上謂大司成金方行 曰泮宮試券 若有一涉於
稗官雜記者 雖萬篇珠玉 點置下考 仍圻其名而停擧 無所容貸 明日設
陞補 會多士而面諭此意 俾有實効 日昨儒生李鈺之應製句語 純用小說
士習極爲駭然 方今同成均日課 四六滿五十首 頓革舊體 然後許令赴科
而此不過一儒生所關不大 而至垂紳正笏 出入文淵之人 亦多有依倣此
體者 寧不大可悶哉"

을 알 수 있다.

稗官 雜記의 文體가 科試에 반영된 것을 철저하게 단속한 것은 實錄의 여러 곳에서 볼 수 있다. 특히 稗官에 대해 小說이 사람의 마음을 고혹시키는 것은 異端과 다를 바 없다. 일시의 輕薄한 才子들이 빠르게 터득하는 것을 이롭게 여겨 많이 따르기 때문에 文風이 卑弱 委靡하고 있다. 主試者는 자세히 살펴 等位를 조정하되 文體가 浮靡한 자는 높은 等位에 두지 못하게 했다.[47] 正祖는 이와 같이 과거로써 당시 신진사류들 사이에 유행하고 있는 文體를 철저하게 단속했음을 알 수 있는데, 復古政策이 상당히 효과를 거둘 수 있었던 것은 과거로써 단속한 것이 가장 주효했던 것이 아닌가 한다.

正祖가 文體의 復古政策을 강조한 것 가운데 과거에 반영한 것과 함께 稗官 雜記의 수입을 금지시킨 것을 들 수 있다. 우리 나라는 지리적으로 중국과 인접해 있었기 때문에 먼 옛날부터 문화적으로 많은 영향을 받으면서 중국 것에 대해 선호하는 경향이 적지 않았다. 正祖는 復古政策을 강력히 추진하면서 당시 유행하고 있는 文體가 浮靡하게 된 원인 중 하나를 중국의 稗官 雜記와 明淸의 문집의 유행에 있는 것으로 생각하고 이에 대해 明淸의 문집과 稗官 雜記의 해는 더욱 말할 것이 없다. 선비들이 글을 짓는데 浮誇하고 不經한 말은 인심을 허물고 文風을 병들게 하며 世道를 해롭게 할 따름이라 했다.[48] 이와 같이 明淸의 문집과 稗官 雜記들

---

47) 『弘齋全書』卷 165,「日得錄」5. "小說蠱人心術 與異端無異 而一時輕薄才子 利其捷徑而得之 多有慕効 而文風卑弱委靡 … 而主試者 尤宜詳察而黜陟之 不但文體之浮靡者 不置優等"

48) 같은 책, 卷 162,「日得錄」2. "至於明淸文集 及稗官雜記之害 尤難勝言 士子必欲爲文 六經諸子足矣 浮夸不經之說 適足以壞人心病文風世道耳"

은 人心과 文風 및 世道를 해롭게 할 따름이라고 했는데, 이것은 앞으로 수입을 단속하려는 의지의 표명으로 볼 수 있다.

그리고 당시 선비들에 대해 聖賢의 經典과 諸子百家의 책이 우리 나라에 많이 전래되어 있는데, 그것은 보지 않고 明淸 이후의 稗官 雜記에서 違理 悖常하는 책을 구하고자 중국의 서점에서 줄을 이어 서 있다고 하니 매우 아프게 생각한다고 했다.[49] 당시 우리 나라 使臣 일행이 중국에 갔을 때 稗官 雜記를 사기 위해 書肆가 있는 거리에서 줄을 서 있다고 한 것은 그러한 책들이 많이 수입되었음을 알 수 있다. 또 正祖는 그것을 가슴 아프게 생각한다고 했는데, 그것은 世道를 해롭게 한다는 것에 비해 더욱 강하게 언급한 것이라 할 수 있다.

이와 같이 正祖는 稗官 雜記와 明淸文集의 수입을 수차 걱정하다가 뒤에는 철저하게 구입을 금지시켰다. 正祖는 冬至正使 朴宗岳에게 昨日에 策題로 僞書의 폐를 물은 바 있었는데 … 策問을 해도 그 폐만 말할 뿐 실효가 없으면 무슨 도움이 되겠는가. 그 뿌리를 뽑기 위해서는 雜書를 구입하지 못하게 할 것이다. 먼저 史臣에게 여러 번 주의를 주었으나 형식에 그쳤으므로 이번에는 더욱 엄하게 주의를 하게 해 稗官小說은 물론 비록 經書 史記라 할지라도 唐板을 가지고 오지 못하게 하고 渡江할 때 철저하게 수색하게 할 것이며, 軍官과 譯員이 가지고 오는 것도 校館에 바쳐 유행이 되지 못하게 할 것이라 했다.[50] 이와 같이 稗官 雜記의 폐단을 拔

---

49) 같은 책, 卷 163, 「日得錄」 3. "聖賢經典 諸子百家流出東國者 殆將充棟汗牛馬 而顧皆束閣不觀 惟明淸以來稗官雜記 違理悖常之書 貪多而務求 燕肆買買 相望於道路 予甚痛之"

50) 「正祖實錄」 卷 36, 16年 10月. "甲申召見冬至正使朴宗岳 大司成金方行 上教宗岳曰 昨日出一策題 設問僞書之弊 … 至有發策之擧 而若徒說其弊 而未責實効 則亦何益哉 如欲拔本而塞源 則莫如雜書之初不購

本塞源하기 위해 중국으로부터 수입되는 雜書는 물론 經書와 史記에 이르기까지 구입을 철저하게 단속하고자 했는데, 이러한 조치를 취하고자 한 것은 新進士類들에게 경각심을 주기 위한 것인 동시에 復古에 대한 正祖의 강한 의지를 나타낸 것이다.

正祖의 復古政策은 科擧에 반영하고 稗官 雜書의 구입을 단속하는 것으로 그치지 않고 수시로 여러 文臣들에게 面諭하기도 하고 下敎했다. 그 예를 들면 館閣 諸臣들에게 요즈음 文體가 날로 委靡해 근심스럽다. 옛 사람들은 文體의 盛衰로 治敎의 汚隆을 알았는데, 근일 文體의 卑靡가 明나라 때보다 몇 백 배나 더함에도 불구하고 粉飾과 鍛鍊하는 것을 능사로 하여 大本 大源의 있는 바를 모르고 있으니 걱정이 크지 않은가. 委靡한 文體를 만회하여 아름답게 하기 위해 館閣의 諸臣들은 노력하라 했다.[51]

그리고 正祖는 南公轍의 對策 가운데 數句를 小品에서 인용한 것이 있다고 지적하며 知製敎에서 減等시키고 그 외의 文臣들도 유행문체를 좋아하는 자가 많은데, 일일이 지명은 하지 않겠으나 자세히 살펴 文臣 가운데 그러한 文體로 글을 짓는 자가 있으면, 敎授職에 추천하지 못하게 했다.[52] 이와 같이 南公轍의 對策에서 小品의 것을 數句 인용했다고 해서 知製敎에서 減等시킨 것을 보

來 前此使行 固已屢飾 而今行則益加嚴飾 稗官小說姑無論 雖經書史記 凡係唐板者 切勿持來 還渡江時 ——搜驗 雖軍官譯員輩 如有帶來者 使卽屬公于校館 俾無廣布之弊"

51) 『弘齋全書』卷 162, 「日得錄」 2. "敎曰 近來文體 日趨委靡 誠可憂也 古人以文章之盛衰 占治敎之汚隆 … 近日文體之卑靡 視洪武年間 不啻什佰 上下全以粉飾鍛鍊爲能事 而不知大本大源之所在 此豈細憂也哉 挽回旣衰之風 賁飾休明之象 予嘗爲館閣諸臣勉之"

52) 『正祖實錄』卷 36, 16年 10月. "公轍知製敎之啣 爲先減下 此外文臣亦多有酷好者 而姑不欲一一指名 令政官詳察諸文臣中爲此體者 勿復撿擬於敎授望"

면 正祖가 文體의 復古政策에 얼마나 단호했던가 하는 것을 알 수 있다.

南公轍(1760～1840)은 正祖가 世孫으로 있었을 때 글을 배운 南有容의 아들로서 正祖의 신임이 두터웠다. 그런데, 그가 젊었을 때 新文體를 선호했기 때문에 正祖로부터 다른 文臣들보다 더욱 엄중한 견책을 받았고, 또 여러 번 下敎가 있었다. 그 가운데 한 예를 들어 보면 전일 抄啓를 본 바 南公轍의 對策에 稗官文字를 인용했는데, … 이와 같이 不經한 文體를 사용하는 것은 內閣의 신하요 文淸公의 아들로서 家訓을 거스르고 君命을 저버리니 어찌 놀릴 일이 아니겠는가. 抄啓한 文臣들을 특별히 불러 주의를 하게 하고, 南公轍에게 文體를 고치기 전에는 朝廷에 들어와도 筵席에 오르지 못하게 하고 집에서도 家廟를 보지 못하게 했는데, 이것이 어찌 南公轍 한 사람의 文體로 이와 같이 하겠는가 했다.[53] 文臣에게 筵席에 오르지 못하게 하고 집에서 家廟를 보지 못하게 한 것은 형벌 이상으로 가혹한 견책이라 할 수 있겠는데, 南公轍에게 이와 같은 下敎를 한 것을 보면 復古에 대한 正祖의 의지를 짐작할 수 있다.

文體 復古에 대해 正祖의 태도는 단호하면서 다른 한편으로는 회유하기도 했다. 그 예를 들면 연전에 李相璜 등에게 주의가 있었지만 완전히 고치지 않았기 때문에 庠任을 減下시켰으나, 오늘 啓文이 이와 같으니 어찌 입만 고치고 마음은 고치지 않았겠는가. 잘못을 버리고 잘하고자 하는 것이 言外에 나타나니 매우 가상한 일

---

53) 『正祖實錄』 卷 36, 16年 10月. "敎曰 日前見抄啓文臣南公轍對策 引用稗官文字 … 如許不經之體 則名閣臣 又名以文淸之子 悖家訓負君命 爲此犯禁之事 寧不痛駭乎 … 特召抄啓文臣 嚴加申飭 仍使公轍 革心歸正之前 入不敢登筵席 出不敢拜家廟 此豈特爲一公轍之文體而若是哉"

이다. 허물은 누구나 있기 마련인데 고치는 것이 귀하지 않은가 했
다.54)

李相璜(1763～1841)은 稗官小說 보기를 좋아했다. 그가 평일에
손에 놓지 않고 가지고 있는 것은 稗海였는데, 그 종류는 말할 것
이 없고 새로 나온 것 보기를 좋아했다. 그가 譯院의 都相으로 있
었기 때문에 譯官들이 중국에 갔다가 오면 서로 다투어 사다주었
으므로 가지고 있는 책이 수천권이 되었다.55) 正祖는 그의 文體에
대해 沾沾悅耳라 했다. 당시 유행하는 新文體가 明淸 때 저작된
小說의 영향을 많이 받아 輕薄하다는 지적이 있었는데, 李相璜이
明淸小說 보기를 좋아하여 그 文體의 영향을 받아 正祖로부터 견
책을 받았다가 이때 올린 그의 啓辭가 新文體에서 벗어났기 때문
에 正祖가 기뻐하며 칭찬한 것이 아닌가 한다. 李相璜은 당시 新
進士類의 한 사람으로서 新文體를 선호했기 때문에 正祖로부터
金祖淳과 함께 주의를 받은 바 있었다.56)

金祖淳(1765～1832)은 한동안 新文體에 흥미를 가졌으나 正祖
가 싫어함을 알고 전통문체로 바꾸었음을 다음과 같은 기록에서
알 수 있다. 正祖가 冬至使 書狀官인 金祖淳의 緘辭를 보고 文體
가 깨끗하고 구상이 넓어 무한의 旨趣가 있음을 느낄 수 있으므로

---

54) 같은 책, 卷 36, 16년 10월. "承政院以西學敎授李相璜 緘答 啓 敎曰 …
　　且以李相璜等之年前 亦有嚴飭之擧 意謂尙不快悛舊習 先命減下所帶
　　庠任 而今日適令問啓 其對若此 寧或口然 而心不然也 祛惡向善之誠
　　發於言外 極爲可尙 此正人孰無過 改之爲貴之謂也"
55) 李裕元,『林下筆記』卷 27, 喜看稗說條. "桐漁李公 平日手不釋卷者 卽
　　稗海也 毋論其種 好閱新本 時譯院都相 象譯之赴燕者 爭相購納 積至
　　屢千卷"
56)『正祖實錄』, 卷 36, 16年 10月. "先是丁未年間 相璜與金祖淳 伴直翰苑
　　取唐宋百家小說及平山冷燕等書以遣閑 上偶使入侍注書 視相璜所事
　　相璜方閱是書 命取入焚之 戒兩人專力經傳 勿看雜書"

燭을 가지고 오게 하여 밤늦게까지 읽으며 칭찬한다고 했다.57)

　沈象奎(1766~1838)도 그의 文體가 삐걱거리고 어렵기만 하다는 지적을 正祖로부터 받았으므로58) 奇僻한 文體를 좋아했던 것으로 짐작되나, 그의 書卒의 기록에 따르면 正祖가 赦罪해 주고 극히 신뢰하여 腹心이 되었다고 했다.59) 이와 같이 正祖의 신임을 두텁게 받은 것으로 보아 그도 復古政策에 순응했던 것으로 짐작된다.

　그런데, 여기에서 주목되는 것은 正祖가 근일의 文風이 이와 같은 것은 朴某에 있다고 했고, 熱河日記 외에도 朴趾源의 문집인 燕巖集에는 純正한 古文體가 아닌 글들이 적지 않게 있음에도 불구하고 正祖實錄과 日得錄에 文體의 復古를 위요한 기록에 朴趾源은 거론하지 않았는데, 그것은 正祖의 復古政策에는 정치적인 목적이 강했기 때문일 것이다. 이렇게 보려는 것은 正祖가 復古政策을 가장 강력하게 추진한 시기는 在位 16년 되던 해 부터였다. 燕巖은 正祖 15년에 安義縣監에 임명되어 그곳에서 4년 가까이 있었는데, 그때 그는 55세였다. 그리고 그곳에 있을 때 南公轍로부터 純正한 글을 지어 올리라는 권유를 받고 課農小抄를 지어 올렸다. 뿐만 아니라, 과거 출신이 아니었기 때문에 淸要職을 할 수 없었던 것도 正祖가 주목을 하지 않았던 이유가 아니었을까 한다. 이렇게 보고자 하는 것은 燕巖系의 문인으로서 新文體를 선호했던 朴齊家, 李德懋 등에 대해 朴齊家, 李德懋 등의 文體가 온전히 稗官小品에서 나왔으나 내가 그들을 內閣에 두는 것은 그들의 글을 좋아해서 그런 것이 아니고 그들의 처지가 다르기 때문에 스스로 표시

---

57)『正祖實錄』, 卷 36, 16年 10月. "內閣 以冬至書狀官金祖淳緘辭 啓 批曰 … 觀此緘答 文體爾雅 意匠汎濫 頗覺有無限旨趣 呼燭三復 未免擊節至深更"

58) 위와 같음. 沈象奎軋軋難解之拱.

59)『憲宗實錄』卷 5, 4年 7, 8月. 奧在正廟在宥 際遇隆重 托以腹心.

하고자 하는 것이며, 사실은 俳優로서 대하고자 한 것이라 했다.[60]

이와 같이 朴齊家 등에 대해 正祖도 그들의 文體가 稗官 小品에서 나왔다고 했을 뿐만 아니라, 復古政策이 강력히 추진될 때 李德懋는 朴齊家에게 형은 십분 잘 살펴 후회하고 遷善해 은혜에 보답하고 잘못을 깨달은 의미에서 古文 한 편과 七言絶句 십여수를 짓되 修辭를 극히 馴雅하게 하고 조금이라도 浮靡함이 없게 할 것이며, 字句間에 小說과 明末 淸初의 鄙俚하고 輕薄한 말을 사용하지 않은 것이 어떻겠는가 했다.[61] 이로써 보면 그들이 新文體를 선호했음을 알 수 있는데, 正祖는 그들이 모두 庶出이기 때문에 처지가 다르다는 것으로 俳優로 대한다고 했다. 正祖가 燕巖에 대해 크게 주목하지 않았던 것과 같이 그들에 대해서도 출신이 賤出로서 높은 관직에 오를 수 없었기 때문에 南公轍, 李相璜, 金祖淳, 沈象奎 등과는 달리 관대하게 대하지 않았는가 한다.

다음에는 正祖가 文體의 復古政策을 강력히 추진한 것은 단순히 文體에 대한 도덕적인 관념에 따른 것인지, 복합적인 이유와 목적이 있었는지 살펴보고자 하는데, 지금까지 이에 대해 적지 않은 論究가 있었다. 그 가운데 正祖의 文體反正의 동기를 당파적인 면에 중점을 두었고,[62] 經書에 기본을 둔 道文一致論을 내세웠다고 했다.[63] 本稿에서는 정치적 문학사적 양면에서 고찰하고자 하며,

---

60) 『弘齋全書』卷 165, 「日得錄」50. "李德懋朴齊家輩文體 全出於稗官小品 以予置此輩於內閣 意予好其文 而此輩處地異他 故欲以此自標 予實俳優畜之"

61) 李德懋, 與朴在先, 『靑莊館全書』上, 「雅亭遺稿」卷 7. "兄須十分詳審 乃以悔過遷善 感恩知罪之意 結撰一篇古文 又或七言絶句十許首 文與詩間 遺辭命意 務極馴雅 母或浮靡 字句之間 愼勿犯用俗所謂小說 及明末淸初一種鄙俚輕薄口氣 如何如何"

62) 李家源, 『燕巖小說硏究』, 乙酉文化社, 1965, 437~480쪽.

63) 鄭玉子, 朝鮮後期의 文風과 委巷文學, 서울대, 國史學科 『韓國史論』

먼저 정치적인 측면부터 살펴보고자 한다.

正祖는 일국을 통치하는 군주였으므로 文體 復古政策에는 분명히 정치적인 이유도 있었을 것이다. 그 이유를 파악하기 위해 그 당시 시대적인 배경부터 간단히 살펴보고자 한다. 正祖가 在位하고 있을 당시 黨爭은 老少와 南北으로 나누어져 있었는데, 英祖 때부터 蕩平策으로 고루 기용한다고 했으나 老論이 절대적으로 우세했다. 또 正祖의 감정과 직결되었던 時派와 僻派가 있었고, 老論 가운데 湖論과 洛論이 있었다. 그리고 우리의 전통적인 사상 및 윤리와 전혀 異質的인 西學이 전래되기 시작했는데, 이것은 正祖에게 적지 않은 부담이 되었을 것이다.

이러한 상황에서 復古政策을 전개한 것은 文詞의 體格이 世道의 汚隆과 상관이 있다고 믿고 있는 正祖에게 통치 차원에서 新文體는 수용하기 어려웠을 것이다. 그 다음으로는 政界의 實勢인 老論을 견제하려는 함축적인 의미와 아울러 王權을 강화하고자 하는 의도도 있었을 것이다.[64] 이렇게 보려는 것은 新文體의 유행을 熱河日記가 제공했다고 하면서 復古政策을 강력히 추진할 당시에 失勢한 老論인 朴趾源과 庶出로서 그에게 從遊했던 朴齊家, 李德懋 등의 文體가 稗官 小品에서 나왔다고 하면서도 관대하게 대했는데, 老論의 핵심세력의 젊은 인사인 金祖淳, 南公徹, 沈象奎, 李相璜 등에 대해서는 견책이 엄했던 것에서도 알 수 있지 않을까 한다. 正祖는 아버지인 思悼世子가 뒤주에서 餓死함을 겪게 되었고, 世孫으로 있을 때와 卽位初 한동안까지 모략과 중상으로 인해 불안이 계속되었기 때문에 지나치게 비대한 老論을 放置하지는 않았

4, 1978.
64) 南人인 蔡濟恭을 오랫동안 相位에 임명해 둔 것도 당시 비대했던 老論을 견제하기 위한 의도가 있지 않았을까 생각한다.

을 것이며, 여기에는 元子의 幼弱함도 이유가 되었을 것이다. 그러
므로 復古政策에는 정치적으로 王權을 강화하려는 의도가 상당히
있었던 것으로 생각된다.

다음에는 문학사적인 측면에서 살펴보고자 한다. 正祖는 唐의
韓愈와 고려의 金富軾과 같이 古文의 復古運動을 추진했으나 서
로 다른 점이 있다. 韓愈와 金富軾은 당시 유행하고 있던 騈偶文
을 반대하고 古文으로 回歸하고자 한 것이었으나, 正祖는 새로 유
행하려는 新文體를 저지하고 古文體를 그대로 사용할 것을 강조
한 것이다. 그러므로 다같이 復古運動을 추진했다 할지라도 배경
과 목적이 달랐다. 그리고 唐과 고려 때 復古運動을 주도했던 韓
愈와 金富軾은 그 시대에 활동했던 문인에 불과했으나, 正祖는 일
국을 통치하는 군주였다. 이것은 배경이 서로 다른 것과 아울러 復
古運動을 이야기 할 때 중요한 의미를 지닌다고 할 것이다.

韓愈와 金富軾의 古文運動은 성공했다고 볼 수 있다. 그것은 그
運動으로 인해 騈偶文이 쇠퇴하게 되었고 古文이 주류를 이루었
기 때문이다. 그런데 正祖의 復古政策은 그 성공여부가 어떻게 되
었는지 이에 대해 살펴보고자 한다.

古文體가 金富軾의 古文運動으로 자리 잡기 시작하여 조선조
후기까지 애용되었는데, 正祖는 우리 나라 文體가 金錫胄, 金昌協
에 이르러 일변했다고 하면서,[65] 金昌協의 문장은 누구나 推重하
지만 나도 좋아한다고 했다.[66] 文體가 일변했다는 것은 전통문체
에서 변한 것을 의미한다고 볼 수 있는 것으로 생각되는데, 전통문
체를 고수하고자 했던 正祖가 일변한 金昌協 文體를 좋아한다고
한 것은 변했으나 純正함을 잃지 않았기 때문이었을 것이다. 그리

---

65)『弘齋全書』卷 164,「日得錄」4. 我國文體 到金錫胄金昌協一變.
66)『正祖實錄』卷 43, 19年 11月. 農巖文章 孰不推重 予亦甚好之.

고 당시 文體로써 주목받은 인물은 李用休(1708~1782)를 들 수 있는데, 李德懋는 그의 時文에 대해 중국 시의 수준에 이르고자 했으며, 鴨綠江 동쪽의 말은 사용하지 않으려 했다. 格律이 嚴苦하고 말이 아름다워 별개의 세계를 열어 그를 능가할 사람이 없었으며, 經典을 많이 보아 사용한 字句는 근거가 있었다고 했다.67) 그리고 그는 詩文이 다른 사람의 영향으로 알려진 것은 더러워 말할 것이 없고 자신의 것으로 알려진 것은 간혹 잡되고 편벽되나 참되게 알려진 것이라 했다.68) 李用休의 文體는 그의 주장과 같이 참신하고 녹특했다. 그러나 正祖가 復古政策을 주진하면서 李用休의 文體에 대해서는 거론하지 않았고, 오로지 당시 新進士類들에게 유행하고 있는 朴趾源의 熱河日記의 文體를 중심으로 한 新文體에 집중되었다.

正祖는 新文體가 浮薄 또는 卑靡하고 稗官 雜記의 문자를 많이 인용한 것이라 하며 배격하면서 추진한 復古政策이 韓愈와 金富軾의 古文運動에는 미치지 못했다 할지라도 상당히 성공하지 않았는가 생각된다. 이렇게 보고자 하는 것은 그 후 한동안 古文體는 그대로 유행하고 있었으나, 新文體를 선호하는 문인들은 보기 드물었기 때문이다.

正祖의 復古政策이 어느 정도 성공했다 할지라도 그것이 評價와 비례한다고는 볼 수 없을 것이다. 이에 대해 文體反正의 保守性은 여론과 사상의 桎梏을 가져 왔고 진보적 문인학자들의 사상과 문학예술활동의 신기운에 쐐기를 박은 보수적인 사상탄압이 되

---

67) 李德懋,『靑莊館全書』卷 35,「靑脾錄」卷 4. "李上舍用休號惠寰居士 詩力追中國 恥作鴨綠以東語 格律嚴苦 藻采煥曄 別闢洞天 峭絶無隣 博極墳典 字句有根"

68) 李用休, 松穆館集 序,『松穆館集』. "詩文有從人起見者 有從己起見者 從人起見者 鄙無論 卽從己起見者 母或雜之固與偏 乃爲眞見"

었다고 했다.[69]

　復古政策이 新文體의 유행을 저지하고 전통문체를 고수하고자
했으니 保守性은 면하기 어렵고, 朴趾源을 비롯하여 新文體를 선
호했던 문인들은 대부분 중국을 통해 새로운 文物에 관심을 가졌
던 인물들이었다. 正祖는 在位中에 정치적으로 적지 않은 개혁을
시도했던 군주였는데, 文體政策에서는 보수성을 벗어나지 못했다.
여기에는 군주로서 王權을 강화하겠다는 절박한 생각이 있었기 때
문이었을 것이다. 그러므로 이에 대해서는 정치적인 측면까지 포
함시켜 논의되어야 할 것으로 생각된다.

　어느 나라 문학사에서든지 그 시대에 알맞은 문학이 있게 마련
이고 따라서 문학도 변하며 발전한다. 正祖 때 新文體의 출현은 오
랫동안의 침체에서 변화의 조짐이었다고 볼 수 있겠는데, 그것이
정착되어 古文體와 경쟁을 했다면 조선조 최후기의 산문은 더욱
발전했을 것임도 불구하고 王權의 강화와 아울러 文體가 治道의
汚隆과 상관이 있다는 儒學者들의 관념에 同化되어 막강한 권력
을 동원하여 政策的으로 저지시켰으니 결과적으로 漢文學의 발전
에 저해가 되었다고 할 수 있을 것이다.

Ⅳ. 結 言

　이상에서 燕巖文體와 正祖의 文體 復古政策에 대해 살펴보았
다. 燕巖文體는 참신하여 당시 新進士類들로부터 적지 않은 관심

---

69) 金血祚, 燕巖體의 成立과 正祖의 文體反正, 94쪽.

을 받았으나, 正祖의 강력한 復古政策으로 인해 유행하지 못하고 저지되었다.

燕巖文體가 쉽게 저지될 수 있었던 것은 正祖의 정책도 강력했겠지만, 그 文體가 독특하여 호기심을 불러일으킬 수는 있었으나 영향을 받기는 어려웠을 것이고, 또 당시 古文體를 선호하는 문인들도 많았기 때문이었을 것이다. 어쨌든, 文體도 변함에 따라 발전하는 만큼 그 시기에 新文體가 저지되지 않고 유행이 계속되어 古文體와 경쟁을 했었다면 漢文學史에서 산문은 적지 않은 발전이 있었을 것이다.

正祖의 復古政策은 군주로서 王權을 강화하겠다는 절박한 의도가 있었기 때문에 당시 지나치게 비대하다고 생각되는 세력들을 견제하기 위한 방법의 하나였을 것이고, 또 文體가 世道의 汚隆과 상관이 있다는 전통적인 儒家의 관념에 따라 浮薄하고 纖靡하다고 간주한 新文體의 유행을 저지하고자 했는데, 결과적으로 漢文學의 발전에는 도움이 되지 못하고 저해가 된 것은 사실일 것이다.

제4장

漢詩의 聲調에 대한 考察

I. 序 言

漢詩는 짓는 것보다 이해하는 것이 더욱 어렵다는 말이 있다. 이와 같이 漢詩의 이해가 어려운 것은 구조적으로 엄격한 정형시로써 平仄의 按配가 매우 복잡하고, 또 한자가 우리 나라 문자가 아니기 때문에 그 音價를 정확히 구분하기가 쉽지 않기 때문이다.

그리고 平仄의 按配는 규정에 따라 맞추었다 할지라도 각 글자의 音價가 서로 다르므로 전후에 있는 글자의 음가에 따라 聲調가 일치할 수 없기 때문에 漢詩는 聲調에 대한 이해가 어려우나 그것이 얼마나 좋은가 하는 것에 따라 작품의 가치에 상당한 영향이 있다고 한다. 그러므로 漢詩에는 아름다운 聲調를 선택하는 것과 아울러 그것을 이해하는 데도 적지 않은 어려움이 있으며, 그것이 작품의 평가에 중요한 요소의 하나가 되고 있다.

本稿는 이러한 漢詩의 聲調에 대해 고찰하고자 하는데, 이것은 필자가 감당하기 어려운 과제임을 알고 있음에도 불구하고 시도해 보고자 하는 것은 최근 漢詩의 연구에서 聲調에 대한 관심이 적기 때문에 漢詩를 정확하게 이해하기 위해서는 聲調에 대한 이해가 매우 중요하다는 것을 제언하기 위한 것도 하나의 이유가 된다.

다시 말하지만 漢詩의 聲調는 識別과 아울러 설명하기도 어려운 것으로써 오랜 시간을 통해 읊고 생각하는 사이에 자연이 感知된다고 한다. 필자는 漢詩의 聲調에 대해 功力이 없어 연구라 하지 않고 기존의 견해들을 고찰하는 정도에서 그쳤으므로 고찰이라 했다.

II. 漢詩의 聲調에 대한 觀念

어느 민족의 시이든지 노래에 근원을 둔 것이기 때문에 시의 聲調에 대한 관념은 크게 다를 바 없을 것으로 생각되나, 그렇다고 해서 일치한다고는 말할 수 없을 것이다. 그러므로 漢詩의 聲調에 대해 고찰하기 전에 漢詩의 聲調에 대한 관념부터 살펴보고자 한다.

漢詩가 우리 나라에 전래된지 천 수백년이 되면서 그동안 많은 작품이 저작되었으나 작품에 비해 詩論이 크게 발달하지 못하고, 또 중국의 詩論에 의지한 바가 적지 않았으나 그렇다고 해서 우리의 詩論이 없었던 것은 아니다. 먼저 聲調의 관념에 앞서 이해를 돕기 위해 漢詩에 대한 관념부터 간단히 살펴보고자 한다.

金宗直(1431~1492)은 문장이 小技인데 詩賦는 문장 가운데 더욱 보잘 것이 없는 것이다. 그러나 性情을 다스리고 風敎를 전달하여 당세에 유명하게 되고 후세에 오래 전하게 하는 데는 詩賦가 도움이 된다고 했다.[1] 문장을 小技라고 한 것은 먼 옛날부터 말해 왔던 것으로써 道學과 對稱해서 하는 말이다. 그런데 金宗直은 小技라 하면서도 시의 효용에 대해서는 정확히 인식하고 있었음을 알 수 있다.

丁若鏞(1762~1836)은 후세의 律詩로는 杜甫가 으뜸이 될 것이다. 그의 시를 으뜸이 된다고 한 것은 詩經 三百篇의 遺意를 지니고 있기 때문이다. 詩經의 三百篇은 忠臣, 孝子, 烈婦, 良友들의 슬

---

[1] 金宗直, 永嘉連魁集 序,『佔畢齋集』, 文集 卷 1. "文章小技也 而詩賦尤
   文章靡者也 然而理性情達風敎 鳴于當世 而傳之無窮 詩賦實有賴焉"

품과 忠厚한 감정을 표현한 것이다. 임금을 사랑하고 국가를 근심
하지 않으면 시가 아니며, 세태를 개탄하고 걱정하지 않은 것은 시
가 아니며, 찬미와 풍자로써 권장하는 뜻이 없는 것도 시가 아니다.
그러므로 뜻이 확립되지 않고 학문이 불순하며 大道를 듣지 못해
임금을 도와 태평을 이룰 의지가 없는 자는 시를 지을 수 없다고
했다.2) 丁若鏞은 經世學者였기 때문에 憂國 愛民하면서 태평을
이룰 의지가 있는 자만이 좋은 시를 지을 수 있다고 한 것이 아닌
가 한다.

  그런데, 시가 丁若鏞이 말한 바와 같이 傷時 憂國도 해야 되겠
지만 그것이 전부가 될 수는 없다. 五經의 하나인 書經에 시는 뜻
을 말하고 歌는 노래하는 것이다. 聲은 노래에 의지하게 되고, 律
과 聲이 조화를 이루어 八音이 고르게 되어 서로 그 질서를 유지
해야 神人이 기뻐한다고 했다.3) 그리고 우리 나라의 사상과 학문
에 많은 영향을 끼친 朱熹(1130~1200)는 자신에게 시는 어떻게 해
서 짓게 되느냐 했을 때 사람이 타고난 성격은 고요한 것인데 사물
에 부딪히면 감정이 움직이게 되며, 그것은 천성이 그렇게 하고자
한 것이다. 감정이 움직이면 생각이 없을 수 없고, 생각을 하게 되
면 말이 있게 마련이며, 말로써 생각을 충분히 표현하지 못했을 때
감탄을 하며 부르짖게 되는데 그 속에는 자연히 音節이 있게 된다
고 했다.4) 朱熹의 이러한 견해는 중국 고대의 民謠를 채집한 詩經

<hr>

2) 丁若鏞, 寄淵兒,『與猶堂集』卷 21. "後世詩律 當以杜工部爲孔子 盖
   其詩之所以冠冕百家者 以得三百篇遺意也 三百篇者 皆忠臣孝子烈婦
   良友 惻怛忠厚之發 不愛君憂國非詩也 不傷時憤俗非詩也 非有美刺
   勸懲之義非詩也 故志不立學不醇 不聞大道 不能有致君澤民之心者
   不能作詩"
3) 書經, 舜典. 詩言志 歌永言 聲依永 律和聲 八音克諧 無相奪倫 神人
   以和.
4) 朱熹, 詩經集傳 序. "或有問於予曰 詩何爲而作也 予應之曰 人生而靜

의 序로써 詩歌의 발생에 대해 감정이 단계적으로 발전하여 시와 노래가 자연스럽게 발생한다는 것인데, 詩論이 발달한 오늘날에도 경청할 만한 의견이 아닌가 한다.

위에서 朱熹는 시가의 발생에 대하여, 丁若鏞은 시의 표현 내용에 대해 언급하였음을 알 수 있다. 그러나 시가 갖추어야 할 요소는 간단한 것이 아니다. 李奎報(1168~1241)는 시는 뜻을 중심으로 한 것인데, 그 뜻을 설정하는 것이 가장 어렵고 修辭는 그 다음이 된다. 뜻은 氣를 중심으로 하며, 그 氣의 優劣에 따라 뜻의 深淺이 있게 된다. 그런데 氣는 天賦的인 것으로써 배워서 가능한 것이 아니기 때문에, 氣가 약한 자들은 修辭에 주력하고 뜻을 먼저 설정하지 않고 있다. 일반적으로 修辭에 공력을 많이 기울이게 되면 문장은 아름답게 되겠지만 내용에 깊은 뜻이 없으므로 처음 볼 때는 좋은 듯하나 다시 보면 맛이 없다고 했다.[5]

李奎報는 시에서 가장 중요한 것은 뜻이며, 뜻에서도 중요한 것은 氣라고 했는데 氣는 함축된 내용에서 분출되는 것이 氣가 아닌가 한다. 李奎報의 이러한 주장에 따르면 시에서는 修辭보다 氣가 더욱 중요하다고 했으며, 그 氣는 天賦的인 것으로써 배워서 가능한 것이 아니라고 했다.

成俔(1439~1504)은 시는 말하기 어려운 것이라고 하면서 시를 말하는 자들이 氣만 말하고 理를 말하지 않은 것은 옳지 않다. 氣

天之性也 感於物而動 性之欲也 夫旣有欲矣 則不能無思 旣有思矣 則不能無言 旣有言矣 則言之所不能盡 而發於咨嗟咏歎之餘者 必有自然之音響節族 而不能已焉 此詩之所以作也"

5) 李奎報, 『白雲小說』. "夫詩以意爲主 設意最難 綴辭次之 意亦以氣爲主 由氣之優劣 乃有深淺耳 然氣本乎天 不可學得 故氣之劣者 以雕文爲工 未嘗以意爲先也 盖雕鏤其文 丹靑其句 信麗矣 然中無含蓄深厚之意 則初若可翫 至再嚼 則味已窮"

는 밖에 있고 理는 안에 있는데, 안에 있는 것이 확고하지 않으면
외부에 있는 것이 常道를 벗어나 올바른 것이 될 수 없기 때문에
시에는 理가 중요한 것이 된다. 시를 잘 짓는 자는 理가 중요한 것
임을 알고 그 근본을 잃지 않는다. 근본을 잃게 되면 아무리 표현
이 아름답다 할지라도 시라고 말할 수 없다고 했다.6)

　成俔이 시에서 氣와 對稱해서 말한 理는 이해하기 어려운 바가
없지 않으나 마음에 가지고 있는 사상으로써 표현하고자 하는 내
용이 아닌가 한다. 李奎報가 氣를 중시한 것과는 달리 成俔은 理
를 더욱 중시했는데, 이러한 차이는 두 사람의 견해가 다르기 때문
이라고 볼 수 있고, 또 成俔은 당시 氣論이 지나치게 盛行하고 있
다고 생각되었기 때문에 氣보다 理가 더욱 중요하다는 것을 강조
하고자 한 것이 아닌가 한다.

　그런데, 시는 理와 氣를 갖추었다고 해서 완전한 것이 아니고 聲
響을 갖추게 된 후 大家라 할 수 있다고 했다.7) 이와 같이 聲響은
理와 氣와 함께 중요한 것으로 인식되었는데, 여기에서 말한 성향
은 本稿에서 고찰하고자 하는 聲調와 같은 의미로 보아도 무방하
리라고 생각된다.

　시는 정형시와 자유시를 막론하고 韻律이 없는 시는 없겠지만
漢詩는 구조적으로 복잡할 뿐만 아니라, 그것은 시의 형식과 상관
이 있다. 그러므로 聲調를 표현문자와 같은 비중으로 언급한 견해
가 적지 않다. 朴齊家(1750~1805)는 표현문자와 聲調에 대해 감정
은 말로써 전달되고 말은 문자가 아니면 전달되지 않기 때문에 세

---

6) 成俔, 雷溪詩集 序, 『虛白堂集』 卷 7. "詩難言也 言詩者論氣 而不論理
　非也 氣以行於外 理以守諸內 守於內者不固 則行於外者 未免泛駕而
　詭遇 詩以理爲貴也 善爲詩者 悟於理 故能不失根本 苟失根本 雖豪蕩
　濃艶 雕鎪萬狀 而不可謂之詩也"
7) 朴暢鉉, 評語,『梅泉集』卷頭. "詩具理致氣力聲響三者 然後方爲大家"

가지가 하나로 합쳐야 시가 된다. 그런데 말과 문자는 모두 뜻이
있지만 소리는 꼭 말을 이루는 것이 아니기 때문에 시는 온전히 문
자에 의지하게 되며 소리와는 거리가 멀어지게 된다. … 비록 소리
와 문자가 하나라 할지라도 잘하면 합쳐지고 잘못하면 헤어지는
데, 그 까닭은 글은 글자에서 나오고 소리는 글자 밖에서 이루어지
기 때문이다. 그러므로 글자는 배워서 가능한 것이지만 소리는 天
賦的인 것이라 했다.[8] 朴齊家의 이러한 주장은 시에서 聲調가 중
요함을 강조했다고 볼 수 있다. 즉, 시는 감정과 문자와 聲調가 합
쳐야 되는데, 글자는 그것으로 뜻이 있지만 소리는 꼭 聲調를 이루
는 것이 아니고 좋으면 문자와 합쳐지고 좋지 않으면 분리된다고
했으며, 그러한 聲調는 노력만으로 가능한 것이 아니라고 했다.

　이러한 聲調에 대해 崔錫鼎(1646~1715)은 시는 글 가운데 가장
순수하고 깨끗한 것이다. 시에서 가장 으뜸은 格調고 그 다음은 聲
韻이며 그 다음은 體裁와 思致이다. 格調와 聲韻은 天賦的인 것으
로써 노력으로 가능한 것이 아니고 體裁와 思致는 노력으로 가능
하다고 했다.[9] 이와 같이 崔錫鼎도 시에서 가장 으뜸되는 것은 格
調와 聲韻인데, 역시 그것은 天賦的인 것이라 했다. 그리고 金澤榮
(1850~1927)도 시에서 가장 중요한 것은 調律이다. 意趣가 비록 좋
다 할지라도 調律이 고르지 않으면 좋은 작품이 될 수 없다. 그런
데 그 調律은 노력으로 가능한 것이 아니고 人品과 관계된 것으로
써 억지로 되는 것이 아니라고 했다.[10] 이와 같이 金澤榮은 시에는

---

8) 朴齊家, 柳惠風詩集 序,『貞蕤閣文集』卷 1. "情非聲不達 聲非字不行
　三者合於一 而爲詩 雖然字各有其義 而聲未必成言 於是乎詩之道專屬
　之字 而聲日離矣 … 雖然聲與字一也 而善則合之 不善則離之何也 文
　出乎字 而聲成於字外 故曰 字者下學 而聲者上達"
9) 崔錫鼎, 鳴皐集 序,『明谷集』卷 8. "詩者文之精華也 太上格調 其次聲
　韻 其次體裁 其次思致 格調聲韻 得之於天 體裁思致 可以人巧造極"

聲調가 가장 중요하며 그것은 천부적인 것으로써 노력만으로 가능한 것이 아니라고 했다.

漢字는 먼 옛날부터 傳來되었고, 漢詩는 三國時代부터 짓게 되어 오늘에 이르기까지 많은 작품과 작가가 배출되었다. 그러나 漢字가 우리의 문자가 아니고 漢詩도 중국의 시이기 때문에 漢詩가 지니고 있는 특징을 우리가 모두 감당하기 어려우므로 意思만 충분히 표현하고 聲調는 일차적인 논의에서 제외시켜야 하지 않을까 하는 생각도 있을 수 있다. 그러나 그것은 漢字의 音律에 밝지 않은 오늘날의 말이지 옛날의 선비들은 漢詩의 聲調를 분별하는 능력을 상당히 갖추었을 뿐만 아니라, 시를 평가할 때에도 聲調를 매우 중요시했다. 그러므로 漢詩에 대한 평가에서는 聲調를 무시하고는 올바른 이해를 하기 어려울 것이다.

Ⅲ. 聲調에 대한 理解

漢詩의 聲調는 平仄에 의해 이루어진다고 할 수 있겠는데, 聲調에 대해 알아보기 전에 漢詩에서 平仄의 按配부터 먼저 언급하고자 한다.

漢詩에는 여러 가지 형식이 있다. 즉, 古詩, 排律, 樂府, 五言絶句, 五言律詩, 七言絶句, 七言律詩 등을 들 수 있다. 이들 시를 그 형식에 따라 살펴보면 古詩는 옛날부터 전해 오는 시형으로써 平

---

10) 金澤榮, 『韶濩堂集』卷 8, 雜言 4. "詩最要調律 意趣雖好 律不諧 則不得成其好 但其律不專在人工 而多係於人品 有不可以强致者也"

仄에 관계하지 않고 五言과 七言 또는 長短句가 있기도 하며, 형식에 크게 구애를 받지 않기 때문인지 短詩가 있는 반면에 長詩도 있다. 이 시형에서도 平仄에 관계하지 않는다고는 하나 전혀 무관하지는 않은 것으로 생각되는데, 그 聲調가 어떻게 이루어지는지 알아보지 못했으나 우리 나라 문인들도 이 시형의 작품을 적지 않게 지었다. 排律 역시 漢詩의 한 형식으로써 五言 또는 七言으로 되었으며, 열 두짝 이상으로 되어야 하기 때문에 長詩가 많다. 古詩와는 달리 오래된 시형은 아니라 할지라도 唐代 이전부터 많이 유행했으며, 우리 나라 문인들의 작품도 적지 않다.

樂府는 그 형식이 시대에 따라 變形이 많았다고 하며, 絶句와 律詩 등과는 달리 字數가 일정하지 않고 長短句의 交錯이 많으므로 그 형식이 매우 복잡하며, 특히 聲調를 중요시하기 때문에 한자의 音韻에 정통해야 지을 수 있다고 한다. 樂府에 대해 徐居正은 樂府의 字句가 모두 音律에 맞아야 하기 때문에 시에 능한 자도 짓기 어려울 뿐만 아니라, 陳后山, 楊誠齋는 蘇東坡가 지은 樂府가 좋다고 하나 그것이 기본원칙에 맞지 않았다고 하니 하물며 東坡에 미치지 못한 사람들은 말할 것이 있겠는가. 우리 나라는 언어가 중국과 달라 李奎報, 李仁老와 같은 大家들도 짓지 못했고, 오직 李齊賢만이 衆體를 갖추었고 音律에 맞아 法度가 정확함을 볼 수 있는데, 그것은 선생께서 중국에 가서 오래 있었기 때문에 얻은 바가 있는 것이다. 근세의 학자들이 音律은 배우지 않고 東坡도 잘 짓지 못했던 樂府를 짓고자 하니 陳后山, 楊誠齋의 죄인임이 분명하다고 했다.11) 이로써 보면 樂府는 聲調가 매우 까다로워 音律에

---

11) 徐居正, 『東人詩話』 上. "樂府句句字字 皆協音律 古之能詩者 尙難之 陳后山楊誠齋皆以謂蘇子瞻樂詞雖工 要非本色語 況不及東坡者乎 吾東方語音 與中國不同 李相國李大諫猊山牧隱 皆以雄文大手 未嘗措手

밝지 않으면 짓기 어려운 것임을 알 수 있는데, 徐居正이 말한 바 근세뿐만 아니라, 조선조 후기의 문인들도 지은 작품이 있지만 音律이 얼마나 맞았는지 알 수 없다.

　위에 언급한 詩型에서 樂府를 제외한 古詩와 排律 등은 平仄의 按配와 관계없는 것도 있고, 또 長型詩도 많으므로 대상에서 제외하고 우리 나라 문인들이 가장 많이 지었던 詩型인 五言絶句 및 五言律詩와, 七言絶句 및 七言律詩를 중심으로 살펴보고자 하며, 먼저 五言絶句의 平起仄韻부터 들어 본다.(○ 平聲, ● 仄聲)

平起仄韻

仄起平韻

　일반적으로 五言絶句에서는 平聲韻이 많고, 또 첫 귀에는 韻을 사용하지 않은 것이 正格이라고 한다. 다음에는 七言絶句에 대해 알아보고자 한다.

平起仄韻

唯益齋備述衆體 法度森嚴 先生北學中原 師友淵源 必有所得者 近世 學者不學音律 先作樂府 欲爲東坡所不能 其爲誠齋后山之罪人明矣"

仄起平韻

　　이 七言絕句는 五言絕句에 두 자를 더한 것에 불과하며, 그 起源은 중국의 고대 詩型인 楚辭에서 나왔다고 한다. 다음에는 五言律詩에 대해 알아보고자 한다.

平起定式

仄起定式

　　五言律詩의 聲調는 그 源流가 五言古詩와 같이 四言詩에서 나왔다고 하며, 律이라고 한 것은 規律과 對偶를 포함하고 있다는 의미인데, 規律이 있다는 것은 복잡하고 어지럽지 않게 하기 위한 것이며, 對偶가 있다는 것은 孤立되지 않게 하기 위한 것이라 한다. 일반적으로 律詩 여덟 句 가운데 平仄은 每句 둘째 字에서 서로 바꾸어진다. 다시 말하면 첫 句 둘째 자가 仄聲字이면 둘째 句 둘째 字는 반드시 平聲字가 되어야 하며, 셋째 句 둘째 字가 平聲字이면 넷째 句 둘째 字는 仄聲字이며, 다섯째 句 둘째 字가 仄聲字이면 여섯째 句 둘째 字는 平聲字이며, 일곱째 句 둘째 字가 平聲字이면 여덟째 句 둘째 字는 반드시 仄聲字가 되어야 한다. 다음에는 七言律詩에 대해 알아보고자 한다.

平起定式

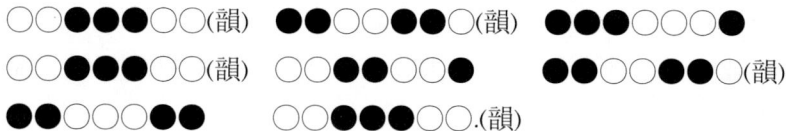

仄起定式

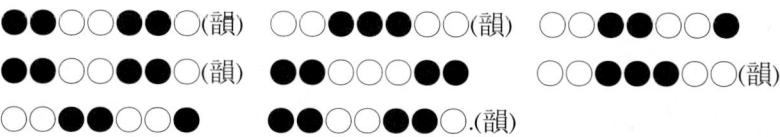

七言律詩의 聲調는 대체적으로 五言律詩와 크게 차이가 없다고 보겠는데, 五言律詩가 五言古詩에서 나왔고 七言律詩는 五言에서 나왔다고 볼 수 있는 것은 五言의 각 句에 두자를 첨가하면 七言律詩가 되기 때문이다.[12] 위에서 律은 規律과 對偶를 포함한다고 했으나 平仄의 안배가 일정한 규율에서 이루어졌음을 알 수 있다.

그런데, 漢詩에서 위에 제시한 平仄圖式이 그대로 철저하게 지켜지는 것은 아닌 듯하다. 예를 들면 七言律詩의 平起定式에서 首句의 첫 字가 平聲字로 되어 있으나 仄聲字가 되어도 무방하다고 한다. 이와 같이 바꾸어도 무방한 글자가 七言律詩의 56자 가운데 22자나 된다. 뿐만 아니라, 漢詩를 지을 때 바꿀 수 없는 字의 예를 들어보면 七言律詩의 平起定式일 때 첫 句의 둘째 字가 平聲字면 넷째 자는 반드시 仄聲字가 되어야 한다. 그리고 內句에서 이와 같

---

12) 위의 平仄圖式은 臺灣中華書局에서 간행한 唐詩三百首詳析의 것을 참조했음.

이 平聲字로 시작되었다면 이와 반대로 外句의 둘째 字는 仄聲字가 되어야 하고 넷째 字는 平聲字이며 여섯째는 仄聲字가 되어야 한다. 이와 같이 平仄이 바꾸어지는 것은 七言律詩뿐만 아니고 五言律詩와 絶句도 마찬가지다. 이러한 平仄의 按配가 허물어진 것은 破格으로 간주할 뿐만 아니라, 高低가 맞지 않는다고 하며 시로 인정하지 않으려 한다.[13]

漢字가 우리 나라 문자가 아니기 때문에 漢詩를 짓기 어려운 바도 있겠지만, 위에서 언급한 바와 같이 平仄의 按配가 복잡하고 어렵기 때문에 우리와는 달리 平仄을 쉽게 구분할 수 있는 중국 사람들도 짓기 어렵다고 한다. 그리고 많은 漢詩에서 위에 제시한 平仄定式에 따라 按配된 작품도 드물다고 하며, 이에 따라 주변 글자의 音價에도 적지 않은 영향을 받는 듯하다. 이와 같이 한시의 聲調는 매우 복잡하지만 그것이 잘되어야만 좋은 작품이라고 하며, 아무리 意思가 좋은 작품이라 할지라도 聲調가 걸리는 것이 있으면 좋은 작품으로 평가받지 못하게 된다.

이러한 聲調에 대해 金澤榮은 시가 교묘하다는 것은 聲調에 있다. 意趣가 비록 좋다 할지라도 聲調가 좋지 않으면 교묘한 작품이 될 수 없다. 曹子建의 시에서 淸晨登隴首를 천고의 傑句라고 한 것은 천연스럽고 悠永한 맛이 있기 때문이다. 가령 이 句에서 晨字를 曉, 登字를 上, 首字를 頭로 바꾸었을 때 천연스럽고 悠永한 맛이 있겠는가 했다.[14] 曹子建이 생존했던 魏나라 때는 古詩가 유행

---

13) 漢詩에서 平仄의 按配가 圖式대로 된 작품은 극히 드물다고 하며, 圖式대로 按配된 작품은 聲調가 매우 좋다고 한다.
14) 金澤榮,『韶濩堂集』卷 8, 雜言 9. "詩之工也 在於聲調 意趣雖好 而聲調不好 則不得爲工 如曹子建詩 淸晨登隴首 爲千古傑句 以其有天然悠永之味也 假如以曉易晨 以上易登 以頭易首 可能有天然悠永之味乎"

하고 있을 때였는데, 그의 原詩句와 金澤榮이 바꾸어 놓은 것과
비교해 보면 聲調에 많은 차이가 있음을 느낄 수 있다. 이로써 聲
調는 작품의 가치에 절대적인 영향을 끼치고 있음을 알 수 있다.

위에 제시한 曹子建의 詩句에는 다섯 자 가운데 석자를 바꾼 경
우지만 한 자가 바뀌어도 그 句의 聲調에 영향을 끼치는 것도 있
다. 그러한 예를 들어 보면 金澤榮은 시에서 소리가 앞서고 뜻이
뒤따르는 것으로 明月松間照와 같은 句에 만약 明字를 皎字 또는
寒字로 바꾸었을 때 천연스러운 뜻이 있겠는가. 또 뜻이 앞서고 소
리가 뒤따르는 것에서 愁思看春不當春과 같은 句에서 春字를 椿
字로 읽었을 때 발음을 잘 한다 해도 聲調가 잘 되지 않을 것이라
고 했다.15)

위의 明月松間照의 句는 聲先意隨이기 때문에 明字를 皎字 또
는 寒字로 바꾸었을 때 천연스러움이 적은 것은 그 밑에 바치고 있
는 글자의 音價와 聲調에 차이가 있기 때문이 아닌가 한다. 그리고
다음 句에서 愁思가 意先에 해당되는 것이겠으나 그 意先이 되는
자가 다음 글자와의 聲調에는 영향을 끼치지 못할 것이고, 다만 聲
先 意先을 떠나 글자를 바꾸었을 때 주위 글자와의 聲調에서 차가
있기 때문일 것이다.

漢詩는 어떤 형식의 시이든지 각 句의 글자가 엄격히 제한되어
있어 글자의 선택에 精巧함이 요구되고, 또 平仄의 안배에 맞추어
선택되었다 할지라도 音價에 따라 聲調가 달라진다. 다음에는 그
러한 경우의 詩句를 들어보고자 한다.

牧隱 李穡이 아들 種學과 더불어 西州樓에 올라 西林石堡入雲

---

15) 金澤榮, 같은 책, 雜言 2. "詩有聲先而意隨者 如明月松間照 若就明字
易以皎字或寒字 可能有天然之意乎 亦有意先而聲隨者 如愁思看春不
當春 若將一春字作椿字讀 則雖利口 必不能諧律"

端 亭樹含風夏尙寒이라 한 시를 지었다. 그리고 父子가 樓에서 내
려와 얼마 동안 가다가 種學이 大人의 시 가운데 尙字가 亦字의
安穩한 것만 같지 못한 듯 하다고 하니 牧隱도 듣고 그렇다고 하
며 빨리 가서 고치라고 했다.16) 이로써 볼 때 牧隱과 같은 大家도
시작과정에서 글자의 선택에 매우 신중했음을 알 수 있고, 또 더욱
좋은 자를 발견했을 때 고치는 것에 주저하지 않았음을 알 수 있
다. 그런데, 위에 든 詩句에서 牧隱 父子는 尙字보다 亦字가 더욱
安穩하다고 했으나, 徐居正은 이 詩句에 대해 尙字가 亦字와 같은
뜻이기는 하지만 亦字가 더욱 安穩한지 알 수 없다고 했다.17) 이와
같이 徐居正이 말한 것을 보면 聲調는 大家들도 識別하기 어려움
을 알 수 있는데, 그것은 實證되는 것이 아니고 感知되는 것이기
때문일 것이다. 여기에서 尙과 亦은 모두 仄聲字이다.

漢詩에서는 이러한 경우가 적지 않으므로 그 예를 하나 더 들어
보고자 한다. 雙梅堂 李詹이 郊隱 鄭以吾에게 자신이 지은 시에서
烟橫杜子秦淮夜 月白坡仙赤壁秋라는 句를 외우며 자랑했다. 郊隱
이 몇 번 읊어 보고 籠小가 좋다고 했다. 雙梅堂이 처음에는 인정
하려 하지 않으므로 郊隱이 다시 橫을 籠으로 白을 小로 고쳐 천
천히 읊었는데, 籠小 두 자가 橫白보다 그 精彩가 百倍나 된다고
했다.18) 이 兩句가 들어 있는 原時를 찾아보지 못했으나 對句인
것으로 보아 七言律詩 임을 알 수 있는데, 平仄의 안배와는 상관

16) 徐居正,『東人詩話』卷 上. "牧隱嘗與子麟齋種學 登西州樓 有題云
… 行至半途 種學曰 大人詩中尙字 不如亦字之穩 牧隱曰 是也 促令
返改之"
17) 위와 같음, 尙亦雖一意 殊不知亦字尤穩.
18) 徐居正,『東人詩話』上. "雙梅李壯元詹 與郊隱鄭文定公以吾 論詩自
詫 嘗得句云 … 郊隱吟玩再三 但曰籠小 李初不認 鄭徐吟曰 烟籠杜子
秦淮夜 月小坡仙赤壁秋 籠小二字 比前精彩百倍"

없이 글자의 音價에 따라 精彩가 달라진 것이다. 즉, 橫과 籠은 같은 平聲이며, 句와 小는 모두 仄聲으로써 변화가 없으나 음이 바뀌면서 精彩가 달라진 것이다.

漢詩의 聲調는 平仄의 안배에서 이루어지는 것이 原則이지만 위에서 본 바와 같이 平仄과 관계없이 音價도 聲調에 크게 영향을 끼치고 있음을 알 수 있다.[19] 이와 같은 경우는 漢詩에서 적지 않게 볼 수 있으므로 다음에는 그러한 예를 몇 개 들어보고자 한다. 金澤榮은 지난날 李建昌(1852~1898)이 자신의 花石亭詩에 紙窓曉色青 鷄鳴滿江水를 보고 鳴字를 만약 聲字로 했을 경우에는 시가 되지 않는다고 했다. 金澤榮이 이 말을 어떤 사람에게 말하면서 시에 대한 이해가 李公과 같았을 때 시를 논할 수 있을 것이라고 했다. 그 사람이 듣고 그렇다면 朴齊家의 시 午巷鷄聲嬾은 잘못된 것인가. 金澤榮이 웃으며 거기에는 聲字를 鳴字로 고치면 시가 될 수 없다고 했다.[20] 이 詩話에서 前者의 경우에는 鷄鳴의 鳴을 聲字로 바꾸면 시가 아니라고 했고, 後者는 鷄聲의 聲字를 鳴字로 바꿀 수 없다고 했다. 뒤에 다시 언급할 기회가 있겠지만 漢詩의 聲調에 대해서는 알기도 어렵지만 배우기도 어려운 것이다. 위의 두 詩句에서 前者의 鳴字는 句의 둘째 字이고, 後者의 聲字는 넷째에 있는 字이다. 이러한 차이로 전후에 있는 다른 글자와의 연결로 인해 聲調에 변화가 있기 때문이 아닌가 한다.

위에서 한 글자의 音價가 그 句의 聲調에 미치는 영향을 살펴보았는데, 다음에는 한 작품에서 句의 聲調가 좋은 것으로 지적되는

---

19) 平仄도 音價이지만 여기서 말하는 音價는 같은 仄聲 또는 平聲이라 할지라도 각 글자가 지닌 音價에 따라 聲調가 달라지는 것을 의미한다.

20) 金澤榮,『韶濩堂集』卷 8, 雜言 9. "往者李寧齋賞余花石亭詩 … 曰鳴若作聲 便不成詩 余嘗擧此以語人 曰識解如李公然後 方可論人詩文 其人 曰然則 朴楚亭詩 午巷鷄聲嬾非歟 余笑 曰聲若作鳴 便不成詩"

것에 대해 알아보고자 한다.21) 金澤榮은 자신이 남쪽으로 여행할
때 기러기 우는 소리를 듣고 지은 絶句에서 鴻鴈後飛過我去 秋風
秋雨滿江鄕云云이라 했다. 그리고, 그 후 臨津江 나루를 건너면서
渡口風林升曉日 舟人蓬笠捲新霜云云이라 했는데, 자신이 평생 지
은 絶句와 律時 가운데 이 두 편을 가장 좋은 작품으로 생각하고
있으며, 당시 교류했던 사람들 가운데 朴文鎬 한 사람이 칭찬하며
이것은 예사로운 작품이 아니라고 했다. 자신이 이 시를 짓게 된
것은 우연이었는데, 朴文鎬가 정확히 평가한 것도 우연인가 이상
한 일이라 했다.22) 위에 든 詩句에서 남쪽을 여행하면서 지었다는
두 句는 표현이 절묘한 점이 있는 것도 아니고, 앞서 살펴본 바와
같이 한 字의 음가가 全句의 聲調를 살릴 수 있는 그러한 자가 있
는 것도 아니지만 全句의 聲調가 좋은 것이 아닌가 한다.23) 그리고
臨津江 나루를 지나면서 지었다는 두 句는 聲調와 함께 표현이 좋
기 때문에 평생에 지은 작품 가운데 秀作으로 간주하고자 한 것이
아닌가 한다. 그런데 聲調와 관계없이 여기에서 주목되는 것은 자
신이 지은 많은 시 가운데 秀作이라고 생각하는 두 작품이 일시의
우연이라고 했다. 이로써 볼 때 작품은 노력만으로 되는 것이 아니
고 靈感이 좋은 작품을 짓는데 적지 않은 도움이 되고 있음을 알
수 있다.

---

21) 漢詩에서 좋은 시로 평가되는 작품이라 할지라도 전체적으로 표현이나
   聲調가 좋기는 어렵고 한 句 또는 한 字가 좋은 것도 작품의 평가에 적
   지 않은 영향을 끼치기 때문에 여기서 차례로 들어보고자 한다.
22) 金澤榮, 『韶濩堂集』卷 8, 雜言 6. "余往南遊時 聞雁得絶句曰 … 其後
   渡臨津得一律曰 … 自以此二篇 置平生所作律絶之首 而當時交遊之中
   惟朴壺山文鎬一人盛獎之 曰此所謂不凡物 抑余之得此 亦一時之偶然
   而此人之透解 豈可曰偶然哉 可奇已"
23) 曹兢燮, 與金滄江, 『深齋集』卷 6. 曹兢燮도 이 시에 대해 鴻雁後飛一
   絶 擧世所誦 非獨壺山爲然이라 하며 좋다고 했다.

다음에는 鄭知常의 送人詩에 대해 알아보고자 한다. 이 시는 역
대로 내려오면서 많이 회자되어 고려 때는 물론 조선조에서도 적
지 않게 언급되었다. 이 시에 대해 李仁老는 睿宗 때 俊才가 있는
자로서 이름은 잊었고 성은 鄭이었는데 어렸을 때 送友人詩에,

雨歇長堤草色多	비 갠 긴 언덕에 풀 빛은 푸른데
送君南浦動悲歌	그대 南浦로 보내니 슬픈 노래 절로 난다오.
大同江水何時盡	大同江 물은 어느 때 다 할 것이냐
別淚年年添作波.	해마다 눈물은 흘러 강물을 더 할 것이라네.

라 했다.24) 鄭知常과 李仁老의 생존년대의 차는 수십년에 불과하
다. 그리고 성은 말하면서 이름은 잊었다고 말한 것은 鄭知常이 妙
淸의 亂에 관련된 것으로 처형되어 伸寃이 되지 않았기 때문일 것
이며, 이 시에 대한 기록으로는 최초의 것이 아닌가 한다. 그런데
結句의 添綠波에서 綠字가 아니고 作이다. 鄭知常의 詩文의 原集
이 전하지 않기 때문에 말하기 어려우나 그가 지었을 때 綠字가 아
니고 作字가 아니었던가 한다. 그리고 崔滋는 大同江은 西都 사람
들이 송별할 때 건너는 곳인데, 경치가 뛰어나 천하의 절경이라 한
다. 鄭知常의 送人詩에 … 라 했는데, 당시에도 놀랄 만한 작품이
라고 한다 했다.25)

　許筠은 鄭大諫의 西京詩의 … 라 한 것은 지금까지 絶唱이라
한다고 하며, 練光亭에 걸어 놓은 시들을 중국 使臣이 올 때면 모
두 철거하고 이 시만 남겨두었다고 한다 했다.26)

---

24) 李仁老,『破閒集』卷 下. "睿王時有俊才姓鄭者 忘其名 垂髫時送友人
　　詩云"
25) 崔滋,『補閒集』上. "大同江是西都人送別之渡 江山形勝 天下絶景 鄭
　　舍人知常送人 … 當時以爲警策"
26) 許筠,「惺叟詩話」『惺所覆瓿藁』卷 25. "鄭大諫西京詩曰 … 至今稱爲

이러한 許筠의 말에 따르면 이 시가 그때까지 절찬을 받았음을
알 수 있으며, 練光亭은 大同江邊에 있어 경치가 좋기 때문에 옛
날부터 문인들이 그 곳을 지나며 지은 시를 많이 걸어 두었다. 중
국 使臣들이 와서 그곳을 지날 때면 다른 시들은 모두 철거하고 그
시만 남겨 두었다고 하니 이 시는 우리 민족의 자존심을 대변한 것
이라 할 수 있을 것이다. 南龍翼도 고려조 때 여러 체의 시 가운데
뛰어난 작품으로 五言律詩로는 李穡의 永明寺詩이고, 七言絶句로
는 鄭知常의 이 시로 이미 定論이 되어 있다고 했다.[27] 이와 같이
고려조의 많은 七絶 가운데 이 시를 압권이라고 했다. 그런데, 과
연 이 시가 意思, 表現, 聲調 등에 이르기까지 그처럼 격찬을 받을
만한 것이었을까. 대동강 물이 마를 때까지 이별에서 오는 슬픈 눈
물을 계속 흘리겠다고 했으니 강물이 마르지 않은 것처럼 내 눈물
도 그치지 않을 것이라고 했으므로 意思가 좋은 것만은 틀림없다.
그러나 정작 이 시에서 좋은 것은 聲調가 아닌가 한다.

어쨌든, 이 시가 유명했기 때문인지 次韻한 작품도 많았으며, 添
字를 漲으로, 作字를 綠으로 하는 것이 온당하다는 의견들이 적지
않았으므로 이에 대해 살펴보고자 한다. 李齊賢(1287~1367)은 鄭
知常의 시에 … 라 했는데, 燕南 梁載가 일찍 이 시를 쓰면서 漲綠
波라 했으나 作과 漲 두 자가 모두 온당하지 못하고 마땅히 添綠
波가 좋을 것이라고 했다.[28]

이 시에 대한 논의는 李齊賢이 말한 것으로 끝나지 않았다. 徐居
正은 李齊賢의 견해를 소개한 뒤에 鄭知常이 拗體를 好用했고, 또

絶唱 樓船題詠 値詔使之來 悉撤去之 而只留此詩"
27) 南龍翼, 『壺谷詩話』. "前朝各體中 壓卷之作 五言律則牧隱永明寺 七
言絶則鄭知常雨歇長堤草色多 已有定論"
28) 李齊賢, 『櫟翁稗說』. "鄭司諫知常云 … 燕南梁載嘗寫此詩 作別淚年
年漲綠波 予謂作漲二字皆未圓 當是添綠波耳"

杜甫의 奉寄高常侍詩에 天涯春色催遲暮 別淚遙添錦水波라는 詩
句가 있으므로 添作波의 말은 拗體를 好用하는 그의 風韻이 있고,
또 이 말은 출처가 있으므로 本藁를 보지 못한 것이 한스럽다고 했
다.29) 徐居正이 이와 같이 말한 것을 보면 李齊賢과는 달리 添作
波가 좋다는 의견인 듯하다.30)

金萬重(1637~1692)은 고려 鄭知常의 南浦 絶句는 중국 王維의
渭城送別詩와 비교할 수 있는 것이다. 末句의 添作波와 添綠波에
서 李齊賢은 後者에 따르고자 했고, 徐居正은 前者가 좋다고 했다.
沈休文의 別賦에 春草碧色 春水綠波 送君南浦 傷如之何라 했으
니, 鄭知常의 이 시는 바로 沈休文의 말을 사용한 것이므로 綠波
를 바꾸지 못할 것이라 했다.31)

崔滋는 이 시에 대해 언급하면서 杜甫의 시에 別淚遙添錦江水
라 했고, 李白의 시에 願決九江波 添成萬行淚라 한 句를 들면서
모두 같은 말에서 나온 것이라 하며 添字를 다른 자로 바꿀 수 없
음을 말한 듯하다.32) 이와 같이 崔滋와 金萬重은 出典을 들며 綠
字를 作字로 바꿀 수 없음을 말했다. 그리고 李建昌(1852~1898)은
練光亭 鄭翰林의 시는 고금을 통해 사람들의 입에 회자되었고 次
韻한 시도 많았지만 이 시에 聲調가 좋은 것을 전혀 모른다 … 이

---

29) 徐居正,『東人詩話』卷 上. "以予謏見 此老好用拗體 又小陵奉寄高常
侍詩有 … 作派之語 大有本家風韻 又有來處 恨不得見本藁耳"
30) 綠과 作의 두 자에서 어느 자를 선택하는 것과는 상관없이 破閑集과
補閑集에 모두 作字로 된 것을 보면 鄭知常의 原作에 作字로 되지 않
았던가 한다.
31) 金萬重,『西浦漫筆』下. "高麗鄭司諫南浦絶句 卽海東之渭城三疊也
末句別淚年年添作波 一作添綠波 益齋當從綠波 四佳又以作字爲勝 按
沈休文別賦曰 春草碧色 春水綠波 送君南浦 傷如之何 鄭詩正用沈語
綠波不可易也"
32) 崔滋,『補閑集』卷 上. "然杜小陵云 別淚遙添錦江水 李太白云願結九
江波 添成萬行淚 皆出一模也"

작품에서 아름다운 곳은 바로 添字를 平聲으로 사용한 것에 있다고 했다.[33]

이 시는 平仄 안배의 定式에 따르면 仄起平韻이다. 이 작품에 대해 지금까지의 논평을 요약해 보면 添字를 漲字로 하기도 했는데, 添은 平聲이고 漲은 仄聲이다. 이 句에서 添字가 놓이는 위치는 定式에 따르면 仄聲이 되어야 하나 平聲이 되어도 무방한 곳이다. 그리고 의미상으로는 눈물이 계속 많이 흘러 강물에 첨가한다고 한 것과 강물이 불어 넘친다는 것으로 차이가 없는 바 아니나, 그것이 이 시에서 의미를 손상할 정도는 아니기 때문에 그것으로 탓할 것은 아니라고 생각된다. 뿐만 아니라, 漲字로 한 것은 한 곳밖에 없는데 李齊賢, 李建昌 등이 모두 添字가 좋다고 한 것에 다른 의견을 볼 수 없다.

綠字와 作字는 다같이 仄聲일 뿐만 아니라, 仄起 定式에서도 그곳은 꼭 仄聲이 놓여야 하는 위치이다. 역대로 내려오면서 綠과 作字가 여러 번 반복되었으며, 의미에서도 차이가 없는 바 아니다. 즉, 綠字는 形容詞로써 푸른 물결이며, 作字는 動詞로써 물결을 짓는다는 것이다. 어쨌든, 破閒集, 補閒集과 같은 저작에 作字로 되어 있는데, 그것은 위에서 언급한 바와 같이 鄭知常의 原作의 표기와 상관이 있지 않은가 하는 생각도 되지만, 후대로 내려오면서 여러 번 반복되었는데 綠字가 우세하지 않았는가 한다.

이 시에 대해 역대로 내려오면서 논의가 많았던 것은 첫째 작품의 意思와 聲調가 좋았기 때문이며, 둘째 鄭知常의 문집이 전하지 않아 原作의 표기를 알 수 없는 탓일 것이다. 李建昌은 사람들이

---

33) 李建昌, 「寧齋詩話」, 趙鍾業 編, 『韓國詩話叢編』 卷 11. "練光亭鄭翰林 古今膾炙 次韻亦多矣 殊不知此詩專以聲調勝 … 此佳處正在一添字用平聲"

이 시의 聲調가 좋은 것을 모른다고 했지만 그것은 왜 좋은 지를 모른다고 한 것이며, 이 시가 많은 주목을 받게 된 것은 무엇보다 聲調가 좋았기 때문일 것이다.

다음에는 李穡의 浮碧樓詩에 대해 살펴보고자 한다. 먼저 작품부터 옮겨 놓는다.

昨過永明寺　　　어제 永明寺를 지나다가
暫登浮碧樓　　　잠간 浮碧樓에 올랐다.
城空月一片　　　빈 성에 한조각 달만 떴고
石老雲千秋　　　묵은 바위에는 긴 세월 동안 구름이 끼었다.
麟馬去不反　　　麟馬는 가서 돌아오지 않았고
天孫何處遊　　　天孫은 어느 곳에서 노니는가.
長嘯倚風磴　　　돌계단에 의지해 길게 읊조리니
山青江水流.[34]　산은 푸르고 강물은 흐른다.
(『牧隱集』 詩藁 卷 2)

이 시에 대해 許筠은 지나치게 꾸미거나 探索한 흔적이 없으면서 자연스럽게 宮商이 합치되어 읊으면 뛰어난 운치가 있다. 許穎陽이 이 시를 보고 너희 나라에서도 이와 같은 작품이 있느냐 했다 한다.[35] 이러한 許筠의 말에 따르면 修辭에 노력한 흔적이 없으면서 聲調에 합치되기 때문에 우리 나라에 使臣으로 온 許國도 그 시를 보고 격찬했다는 것이다.

신라 때부터 중국에서 우리 나라에 보내는 使臣은 문장이 우수한 사람을 선발했다고 하는데, 그것은 우리 나라 漢文學의 수준이

---

34) 이 시의 結句의 江水流가 후대에 이 시를 傳寫한 것에는 江自流라 한 것이 많다. 聲調에는 차이가 있는지 모르지만 平仄에는 어긋나지 않으므로 牧隱集의 기록에 따른다.

35) 許筠, 「惺叟詩話」, 『惺所覆瓿藁』 卷 25. "李文靖昨過永明寺之作 不彫飾不探索 偶然而合於宮商 詠之神逸 許穎陽見之 曰你國亦有此作"

높았기 때문이라고 한다. 어쨌든, 역대로 우리 나라에 온 使臣은
문장이 우수했고, 그들을 영접하는 우리 나라 사람들도 우수한 문
인을 선발하여 영접했으나 그들로부터 칭찬을 받는 경우가 드물었
는데, 위의 浮碧樓詩는 許國뿐만 아니라, 칭찬한 중국 使臣들이 적
지 않았다.

　權應仁은 중국 使臣이 우리 나라에 오게 되면 平安 館驛에 우리
詩板을 모두 拔去하고 단지 鄭知常의 送人詩만 남겨 두었다. 鄭士
龍이 말하기를 牧隱의 浮碧樓詩도 절묘해 倪天使가 걸음을 멈추
고 칭찬했다고 하니 이 시가 鄭詩에 미치지 못할 것인가. 걸어 두
고 拔去하지 않아야 할 것이라고 했다.36) 鄭士龍은 시로써 漢文學
史에서 비중 있는 인물이다. 그가 이 시에 대해 격찬하면서 중국
使臣이 지날 때 鄭知常의 시만 둘 것이 아니라, 이 시도 그대로 두
어야 할 것이라 했다. 그리고 倪謙은 우리 나라에 온 중국 使臣 가
운데 문장으로 주목받는 인물 중의 한 사람이었는데,37) 그가 보고
頓足하며 칭찬을 했다고 하니 이 시가 내외의 인사들에게 높게 평
가되고 있음을 알 수 있다. 그리고 洪萬宗은 牧隱의 浮碧樓詩는
宮商이 스스로 조화를 이루었는데, 타고난 바탕이 매우 뛰어나 배
워서 도달할 수 있는 것이 아니다. 근간에 朱之蕃이 使臣으로 와서
평양에 이르러 牧隱의 長嘯倚風磴 山靑江自流의 시를 보고 종일
읊으며 시를 짓지 못하다가 웃으며 말하기를 날마다 이 같은 시를
볼 수 있다면 우리들이 어깨를 펼 수 있겠다고 한다 했다.38) 이와

---

36) 權應仁,「松溪漫綠」. 趙鍾業,『韓國詩話叢編』卷 1 "凡詔使之來 平安
　　館驛 東人詩板 一切拔去 只留 … 草色多之詩 湖陰相公云 牧隱之浮碧
　　樓 … 妙絶動人 倪天使頓足稱賞 此不及鄭詩乎 亦留而不去"
37) 위와 같음, 古今天使無高下 僕品題於湖陰 祁順爲首 倪謙董越次之.
38) 洪萬宗,『小華詩評』上. "至若牧隱之浮碧樓一律 宮商自諧 天分絶倫
　　非學可到 頃歲朱太史之蕃之來 … 到平壤見牧隱 長嘯倚風磴 山靑水

같이 朱之蕃도 격찬을 아끼지 않았다.

　牧隱의 이 시에 대해 중국 使臣인 許國은 宮商自諧라 했고, 倪謙과 朱之蕃 등도 매우 격찬했다. 우리 나라 특히 조선조 시대에 중국 使臣이 우리 시에 대해 언급하면 그것이 바로 定評이 되었다고 할 수 있는데, 그들이 한결같이 격찬을 아끼지 않았다면 이 시에 대해 더 말할 것이 없을 듯하다. 물론 이 시에서 頷聯은 표현이 精巧하며, 結句는 唐의 錢起의 傑句인 江上數峯靑을 연상케 할 정도로 전체 작품의 분위기를 잘 살렸다. 그러나 이 시에 대해 한결같이 좋다는 것은 몇 句의 정교한 표현보다 작품 전체의 聲調가 좋았기 때문이었을 것이다.

　이 시에서 聲調가 좋다는 것은 읽어보면 알 수 있겠지만 그것을 실증할 수 있는 것은 頸聯에 麟馬와 天孫에서 알 수 있다고 할 것이다. 이 시에 대해 金宗直의 靑丘風雅의 註解에 따르면 麟馬는 東明王이 麒麟을 타고 朝天했기 때문이라고 하며, 天孫은 河伯의 딸 柳花가 햇빛의 쪼임을 받고 임신하여 큰 알을 낳았는데, 그 속에서 나온 童男이 자라 東明王이 되었기 때문에 天孫이라고 한다 했다. 이러한 傳說은 우리 나라 사람들은 알고 있었겠지만 중국 使臣들은 알 까닭이 없고, 설령 듣고 알았다 할지라도 흥미 있을 것이 못될 것이다. 그럼에도 불구하고 이 시를 보고 절찬해 마지 않았던 것은 聲調가 좋았기 때문이었을 것이다.

　다음에는 鄭以吾(1354~1434)의 次寄鄭伯容詩에 대해 살펴보고자 한다.

二月將闌三月來　　二月이 늦어지고 三月이 오니
一年春色夢中回　　한 해의 봄빛이 꿈속에서 돌아오는 듯.

　自流之詩 終日吟咀 不能作詩 太史笑曰 日日得如此詩以進 則吾輩可息肩矣"

千金尙未買佳節   천금으로도 佳節을 살 수 없으니
酒熟誰家花正開.   뉘 집에 술 익고 꽃이 피었으랴.
(「惺叟詩話」)

이 시는 우리 나라 문인들의 작품에서 보기 드물게 낭만적이고,
또 聲調도 좋지 않은가 한다. 이 시에 대해 金宗直은 그의 靑丘風
雅에서 可歌라 했고, 許筠은 그의 惺叟詩話에서 不減唐人情處라
했다. 可歌는 聲調가 좋다는 의미로 생각되며, 不減唐人情處는 표
현과 아울러 聲調도 좋다는 것이 포함된 것이다. 어쨌든, 이 작품
을 읽었을 때 다시 한 번 읽어보고 싶은 충동을 느끼는 것은 담겨
있는 내용에 깊게 생각해 볼 것이 있다거나 표현이 절묘하다는 것
보다 聲調가 좋기 때문이 아닌가 한다. 시에서 聲調가 좋다고 했을
때 한 字의 音價로 그 句의 聲調를 살아나게 하여 좋은 경우도 있
고, 또 위에 든 浮碧樓詩와 같이 전 작품이 비교적 좋은 것을 볼
수 있는데, 鄭以吾의 이 작품은 후자에 속한 것이 아닌가 한다.

漢詩에서 聲調가 좋은 작품에 대해 申欽(1566~1627)은 장단을
치며 읊게 되면 颼颼한 것은 宮聲이며, 鏗鏗한 것은 商聲이다. 이
러한 작품을 읽게 되면 마음은 맑고 장은 깨끗해 진다. 옛 사람이
말한 바 乾坤에 있는 맑은 기운이 시인의 脾腸에 들어왔기 때문이
라고 했다.[39] 이와 같이 聲調가 좋은 시는 곡이 좋은 음악처럼 읊
는 사람은 물론 듣는 사람까지 정신을 깨끗하게 함을 알 수 있다.

위에서 고찰한 바와 같이 漢詩에서 그 意思는 크게 주목할 바가
아니라 할지라도 聲調가 아름다우면 좋은 작품으로 간주하게 된
다. 예를 들면 唐詩 가운데 유명한 王維의 送元二使安西와 張繼의
楓橋夜泊詩는 意思보다 聲調가 좋기 때문에 더욱 유명해 진 것이

---

39) 申欽, 白玉峯詩集 序, 『象村集』卷 22. "試擊節而歌之 則颼颼者宮 鏗
鏗者商 讀之者心澈而腸潔 古所云乾坤有淸氣 散入詩人脾者"

아닌가 한다. 그런데, 시에서 聲調를 좋게 짓는다는 것은 여간 어
려운 것이 아니다. 金澤榮은 시의 意思를 좋게 하는 것은 오랫동안
깊게 생각하면 가능하겠지만 뛰어난 韻致는 생각한다고 해서 가능
한 것이 아니다. 때에 따라서는 작자도 모르게 이루어지기도 한다
했다.40) 이와 같이 聲調는 노력으로 가능한 것이 아니고 경우에 따
라서 작자 자신도 모르게 聲調가 좋게 되기도 한다 했다.

　漢詩에서 聲調가 좋은 작품은 짓기 어려울 뿐만 아니라, 이해하
는 것도 쉬운 것이 아니다. 이에 대해 聲調의 묘미는 마음과 입으
로 느끼는 것이다. 읊으면서 생각하고 반복하는 사이에 자연히 이
해가 되는 것이며 설명으로 전달되는 것이 아니다. 지금 이렇게 말
하고 있지만 듣는 사람들로부터 동의를 얻는 것은 어려울 것이라
고 했다.41) 이로써 보면 聲調가 좋은 작품은 짓기도 어렵지만 이해
하기도 어렵다고 했는데, 그것은 생각하고 반복해 읊으면서 스스
로 감지하는 것이지 설명으로 가능한 것이 아니기 때문이다.

　이러한 聲調에 대해 이해를 돕기 위해 莊子에 輪扁이 말한 바
를 들어보고자 한다. 輪扁이 수레바퀴를 깎을 때 천천히 깎으면
미끄러워 쉽게 들어가기 때문에 단단하지 못하고 빠르게 깎으면
단단해 들어가지 않는다. 천천히도 빠르게도 하지 않은 것은 손과
마음으로 느끼고 체득한 것이므로 말로써 표현할 수 있는 것이
아니며, 그 사이에 자연히 分數가 있는 것이기 때문에 그 기술은
자신의 아들에게 알려주지 못하고 아들도 자신으로부터 전해 받
지 못한다고 했다.42) 이와 같이 聲調는 부단한 노력과 체험으로

---

40) 金澤榮,『韶濩堂集』卷 8, 雜言 3. "詩之理致精工者 苦思可以致之 至
　　於神韻 非苦思之所可致 雖作者亦有時乎不自知其所以然"
41) 같은 책, 雜言 9. "聲調之妙 在乎心口間 商量咀嚼以自解 而難以言傳
　　故今吾雖僅說如右 而得人之唯唯 或難矣哉"
42) 莊子,「外篇」天道 十三. "斲輪徐 則甘而不固 疾則苦而不入 不徐不疾

자신이 터득하고 感知하는 것이며 말로써 설명하고 傳受하기 어
려운 것이다.

Ⅳ. 結 言

　필자는 어렸을 때 가정에서 한문을 조금 배웠기 때문에 聲調에
대해 이해도 하지 못하면서 일찍 들을 수 있는 기회가 있었다. 십
여세가 될 즈음 우연히 마을 어른 두 분의 뒤를 따라가게 되었다.
두 분 가운데 한 분이 鐵樹花開又見春이라는 詩句를 외우며 見字
가 좋다고 했다. 그때 필자는 무엇을 좋다고 한 것인지 알 까닭도
없고 다만 호기심으로 그 句를 외워 집에 와서 先親께 말씀을 드
렸더니 先親께서 그 시는 朴晚醒 致馥의 回甲詩인데, 그 見字의
聲調가 좋다고 한다 하시며, 鐵樹는 60년만에 한 번씩 꽃이 피는
나무로써 回甲詩에 간혹 쓰인다고 하셨다.43) 이와 같은 先親의 말
씀을 들었으나 見字가 왜 좋은지 알 수 없었고 다만 잊지 않고 있
었다. 그 후 이십여년이 지나 云丁 金春東先生을 뵈옵고 시를 이
야기하면서 어렸을 때 들었던 이 詩句를 외웠던 바 바로 그 見字
가 좋다고 하셨다. 云丁의 말씀을 듣고 어렸을 때 들었던 이야기를

　　得之於手 而應於心 口不能言 有數存焉於其間 臣不能以喩臣之子 臣
　　之子亦不能受之於臣"
43) 朴致馥은 舊韓末 慶南 咸安 출신으로서 進士試에 합격했고 詩文으로
　　이름이 있었으며 문집 11卷이 있다. 金澤榮은 守菴稿序에서 其場屋對
　　策 與三嘉朴晚醒爭雄이라 했고, 秋琴 姜瑋의 문집에도 그의 이름이 보
　　인다.

했더니 시를 지어 읊어보면 聲調가 좋지 않은 글자는 걸린다고 하셨다.

이와 같이 漢詩의 聲調에 대해 일찍 들었는데, 여러 가지 개인적인 사정으로 漢文學의 연구에 대한 공백이 길었기 때문에 항시 호기심은 가지고 있었으나 그것으로 그쳤을 뿐 알아보려고 하지 못했다. 그런데 근간에 漢文學에 관심을 가지면서 漢詩는 意思만의 해석으로 충분한 것이 아니고 聲調에 대한 이해를 하지 못하면 작품이 지니고 있는 가치를 정확히 음미하기 어렵다는 것을 알게 되었다. 本稿는 漢詩에서 聲調가 중요하다는 것을 강조하고자 하는데 그 목적이 있으며, 漢詩는 우리의 시가 아니기 때문에 意思의 이해로 그칠 수밖에 없다는 생각은 하지 않아야 할 것이다.

제5장

用事에 대한 考察

Ⅰ. 序 言

漢文學이 발달해 오면서 표현과 서술에 따른 여러 가지 방법이
사용되어 왔는데, 그 중에 시에서는 用事가 많이 사용되면서 그에
대한 논의도 적지 않게 되어 왔다. 그리고 우리 나라에서 用事가
최초로 논의된 破閑集 등에서도 新意와 함께 논의된 바가 없지 않
았지만, 최근에 논의된 과정에서도 新意와 對稱되면서 그에 따른
논의의 폭이 더욱 넓어지게 되었다.

用事는 우리 나라 문인들만이 사용했던 것이 아니고 중국 문인
들도 역대로 내려오면서 많이 사용해 왔다. 그러므로 그것이 비록
우리 나라 문인들만이 사용해 왔던 독특한 것이 아니라 할지라도
우리 나라에서는 긴 역사를 통해 많이 사용되면서 그에 대한 논의
도 적지 않게 되어 왔기 때문에 우리 漢文學을 이해하는데 要件의
하나가 아닌가 한다.

본고는 이러한 用事에 대해 그 개념을 분명히 하고 用例에 이르
기까지 고찰해 보고자하며, 이해를 돕기 위해 用事와 對稱되어 왔
던 新意에 대해서도 같이 언급하고자 한다.

Ⅱ. 旣說에 대한 檢討

우리 나라에서 用事에 대해 최초로 언급한 것은 고려 때 李仁老

(1152~1220)의 破閑集이었고,[1] 그 후 잇따라 崔滋(1188~1266)의 補閑集을 비롯하여 조선조 초기 徐居正(1420~1488)의 東人詩話에서 더욱 많이 논의되었다. 그리고 오늘날에도 用事에 대해 적지 않은 연구가 있었으므로 먼저 이에 대한 旣存研究부터 간단히 검토해 보고자 한다.

오늘날 用事에 대한 최초의 연구는 趙鐘業의 東人詩話研究에서 한 것이[2] 아닌가 한다. 그런데 趙鐘業의 이 연구는 用事를 연구한 것이 아니고 東人詩話를 연구하면서 부차적으로 언급한 것이다. 그는 東人詩話가 用事的 수단을 前例 없이 진보시키는 데는 공로가 지대하지만 新意論을 전멸에 빠지게 하여 조선조 오백년의 시가 故事의 集句式의 나열에 불과하게 되었다고 했다.[3] 뒤에 다시 언급하겠지만 詩作에서 用事는 新意와 크게 相衝되지 않을 뿐만 아니라, 조선조 시가 集句式의 나열하는 형식으로 되지도 않았고, 설령 그런 경우가 있었다 할지라도 그것은 用事의 탓이 아니다.

崔信浩는 그의 詩話에 나타난 用事와 그 變移에서[4] 李仁老와 崔滋의 경우 用事는 어디까지나 自己觀念의 보조에 있는 것을 명확히 하였고, 또 模擬와 剽竊과의 한계선을 분명히 그었으며, 이것이 用事의 최대의 위험이라고 했다. 徐居正은 이와는 달리 첫째 그는 用事라는 말을 즐겨 쓰면서도 用事와 剽竊을 구별하지 못하고 같은 개념으로 쓰고 있다고 했으며, 둘째 麗朝에서는 시에 인용된

---

1) 崔致遠의 시에서도 用事를 많이 사용했으므로 李仁老가 처음 用事를 사용한 것이 아니고 논의를 처음 開陳했을 따름이다.
2) 이 東人詩話研究는 1966년 成均館大學校 大東文化研究院의 『大東文化研究』 第 2輯에 발표되었으나, 本稿에서는 1981년 正音社에서 간행한 국어국문학회편 『漢文學研究』에 실려 있는 것으로 함.
3) 趙鐘業, 『東人詩話研究』, 395쪽.
4) 이 논문은 1971년 韓國古典文學研究會 편 『古典文學研究』 제 1輯에 실렸으나 본고에서는 『漢文學研究』에 실려 있는 것으로 함.

典故의 出處를 캘 필요가 없이 자기 意象을 培化하면 된다고 했는데, 徐居正은 반드시 典故의 出處를 대야하고 그렇지 않으면 비판을 받으며, 셋째 麗朝의 用事는 對偶法의 방편으로 古人의 語句를 가지고 형식의 구성에 이용하였으나, 徐居正의 경우는 語句는 물론이고 古人의 사상까지 借用하는 兩面性을 가진 점이라 했다.[5]

崔信浩는 用事의 연구에 많은 자료를 제시하며 노력했으나 위의 인시에서 볼 수 있는 바와 같이 적지 않은 문제가 있다. 첫째의 경우 徐居正이 用事와 剽竊을 구분하지 못하고, 또 剽竊을 용납하고 있다고 했는데, 東人詩話의 어디에 근거를 두고 이와 같이 말한 것인지 알 수 없으나 徐居正의 주장을 잘못 파악한 것이다. 剽竊이 경우에 따라 用事와 구분하기 어려운 점이 있을 수 있으나, 그렇다고 用事와 개념을 같이 할 수는 없다. 用事에 대해 중국의 문인들도 먼 옛날부터 적지 않게 사용하면서 논의되어 왔는데, 徐居正이 그것을 구분하지 못하고 같은 개념으로 파악하지는 않았을 것으로 본다.

用事에 대한 剽竊의 是非는 예나 지금이나 없었던 바 아니나 剽竊은 작가들이 가장 禁忌해야 할 것임을 의식하고 있었다. 徐居正은 大提學을 이십여년 동안 역임한 인물로서 당시 문단의 대표적인 인물이었을 뿐만 아니라, 우리 漢文學史에서 상당한 비중을 가진 인물이었는데, 用事와 剽竊을 같은 개념으로 사용하고 있다는 것은 이해가 되지 않는다. 東人詩話에서는 시에서 인용된 典故의 出處를 꼭 밝혀야 한다고 했는데, 破閒集, 補閒集 등에서는 출처를 밝혀야 한다고는 말하지 않았다고 했으나, 그것은 用事를 사용할 때 典故에 있는 것을 전제로 한 것이며, 밝힐 필요가 없다는 것은 아니다. 따라서 밝힐 필요가 없다고 해서 典故에 없는 것이면 그것

---

5) 崔信浩, 詩話에 나타난 用事와 그 變移, 218쪽.

은 用事가 아니며, 典故에 있는 것이기 때문에 用事라 하는 것이다. 그리고 用事의 사용에 대해 우리보다 발달했던 중국에서도 用事는 典故에 출처가 분명해야 한다고 했다.

그리고 崔信浩는 破閒集 등에서는 對偶法의 방편으로 형식의 구성에 이용되었다고 했으며, 徐居正은 사상까지 借用하는 兩面性을 지닌 것이라 했는데, 이것은 用事에 대한 이해를 잘못하고 있기 때문이다. 漢詩의 律詩에서 頷聯과 頸聯은 형식상으로 반드시 對를 이루어야 한다. 그러므로 用事가 對偶로 많이 사용되었던 것은 사실이다. 그러나 用事는 對偶의 방편뿐만이 아니고 작품의 意象을 압축 또는 함축적으로 표현하는 데 효과적일 수 있다. 用事가 이러한 효과가 있기 때문에 破閒集 등에서 用事가 잘 된 것을 보면 精切하다고 했는데, 그것은 用事의 사용이 意象의 표현에 매우 효과적이라는 것이며, 그것을 借用한 것으로 말하기는 어렵지 않을까 한다.

崔信浩는 用事論과 新意論 사이에는 두가지 대립된 특징을 가지고 있다고 하면서 用事論者로는 李仁老를, 新意論者로는 李奎報를 지적했으며, 崔滋는 折衷論者로 보면서 李奎報에 더욱 가까운 쪽으로 보았다.6) 이에 대해서는 뒤에 다시 언급할 기회가 있겠지만 用事와 新意를 대립된 것으로 본 것에 대해서는 이해가 되지 않으며, 李仁老가 新意論을 배격하지도 않았고, 李奎報도 用事를 무시한 것이 아니며 그의 시에 用事를 적지 않게 사용했다.

이와 같이 崔信浩는 詩話에 나타난 用事와 그 變移를 論題로 하여 많은 자료의 涉獵과 논리적인 체계로 用事研究에 적지 않게 기여한 것은 인정되나 위에서 지적한 바와 같이 납득이 가지 않는 바도 있음을 말해 둔다.

---

6) 崔信浩, 같은 논문, 218쪽.

全鎣大는 고려 문인들의 作詩論에 대해 언급하는 가운데 新意와 用事를 비교하면서 新意는 표절에 대한 반론이지 用事의 반대 개념은 아니다. 新意는 意를 중시하는 詩觀 즉, 達意主義에 그 근원을 둔 것이고, 用事는 시의 修辭學에 역점을 둔 기교주의에서 주가 되는 것이다. 그러므로 用事는 修辭論에, 新意는 本質論에 그 근거가 있어 대립이라고는 할 수 없다고 했다.[7] 위에서 살펴본 바와 같이 그때까지의 用事에 대한 연구가 新意와 대립관계로 보았기 때문에 반대개념이 아니라는 것을 분명히 하고 新意는 達意主義, 用事는 技巧主義가 주가된다고 한 것이 아닌가 한다.

고려조에서 처음으로 新意의 이론을 제기한 李奎報는 新語라 하기도 했다. 이로써 보면 新意가 修辭上의 기교와 전혀 상관이 없다고는 말할 수 없을 것이다. 그리고 用事가 援古以證今이라고[8] 했을 때 단순히 수사상의 기교만으로 볼 수 없을 것이다. 어쨌든 用事와 新意가 서로 대립관계에 있다는 초기연구에 바로 反論을 제기한 것에 의의가 있다고 볼 수 있다.

閔丙秀 역시 用事와 新意를 대립관계로 파악하고자 한 기존의 견해에 반대하면서 用事와 新意를 詩論의 차원에서 파악하여 用事論, 新意論을 운위한 초기의 논의는 처음부터 방향감각을 상실한 것이라고 했다.[9] 閔丙秀의 이러한 견해는 用事와 新意를 대립관계로 본 것에 반대할 뿐만 아니라, 그것을 지나치게 확대 해석한 기존의 연구에 동의하지 않음을 알 수 있다. 뒤에 다시 언급할 기회가 있겠지만 新意는 어느 시대의 작가를 막론하고 창작할 때 하

---

7) 全鎣大, 鄭堯一, 崔雄, 鄭大林, 『韓國古典詩學史』, 弘盛社, 1979, 74~75쪽.
8) 劉勰, 『文心雕龍』 事類.
9) 閔丙秀, 李奎報의 新意에 대하여, 『韓國古典文學研究』, 新丘文化社, 1983, 373쪽.

고자 하는 것이며, 用事는 오늘날의 선비들이 짓는 漢詩에서도 적지않게 사용하고 있다. 이에 대해 초기에 연구한 자들이 詩話에 나타난 것을 중심으로 한다는 前提는 있었지만 그것을 李仁老와 李奎報가 創案한 것으로 생각하며 詩論의 차원에서 파악하고자 한 것은 시정되어야 할 것이다.

鄭大林은 그의 新意와 用事에서 기존의 연구들을 비평 없이 간단히 소개하면서 新意와 用事에 관한 제반 문제의 해결을 위해서는 무엇보다도 먼저 新意와 用事의 정확한 개념 파악이 선행되어야만 할 것이라는 점이다. 그러한 연후에 新意와 用事에 개별적인 심층적 연구, 즉 그 성격이나 전개양상 등을 자세하게 밝혀내는 연구들이 뒤따라 이루어져야만 할 것이라고 했다.[10] 이러한 鄭大林의 견해는 用事와 新意의 본질이나 개념을 파악하고자 한 것이 아니고 既存硏究를 소개하며 문제점만을 제시하고자 한 것에 그 목적이 있는 듯하다.

어떤 문제든지 상반된 견해가 대두되었을 때 개념 파악이 선행되어야 한다는 것은 마땅한 것이다. 따라서 用事와 新意에 대해 兩論이 있었다는 것은 개념에 대한 파악이 정확하게 이해되지 못했기 때문이라고 하겠으나, 用事와 新意에 대해 초기의 연구와 같이 대립관계로 보지 않고 별개의 것으로 보려는 견해가 있었으므로 개념파악에 대해서도 이미 상당히 진전이 있었다고 생각된다.

鄭堯一은 지금까지 있었던 用事와 新意에 대해 가장 구체적으로 언급하지 않았는가 한다. 그는 新意를 중시한 이론을 新意論이라고 하는 것은 가능한 일이겠지만, 新意를 중시한 것은 한 개인의 독자적인 견해로 보거나 新意를 한 개인의 전유물로 볼 수는 없다. 역대의 문인들이 그러했고, 누구든지 新意를 나타내는 것을 목표

10) 鄭大林, 新意와 用事, 韓國文學史의 爭點, 集文堂, 1987, 276쪽.

로 삼지 않을 문인이 있었겠는가. 그리고 用事를 얼마나 精切하고 공교롭게 하느냐가 중요한 문제이지, 用事를 한다고 新意를 나타내지 못할 것이 아니기 때문에, 用事를 하는 것과 新意의 創出 여부는 별개의 문제라고 하겠으며 用事와 新意는 결코 상대적인 개념을 지닌 용어가 될 수 없다고 했다.[11]

그리고 用事와 新意를 상대적인 개념의 용어로 오해하게 된 것에 대해 崔滋가 補閒集에서 李奎報와 李仁老를 대비하여 평한 사실과, 補閒集 券 下에서 大抵用事之聯 罕有新意라고 한 것에서 用事와 新意는 상반되는 성질을 가진 것으로 잘못 파악되었다고 했다.[12] 用事와 新意를 상대적인 대립관계로 볼 수 없다는 것은 초기 연구자들의 의견에 반대한 것으로써 이미 全鎣大, 閔丙秀 등에 의해 지적된 바 있었지만 더욱 구체적임을 알 수 있다. 그리고 초기 연구자들이 用事와 新意에 대해 오해하게 된 것에 대한 지적도 타당하지 않은가 한다.

이상에서 用事에 대한 旣存硏究 가운데 가지고 있는 자료들을 중심으로 고찰해 보았는데, 用事에 대해 초기 연구라 할 수 있는 趙鐘業, 崔信浩는 用事와 新意를 상대적인 대립관계로 보았고, 이들 뒤에 연구한 全鎣大, 閔丙秀, 鄭堯一 등은 대립관계로 본 것에 반대하며 별개의 것이라고 했다. 이들 論議에 대한 필자의 의견은 검토과정에서 간단히 언급한 바 있고, 뒤에서도 말할 기회가 있을 것이므로 여기에서 길게 언급하지 않겠다. 다만 초기 연구자들이 用事와 新意를 대립관계로 보게 된 것은 鄭堯一이 지적한 것 외에도 논의의 근거를 도출한 참고문헌을 破閒集, 補閒集, 東人詩話에

---

11) 鄭堯一,『漢文學批評論』, 仁荷大 出版部, 1990, 264쪽.
　　鄭堯一은 뒤에도 共著인 고전비평용어연구와, 漢文學의 硏究와 解釋에서 계속 用事와 新意에 대해 논술한 바 있음.
12) 鄭堯一, 같은 책, 256쪽.

지나치게 의존했고, 또 詩作에서 用事와 新意를 확대해서 보았기 때문이 아닌가 한다.

그리고 후기 연구자들도 대부분 用事와 新意를 분리하지 않고 대비시켜 논의를 전개했기 때문에 鄭大林과 같이 新意와 用事의 정확한 개념파악이 선행되어야 한다는 주장이 나오게 되었으며, 用事와 新意에 따른 혼란을 가져오게 되지 않았는가 한다.

Ⅲ. 用事에 대한 理解

위에서 用事와 新意는 별개의 것이라고 했는데, 여기에서 다시 新意에 대해 언급하고자 하는 것은 新意의 개념을 분명히 하여 用事와 相對的인 것이 아니라는 것을 명확히 하고자 하는 의도이다.

우리 나라 詩話集에서 用事와 新意에 대해 가장 먼저 언급한 것은 李仁老의 破閑集이었다. 그는 옛날 黃山谷이 시를 논하면서 옛 사람의 뜻을 바꾸지 않고 말을 만드는 것을 換骨이라 하고, 옛 사람의 뜻을 본을 떠 형용하는 것을 奪胎라 한다. 이것이 비록 날로 있는 것을 긁고 삼키는 것과는 하늘과 땅과 같은 차이가 있다. 그러나 표절하여 공교롭게 했다는 비난을 면하지 못할 것이니 어찌 이른바 新意로써 古人이 이르지 못한 것에서 묘하게 한 것이라 하겠는가 했다.13) 이와 같이 用事와 新意에 대해 초기 연구자들이 用

---

13) 李仁老, 『破閑集』下. "昔黃山谷論詩 以謂不易古人之意 而造其語 謂
　　之換骨 規模古人之意 而形容之 謂之奪胎 此雖與夫活剝生吞者 相去
　　如天淵 然未免剽掠潛窃以爲之工　豈所謂出新意於古人所不到者之爲

事論者의 대표적인 인물로 지칭한 李仁老도 換骨奪胎한 것보다는 新意로써 묘하게 하는 것이 더욱 좋다고 했음을 알 수 있다.

그리고 新意論者로 지칭된 李奎報는 詩作에서 자신이 新意를 하게 된 동기에 대해 새로운 語意로 창조한 것은 스스로 古人과 다르게 하고자 한 것이 아니고 그렇게 할 수밖에 없었다고 전제하면서 자신은 어렸을 때부터 성격이 放浪했고 檢束性이 없어 글도 정밀하게 읽지 못해 비록 六經, 子史 등의 책이라 할지라도 대략 읽고 깊게 연구하지 못했는데 諸家들의 책은 말할 것이 있겠는가. 諸家들의 글을 熟讀하지 못해 모방할 수 없었기 때문에 어쩔 수 없이 新語로써 짓게 되었다고 했다.14)

이러한 李奎報의 말에 따르면 자신이 新語를 창조하게 된 것은 독서를 폭넓게 하지 못했기 때문에 부득이 新語로써 짓게 되었다고 했는데, 이것은 겸손을 하기 위한 자기 변명에 불과한 것이다. 옛날이나 지금을 막론하고 문인들은 누구나 新語를 창조하고자 했으며, 李奎報도 新語를 창조하기 위해 많은 노력을 했었을 것이다.

그리고 李奎報는 자신이 글도 많이 읽지 못했고, 또 옛 시인의 체를 따르지 못해 갑자기 짓고자 할 때 新語로써 짓게 되어 말이 生澁하다고 말하면서 옛날의 시인들은 造意만 하고 造語는 하지 않았으나, 자신은 造語와 造意까지 하면서 부끄럽게 여기지 않았기 때문에 세상의 시인들 가운데는 자신을 배척하는 사람이 많다고 했다.15) 이로써 보면 그는 古人들이 하지 않았던 造語까지 했다

妙哉"

14) 李奎報, 答全履之論文書,『東國李相國集』全集 卷 26. "僕自少放浪無檢 讀書不甚精 雖六經子史之文 涉獵而已 不至窮源 況諸家章句之文哉 旣不熟其文 其可效其體 盜其語乎 是新語所不得已而作也"

15) 위와 같음. "古之詩人 造意不造語 僕則兼造語意無愧矣 由是世之詩人橫目而排之者衆矣"

고 하며, 新意와 新語를 분명히 구분하고 있음을 알 수 있는데, 이
에 대해서는 뒤에 다시 언급하고자 한다.

李奎報가 新意와 新語의 창조로 당시 문인들로부터 배척을 받
으면서도 用事를 하지 않으려고 한 것은 그 나름대로 이유가 있었
다. 그는 옛 사람들이 用事를 잘못 사용했는데 뒷사람들이 그것을
그대로 사용하고, 또 그 후의 사람들은 잘못 사용한 것을 또 사용
하고 있다고 하면서 잘못 사용했으면 그것을 거울로 하여 주의하
는 것이 마땅할 것인데, 그대로 계속하고 있으니 그것을 탓하고 있
으면서 따라하는 것과 무엇이 다르겠는가. 이것은 작은 잘못이다.
만약 크게 잘못한 것이 있거나 옛 사람들이 잘못 사용한 것이 있을
때 그것을 그대로 계승할 수 있겠는가. 잘못한 것을 계승하는 것은
비록 옛 사람들 가운데 간혹 그런 경우가 있다 할지라도 자신은 그
것을 따르지 않을 것이라고 했다.16)

그리고 李奎報는 시에는 아홉가지 마땅하지 못한 詩體가 있는
데, 그것은 자신이 깊게 생각하여 터득한 것이라고 하면서 古人의
뜻을 빼앗는 것은 도적질을 잘 하는 사람도 어려운 것인데, 도적질
을 잘하지 못하면 쉽게 발각되는 것이라 했다.17) 이로써 보면 李奎
報는 用事뿐만 아니라, 시의 意象까지도 古人의 것을 사용하지 않
으려 했음을 알 수 있다.

詩作에 대한 李奎報의 태도가 이와 같았기 때문인지 徐居正은
시를 지을 때 踏襲하지 않으려는 것은 옛 사람들도 어려운 것인데,

---

16) 李奎報, 承誤事議,『東國李相國集』後集 卷 11, 雜議 四. "失則因以鑑
   誡足矣 又承而用之 此何異於尤而効之者歟 此則特小失耳 若或有差大
   於是者 又以爲古賢所用 而承其誤耶 承誤之說 雖古人有或肯焉 吾不
   取已"
17) 李奎報, 論詩中微旨略言,『東國李相國集』卷 22. "攘取古人之意 善盜
   猶不可 盜亦不善 是拙盜易擒體"

李奎報는 평생 동안 옛 사람들이 사용했던 말은 제거하고 자신이 만들어서 하며 古語의 사용을 끝까지 피했다고 했다.[18] 徐居正이 이와 같이 말한 것은 李奎報의 주장을 소개하는데 그치고자 한 것이 아니고 그가 詩作에서 古語의 踏襲을 피하고 新意를 창조하고자 노력했다는 것을 말하려 한 것이 아닌가 한다.

徐居正의 東人詩話에서 用事와 新意를 말할 때 用事에는 李仁老, 新意에는 李奎報로 對稱해서 말했기 때문에 用事와의 관계를 파악하기 위해 新意에 대한 李奎報의 주장과 태도에 이르기까지 살펴보았는데, 그가 詩作에서 新意의 사용을 강조하며 노력한 것은 사실이다. 그러나 이 新意는 위에서 말한 바와 같이 옛날이나 지금을 막론하고 작가는 누구나 하고자 했던 것이다.

그런데, 批評史에서 사용된 用語들에 대해 논의할 때 축소해서 해석하는 것도 문제가 되겠지만 확대하는 것도 삼가해야 할 것이다. 지금까지 用事와 新意와의 관계에 대한 연구에는 적지 않은 견해의 차이가 있었기 때문에 문제의 해결을 위해 먼저 新意와 用事의 정확한 개념 파악이 선행되어야 할 것이라는 제언이 있었다.[19] 그런데 양자의 연구에 대한 차이가 개념에 대한 정리가 되지 않았기 때문이었을까. 그렇다면 新意 또는 新語의 개념은 어떤 것으로 파악되어야 할 것인가.

李奎報가 新語라는 말을 많이 사용한 것을 보면 新意와 개념을 달리한 것으로 볼 수도 있겠으나, 그를 매우 격찬한 崔滋가 그에 대해 말할 때 新意라는 말을 사용한 것을 보면 같은 의미로 사용한 것이 아닌가 한다. 이러한 新意는 詩作過程에서 義象과 표현에 새

---

18) 徐居正,『東人詩話』上. "詩不踏襲 古人所難 李文順平生自謂擺落陳
   腐 自出機杼 如犯古語 死且避之"
19) 鄭大林, 新意와 用事, 276쪽.

로운 용어의 선택과 사용을 의미하는 것이다. 그러므로 위에서 언급한 바와 같이 漢詩뿐만 아니라, 옛날과 오늘날의 작가에 이르기까지 창작에서 新意를 찾고자 하는 것은 공통적으로 가지려는 의욕인 것이다.

그리고 新意에 대해 특별한 理論이 있을 수 있는 것도 아니다. 그것은 新意를 가장 강조한 것으로 볼 수 있는 李奎報도 자신이 詩作에서 新意를 사용하고자 하는 이유를 장황하게 말했으나, 新意가 어떤 것이며 詩作過程에서 新意를 나타내는 방법에 관해 어떻게 해야 한다는 말은 하지 않았다. 그것은 詩作過程에서 意象의 설정과 표현상의 기교는 작가의 능력에 따른 것이며, 논리적으로 설명이 가능한 것이 아니기 때문이다. 그리고 東人詩話 이후에 저작된 많은 詩話集에서 新意에 대한 논의를 보기 드문 것은 新意가 陳言이 아닌 新語로써 상식적으로 알고 있는 것에서 더 첨가할 것이 없었기 때문이었을 것이다.

이상에서 고찰한 新意에 대한 論議를 전제해 두고 다음에는 用事에 대해 살펴보고자 한다. 用事는 新意와 같이 단순하지 않다. 우선 用事의 語義에 대해 劉勰이 말한 바 據事類意 援古以證今者라 한 것에서 그 의미를 분명히 할 수 있다. 그런데, 이 用事의 사용에는 몇 가지 규정이 있다. 즉, 故事를 사용하는 것이 한가지가 아니어서 이름을 사용하거나 혹은 언행을 사용한다고 했으며,[20] 또 옛 사람들이 用事를 할 때 그 사실을 直用할 때와 그 뜻에 反用할 때가 있다고 했다.[21] 그리고 시에서 사용한 用事는 반드시 出處가 있어야 한다. 그렇지 않을 경우에는 표현이 좋다 할지라도 평자의 지적을 면하기 어려울 것이라 했다.[22]

---

20) 崔滋,『補閑集』卷 下. "凡用故事不同 或名號 或言行"
21) 徐居正,『東人詩話』卷 下. "古人用事 有直用其事 有反其意而用之者"

用事의 이러한 규정들에 대해서는 뒤에 다시 언급할 기회가 있으므로 미루고 用事의 효과에 대해 오늘날의 견해를 들어보면 經書나 史書 또는 諸家의 詩文이 가지는 특색적인 관념이나 事迹을 그의 語彙에 집약시켜서, 元觀念을 보조하는 觀念蘇生이나 觀念倍化에 援用하는 修辭法이라 했다.23)

지난날 문인들의 詩作에서 用事를 쓰지 않은 작가가 없었다고 해도 과언이 아니다. 물론 작가에 따라 많이 쓰고 적게 쓰는 차이는 있을 수 있으며, 일생 동안 新意를 창조하고자 노력한 李奎報의 작품에서도 用事의 사용이 적지 않음을 발견할 수 있다. 이와 같이 문인이면 누구나 用事를 사용한다고 해서 부적절하게 사용하고 남용하게 되면 작품의 가치를 손상시켜 사용하지 않은 것만 같지 못하게 된다. 그러므로 崔滋는 詩家들이 用事를 귀하게 여기나 공교롭게 사용하지 못하면 의미가 잘못 반영되고 말이 生硬하게 된다고 했다.24) 그리고 중국의 문인들도 시를 지을 때 用事의 사용을 억지로 할 것이 아니고 반드시 사용하지 않으면 안될 때 사용해야 借用한 用事와 본디 말이 싸우지 않고 조화를 이루며 억지로 맞춘 흔적이 없을 것이라고 했다.25) 역대의 문인들 가운데는 用事를 남용하는 자도 적지 않게 볼 수 있는데, 이러한 주장은 用事를 사용하고자 할 때 명심해야 할 말이 아닌가 한다.

어쨌든 작품에서 用事의 효과가 적지 않고, 또 작가의 博識을 자랑하는 것도 되기 때문에 작가에 따라 차이는 있겠으나 用事를 好

---

22) 같은 책 上. "凡詩用事 當有來處 苟出己意 語雖工 未免砭者之譏"
23) 崔信浩, 前揭論, 210쪽.
24) 崔滋, 『補閑集』 卷 下. "詩家貴借用 然用之不工 則意反而語生"
25) 宋 胡仔 撰, 「漁隱叢話」 前集 卷 40, 『欽定四庫全書』. "石林詩話云 詩之用事 不可牽强 必至於不得不用 而後用之 則事辭爲一 莫見其安排鬪湊之迹"

用하는 작가가 많았던 것은 사실이다. 역사적으로 用事를 好用한 작가를 이야기 할 때 蘇東坡를 말하고 있다. 申欽(1566~1628)은 東坡의 글을 좋지 않게 말하는 자들은 그가 用事를 너무 많이 사용해 푸짐하게 차려 놓은 음식을 먹지도 못하는 것과 같다고 했는데, 이 말이 옳다고 생각된다. 그러나 東坡가 用事를 사용하는 것은 재능이 너무나 뛰어나 用事가 자신도 모르게 나오게 된 것이니 그것을 탓할 것이 있겠는가 했다.26) 이러한 申欽의 말에 따르면 東坡가 用事를 많이 사용하는 것이 하자가 되지 않는다고 말할 수 없으나 말이 자연스럽기 때문에 탓할 것이 없다고 했으니, 用事의 사용에는 기교가 필요하다는 것을 알 수 있다. 李仁老는 修辭에 杜甫가 가장 뛰어났다고 전제하면서 蘇東坡와 黃山谷에 이르러 用事가 정교하고 기운이 넘쳐 琢句의 묘함이 杜甫와 겨룰만 하다고 했다.27) 이와 같이 用事는 중국의 大家들도 많이 사용했음을 알 수 있다.

詩作에서 用事를 잘 사용하게 되면 표현효과를 높일 수 있으나, 잘못 사용하게 되면 작품의 가치를 손상시킬 수도 있는 것이다. 그러나 역대의 문인들이 用事를 많이 사용해 왔던 것은 사실이다. 이러한 用事의 사용에 대해 丁若鏞(1762~1863)은 杜甫의 시에서는 用事를 사용했으면서도 사용한 흔적이 없다. 얼핏보면 자신이 만든 말인 것처럼 생각되나 자세히 보면 모두 근거가 있으니 그것이 시에서 聖人이 된 것이다. 韓愈의 시에는 用事를 사용한 것이 모두 출처가 있으나 語句는 자신이 만든 것이니 大賢이라 할 수 있

---

26) 申欽,「晴窓軟談」中,『象村稿』卷 51. "病東坡者 以其用古事太多 比之飣餖 此論亦宜矣 東坡之用古事 只患才之太多 出語天成 而不自覺 而 奚可以此而尤之耶"
27) 李仁老,『破閑集』卷 上. "至於蘇黃 則使事益精 逸氣橫出 琢句之妙 可以與少陵幷駕"

다. 그리고 蘇軾의 시에서는 句마다 用事를 사용한 흔적이 있고 출처가 있다. 주의 깊게 보지 않으면 의미를 알 수 없고 반드시 여러 곳을 찾아보아야 근본을 알 수 있으며 그런 뒤에 겨우 뜻을 이해할 수 있으니 博士라 할 수 있을 것이다. 이러한 蘇軾의 시에 대해서는 우리 父子의 재능으로는 일생 동안 연구해야 이해할 수 있을 것이다. 사람이 이 세상에서 할 일이 많은데, 어찌 그러한 일에만 전념하겠는가. 그러나 시를 지을 때 用事를 사용하지 않으면 한가한 글장난으로 押韻이나 맞추는 것이 되어 작은 시골 마을 선비의 시에 지나지 않을 것이다. 그러므로 다음에 시를 지을 때는 用事를 사용하는 것으로 해야 할 것이다.[28] 이와 같은 丁若鏞의 말에는 用事에 대해 示唆하는 바가 적지 않다. 즉, 用事는 중국의 大家들도 많이 사용하고 있었다는 것과, 또 用事는 출처의 근거가 있어야 하되 흔적 없이 사용하는 것이 으뜸이며, 그리고 많이 사용하는 것도 문제가 되겠지만 사용하지 않을 수도 없다는 것이다. 이로써 볼 때 丁若鏞도 詩作에서 用事의 필요성을 인식하고 강조했음을 알 수 있다.

用事는 典故에 있는 말을 사용한 것이기 때문에 用事라 이름한 것이며, 典故에 없는 말을 사용했을 때 그것은 用事가 아니다. 이와 같이 用事가 典故에 있는 것을 사용한 것이기 때문에 踏襲에 가까운 것으로 생각할지 모르겠으나, 用事는 典故에 있는 것을 採用한 것으로 이미 사용한 말을 그대로 사용하는 踏襲과는 그 개념

---

28) 丁若鏞, 寄淵兒,『與猶堂全書』卷 21. "杜詩用事無跡 看來如自作 細察 皆有本 所以爲聖 韓退之詩 字法皆有所本 句語多其自作 所以爲大賢 也 蘇子瞻詩 句句用事 而有痕有跡 瞥看不曉意味 必也左考右檢 採其 根本 然後僅通其意 所以爲博士也 乃此蘇詩 以吾三父子之才 須終身專 攻 方得刻鵠 人生此世 可爲者多 何可爲此乎 然全不用事 吟風詠月 譚 碁說酒 苟能狎韻者. 此三家村裏村夫子之詩 此後所作 須以用事爲主"

이 서로 다른 말이다. 用事에 대한 旣存硏究 가운데 用事가 踏襲
에 가까울 가능성이 있다고 생각했기 때문에 新意와 對立되는 것
으로 본 이유 중의 하나가 아닌가 여겨졌는데, 위에서 말한 바와
같이 用事와 新意가 모두 修辭上의 기교에 따른 것이기는 하나 相
補的인 것은 물론 相衝的인 것도 없는 서로 다른 별개의 것이다.

Ⅳ. 用事의 實際

위에서 고찰한 바와 같이 用事는 典故에 있는 말을 사용한 것이
기 때문에 출처가 분명해야 하며, 방법으로는 直用하기도 하고 反
用하기도 한다고 했다. 그리고 典故에 있는 말을 用事로 사용하는
것에 대해 崔滋는 名號를 사용하기도 하고 言行을 사용하기도 하
여 사용하는 방법이 같지 않다고 전제하면서 李仁老의 老去陶潛
方止酒 慵多杜叟不梳頭는 옛 사람의 이름을 用事로 사용한 것이
고, 附熱肯追氷氏子 絶交偏恨孔方兄과 같이 얼음과 돈을 假借하
기도 하며, 要作洞中秦博士 何須墓上漢征西는 옛 사람의 벼슬 이
름을 사용한 것이다. 그리고 李奎報의 墮車醉者只全酒 把甕丈人
寧有機는 옛 사람의 말을 借用한 것이며, 또 그의 世味淺深曾染指
人生得失已忘蹄는 옛 사람이 한 일을 빌린 것이라 했다.[29] 이로써
보면 用事는 옛 사람의 성명과 벼슬 이름을 사용하기도 했으며, 또
옛 사람들이 한 말과 행동까지 사용하고 있음을 알 수 있다.

---

29) 崔滋, 『補閑集』 卷 下.

다음에는 用事의 出處에 대해 살펴보고자 한다. 用事는 典故에 있는 말을 사용했기 때문에 用事라 한 것이므로 그 典故의 出處가 분명해야 한다고 했다. 徐居正은 用事의 출처에 대해 표현이 좋다고 해도 출처가 분명하지 않으면 지적을 받는다고 전제하면서 다음과 같은 이야기를 예로 들었다. 고려 忠宣王이 元京에 있을 때 萬卷堂을 열었는데 閻復, 姚燧, 趙子昂 등 그곳의 유명한 문인들이 와서 같이 놀았다. 어느 날 忠宣王이 지은 시에 鷄聲恰似門前柳라 했다. 元나라 문인들이 그 句의 출처를 물었던 바 忠宣王이 답을 하지 못하고 묵묵히 있었다. 그때 李齊賢이 옆에 있다가 우리나라 시에 屋頭初日金鷄唱 恰似垂楊裊裊長이라는 句가 있는데, 닭의 우는 소리의 길고 연한 것을 버들가지의 길고 가는 것에 견주어 말한 것이다. 우리 殿下의 시가 이런 뜻에서 사용한 것이라 하니 모든 사람들이 듣고 칭찬했다. 忠宣王의 시에 李齊賢이 이렇게 해명하지 않았더라면 元의 문인들의 물음에 군색함을 면치 못했을 것이다.[30)]

여기에서 논의되는 忠宣王의 詩句는 닭의 길게 우는 소리를 늘어진 긴 수양버들가지에 비교해서 표현한 것이었으나, 典故에 있는 것이 아니기 때문에 出處를 물었을 때 답을 하지 못하고 있었을 것이다. 그런데 李齊賢의 기민한 대답으로 군색함을 면했을 뿐만 아니라, 도리어 칭찬을 받게 되었다고 하니 用事에는 그 출처가 있어야 함을 알 수 있다.

이와 같이 用事에는 그 出處를 중요시하므로 이에 대한 詩話를

---

30) 徐居正,『東人詩話』卷 上. "高麗忠宣王入元朝 開萬卷堂 學士閻復姚 燧趙子昂 皆遊王門 一日王占一聯云 … 諸學士問用事來處 王默然 益 齋李文忠公 從傍卽解 曰吾東人詩有 … 以鷄聲之軟 比柳條之輕纖 我 殿下之句 用是意也 … 滿座稱嘆 忠宣詩 苟無益老之救 則幾窘於矼者 之鋒矣"

하나 더 들어보고자 한다. 鄭斗卿(1597∼1673)의 登磨天嶺詩에,

> 驅馬摩天嶺   말을 몰아 摩天嶺에 오르니
> 層峯上入雲   봉우리들이 구름 위에 솟았다.
> 前臨有大澤   앞에 큰 못이 있는데
> 盖云北海云.   대개 北海라 부른다네.

이라 했는데, 張維(1587∼1638)는 이 시를 보고 宇宙를 받치고 버
틸 만한 힘이 있다고 했다. 그리고 蔡裕後는 鄭斗卿에게 登磨天嶺
詩가 매우 좋으나 나로서는 문장에 관해 당신에게 말할 것이 없겠
지만 有大澤을 一泓水로 바꾸는 것이 어떠하겠느냐 했다. 鄭斗卿
이 웃으며 司馬遷의 史記를 읽지 않았는가. 이 말은 史記의 大宛
傳에 있는 것이다. 어찌 근거 없이 사용했겠는가. 蔡裕後가 돌아와
서 大宛傳을 본 바 臨大澤無涯 蓋乃北海云이라는 기록이 있으므
로 비로소 탄복하며 古書를 많이 보지 않고 다른 사람의 시를 쉽게
말할 것이 아니라고 했다.31) 이로써 지난날 문인들이 典故에 있는
말을 用事로 사용했을 때 쉽게 다른 말로 바꾸지 않았음을 알 수
있고, 그에 따라 用事는 출처가 분명해야 한다는 것을 확인할 수
있는데, 이것은 옛 사람들이 시를 지을 때 一句도 출처가 없는 것
이 없다고 한 말을 실증한 것이 아닌가 한다.32)
　　그런데 鄭斗卿의 登磨天嶺詩를 중심으로 다른 의견도 없는 바

---

31) 編者未詳,「東國詩話」, 鄭斗卿條, 趙鐘業 編,『韓國詩話叢編』9. "登磨
　　天嶺詩云 … 谿谷大加稱賞 以爲撑柱宇宙云 湖洲嘗問 子之磨天嶺一
　　絶固奇 以余管見 何敢議子文章 第有大澤三字 改以一泓水則何如 公
　　笑曰 君不讀馬史耶 此語在馬史大宛傳 我豈無所據而杜撰耶 湖洲還考
　　大宛傳 有云臨大澤無涯 蓋乃北海云 湖洲始歎服 每語人曰 苟不遍觀
　　古書 信不可輕議人製作云"
32) 徐居正,『東人詩話』卷 上. "古人作詩 無一句無來處"

아니다. 申昉(1685~1736)은 시는 출처가 있기 때문에 좋지 않게
된다. 朱子가 말하기를 關關雎鳩는 출처가 있는 것인가. 시는 오직
聲調와 意趣가 어떤가 하는 것으로 평해야 할 것이며, 어찌 출처가
있는 것이라고 해서 말할 수 없겠는가. 鄭斗卿의 磨天嶺詩는 본인
도 得意然하는 작품이기는 하나, 그 시에 대해 의심하는 사람이 있
었는데 鄭斗卿이 司馬遷의 史記를 들어 막았으므로 다른 사람들
이 말을 하지 않았다. 이 말이 東人詩話에 있는데, 나는 그 말이 출
처가 있기 때문에 더욱 좋지 않다고 생각한다 했다.[33) 申昉의 이러
한 주장은 用事의 無用論을 주장한 것인지, 鄭斗卿의 磨天嶺詩를
두고 出處에 지나치게 얽매이는 것을 반대한 것인지 구분하기 어
려운 바가 없지 않다. 만약 用事의 無用論을 주장한 것이라면 그것
이 얼마나 타당한가 하는 것은 두고라도 일찍 없었던 주장이며, 鄭
斗卿의 시에 한정된 것이라면 用事로 인해 출처에 지나치게 얽매
이는 것을 지적한 것으로써 用事의 無用論은 아니다.

　위에서 말한 바와 같이 用事는 出處가 있기 때문에 用事라 하는
것이며, 출처가 없는 것은 用事라고 말할 필요가 없을 것이다. 그
러므로 시에서 출처를 귀하게 여길 것이 있느냐 하면 用事의 無用
論을 말한 것으로 볼 수 있겠는데, 이러한 주장은 대담하다고 하겠
으나, 당시는 물론 후대에서도 이에 동조하는 문인은 보기 어려웠
다. 이로써 볼 때 漢詩는 구조적으로 用事를 무시할 수 없기 때문
에 경우에 따라 지나친 남용이 작품의 가치를 훼손하는 것임을 알
면서도 계속 사용이 되지 않았는가 생각되며, 用事를 사용했을 때

---

33) 申昉,「屯庵詩話」, 趙鍾業 編,『韓國詩話叢編』5. "詩不貴有出處 朱子
　　曰 關關雎鳩 有何出處 惟當求其聲調意趣如何 爲之鑑別 豈以其有出
　　處 而不敢論哉 東溟磨天嶺一絶 蓋自許得意者 或者疑之 則東溟據馬
　　史本文以折之 遂無異辭 其說見於東人詩話 而余則以爲惟其有出處 故
　　尤不佳"

는 典故에 출처가 분명해야 함을 말해 둔다.

　이와 같이 用事에는 典故의 출처를 강조하고 있는데, 다음에는 그 典故에 대해 알아보고자 한다. 옛날부터 우리 나라 문인들이 用事로 사용한 것은 대부분 중국의 典故에서 인출한 것이다. 이에 대해 崔滋는 자신에게 詩僧인 元湛이 오늘날 문인들은 異域의 인물과 지명을 우리의 사실처럼 말하고 있는 것이 可笑롭다고 하며, 李奎報의 南遊詩에 秋霜染盡吳中樹 暮雨昏來楚外山이라 한 시를 들어 말하므로 자신이 그에 대해 시인이 用事를 할 때 지나치게 典故에 빠질 것이 아니고 寓意만 할 따름이다. 지금 천하가 모두 한 집이며, 翰墨도 같은데 어찌 피차로 나눌 것이 있는가 하니 그 詩僧도 승복했다고 한다.34) 이와 같이 우리 나라 문인들이 사용하는 用事가 우리의 것이 적고 중국 典故의 것이 많다는 지적이 고려 때부터 있었으나, 후대에서도 계속 중국 典故의 것이 많이 사용되어 왔다.

　우리 나라 문인들이 用事에 중국의 것을 많이 사용하는 것에 대해 柳夢寅(1559~1623)은 어떤 사람이 자신에게 중국의 地名은 모두 文字로 되어 있어 詩人들이 對句로 사용하게 된다. 예를 들면 黃牛峽白馬江 黃姑渚白帝城 등과 같이 짝이 분명한 것을 쉽게 얻을 수 있으나, 우리 나라는 方言으로 되어 있어 시에서 말하기 어렵다고 했을 때 그렇지 않다. 우리 나라 地名도 對偶가 될 수 있는 것이 도처에 많다. 예를 들면 牛峯兎山 靑山黃澗 … 이러한 것이 많이 있고, 方言으로 말한 것에도 老奴項背岩洞 高嶺寺求理街 …

---

34) 崔滋,『補閒集』卷 中. "詩僧元湛謂予云 今之士大夫作詩 遠託異域人物地名 以爲本朝事實可笑 如文順公南遊詩 曰 … 予答曰 凡詩人用事 不必泥其本 但寓意而已 況復天下一家 翰墨同文 胡彼此之有間 僧服之"

이와 같은 것이 지역에 따라 있는데, 우리 나라에 시인이 적어 그
것을 활용하지 못했다고 하니 그 사람이 말을 하지 못하더라고 했
다.35) 이러한 柳夢寅의 주장에 따르면 우리 나라 地名도 用事로
사용할 수 있는 것이 많이 있는데, 우리의 것에 관심이 적어 用事
로 사용되는 것이 드물다고 했다.

用事의 사용에 대해 丁若鏞은 우리 나라 문인들이 用事를 쓰게
되면 중국 것을 사용하고 있으나 그것은 좋은 것이 아니다. 반드시
우리의 三國史, 高麗史, 國朝寶鑑, 輿地勝覽, 懲毖錄, 燃藜室記述
및 우리 나라 다른 문헌에 나타나는 사실과 지방을 살펴 用事로 사
용하는 것이 유명하게 될 것이고, 후세까지 전할 수 있게 될 것이
라고 했다.36) 柳夢寅은 우리의 地名에서도 用事로 사용할 수 있는
것이 많다고 했고, 丁若鏞은 우리의 것으로 사용할 것을 강조했으
나, 후대에서도 계속 중국의 것이 많이 사용되었다.

用事의 사용 방법에는 直用, 反用, 翻案 등이 있다고 했는데, 다
음에는 이에 대해 차례로 살펴보고자 한다. 먼저 用事의 直用에 대
해 李穡(1328~1396)의 浮碧樓詩의 頸聯에 麟馬去不返 天孫何處
遊에서 麟馬와 天孫은 모두 高句麗 東明王의 神話에 출처를 둔 用
事로써 그 사실을 直用한 것이다. 金宗直의 靑丘風雅에 이 시의
註解에 따르면 麟馬는 東明王이 麒麟을 타고 朝天했다는 전설이
있기 때문에 永明寺 옆에 麒麟窟이 있다고 하며, 天孫은 河伯의

35) 柳夢寅,「於于野譚」卷 3, 文藝. "或曰 中國地名皆用文字 詩人用以屬
對 如不夜城無風塞 黃牛峽白馬江 … 皆靑白爲配 觸地而得之 我國方
音成地名 不合於詩 云云難之者 曰是不然 我國地號 到處多偶 至於牛
峯兎山 靑山黃澗 … 如此等處 不可勝數 以方言稱之 老奴項背岩洞 高
嶺寺求理街 … 隨地而在 只以我國少詩人 罕有是對 或者語塞"
36) 丁若鏞, 寄淵兒,『與猶堂全書』第 21卷. "我邦之人 動用中國之事 亦是
陋品 須取三國史高麗史國朝寶鑑輿地勝覽懲毖錄燃藜述 及他東方文字
採其事實 考其地方 入於詩用 然後方可以名世而傳後"

딸 柳花가 햇빛을 받고 임신하여 알을 낳았는데, 그 속에서 東明王
이 나왔기 때문에 天孫이라 한다 했다. 이 시는 李穡이 평양을 지
나다가 浮碧樓에 올라 지은 懷古的인 시이므로 그곳에 처음 定都
한 東明王의 설화를 반영한 것이 아닌가 한다. 우리 나라 문인들의
用事가 대부분 중국의 典故에서 인출한 것이 많다고 했으나, 여기
에 麟馬와 天孫은 우리의 설화에서 인출한 것이기 때문에 더욱 돋
보이며, 그곳을 유서 깊은 곳으로 하는데 효과적일 것이다.

다음에는 중국의 대표적인 시인이 用事를 사용한 예를 하나 들
어보고자 한다. 李白의 登金陵鳳凰臺詩의 頷聯에,

吳宮花草埋幽徑   吳王 궁전에 피었던 꽃은 깊숙한 길에 묻혔고
晋代衣冠成古邱.   晋나라 때 귀족들이 살던 곳은 언덕이 되었다.

이 聯에서 吳宮과 晋代가 用事로 사용되었는데, 吳는 三國志에 孫
權이 세운 나라의 이름이며, 吳宮은 吳의 마지막 임금이었던 孫皓
가 新宮을 극히 화려하게 지었는데, 그 자취에 풀만 무성하다고 했
다. 晋代의 衣冠은 晋代에 王氏와 謝氏들이 귀족들이었는데 그들
이 살던 곳도 지금 古邱가 되었다고 했다.[37] 이 聯의 用事는 지난
날의 화려함과 현실의 쓸쓸함을 대조시켜 허무와 무상을 효과적으
로 반영했다고 생각된다.

用事가 典故에 있는 것을 인출한 것이기 때문에 역사적인 내용
이 많이 사용될 수밖에 없겠는데, 다음에는 姜瑋(1820~1884)의 與
曹杞山李梧隱同至太液池觀玉蝀金鰲橋命韻賦詩의 頷聯에서,

文王囿大容魚躍   文王의 동산이 넓어 물고기 놀기 좋겠고

---

[37] 唐의 劉禹錫의 烏衣巷詩에 舊時王謝堂前燕 飛入尋常百姓家라 한 것
도 이 시와 같은 의미일 것이다.

漢帝林深得鴈寄.　　漢帝의 숲이 깊어 기러기 소식 듣겠다.

이 시는 姜瑋가 두 번째 使臣 일행으로 중국에 갔을 때 太液池가 있는 宮中을 관광하며 지은 것이다. 내용은 太液池의 넓은 규모와 나무숲이 많다는 것을 표현한 것인데, 이 聯의 內句는 詩經 大雅篇에 王在靈沼 於扨魚躍에 근거한 것으로 沼에 물고기가 뛰고 있다는 것이다. 孟子는 그것을 文王이 與民同樂하는 것이라 했다. 그리고 外句는 西漢 때 蘇武의 故事에서 나온 것이다. 武帝 때 蘇武가 匈奴에 使臣으로 갔다가 구금되었다. 뒤에 兩國間에 和親이 이루어 져 漢에서 蘇武의 송환을 요구하자 匈奴는 蘇武가 이미 죽었다고 했다. 그때 漢에서 궁중에 날아온 기러기를 잡아 다리에 매여 있는 천을 풀어보니 蘇武가 그곳 어디에 있다고 쓰여 있는데 죽었다고 하느냐 하며 힐책하니 匈奴가 어쩔 수 없어 돌려보냈다고 한다. 이 聯은 역사적인 사실을 用事로 하여 宮中이 넓고 깊숙하면서 화평함을 표현한 것이다.

用事에는 直用이 많으므로 이해를 돕기 위해 그 用例를 하나 더 들어보고자 한다. 李安訥(1571∼1637)은 恩怨이 분명한 인물이었다. 그는 李廷龜를 知己로 생각하고 있었는데, 자신이 獄中에 갇혀 있을 때 李廷龜가 判金吾로 있으면서 구출하기 위해 많은 노력을 했으나, 李安訥은 적극적으로 하지 않았다고 생각하며 유감으로 여기었다. 그가 配所에 가서 李廷龜에게 보낸 시에,

退之不負裴丞相　　韓愈는 裴度를 저버리지 않았고
白也難逢郭令公.　　李白처럼 郭子儀를 만나기도 어렵다오.

했는데, 南龍翼은 用事가 매우 精切하다고 했다.[38] 내용은 韓愈가

---

38) 南龍翼,『壺谷詩話』. "東岳恩怨甚明 常以月沙爲知己 而甲子繫獄 時

어려움에 빠져 있을 때 당시 丞相인 裴度가 그를 구출해 주었는데, 韓愈가 뒤에까지 그 은혜를 잊지 않았다고 하며, 李白이 곤경에 처해 있을 때 郭子儀가 구해 주었다. 그런데 자신에게는 韓愈처럼 잊을 수 없는 裴度와 같은 인물이 없고, 郭子儀와 같은 인물을 만나기 어려웠다는 것이다. 이 시는 李安訥이 중국의 故事를 들어 자신이 獄中에 있을 때 治獄을 담당했던 李廷龜에게 섭섭한 감정을 표현한 것이다. 南龍翼은 用事가 精切하다고 했는데, 이와 같은 경우에는 用事를 사용한 것이 여러 가지 면에서 효과적이지 않을까 한다. 李安訥의 이 시는 七言律詩로서 對偶가 되는 聯인데, 用事만 精切한 것이 아니고 兩句의 對도 絶妙하지 않은가 한다.

위에 고찰한 用事들 가운데는 懷古的이면서 허무의식을 반영한 것이 있고, 宮中의 넓고 깊숙한 것에 역사적인 사실을 代置시켜 나타낸 것도 있으며, 자신의 감정을 隱喩的으로 표현하는데 모두 用事를 直用하여 효과적으로 사용하고 있음을 알 수 있다.

다음에는 用事를 直用하되 痕跡을 찾아보기 어려운 것을 들어 보고자 한다. 申靖夏(1681~1716)는 자신이 일찍 金昌協의 시에 대해 배우기 어려운 것은 用事를 사용하는 것이라고 했더니 金昌協이 내 평생에 지은 시에 用事를 잘 쓰지 않아 사용한 것이 드문데 무엇을 보고 한 말인가 하므로 자신이 그가 嵩陽書院에서 지은 시에 夜雨春山有蕨生이라 한 句를 들어 이것이 用事를 잘 사용한 것이라고 했더니 金昌協도 點頭하며 허락했다. 金昌協이 이 시에서 圃隱의 節義를 伯夷와 叔齊에 비유하면서 단지 有蕨生이라 한 것으로 그쳤으니 시를 지을 때 알아 둘 만한 것이라고 했다.39)

月沙判金吾 多有救解於爰書 而猶憾其不盡力也 到謫所 寄一聯曰 … 用事尤精切"

39) 申靖夏,『恕菴集』卷 16, 雜記. "僕嘗謂農巖先生 曰其難學處 在於用事處 先生曰 吾平生於詩 不善用事 亦罕用事 子言云何 僕遂擧其嵩陽書

伯夷, 叔齊는 殷의 諸侯國 왕의 아들로서 형제였는데, 周의 武
王이 殷의 紂王을 치고자 할 때 以臣伐君이라 하며 치지 못하게
했으나, 듣지 않고 殷을 멸망시키므로 首陽山으로 들어가서 周나
라 곡식을 먹지 않고 고사리만 먹다가 굶어 죽었다고 한다. 그러므
로 역대로 내려오면서 중국은 물론 우리 나라에서도 그의 節義와
淸白을 높게 숭앙하고 있다.

嵩陽書院은 鄭圃隱을 享祠하는 곳이다. 金昌協이 그곳을 찾아
시로써 鄭圃隱의 忠節을 찬미하는 가운데 夷齊와 비교하면서 그
의 忠節을 바로 말하지 않고 有蕨生이라 하여 圃隱의 충절을 夷齊
의 節義에 暗喩했다. 고사리는 夷齊의 충절을 상징한 것이다. 金昌
協은 圃隱의 충절에 用事를 사용하면서 有蕨生이라 하여 흔적을
알기 어렵게 했는데, 이러한 用事의 사용은 直用이면서 丁若鏞이
말한 바와 같이 흔적 없이 사용한 것이 아닌가 한다.

徐居正은 用事에는 直用하는 것과 反用하는 것이 있는데, 直用
하는 것은 누구나 할 수 있으나 反用은 능력 있는 사람이 아니면
어렵다고 하면서 崔拙翁의 太公釣周詩에,

當年把釣釣無鉤   그때 잡은 낚시대에 바늘이 없었으니
意不求魚況釣魚   고기 낚을 생각 아예 하지 않았다오.
終遇文王眞偶爾   文王 만난 것을 우연이라 했으니
此言吾爲古人羞.   이 말이 古人을 부끄럽게 했다오.

라 했는데, 釣周가 太公의 본 마음이 아니라는 것을 알리기 위한
것이며, 이것은 자신이 만든 말로써 옛 사람들의 말과 반대되는 것
일 뿐만 아니라, 格도 높고 律이 새롭다고 했다.[40]

院作 夜雨靑山有蕨生之句 … 曰此用事之善者也 先生點頭許之 蓋先
生以圃隱況夷齊 而只曰有蕨生而已足 此不可不知也"

　이 시의 내용에는 배경설화가 있다. 姜太公이 文王을 만나 출세를 하기 전에 渭水의 맑은 물에 곧은 낚시 바늘을 메어 드리우고 있다가 그곳에서 文王을 만나게 되었고, 뒤에 文王을 도와 殷의 紂王을 공격하여 멸망시키고 천하를 통일했다. 그러므로 후대 사람들이 곧은 바늘을 맨 낚시줄을 渭水에 드리운 姜太公의 본 뜻은 고기에 있었던 것이 아니고 文王을 만나기 위한 것이라고 했다.

　그런데, 拙翁이 詩題는 太公釣周라 하면서 내용에서는 옛 사람들이 말한 것과는 반대로 太公이 고기도 낚을 생각이 없었는데, 어찌 文王을 낚고자 했겠는가. 뒤에 그곳에서 文王을 만나게 된 것은 참으로 우연이었지 만나려고 해서 만난 것이 아니라고 했다. 徐居正이 이 시에 대해 用事를 反用한 것이라고 한 것은 拙翁이 詩題를 太公釣周라고 하면서 내용에서는 고기에도 관심이 없었던 太公이 文王을 만난 것은 우연이었지 만나고자 노력해서 이루어 진 것이 아니라고 했다. 拙翁이 역사적으로 전해 오는 이야기와 같이 太公이 釣周한 것을 인정하면서 그것을 반대로 우연이라 하여 古人을 부끄럽게 한다고 하므로 典故의 사실을 反用하여 표현효과를 높이고자 한 것이다.

　太公의 釣周를 詩題로 한 것은 우리 나라 문인들의 시에서도 적지 않게 볼 수 있다. 위의 拙翁 시의 이해를 돕기 위해 申光漢(1484~1555)의 呂望詩 (企齋 別集 卷 1)를 들어 둔다.

　　　清渭東流白髮垂　맑은 渭水 흐르는 물에 백발 드리우며
　　　一竿誰見釣璜時　뉘가 文王 만나는 것을 보았는가.
　　　悠悠湖海多漁父　넓은 湖海 많은 어부들이
　　　不遇文王定不知.　文王 만나지 못한 것은 정말 알 수 없다네.

---

40) 徐居正,『東人詩話』卷 下. "崔拙翁太公釣周詩 … 盖發明釣周 非太公之本心 能反古人意 自出機軸 格高律新"

이 시에서도 拙翁의 太公釣周詩와 같이 太公이 文王을 만나게
된 역사적인 사실을 用事로 하여 많은 어부들이 文王을 만나지 못
했는데, 太公만이 文王을 만나게 되었다는 것이 이상하지 않은가
하여 일반적인 이해와 달리하고 있음을 알 수 있다.

다음에는 翻案한 用事의 예를 들어보고자 한다. 徐居正은 趙須
가 자신이 지은 秋穫詩에 磨鎌似新月이라는 句가 있다고 하며 자
신에게 말하기를 韓愈의 시에 新月似磨鎌이라 했는데 자신은 그
뜻을 반대로 한 것이라 했다.[41] 여기에서 磨鎌과 碧鎌은 名號로써
杜詩에 있는 것을 用事로 사용한 것인데, 시골 농가에서 사용하는
낫을 오랫동안 사용하게 되면 그 모양이 新月과 같은 모양으로 변
하게 된다. 韓愈는 新月이 碧鎌과 같다고 했는데, 趙須는 그것을
뒤집어 磨鎌이 新月과 같다고 했다. 趙須의 秋穫詩에 낫을 말한
것은 그것으로 벼를 베어 거두기 때문일 것이다. 韓愈가 낫을 碧鎌
이라 말한 것은 詩題가 무엇인지 알 수 없으나 낫을 사용하기 위해
칼날을 갈아 놓은 것을 말한 것으로 추측된다. 낫과 같은 연장의
날을 예리하게 갈아 놓으면 푸른빛이 돌기 때문에 碧鎌이라 표현
한 것이다. 磨鎌보다 표현이 더욱 정교한 것이 아닌가 한다. 어쨌
든 趙須의 시는 韓愈 시의 표현의 순서를 뒤집어 놓은 것이다. 崔
滋는 그의 補閒集(卷 下)에서 大抵用事之聯 罕有新意라 하기도 했
고, 또 用事不工 則意反而語生이라 하기도 했지만 用事를 사용해
표현효과를 높인 것도 많이 볼 수 있다. 그러나 위에 든 趙須의 詩
句에서 韓愈의 시와 비교해 보았을 때 어떻게 평가하는 것이 좋은
지 쉽게 말할 수 없지 않을까 한다.

---

41) 徐居正, 『東人詩話』 卷 下. "予嘗愛晚翠亭趙先生須詠松詩 … 趙先生
嘗詠秋穫詩 有磨鎌似新月之句 語予曰 韓退之詩云 新月似磨鎌 吾用
此語 而反其意 此謂翻案法 學詩者 不可不知已"

趙須는 그 句의 출처를 韓愈의 시라 했고, 徐居正은 그 句를 예로 들어 用事의 翻案이라 하며 시를 지을 때 알아두어야 할 것이라고 했다. 이들 말에는 지나친 用事가 때로는 하자가 될 수도 있다는 의미는 전혀 찾아볼 수 없다. 그러나 崔滋가 말한 바 대개 用事를 사용한 聯에 新意를 찾아보기 드물다는 말이 적용되지 않을까 하는 생각이 없지 않다. 물론 翻案이 모두 그런 것은 아니다.

다음에는 지난날 문인들이 시에 用事를 얼마나 好用했는가 하는 것을 알아보기 위해 한 작품에 여러 개의 用事를 사용한 예를 들어보고자 한다.

槿花低映碧山峰   무궁화가 푸른산 봉우리를 나직히 비치는데
卯酒初酣白玉容   아침술로 옥같은 얼굴에 취기가 돈다.
舞罷霓裳觀未足   霓裳曲 끝났으나 즐거움이 남았는데,
一朝雷雨送猪龍.   갑자기 내리는 雷雨에 猪龍이 온다.

이 시의 詩題는 過漁陽으로써 李仁老가 使臣 일행으로 중국에 갔을 때 그곳을 지나면서 지은 듯하다. 漁陽은 唐 明皇 때 安綠山이 그곳에서 반란을 일으킨 곳이다.[42] 그러므로 李仁老가 그곳을 지나면서 唐 明皇, 楊貴妃, 安祿山 등을 회상하며 지은 작품으로 생각된다. 이 시에서 用事로는 槿花, 卯酒, 霓裳,[43] 猪龍[44] 등을 들 수 있다. 七言絶句의 짧은 시에 用事가 넷이나 되는 것은 많은 편이다. 그런데, 이 시를 말하면서 用事가 많다고 지적한 것을 보지 못했다. 金宗直은 槿花는 아침에 피었다가 저녁에 지는 꽃인데 楊貴妃의 物色에 비유한 것이 좋다고 했다.[45]

---

42) 白樂天의 長恨歌에 漁陽聲皷動地來라 한 것에서도 알 수 있다.
43) 霓裳羽衣曲의 줄인 것으로 唐 明皇이 지은 曲이라 함.
44) 唐 明皇의 夜宴에 安祿山이 술에 취해 누워있는데 그의 몸둥이는 돼지 같고 머리는 용과 같다고 해서 安祿山을 지칭한 것임.

崔滋는 李仁老가 用事를 사용할 때 반드시 淸新한 말을 사용했는데, 이 시에서 槿花는 말은 새로우나 의미는 절실하지 못하다고 했다.[46] 이와 같이 사용한 用事가 좋다거나 절실하지 못하다는 지적만 있을 뿐 한 작품에 用事가 많다는 말은 하지 않았다. 다음에는 崔慶昌(1539~1583)의 過楊照廟有感詩에 사용된 用事를 살펴보고자 한다.

日暮雲中火照山	해 저문 雲中에 烽火가 오르더니
單于已近鹿頭關	單于가 이미 鹿頭關에 이르렀다오.
將軍獨領千人去	장군이 홀로 적은 군사 거느리고
夜渡蘆河戰未還.	밤에 蘆河를 건너 싸우다가 돌아오지 못했다.
(孤竹遺稿)	

이 작품에서 人名으로 單于, 地名으로 雲中과 鹿頭關, 水名으로 蘆河가 用事로 사용되었다. 이 시는 崔慶昌의 작품 가운데 많이 알려진 작품으로써 許筠은 不減唐人高處라 하며 격찬을 아끼지 않았다.[47] 李睟光(1563~1628)은 이 시를 가작이라고 하면서 단지 鹿頭關은 遼薊地方에 있는 땅이 아니며, 雲中과 遼河가 지명으로 중첩되었다고 했다.[48] 이와 같이 七言絶句의 短形詩에 人名, 地名, 水名으로 用事가 많았으나, 許筠은 用事가 많은 것에 대해 언급하지 않고 격찬했으며, 李睟光은 가작으로 인정하면서 지명이 중첩

---

45) 金宗直, 『靑丘風雅』 卷 6. "槿花朝開暮落 以比楊妃物色甚稱"

46) 崔滋, 『補閑集』 卷 中. "李學士眉叟使大金 次韻漁陽懷古云 … 眉叟用事 必以辭語淸新 然槿花事語新而意不切"

47) 許筠, 『鶴山樵談』.

48) 李睟光, 『芝峰類說』 卷 13, 文章部 6. "此乃佳作 而但鹿頭關 非遼薊地 且雲中遼河地名似重疊矣"
  崔慶昌의 孤竹遺稿에는 蘆河인데 芝峰類說에는 遼河로 되어 기록이 서로 다르나 의미에 영향을 주지 않은 듯하므로 各本의 기록에 따른다.

되었다고만 했다.

用事의 사용은 우리 나라 작가들뿐만 아니라, 중국 시인들도 많
이 사용했다. 역대로 用事는 蘇東坡가 많이 사용했다고 하지만 여
기서는 李白의 蛾眉山月歌詩를 들어 비교해 보고자 한다.

蛾眉山月半輪秋	蛾眉山에 뜬 달이 半輪이 되는 가을
影入平羌江水流	그림자는 平羌으로 들며 강물만 흐른다.
夜發淸谿向三峽	밤에 淸谿를 출발해 三峽으로 가다가
思君不見下渝州.	그대를 보지 못해 渝州로 간다오.

이 시는 李白의 작품 가운데 많이 알려진 시인데, 用事로 사용된
지명이 蛾眉山, 平羌, 淸谿, 三峽, 渝州 등 다섯 개나 된다. 이 작품
에서 用事가 많은 것이 하자가 되었다면 그와 같이 많이 알려져 칭
찬을 받았겠는가 하는 생각이 든다. 이로써 볼 때 用事가 한 작품
에 많이 사용된 것이 좋을 수는 없겠지만 그렇다고 해서 크게 탓하
지 않았음을 알 수 있는데, 그것은 작가들이 用事를 好用했다는 것
을 알 수 있지 않을까 한다.

漢詩의 여러 가지 형식에서 많이 짓는 형식은 五言絶句와 律詩
및 七言絶句와 律詩인데, 이들 형식의 시는 엄격한 定型試로써 형
식에 따라 字數가 정해져 있고 脚韻과 아울러 律詩인 경우에는 頷
聯과 頸聯의 內外句는 반드시 對를 이루어야 한다. 그런데, 內外句
가 對를 이루게 하는 데는 用事가 많이 사용되므로 그 예를 들어
보고자 한다. 蘇世讓(1486~1562)이 義州 聚勝亭에서 暉字의 韻에
澄江如練謝玄暉라는 句를 지었으나 그 對를 얻지 못했는데, 魚叔
權이 新月似鎌韓吏部라 했더니 당시 사람들이 그 對가 좋다고 한
다 했다.49) 謝玄暉는 중국 南齊 謝眺의 字로서 특히 五言詩에 능

---

49) 李睟光,『芝峰類說』卷 14, 文章部. "蘇陽谷於義州聚勝亭 次暉字韻 得

했다고 하는데, 澄江如練은 그의 詩句이다. 그리고 韓吏部는 韓愈
가 吏部의 벼슬을 역임했기 때문에 그의 別稱이다. 新月似鎌은 위
에서 언급한 바와 같이 그의 詩句이다. 이로써 보면 用事로써 全句
가 좋은 對를 이루었다고 할 수 있다. 다음에 이와 같은 예를 하나
더 들어보고자 한다.

魚無迹이 吉再의 故里를 찾아 지은 시의 頷聯에,

首陽薇蕨殷遺草　　首陽山 고사리는 殷의 遺草였고
栗里田園晉故墟.　　栗里의 전원은 晉의 故墟라네.

라 했는데, 用事가 매우 합당해 古今에 뛰어났다고 했다.[50] 이 聯
에서 內句는 吉再의 節義를 殷의 伯夷, 叔齊가 首陽山에 들어가서
周나라 곡식을 먹지 않고 고사리를 먹다가 굶어 죽은 것과 비유한
것이며, 外句는 陶淵明의 고향인 栗里의 田園은 晉나라 때와 같이
변하지 않고 그대로 있다고 했는데, 陶淵明이 벼슬을 버리고 고향
에 隱居해 있었던 것을 吉再와 상관시켜 표현한 것이다. 이 兩句
에서도 用事가 首陽, 栗里만이 아니고 全句가 모두 用事로 對를
이루었다고 볼 수 있다.

漢詩에서 對句로 형성되는 頷聯과 頸聯에 用事를 사용했을 때
그 用事가 좋으면 정도에 따라 精切 또는 切當하다고 한다. 그것
은 그 句의 표현에 사용된 用事가 적절했다는 것으로써 작품의 가
치를 높이는데 적지 않은 효과가 있었다고 할 수 있다. 그런데, 用
事가 작품의 가치를 높이기도 하나, 그 出處를 모르면 難解하게 하

澄江如練謝玄暉一句　而未得其對　學官魚叔權　以新月似鎌韓吏部爲對
一時稱善云"
50) 李濟臣,「淸江詩話」. 趙鍾業 編,『韓國詩話叢編』1. "魚公無迹題吉注
書故里一律　其頷聯云 … 用事切當　橫絶古今"

는 경우도 없지 않다. 다음에는 그러한 예를 들어 보고자 한다.

　崔豹의 古今註에 옛 사람들이 헤어질 때 文無를 준다고 했는데, 文無는 當歸草다. 내가 李安訥을 潭陽으로 보낼 때 送別詩에,

惜別將何贈　　헤어지면서 무엇을 주랴
文無草未長.　　當歸草가 아직 자라지 않았다오.

라 했는데, 이 시를 본 사람 가운데 李好閔, 車天輅 등이 있었으나 출처를 모르니 가소롭다고 했다.[51] 여기에서 用事로 사용된 文無가 當歸의 별명인데, 그것을 알지 못하면 박식한 문인이라 할지라도 이 句를 이해하기 어려울 것이다. 이러한 예를 하나 더 들어보고자 한다.

　중국의 熊化가 使臣으로 우리 나라에 왔을 때 館伴인 李好閔에게 준 시에 白嶽重來訪尙禽이라 했다. 李好閔이 자신에게 尙禽이 무슨 뜻인지 모르겠다고 하므로 漢나라 尙長의 字가 子平이었는데, 벼슬을 하지 않고 北海에 있는 禽慶과 더불어 五嶽의 名山에서 놀다가 자취를 감추었으므로 陶淵明集에 尙長禽慶贊이 있다고 했다.[52] 이 句에서 尙禽은 李好閔을 지칭한 것으로써 熊化가 다시 우리 나라에 使臣으로 오게 되면 찾겠다는 뜻인데, 尙禽이 어떤 의미인지 그 출처를 모르면 難解하게 된다. 이와 같이 用事의 사용이 표현 내용을 縮約하고 含蓄性 있게 하면서도 표현을 난해하게 하는 경우도 있음을 밝혀 둔다.

---

51) 李睟光,『芝峰類說』卷 13, 文章部 6. "崔豹古今註曰 古人相別贈以文無 按文無當歸草 余送李潭陽安訥詩 … 見者如李五峰車五山諸人 皆不解出處云 可笑"
52) 李睟光,『芝峰類說』卷 12, 文章部 5. "熊天使贈館伴李好閔詩曰 … 李公謂余曰 未知尙禽何義也 余按尙長字子平 隱居不仕 與北海禽慶 俱遊五嶽名山 不知所終 陶淵明集 有尙長禽慶贊"

V. 結 言

本稿에서는 用事에 대한 旣說의 검토와 理解 및 實際 등으로 나누어 고찰해 보았다. 旣說에 대한 검토에서 초기의 연구는 用事와 新意가 대립된 특징을 가지고 있다고 했으나, 후기에는 별개의 것으로 상대적인 개념을 지닌 용어가 아니라고 했다. 이에 대해서는 적지 않은 論究가 있었으므로 소개 정도에 그치면서 대립된 것이 아니라고만 했다.

用事의 理解에서는 用事와 新意가 상대적인 개념을 지닌 용어가 아니라는 것을 분명히 하기 위해 먼저 新意에 대해 알아보았고, 다음으로 用事의 사용에 관해 언급했는데, 詩作에서 用事의 필요성과 아울러 반드시 典故에 있는 것을 사용해야 한다는 것에까지 언급했다. 그리고 用事의 實際에서는 直用, 反用, 翻案 등 사용하는 實例를 들어 살펴보았다. 用事를 사용하는 방법으로는 작품의 내용 성질에 따라 달라지기 때문에 어떤 방법이 좋다고 단정적으로 말할 수 없으나 흔적이 드러나지 않은 것이 가장 좋은 방법이라 했다.

用事는 지나친 남용으로 간혹 無用論이 제기되기도 했으나 사용이 계속되었는데, 그것은 漢詩가 지니고 있는 구조적인 특성이 用事의 사용을 필요로 하기 때문이라고 했다. 그러나 지나친 남용은 작품의 참신성을 저해하고 難解하게 하는 경우가 적지 않았음을 지적했다.

제6장

宋詩體의 受用姿勢에 대한 硏究

-麗末 鮮初를 중심으로-

I. 序言

　　우리 나라 漢詩는 역대로 내려오면서 詩體에 적지 않은 變移가
있었다. 이러한 변이를 가져오게 된 것은 外的要因과 內的要因이
있었기 때문이다. 외적요인으로는 중국 詩體의 영향이라고 할 수
있겠는데, 중국에서도 唐宋과 같이 왕조가 교체될 때마다 詩體의
변이가 있어 우리 나라 문단에 적지 않은 영향을 끼치게 되었다.
그리고 내적 요인으로는 어느 시대이든지 그 시대에 유행하는 詩
體가 있게 마련이다. 그런데, 그것이 오래 계속되면 싫증을 느끼게
되어 변이를 요구하게 된다.

　　본고에서는 우리 나라 漢詩의 詩體 變移에 대한 고찰의 一環으
로 먼저 詩體變移와 그 背景 및 고려 후기에서 조선조 전기 문단
에 유행했던 宋詩體에서 蘇東坡詩體와 江西派詩體로 나누어 그
受容에 대해 고찰하고자 한다. 이에 대해서는 대상 작가의 작품을
많이 검토하는 것이 필요하겠으나 여기서는 작품보다 수용자세를
중심으로 살펴보고자 한다.

II. 詩體 變移와 그 背景

　　본고에서는 宋詩의 수용에 대해 고려조 후기부터 조선조 전기까

지 그 시기를 한정했는데, 그것은 漢文學史의 시대 구분과 상관이
있다고 생각된다. 사실 중국의 宋詩體가 언제부터 고려 문단에 영
향을 끼쳐 詩體에 변이를 가져오게 했는지 정확히 말하기 어려우
나 대략 12세기 초 金富軾이 생존했던 시기의 전후가 아니었던가
한다. 그리고 조선조 초기까지로 한 것은 중기부터는 唐詩體가 크
게 유행했기 때문이다. 그렇다면 고려조 전기에는 어떤 詩體가 유
행했는가. 이에 대해서는 참고할 만한 문헌이 零星하기 때문에 쉽
게 말하기 어려우나 唐詩體의 영향을 받은 것으로 짐작된다.

신라는 唐과 연합하여 삼국을 통일했기 때문에 그 후 수백년 동
안 양국의 관계가 매우 우호적이었다. 따라서 신라 자제들 가운데
는 遣唐留學生이 많았고, 그들 중에는 그곳에서 시행하는 賓貢科
에 합격한 사람이 적지 않았다. 이로써 미루어 볼 때 통일신라의
문인들은 견당유학생과 그들로부터 수업을 받은 인물들이 중심이
되었을 것이며, 그들의 詩體는 唐詩의 영향을 많이 받았을 것이다.

그리고 고려가 건국된 후 견당유학생 출신들 가운데 崔致遠과
같이 고려의 신정부에 협조하지 않고 물러나 있었던 인사들도 있
었고, 그들과는 달리 고려조에 출사한 인사들도 적지 않았을 것으
로 짐작되는데, 그 가운데 대표적인 인물이 崔彥撝가 아니었던가
한다. 그는 신라 말에 唐에 유학하여 賓貢科에 합격했고 돌아와서
瑞書院學士가 되었으며, 고려가 건국되자 太子師傅로서 文翰의
책임을 맡았고 뒤에 平章事를 역임했다. 이로써 미루어 볼 때 고려
건국초기의 문교정책과 문단은 이러한 견당유학생들에 의해 주도
되었을 것이다.

그런데, 崔致遠을 제외하고 신라 말에서부터 고려 초기에 활동
했던 문인들에 대한 기록은 보기 어렵고 다만 東文選에 崔匡裕,
朴仁範, 崔承祐 등의 七言律詩가 적지 않게 실려 있는데 이들 시

는 唐詩體임을 알 수 있다. 그리고 金富軾과 같은 시대에 활동했던 鄭知常의 시가 晩唐詩體인 것으로 보아[1] 고려 전기 문단의 詩體는 唐詩體였던 것으로 쉽게 짐작할 수 있을 듯 하다.

그리고 金富軾이 활동했던 시기를 전후로 하여 宋詩體의 영향을 받은 것으로 보고자 하는 것은 東文選(卷 12)에 그의 시가 여러 수 실려 있는데, 같은 시기에 생존했던 鄭知常의 시와는 달리 宋詩體의 영향을 받은 것으로 생각되기 때문이다. 물론 宋詩體가 金富軾에 의해 처음 시도되었다는 것은 아니다. 다른 문화적인 현상에서 볼 수 있는 바와 같이 詩體의 변이도 시대적인 요구가 있어야 하고, 또 개인적인 노력만으로 가능한 것이 아니다. 宋詩體로의 전환에 시대적인 요구가 있었는가 하는 것에 대해 생각해 볼 수 있는 것은 통일신라 때부터 고려 전기까지 唐詩體가 오래 계속되었기 때문에 그에 대한 실증을 느껴 새로운 詩體를 요구했을 것으로 짐작된다. 이러한 요구가 金富軾 때 이르러 처음으로 있었던 것이 아니고 미약했지만 그 전부터 있었던 것을 金富軾 때를 전후로 해 호응하는 인사들이 많아 변이가 활발하게 진행되지 않았던가 생각한다.

위에서 고찰한 바와 같이 통일신라 때 唐詩體가 유행하게 된 것은 여러 가지 이유가 있었겠지만, 그 가운데 가장 큰 이유는 당시 중국의 왕조가 唐이었고, 또 그곳에서 유학한 견당유학생이 많았기 때문일 것이다. 따라서 宋詩體로 바뀔 즈음에 중국 왕조가 宋이었던 것도 적지 않은 영향이 있었을 것이다.

宋은 고려보다 수십년 뒤에 건국되었는데, 양국 관계가 신라와 唐과 같지는 않았지만 사이가 좋았다. 통일신라 때와 같이 유학생

---

1) 徐居正,『東人詩話』上. "金文烈富軾 鄭司諫知常 以詩齊名一時 鄭詩語韻淸華 句格豪逸 深得晩唐法"

을 보냈다는 기록은 찾아보지 못했으나, 그곳 과거에 합격한 인사
는 金行成 등 아홉 사람이나 되었다고 하며,[2] 그 가운데 權適은 송
나라에 가서 甲科에 우수한 성적으로 합격하자 그곳 임금이 아름
답게 여겨 바로 華貫으로 제수하고 楊球로 하여금 官誥를 쓰게 하
여 玉軸과 金鈴으로 장식하여 주었다고 한다.[3] 金富軾의 시에 哭
權學士適이라는 시가[4] 있는 것으로 보아 그는 김부식과 같은 시기
에 생존했던 인물임을 알 수 있는데, 權適을 비롯한 宋나라의 과거
에 합격한 인사들도 宋詩體로의 변이에 寄與하지 않았던가 한다.

중국은 먼 옛날부터 우리 나라 詩體의 변이에 적지 않은 영향을
끼쳤는데, 唐詩를 계승한 것이 宋詩이다. 송시가 唐詩體에서 변이
하게 된 것은 여러 가지 요인이 있었겠지만, 언제부터 변이하기 시
작했는가 하는 것에 대해 宋의 嚴羽는 건국 초기의 시는 唐詩를
계승하게 되어 王黃州는 白樂天의 시를 배웠다 … 蘇東坡와 黃山
谷에 이르러 비로소 자신들의 의사에 따라 시를 짓게 되어 唐의 詩
風에서 변하게 되었다고 했다.[5] 이로써 보면 唐詩體에서의 변이는
宋이 건국한 후 한 동안까지는 唐詩體를 따랐다가 蘇東坡, 黃山谷
등에 의해 비로소 宋詩體가 형성되지 않았는가 한다.

金昌協(1651~1708)은 宋詩體의 변이에 대해 약간 구체적으로
언급한 바 있다. 蘇東坡와 黃山谷 전에 歐陽修, 王安石 등 여러 사
람들의 시가 순수하게 唐詩體는 아니라 할지라도 律詩와 絶句의
여러 형식의 體가 唐調에서 크게 변하지 않았다. 단지 歐陽修는

---

2)『文獻備考』卷 185, 選擧考 2 制科總目.
3) 崔滋,『補閑集』卷 下. "權學士適入中朝擢甲科 天子嘉之 直除華貫 使
楊球書官誥 粧以玉軸金鈴賜之"
4)『東文選』卷 12, 七言律詩條.
5) 嚴羽,『滄浪詩話』. "國初之詩 尙沿襲唐人 王黃州學白樂天 至東坡山谷
始自出己意以爲詩 唐人之風變矣"

지나치게 유창하고 王安石은 매우 精切하며, 또 議論과 古實에 치
우친 바가 없지 않았다. 그런데 東坡로부터 비로소 한번 변하게 되
었고, 黃山谷과 陳后山에 이르러 또 한번 크게 변했다고 했다.6)

　이와 같이 중국의 詩體가 唐詩體에서 宋詩體로 변이함에 따라
우리 나라에서도 고려 전기까지는 唐詩體가 유행한 듯하고, 후기
에는 宋詩體의 영향을 받았다. 그리고 宋詩體의 유행은 조선조 전
기까지 계승되었다. 이에 대해 金萬重(1637~1692)은 本朝의 詩體
가 사오번이나 변했는데, 초기에는 고려의 詩體를 이어 蘇東坡를
배워 成宗, 中宗 때 이르러 오직 李荇이 크게 성공했다. 중간에 朴
誾이 黃山谷을 배워 삼백년 사이에 뛰어났으며, 따라서 詩體가 또
변해 黃山谷과 陳后山을 전공하게 되어 鄭士龍, 盧守愼, 黃廷彧
등이 일시에 유명했다. 그리고 여기에서 다시 한 번 변해 唐詩體로
돌아왔는데, 崔慶昌, 白光勳, 李達 등이 순수하게 唐詩體를 따랐다
고 했다.7)

　이러한 金萬重의 주장에 따르면 조선조 초기에는 한동안 고려조
를 이어 東坡의 詩體를 계승했고, 成宗과 中宗年間에 비로소 黃山
谷의 江西派 영향을 받게 되었으며, 그 후에는 唐詩體로 변했다고
했으니 조선조 중기까지 詩體가 여러 번 변했음을 알 수 있다. 이
와 같은 詩體의 변이에 대해 宋時烈(1607~1689)은 사람은 말하기
쉬우나 시는 평하기 어렵다고 하는데 … 시에서는 格律의 高下와

---

6) 金昌協, 『農巖集』卷 34, 雜識. "蘇黃以前 如歐陽修荊公諸人 雖不純唐
　　而其律絶諸體 猶未大變唐調 但歐公太流暢 荊公太精切 又有議論故實
　　之累耳 自東坡出 而始一變 至山谷后山出 則又一大變矣"
7) 金萬重, 『西浦漫筆』卷 下. "本朝詩體 不啻四五變 國初承勝國之緒 純
　　學東坡 以迄於宣靖 惟容齋稱大成焉 中間參以豫章 則翠軒之才 實三
　　百年一人 又變而專次黃陳 則湖蘇芝鼎足雄峙 又變而反正於唐 則崔白
　　李其粹然者也"

음운의 淸濁이 같을 수 없고, 또 正變과 異體가 있다. 詩經 이후에
서부터 蘇東坡, 黃山谷과 陳師道, 陳與義에 이르기까지 그 變移가
많아 한 작가가 지은 작품에서도 선후에 따라 다르다. 朱子는 杜甫
가 夔州에 있은 후부터 또 그의 시가 변했다고 했으니 시를 쉽게
말할 수 있겠는가 했다.8)

  한 작가의 작품에서도 전후에 따라 달라지는 경우는 우리 나라
문인들 가운데서도 볼 수 없는 바 아니다. 그러나 그것은 개인에
국한된 것이고 한 시대에 유행한 詩體는 쉽게 변이가 되는 것이 아
니다. 牧隱 李穡이 젊어서 중국에 있을 때 그곳 학자들이 산문은
漢의 것을, 시는 唐의 시를 法할 것이라고 말했을 때 자신은 그 까
닭을 알지 못했다고 했다.9) 牧隱이 생존했을 시기의 우리 나라 문
단은 蘇東坡 詩體가 풍미하고 있었기 때문에 중국 문인들이 文則
漢 詩則唐이라 해도 그것을 주목하지 못하고 외면했던 것이 아닌
가 한다. 그리고 고려 후기만 해도 東坡의 詩體가 문단을 풍미하면
서 다른 詩體의 경쟁이 없었기 때문인지 排他的이지 않고 여유가
있었다. 崔滋는 옛사람들이 말하기를 시를 배우는 자들이 律句에
서는 杜甫를, 樂章에서는 李白을, 古詩에서는 韓愈와 蘇東坡의 詩
體를 法해야 하며, 산문에서는 여러 체를 모두 갖추어야 하겠지만
韓愈의 글을 숙독하면서 깊게 생각하면 그 文體를 얻을 수 있을
것이라 했다. 그런데, 李白과 杜甫의 古詩가 韓愈와 蘇東坡에 못
하지 않았는데, 이와 같이 말한 것은 後進들로 하여금 여러 대가들

---

8) 宋時烈, 竹陰集 序, 『宋子大全』卷 139. "蓋聞評人易 評詩難 … 至於
   詩也 其格律之高下 音韻之淸濁 旣有不齊 而又有正變異體 三百篇以
   後 以至蘇黃二陳 其變無窮 而一人之作 有先後之異 故晦翁以杜子之
   夔州以後 又爲一變 則詩可易評哉"
9) 李穡, 選粹集 序, 『牧隱集』「文藁」卷 9. "穡少也遊中原 聞縉紳先生之
   論 曰文則漢 詩則唐 未知其所以也"

의 詩體를 고루 배우게 하고자 한 것이라 했다.10) 이로써 보면 唐宋을 구분하지 않고 역대 대가들의 文體와 詩體를 고루 익히게 했음을 알 수 있다.

그러나 후대로 내려오면서 그렇지 않았다. 唐詩를 좋아하는 자는 宋詩를 보잘 것 없는 것으로 비난했고, 이와 반대로 宋詩를 선호하는 자들은 唐詩를 좋지 않은 것으로 말하기도 했다. 이러한 풍조에 대해 朴齊家(1750~1805)는 우리 나라 시에서 宋金 元明의 것을 배우는 자는 으뜸이고 唐詩를 배우는 자는 그 다음이며 宋詩를 배우는 자는 최하가 될 것이다. 배우는 것이 높을수록 그 재능이 낮아지는 것은 무슨 까닭인가. 그것은 杜詩를 배우는 자는 그것만 있는 것으로 알고 기타의 것은 보지 않고 먼저 무시하기 때문에 시를 짓는 재능이 더욱 떨어진다. 唐詩를 배우는 자들의 폐단도 같다고 할 수 있으나, 조금 나은 것은 杜甫 외에도 王維, 孟浩然, 韋應物, 柳宗元 등 수십가의 성명을 가지고 있었기 때문에 杜甫만을 좋아하는 사람보다 나을 수밖에 없다. 宋金 元明의 시를 좋아하는 사람은 그 식견이 唐詩를 좋아하는 사람들보다 나을 것이며, 또 많은 책을 보아 감정의 진실을 표현한 것이다. 이로써 보면 문장의 道는 지혜를 개발하고 듣는 것을 넓히는 것이며 당시 유행하는 詩體에 얽매이는 것이 아니라고 했다.11)

---

10) 崔滋, 『補閑集』 上. "古人云 學詩者對律句體子美 樂章體太白 古詩體韓蘇 若文辭 則各體皆備 於韓文熟讀深思 可得其體 雖然 李杜古詩 不下韓蘇 而所云如此 欲使後進 汎學詩家詩體耳"

11) 朴齊家, 詩學論, 『貞蕤集』 文集 1. "吾邦之詩 學宋金元明者爲上 學唐者次之 學杜者最下 所學彌高 其才彌下者何也 學杜者知有杜而已 其他則不觀而先侮之 故術益拙也 學唐之弊同 然而小勝焉者 以其杜之外猶有王孟韋柳數十家之姓字存乎胸中 故不期勝而自勝也 若夫學宋金元明者 其識又進乎此矣 又況博極羣書 發之以性情之眞者哉 由是觀之 文章之道 在於開其心智 廣其耳目 不繫於所學時代也"

　이러한 朴齊家의 주장에 따르면 조선조 후기에는 고려와 조선조 전기처럼 유행 詩體가 단순하지 않고 여러 가지 詩體가 유행하고 있었으며, 또한 詩體를 선택하게 되면 그것에만 몰두하고 다른 詩體는 무시하거나 배격하고 있음을 알 수 있다.

　이상의 고찰로써 볼 때 詩體의 유행은 시대에 따라 변이하게 되는데, 그 요인은 내적 또는 외적인 것이 있으며, 또 정치 및 그 시대의 상황과 상관이 없지 않다. 그러므로 詩體는 그 시대가 요구하는 것으로 변이하고 있음을 알 수 있다. 그리고 시는 유행하는 詩體가 단순한 것보다 여러 가지 詩體가 유행하고, 또한 詩體가 오래 계속 되는 것보다 변이가 있는 것이 시의 발전에도 도움이 되지 않을까 한다.

Ⅲ. 蘇東坡詩體의 受用姿勢

　蘇東坡의 詩體는 고려 후기에서부터 조선조 초기에 이르기까지 우리 나라 시문학에 많은 영향을 끼쳤다. 그러므로 그의 詩體의 수용에 대한 고찰에 앞서 그의 인물과 시의 특징에 대해 간단히 언급하고자 한다.

　蘇軾(1037~1101)의 字는 子瞻, 호는 東坡이다. 그는 시, 산문, 회화, 글씨, 음악에 이르기까지 걸출했던 작가로서 아버지 蘇洵 및 동생 蘇轍과 함께 唐宋八大家에 포함되어 그들을 三蘇라 하기도 한다. 그는 21세에 進士試에 합격하여 삼십여년 동안 宦路에 있었는데, 그때 新舊黨爭이 매우 치열했다. 東坡는 王安石을 중심으로 한 新派의 정책에 대해서도 강하게 비판했으나, 그렇다고 해서 舊派인 司馬溫公에게도 영합하지 않았다. 그러므로 그는 外職에 많이 있었고, 또 여러 곳으로 유배되기도 했다.

그리고 사상면에서는 儒家思想뿐만 아니라, 老莊思想의 영향을 받았다고 하며, 만년에는 佛敎思想에도 관심을 가졌다고 한다. 이와 같이 東坡는 일생 동안 파란이 많았고, 사상적으로는 당시 道學者들과는 달리 老莊과 佛敎에 이르기까지 폭넓게 수용하고자 했기 때문에 예술에서 그의 창조적인 능력을 발휘하는데 도움이 되지 않았는가 한다.

그의 시는 用事가 많아 난해한 결점이 없는 바 아니나 작품의 風格이 多樣하여 정신적인 고뇌에 싸여 沈重한 작품이 있는가 하면 그와는 달리 雄渾하고 豪壯한 것도 있어 어느 일면으로 말하기 어려움이 있다.

그에 대해 王安石과 같이 歐陽修의 제자로서 위로는 歐陽修의 志趣를 이었고 아래로는 宋詩의 발전의 機運을 열고, 또 새로운 생명의 境界를 가지게 하여 당시 문단의 중심인물이 된 것은 그의 뛰어난 재능과 박식 때문이며, 그는 낭만적이고 정열적이며 가장 자유를 사랑했던 시인이었다. 老莊과 陶淵明을 좋아했으며, 만년에 佛經을 애독했다.[12] 이로써 그가 중국문학사에서 차지하는 비중을 대략 짐작할 수 있을 것으로 생각된다. 그리고 그는 王安石과 같이 歐陽修의 제자였으며, 江西派의 開祖라 할 수 있는 黃庭堅의 스승이었다.

---

12) 『中國文學發展史』, 664쪽, 臺灣中華書局 印行. "與王安石同出歐陽修的門下 上承歐陽氏的志趣 下開宋詩發展的機運 給予宋詩以新生命新境界 而成爲當日文壇的盟主的 是那位才高學富的蘇軾 … 他却是一個最浪漫最熱情最愛自由的詩人 他愛老莊 愛陶淵明 他晚年大讀佛經道藏"

嚴羽는 國初(宋)의 시는 唐詩를 따라 王黃州는 白樂天 … 歐陽
修는 韓愈의 古詩, 梅聖兪는 唐詩의 平澹한 것을 배웠는데, 東坡
와 山谷에 이르러 비로소 독자적인 시를 짓게 되어 唐의 詩風이
변하게 되었다고 했다.[13] 이러한 嚴羽의 주장에 따르면 宋詩가 唐
의 詩風에서 벗어나 독자적인 시풍을 가지게 된 것은 蘇東坡에서
부터 비롯되었음을 알 수 있다.

위에서 언급한 바와 같이 宋詩體는 고려 후기에서부터 조선조
전기에 많은 영향을 끼쳤는데, 그것을 시대적으로 세분해서 언급
하면 고려조는 蘇東坡 詩體의 영향을 많이 받았고, 조선조 전기에
는 江西派의 영향을 많이 받은 것으로 생각된다. 물론 그렇다고 해
서 고려 때 江西派의 시를 좋아했던 문인이 없었던 것이 아니고,
조선조 전기에 蘇詩體가 단절되었다는 것은 아니다. 다만 대체적
으로 그렇다는 것이다.

蘇東坡는 고려 靖宗에서 肅宗年間에 생존했던 인물로서 金富軾
이 활동했던 시기에 東坡의 시가 널리 알려졌음을 알 수 있으나,
東坡集이 언제 전래되었지 참고할 만한 문헌을 아직 보지 못했지
만 일찍 전해졌던 것은 사실인 듯 하다. 東文選에 金富軾의 여러
형식의 시가 수십수 실려 있는데, 그의 시가 東坡詩體의 영향을 받
은 것은 사실인 듯하다. 이로써 보면 그는 고려 중기 이후 東坡詩
體를 수용하는데 주도적인 역할을 한 인물임을 알 수 있다. 그런
데, 그의 문집이 전하지 않기 때문에 東坡詩에 대해 어떻게 생각하
고 언급했는 지는 알 수 없다.

現傳하는 기록을 중심으로 고려 문인들 가운데 東坡에 대해 최

---

13) 嚴羽, 詩辨,『滄浪詩話』. "國初之詩 尙沿襲唐人 王黃州學白樂天 …
   歐陽公學韓退之古詩 梅聖兪學唐人平澹處 至東坡山谷始自出己意以
   爲詩 唐人之風變矣"

초로 언급한 인물은 李仁老(1152~1220)가 아닌가 한다. 그는 詩句를 다듬는 法은 오직 杜甫만이 그 묘함을 다했으며, 東坡와 山谷에 이르러 用事가 더욱 정밀하고 뛰어난 기운이 분출해 句를 다듬는 묘함이 杜甫와 겨룰만 하다고 했다.14) 이와 같이 李仁老가 東坡를 杜甫와 幷駕할 정도라고 한 것은 매우 칭찬한 것이다.

李仁老가 東坡의 시에 대해 약간 구체적으로 언급한 것을 들어보면 시인이 시를 지을 때 用事를 많이 사용하는데 그것을 點鬼簿라고 한다. 李商隱의 用事는 險僻하여 西崑體라 이름하지만 그것은 문장의 한 병이다. 근자에 東坡와 山谷이 나타나 비록 그러한 法을 사용하고 있으나 造語가 더욱 교묘해 전혀 다듬은 흔적이 없으니 李商隱에 비해 뛰어났다고 할 수 있다고 했다.15) 漢詩에서는 用事를 사용하게 되는데 그 用事가 말의 함축미를 더욱 높이기는 하나 내용을 이해하는데 어렵게 하기도 한다. 東坡와 山谷이 사용하는 용사가 李商隱과 같이 險僻하기는 하나 造語가 교묘해 더욱 뛰어났다고 했다.

李仁老는 蘇東坡의 시에 대해 造語와 用事의 사용이 뛰어났다고 했지만 崔滋는 李仁老의 말을 빌려 문을 닫고 蘇東坡와 黃山谷의 문집을 읽은 후에 시를 짓게 되면 말이 더욱 힘이 있고 音律이 옥소리와 같이 맑아 三昧에 빠질 수 있다고 했다.16) 이로써 보면 李仁老를 비롯한 당시 문인들의 시작에 蘇東坡와 黃山谷의 영향

---

14) 李仁老,『破閑集』卷 上. "琢句之法 唯小陵獨盡其妙 … 及至蘇黃 則使事益精 逸氣橫出 琢句之妙 可以與少陵幷駕"

15)『破閑集』卷 下. "詩家作詩多使事 謂之點鬼簿 李商隱用事險僻 號西崑體 此皆文章一病 近者蘇黃崛起 雖追尙其法 而造語益工 了無斧鑿之痕 可謂靑於藍矣"

16) 崔滋,『補閑集』卷 中. "李學士眉叟曰 杜門讀黃蘇兩集 然後語遒然韻鏘然 得作詩三昧"

이 적지 않았음을 알 수 있다.

그리고 위에서 우리 나라에 蘇東坡의 문집이 언제 들어왔는지 알 수 없다고 했는데, 李仁老가 東坡集은 물론 山谷集까지 읽었다고 했으니 이로써 미루어 보면 東坡集은 중국에서 처음 간행되어 얼마 되지 않아 우리 나라에 수입되지 않았던가 한다.

다음에는 고려조 후기에 東坡集이 얼마나 유행했는가 하는 것에 대해 살펴보고자 하는데, 그것은 고려 때의 문인들이 東坡의 詩體를 어느 정도 애용했는가 하는 것을 짐작할 수 있게 하는 것이다.

李奎報(1168~1241)는 어느 문집이든지 세상에 유행하게 되는 것은 그 시기에 유행할 만한 가치가 있기 때문이다. 그러나 옛날부터 지금까지 東坡集만큼 유행한 것은 없을 것이다. 그것을 사람들이 좋아하는 까닭은 문장이 膽富하고 用事가 恢博하며 사람에게 느끼게 하는 맛이 고루하고 마르지 않게 하기 때문이다. 사대부로부터 新進하는 後學들에 이르기까지 그의 문집을 잠시도 손에서 놓지 않고 그 향기를 되씹고 있다고 했다.[17] 李奎報가 이 跋文에서 옛날부터 지금까지 東坡集만큼 유행한 것이 없었다고 했으니, 당시 東坡集이 얼마나 유행했는가 하는 것을 짐작할 수 있다. 그리고 李奎報가 이 跋文을 東坡集이 全州에서 새로 간행할 때 쓴 것이라고 했으니, 전에도 東坡集이 전래되어 간행된 적이 있었는지 알 수 없지만, 李奎報 당시에 고려에서 東坡集이 간행된 것만은 틀림없는 것으로 생각된다.

李奎報는 東坡集의 유행에 대해 언급한 것으로 그치지 않았다.

---

17) 李奎報, 全州牧新雕東坡文集跋尾, 『東國李相國全集』 卷 21. "夫文集之行乎世 亦各一時所尙而已 然古今已來 未若東坡之盛行 尤爲人所嗜者也 豈以屬辭膽富 用事恢博 滋液之及人也 周而不匱故歟 自士大夫至于新進後學 未嘗斯須離其手 咀嚼餘芳者皆是"

그는 세상의 학자들이 처음 과거 시험을 준비할 때는 시에 관심을
가질 여유가 없었다가 과거에 합격한 후에 시를 배우게 되면서부
터 東坡의 시를 더욱 좋아하게 된다. 그러므로 매년 과거에 합격한
자를 발표한 후에는 사람들이 금년에 또 東坡가 삼십명이나 나왔
다고 한다 했다.[18] 이러한 李奎報의 말에 따르면 과거에 합격한 자
들이 시를 배울 때 모두 東坡詩를 좋아하기 때문에 과거에 합격자
를 발표하게 되면 東坡가 삼십명이나 나왔다고 하니, 東坡의 詩體
가 문인들 사이에 얼마나 풍미하고 있었던가 하는 것을 짐작할 수
있게 한다.

　　고려 때 東坡詩體의 유행에 대해 徐居正(1420~1488)도 언급한
바 있다. 고려 때 문인들이 온전히 東坡를 높이 여겨 과거의 합격
자를 발표할 때마다 삼십삼명의 東坡가 나왔다고 한다. 高宗과 元
宗년간에 宋의 使臣이 와서 시를 청하자 學士인 權適이 시를 지어
주었다. 그 시에 말하기를 蘇子의 문장이 해외까지 알려졌는데 宋
의 임금은 그의 글을 불살라 버리고자 한다. 문장은 타버리게 할
수 있으나 길이 빛난 그의 이름은 태울 수 없을 것이라 하니 宋의
使臣이 탄복했고, 그가 얼마나 東坡를 숭상했는가 하는 것을 알 수
있다.[19]

　　위에서 언급한 바와 같이 權適은 金富軾과 같은 시대의 인물이
었다. 그는 宋나라에 가서 우수한 성적으로 과거에 합격했으니 누

---

18) 李奎報, 答全履之論文書 『東國李相國集』 卷 26. "且世之學者 初習場
　　屋科擧之文 不暇事風月 及得科第 然後 方學爲詩 則尤嗜讀東坡詩 故
　　每歲牓出之後 人人以爲今年又三十東坡出矣"
19) 徐居正, 『東人詩話』 卷 上. "高麗文士專尙東坡 每及第榜出 則人曰三
　　十三東坡出矣 高元間 宋使求詩 學士權適 贈詩曰 蘇子文章海外聞 宋
　　朝天子火其文 文章可使爲灰燼 千古芳名不可焚 宋使歎服 其尙東坡可
　　知己"

구보다도 東坡를 잘 알고 있었겠지만 이 시의 내용을 보면 그가 얼마나 東坡를 숭상했는가 하는 것을 짐작할 수 있게 한다.

고려 후기 東坡의 문학을 이와 같이 숭상하게 되자 그에 따른 폐단에 대한 自省도 없지 않았다. 林椿은 자신이 본 바 근세에 東坡의 글이 크게 유행하고 있어 배우는 자들이 누구나 잊지 않으려고 외우고 있으나 단지 그 글을 구경할 따름이다. 설령 그의 글을 따오고 훔쳐 그의 風骨은 얻었다고 하지만 거리가 멀지 않겠느냐. 그러므로 배우는 자들이 그의 능력에 따라 알맞게 할 것이며, 억지로 모방하여 그 본 바탕을 잃지 않는 것도 중요한 것이라 했다.[20] 林椿의 이러한 주장에 따르면 고려 때 東坡의 글이 크게 유행하면서 그의 글을 모방 또는 절취해서 사용하는 경우가 적지 않았음을 알 수 있는데, 그것은 당시 東坡의 글이 숭상한 바 되어 매우 유행했기 때문에 그러한 현상이 나타난 것이다.

林椿은 배우는 자들이 능력에 따라 할 것이며 지나치게 모방이나 절취를 하지 않는 것도 중요하다고 했다. 崔滋는 이러한 林椿이 李仁老에게 보낸 글에서 자신과 李仁老가 東坡의 글을 읽지 않았으나 때때로 句法이 같은 점이 많은데, 그것은 마음에 생각했던 것이 모르게 합치된 것이 아닌가 했다. 그러나 지금 仁老의 시를 보면 七字 또는 五字가 東坡集에서 나온 것이 있으며, 세상 사람들이 林椿의 글이 옛 사람의 文體를 얻었다고 하나, 그의 글을 보면 옛 사람의 말을 절취해 수십자에 이르기까지 연결해 놓은 것을 자신의 말이라고 하니 그것은 體를 얻은 것이 아니고 말을 빼앗은 것

---

20) 林椿, 與眉叟論東坡文書,『西河集』, 卷 4. "僕觀近世東坡之文 大行於時 學者誰不伏膺呻吟 然徒翫其文而已 就令有掎摭竄竊 自得其風骨者 不亦遠乎 然則學者但當隨其量 以就所安而已 不必牽强橫寫 失其天質 亦一要也"

이라고 했다.[21]

李仁老는 고려의 시인 가운데 대표적인 인물 중의 한 사람이다. 그리고 林椿은 시로써도 이름이 있었지만 산문으로 유명했다. 위에서 崔滋가 지적한 것은 특별한 경우이겠지만 그러한 인물들 가운데 東坡의 글을 절취한 것이 많았다고 하니 지나치게 숭상한 것이 적지 않은 폐단이 되었음을 알 수 있다. 이러한 폐단에 대해 李奎報도 세상에서 분분하게 東坡를 본받고자 하다가 이르지 못한 자는 말할 것이 없으며, 시로써 이름이 알려진 몇 사람들도 모두 東坡의 시를 본받았다는 비난을 면치 못할 것이다. 특히 말만 훔친 것이 아니라, 그의 뜻까지 절취해 자신의 것이라고 한다 했다.[22] 이로써 보면 고려 때 문인들이 東坡의 말과 뜻까지 인용해 자신의 것이라고 한 자가 적지 않았음을 알 수 있는데, 그것은 東坡의 글이 많이 유행하면서 그것을 귀하게 여기었기 때문이었을 것이다.

그리고 崔滋는 당시 東坡集의 유행에 대해 근세에 東坡의 글을 숭상하고 있는데, 그것은 氣韻이 豪邁하고 뜻이 깊고 용어가 풍부하며 用事가 恢博하므로 그 체를 본받고자 하기 때문이다. 오늘날 後進들이 그의 글을 읽는 것은 그를 본받아 風骨을 얻고자 하는 것이 아니고 단지 用事의 근거를 밝히는데 도구를 삼고자 하니 표절함을 말하지 않을 수 없는데, 하물며 감히 杜甫를 배워 그 영향을 받을 수 있다고 하겠는가 했다.[23] 崔滋의 이러한 주장에 따르면

21) 崔滋,『補閑集』卷 中. "林先生椿贈李眉叟書云 僕與吾子雖未讀東坡 往往句法 已略相似矣 豈非得於中者 闇與之合 今觀眉叟詩 或有七字五字 從東坡集來 … 世以椿之文 得古人體 觀其文 皆攘取古人語 咸至連數十字綴之 以爲己辭 此非得其體 奪其語"
22) 李奎報, 答全履之論文書,『東國李相國集』卷 22. "足下以爲 世之紛紛 效東坡而未至者 已不足誚也 雖詩鳴如某某輩數三君者 皆未免效東坡 非特盜其語 兼攘取其意 以自爲工"
23) 崔滋,『補閑集』卷 中. "近世尙東坡 盖愛其氣韻豪邁 意深言富 用事恢

지난날 문인들은 東坡의 글이 지니고 있는 특징이 좋아 그의 體를
따르고자 했는데, 지금의 후진들은 用事의 근거를 밝히는 자료로
하고자 한다고 했으니, 후대로 내려올수록 東坡의 영향을 더욱 많
이 받고자 했음을 알 수 있다.

東坡의 문학은 李奎報, 崔滋 등이 생존했던 시기까지만 해도 많
은 유행과 더불어 숭상함을 받았으나, 고려 최후기의 문헌에서는
東坡에 대한 기록이 적은 것으로 보아 지나친 숭상이 모방까지 부
끄럽지 않게 여겨 自省하는 주장도 있었고, 또 黃山谷을 비롯한 江
西派의 시에 관심을 가졌기 때문에 東坡詩體는 점차 밀려나기 시
작한 것이 아닌가 한다. 그러나 東坡詩에 대한 관심이 전과 같지
않았다는 것이지 완전히 退潮했다는 것은 아니다.

다음에 다시 언급되겠지만 조선조 건국초기를 지나 江西派의 詩
體가 문인들 사이에 풍미하게 되자 이에 따라 東坡詩에 대한 관심
은 점차 멀어 지게 되었고, 뒤에 唐詩體가 대두되자 더욱 퇴조되었
다. 이에 대해 權應仁은 오늘날 시를 배우는 자들이 완전히 晩唐詩
를 좋아하고 東坡詩를 무시하는데, 鄭士龍이 그 말을 듣고 웃으며
東坡의 시가 수준이 낮기 때문이 아니고 이해를 못하기 때문이라
고 했고, 退溪도 말하기를 蘇詩가 과연 晩唐의 시에 미치지 못하
겠느냐 했다. 고려 때의 문장이 조선조보다 우수했다고 하는데 모
든 문인들이 높이 여겼다고 하니 수준이 낮다고 말할 수 없을 것이
다. 만약 그의 인격을 탓할 것 같으면 晩唐詩人들 가운데 蘇東坡
보다 뛰어난 사람이 몇이나 되느냐. 退溪도 그의 시 읽기를 좋아하
며 항시 雲散月明誰點綴 天容海色本澄淸의 句를 외웠으며, 지은
시에 東坡의 말을 많이 사용한다고 했다.[24]

博 庶幾効得其體也 今之後進讀東坡集 非欲倣効 以得其風骨 但欲證
據 以爲用事之具 剽竊不足遵也 況敢學杜甫得其波耶"

이러한 權應仁의 말에 따르면 조선조 중기가 시작될 즈음에는 東坡詩가 唐詩體에 밀려났음을 짐작할 수 있는데, 그것은 鄭士龍이 말한 바와 같이 수준이 낮았기 때문이 아니고 오랫동안 유행하여 싫증을 느꼈으므로 唐詩體로 바꾸어 진 것이다. 그리고 退溪도 東坡詩를 좋아했다는데 개인적인 선호는 유행과는 크게 상관이 없고, 또 유행에는 밀려났다 할지라도 물리적인 현상과는 달리 문화적인 면은 쉽게 단절이 되는 것이 아니기 때문에 東坡詩를 좋아하는 문인들은 종전처럼 많지 않았을 뿐이지 뒤에도 계속 있었음을 알 수 있다.

우리 나라에 東坡集이 처음 들어온 시기를 정확히 말하기는 어려우나 12세기 초에는 들어오지 않았는가 추측할 수 있다. 그 후 한동안 문인들 사이에 크게 유행하게 되었으나 江西派의 詩體가 대두되면서 유행에서 점차 밀려나기 시작했다. 金昌協은 宋의 시인들의 시가 옛날 사실과 議論을 중시하고 있는데, 그것은 詩家의 큰 병이다. 그러나 학문이 축적되었고 의지가 쌓여 있어 감정이 폭발하여 쏟아져 나오게 되면 格調의 구속을 받지 않고 자취에 얽매어 군색함이 없기 때문에 그 氣象이 호탕하고 힘이 있어 때로는 순진하고 자연스러움이 있으므로 감정의 진실한 표현을 볼 수 있다고 했다.[25]

---

24) 權應仁, 『松溪漫錄』 下. "今世詩學 專尙晩唐 閣束蘇詩 湖陰聞之 笑曰 非卑之也 不能也 退溪亦曰 蘇詩果不逮晩唐耶 … 麗代文章優於我朝 而擧世詞宗 則坡詩不可謂之卑也 若薄其爲人 則晩唐詩人 賢於蘇者 幾何人耶 … 唯退溪相公 好讀坡詩 常誦雲散月明誰點綴 天容海色本 澄淸之句 所著詩 使坡語者多矣"

25) 金昌協, 『農巖集』 卷 34, 雜識. "宋人之詩 以故實議論爲主 此詩家大病 也 … 然其問學之所蓄積 志意之所蘊結 感激觸發 噴薄輸寫 不爲格調 所拘 不爲塗轍所窘 故其氣象 豪蕩淋漓 時有近於天機之發 而讀之猶 可見性情之眞也"

金昌協은 역사적으로 유행한 여러 詩體에서 唐詩를 으뜸으로 생각하며 詩固當學唐이라 할 정도로 높게 평가했다. 그러면서 宋詩에 대해 구속을 받지 않고 분출하는 것에서 감정의 진실함을 볼 수 있다고 칭찬을 아끼지 않았다.26) 이로써 볼 때 고려 후기 한동안 크게 유행했던 東坡의 詩體가 시간이 흐름에 따라 다른 詩體에 밀려나게 되었지만, 그것은 好否에 의해 대체된 것이 아니고 시대의 변천에 따라 기호와 유행이 변했기 때문이다.

VI. 江西派詩體의 受容姿勢

중국 문학사에서 宗派를 형성하여 집단적인 세력을 가지고 활동하며 潮流를 이룬 것은 唐代 李商隱의 詩體를 중심으로 한 西崑派와 宋의 黃庭堅에 의해 創始된 江西派를 들 수 있다. 이 江西派의 詩體는 우리 나라 시에 적지 않은 영향을 끼쳤으므로 그 受容姿勢에 대해 언급하기 전에 江西派의 중심인물인 黃庭堅에 대해 간단히 언급하고자 한다.

黃庭堅(1045~1105)의 자는 魯直, 호는 山谷 또는 涪翁이며, 蘇東坡의 제자로서 당시 詩名이 東坡와 비슷했다고 한다. 그리고 그는 詩作에서 그의 독특한 詩論과 방법으로 江西派라는 宗派를 형성했다. 嚴羽는 宋詩가 蘇東坡, 黃山谷에 이르러 비로소 자신들의 의사에 따른 시를 짓기 시작하여 唐詩風에서 달라지기 시작했다.

---

26) 金昌協은 宋人之詩라 하고 東坡의 시라 하지 않았으나 내용으로 볼 때 東坡詩를 지칭한 것이 틀림없을 것으로 생각된다.

山谷이 修辭에 더욱 철저했으며, 그 후 그의 시작 태도가 크게 유
행해 그들을 江西派라 한다고 했다.27) 이로써 중국시사에서 山谷
이 차지하는 비중을 대략 짐작할 수 있게 한다.

山谷은 시작에서 換骨 脫胎의 이론을 창출했다. 그는 이에 대해
시의 뜻은 무궁하고 사람의 능력은 한계가 있다. 한계가 있는 능력
으로 무궁한 뜻을 찾고자 하면 陶淵明과 杜甫라 할지라도 다할 수
없을 것이다. 그러므로 그 뜻을 바꾸지 않고 말을 만드는 것을 換
骨法이라 하고, 그 뜻을 본보기로 하여 표현하는 것을 脫胎法이라
한다 했다.28) 다시 말하면 換骨은 뜻이 같으면서도 말은 다르게 표
현한다는 것으로써 前代 시인의 뜻을 자기의 언어로써 표현한다는
것이며, 脫胎는 前人의 의사를 더욱 심화시켜 자기의 의사로 조성
한다는 것이다.

이러한 黃山谷의 詩論을 신봉하는 시인을 江西派라고 했다. 이
江西派는 山谷이 생존했던 시기에도 陳師道, 陳與義 등 이름 높은
시인들이 많았을 뿐만 아니라, 南宋의 詩壇은 江西派의 시인들이
주도했다고 해도 과언이 아니다. 이 江西派에 대해 근대에 시를 배
우는 자들이 모두 江西를 높이고 있으나 江西가 杜甫를 배웠다는
것을 모르고 있다. 그렇기 때문에 陳師道는 山谷이 학문도 넓지만
杜甫로부터 시 짓는 것을 法했기 때문에 그의 시가 좋다고 했다.29)
이로써 보면 江西派 시의 근원은 杜甫에 있음을 알 수 있다. 그리

---

27) 嚴羽, 『滄浪詩話』. "宋詩至東坡山谷 始出己意以爲詩 唐人之風變矣
山谷用工尤爲深刻 其後法席盛行 海內稱爲江西宗派"

28) 『中國文學發展史』, 669쪽 再引. "詩意無窮 人才有限 以有限之才 追無
窮之意 雖淵明小陵 不能盡也 然不易其意 而造其意 謂之換骨法 規模
其意 而形容之 謂之脫胎法"

29) 宋 胡仔 撰, 山谷 下,「漁隱叢話」前集 卷 49, 『欽定四庫全書』. "茗溪
漁隱曰 近時學詩者 率皆宗江西 然殊不知江西本學小陵者也 故陳無已
曰 豫章之學博矣 而得法於小陵 故其詩近之"

고 山谷 당시 그의 제자로서 유명했던 인사는 陳師道와 陳與義였
는데, 陳師道의 자는 無己, 호는 后山이며, 陳與義의 자는 去非, 호
는 簡齋이다. 이 江西派에 대해 一祖 三宗이라고 했는데, 一祖는
杜甫, 三宗은 黃庭堅, 陳師道, 陳與義를 지칭한 것이다.[30]

　다음에는 黃山谷詩의 전래와 江西派詩體의 受容姿勢에 대해 차
례로 살펴보고자 한다. 우리 나라에서 黃山谷의 시에 대해 처음 언
급한 인사는 고려 때 李仁老가 아니었던가 한다. 그는 李商隱詩의
用事가 險僻해 西崑體라고 하는데 그것은 모두 문장의 한 병폐다.
근자에 蘇東坡와 黃山谷이 우뚝 일어나 그 法을 따르고 있는데,
造語가 더욱 교묘하고 修辭에 다듬은 흔적이 없으므로 더욱 뛰어
났다고 했다.[31] 여기에서 蘇東坡와 山谷을 분리해서 언급하지 않
고 같이 묶어서 말했으나 造語가 더욱 교묘하다고 말한 것을 보면
山谷詩를 지적한 것이 아닌가 한다.

　그리고 李仁老는 山谷의 詩論에 대해 구체적으로 언급한 바 있
다. 그것을 들어 보면 黃山谷이 시를 논하면서 옛 사람의 뜻을 바
꾸지 않고 새로운 말을 만들어 표현하는 것을 換骨이라 하고, 옛
사람의 뜻을 본받아 표현하는 것을 奪胎라고 하는데, 이것이 生硬
하게 새로 만든 말과는 하늘과 땅의 차이라고 말할 수 있겠으나,
표절하고 몰래 훔쳐 공교롭게 했다는 것을 면치 못할 것이니, 新意
를 創出해 옛 사람들이 이르지 못한 것을 묘하게 하는 것과 같겠는
가 했다.[32]

---

30) 『中國文學發展史』, 676쪽.
31) 註 15)와 같음.
32) 李仁老, 『破閑集』 卷 下. "昔黃山谷論詩 以謂不易古人之意 而造其語
　　謂之換骨 規摸古人之意 而形容之 謂之奪胎 此雖與夫活剝生吞者 相
　　去如天淵　然未免剽掠潛窃以爲之工　豈所謂出新意於古人所不到者之
　　爲妙哉"

換骨 奪胎는 黃山谷이 詩作에서 처음 제창한 것으로써 江西派
들이 金科玉條로 신봉하는 것이다. 李仁老는 그것이 活剝 生呑한
것과는 차이가 있겠지만 勦掠과 僭竊한 것을 면하기 어려울 것이
라고 했다. 李仁老의 이러한 주장은 換骨 脫胎의 시론이 가지고
있는 약점을 정확히 지적했다고 볼 수 있다. 李仁老가 江西派의
시론에 적극적으로 접근하지 않고 이와 같이 비판적인 것은 당시
蘇東坡의 詩體가 유행한지 얼마 되지 않았고, 또 그가 東坡詩에
傾倒해 있었기 때문이 아니었던가 한다. 어쨌든, 이로써 李仁老가
山谷集을 보았음을 믿을 수 있고, 또 山谷集은 李仁老가 보기 전
에 이미 전래되었음을 알 수 있다.

蘇東坡는 黃山谷을 비롯하여 많은 제자가 있었으나 그를 중심
으로 한 宗派를 형성하지 못했다. 그러나 山谷은 換骨 奪胎와 같
은 독특한 시론으로 宗派를 형성하여 후대에까지 盛行했다. 그러
므로 중국 詩史에서는 蘇東坡와 분리해서 언급하는 것이 일반적
인데, 우리 나라 문인들은 두 사람을 구분해서 언급해야 할 경우를
제외하고는 蘇黃이라고 했다. 李仁老가 林椿의 문장에 대해 蘇黃
의 法을 얻었다고 한 것을 보면[33] 李仁老 때부터 같이 묶어 언급
했음을 알 수 있다. 이와 같이 성질이 다른 두 작가를 같이 묶어 말
한 것은 初唐, 盛唐, 晩唐을 통칭해서 唐詩라 하는 것과 같이 宋詩
라는 의미와 같은 것으로 사용한 것이 아닌가 한다.

李仁老가 山谷集을 보았다고 했을 때부터 고려조 최후기까지는
山谷集이 적지 않게 유행했을 것으로 짐작되는데, 李奎報의 白雲
小說과 崔滋의 補閑集에 별도로 山谷集에 관한 언급이 없는 것을
보면 크게 주목을 받지 못했기 때문이 아니었던가 한다. 그 후 李
齊賢(1287~1367)이 자신의 부친이 山谷集을 보면서 옛날 江都에

---

33) 李仁老, 西河先生集序. "字字皆有根蔕 眞得蘇黃之遺法"

있을 때 李湛의 시가 詞嚴 意新하고 用事가 險僻하다고 말한다 했
다.³⁴⁾ 여기에서 李齊賢의 부친이 山谷集을 보았다고 하고, 또 李湛
의 시가 詞嚴 意新하고 用事가 險僻하다고 한 것은 山谷詩體의 영
향을 받았다는 것을 의미한 것으로 생각된다.

黃山谷集은 恭愍王 때 山谷詩集註로 전해지는 木活字本이 간
행되었다고 한다.³⁵⁾ 이때 간행된 것이 처음이었다면 李仁老가 본
山谷集은 고려에서 간행된 것으로는 말하기 어려울 것으로 생각되
는데, 만약 그것이 사실이라면 고려 후기까지만 해도 東坡集에 밀
려 山谷集이 盛行하지 못했던 것으로 생각되며, 恭愍王 때 처음
간행되었다면 그때부터 유행의 폭이 더욱 넓어진 것이 아닌가 추
측된다.

山谷을 비롯한 江西派의 詩體는 고려 때까지만 해도 넓게 유행
을 하지 못한 듯하나, 조선조 건국 초기가 지나면서 東坡詩體에 비
해 앞서지 않았던가 생각된다. 이에 대해 徐居正은 문장에서 귀하
게 여기는 것은 수시로 변해 한결같지 않는 것이다. 古今을 통해
李白과 杜甫를 으뜸으로 여기었으나 宋나라 초에 楊大年은 杜甫
를 村夫子라 하고 李長吉을 매우 좋아했기 때문에 당시 사람들이
그를 따랐다. 그리고 歐陽修, 蘇軾, 梅堯臣, 黃庭堅 등이 나타나면
서 詩體를 완전히 변이 시켰는데, 그 가운데서도 黃庭堅을 배운자
가 더욱 많아 그것을 江西派라 한다고 했다.³⁶⁾ 徐居正이 활동했던
시기에는 통일신라에서부터 고려전기까지 유행했던 唐詩體와, 고

<hr>

34) 李齊賢, 『櫟翁稗說』後集. "先君閱山谷集 因言昔在江都 有先達李湛
者 爲詩詞嚴而意新 用事險僻"
35) 金學主, 朝鮮刊黃山谷集考, 『東亞文化』27集, 東亞文化研究所, 1989.
36) 徐居正, 『東人詩話』上. "文章所尙隨時不同 古今詩人 推李杜爲首 然
宋初楊大年 以杜爲村夫子 酷愛李長吉詩 時人効之 自歐蘇黃梅一出
盡變其體 然學黃者尤多 江西派是已"

려 후기 문단을 풍미했던 蘇東坡의 詩體를 비롯하여 고려 말기부터 주목을 받기 시작한 江西派의 詩體들이 있었는데, 그 가운데 江西派가 우세했음을 알 수 있다.

그리고 徐居正과 동시에 활동했던 成俔(1439∼1504)은 지금 시를 배우는 자들이 반드시 말하기를 李白은 너무 호탕하고 杜甫는 너무 깊고 蘇軾은 너무 웅장하고 陸遊는 너무 호방하므로 본받을 만한 것은 黃庭堅과 陳師道라고 했다.³⁷⁾ 이와 같이 당시 시를 배우는 자들이 可法者는 山谷과 后山이라 한다고 했으니, 江西派에 대한 문인들 사이의 분위기를 짐작할 수 있을 듯하다. 許筠도 本朝의 詩學이 東坡와 山谷을 중심으로 하여 卓光茂와 같은 큰 선비도 그 정해진 틀에서 벗어나지 못했다고 했다.³⁸⁾ 許筠은 唐詩를 극히 선호했던 문인이었는데, 前代의 詩體에 대해 江西派라 하지 않고 蘇黃이라고 했지만 그것이 조선조에 접어들어 크게 유행했음을 짐작하게 한다.

조선조 전기에는 蘇黃 특히 江西派의 詩體가 크게 유행하게 되었는데, 이 시기에 대표적인 문인에 대해 南龍翼(1628∼1692)은 本朝에서 시로써 유명했던 문인들에게 각자 귀하게 여기는 詩體가 있었다. 徐居正, 朴誾, 李荇, 金宗直, 鄭士龍, 盧守愼, 黃廷彧, 崔岦, 李植은 宋詩를 귀하게 여겼다고 했다.³⁹⁾ 여기에서 尙宋에는 東坡와 山谷을 포함한 것이겠으나 我朝라고 했으니 조선조 전기에는 東坡보다 山谷의 詩體가 많이 유행했고, 또 거명된 인물들도 江西派의 詩體를 선호하는 인물이 대부분이다. 다음에는 이들 인

---

37) 成俔, 文變, 『虛白堂集文集』卷 13. "今之學詩者 必曰 謫仙太蕩 小陵太審 雪堂太雄 劍南太豪 所可法者 涪翁也后山也"
38) 許筠, 『鶴山樵談』. "本朝詩學 以蘇黃爲主 雖景濂大儒 亦墮其窠白"
39) 南龍翼, 『壺谷詩話』. "我朝詩諸名家 各有所尙 四佳挹翠容齋佔畢湖陰穌齋芝川簡易澤堂尙宋"

물 가운데 몇 사람을 선택하여 江西派 詩體의 수용자세에 대해 살펴보고자 한다.

徐居正은 일생 동안 역임한 관직이 매우 화려했다. 그는 네 번이나 과거시험에 합격했고, 五朝를 거치면서 六曹를 두루 맡았으며, 두 번 憲府의 長이 되었고 黃扉에 다섯 번이나 들어갔다고 한다.40) 그리고 文衡을 26년이나 가지고 있었기 때문에41) 당시 士類社會에서 큰 영향력을 가졌으며, 詩文과 아울러 많은 저술을 남겼다. 李睟光(1563~1628)은 그의 詩體에 대해 成俔이 徐居正의 시는 오로지 韓陸의 시를 배웠다고 했다. 韓陸이 누구를 지칭한 것인지 알 수 없어 韓은 韓愈로, 陸은 龜蒙이 아니었을까 추측한 적이 있었다. 뒤에 四佳가 직접 쓴 陸集과 그가 지은 序에서 陸遊의 시를 극히 칭찬했고, 또 陸遊의 시는 韓子蒼으로부터 배웠다고 했으므로 韓은 子蒼임을 알았다고 했다.42)

子蒼은 韓駒의 자이며, 그는 呂本中의 江西詩社宗派圖의 26인 가운데 한 사람으로서 北宋詩人이다. 陸遊의 자는 務觀, 호는 放翁이며, 그의 시집을 劍南詩稿라 했다. 그는 南宋의 대표적인 시인 가운데 한 사람이며, 성격이 구속받는 것을 좋아하지 않고 매우 분방했다. 일찍 江西派詩人들에게 師事하여 江西派에 속한 것으로 볼 수 있으나 뒤에는 陶潛, 李白, 杜甫 등을 좋아했다.43)

成俔의 말에 따라 徐居正이 오로지 韓陸의 시를 배웠다면 江西

---

40) 李肯翊, 『燃藜室記述』 卷 6, 徐居正條. "公四登科 歷事五朝 幷判六曹 再長憲府 五入黃扉"

41) 李睟光, 『芝峰類說』 卷 4. "徐四佳居正秉文衡于二十六年之久"

42) 李睟光, 『芝峰類說』 卷 14, 文章部 7. "成愔齋謂 四佳詩專學韓陸 未知 韓陸是何人 或疑韓是昌黎 陸是龜蒙 後觀四佳手抄陸集 及其所自爲序 則極贊放翁 又曰 放翁之詩 出於韓子蒼 乃知韓卽子蒼也"

43) 『中國文學發展史』, 679~680쪽 參照.

派詩體를 좋아했음을 알 수 있다. 그의 獨坐詩[44]를 들어본다.

獨坐無客來	혼자 앉았으니 찾아오는 손도 없고
空庭雨氣香	빈 뜰에 비만 내린다.
魚搖荷葉動	물고기 지나가니 연잎이 움직이고
鵲踏樹梢翻	까치 앉은 나무에 가지 끝이 흔들린다.
潤琴絃猶響	거문고 젖었으나 소리는 아름답고
爐寒火尙存	화로는 차가운데 불은 아직 남았다.
泥途妨出入	진흙길이 다니기 어려워
終日可關門.	종일 문을 닫고 있으련다.

이 시에서 頷聯과 같은 경우는 표현이 매우 정교하고 섬세하다. 徐居正이 江西派詩體의 영향을 받았다면 이같은 작품을 들 수 있지 않을까 한다. 그런데 徐居正이 江西派詩體를 선호한 것으로 많이 알려지지 않은 것은 그가 東坡詩도 같이 좋아했기 때문이었을 것이다.

朴誾(1476~1504)의 호는 挹翠軒이며, 17세에 進士試에, 18세에 문과에 급제했고, 벼슬은 弘文館 修撰 등을 역임했으나 直言을 한 것으로 燕山君 10년 그의 나이 26세 때 百官이 序立한 가운데 梟首되었다. 그는 젊은 나이에 세상을 떠났으나 특히 江西派의 시로써 유명했다. 그에 대해 申欽(1566~1627)은 挹翠軒이 한결같이 東坡와 山谷을 본받고자 했으나 그의 재능이 뛰어나 따르고자 한 흔적이 없고 長篇은 渾厚할 뿐만 아니라, 意趣도 있어 노력으로 이루어 진 것 같지 않으니 그를 따르기 어렵다고 했다.[45] 南龍翼은 혹 말하기를 건국 초부터 오로지 東坡를 높이 여겼는데 挹翠軒이

---

44) 徐居正,『四佳集』詩集 補遺 1.
45) 申欽,『象村集』卷 52,「晴窓軟談」下. "挹翠軒之詩 一倣蘇黃 而天才甚高 得之自然 長篇渾厚 且有意趣 不犯人工 誠不可企及也"

갑자기 山谷을 배웠기 때문에 함께 하는 무리들이 굴복했다고 하는데 이 말이 그럴 듯 하다고 했다.[46] 申欽이 蘇黃이라고 말한 것은 東坡와 山谷을 구분하지 않고 宋詩라는 의미일 것이며, 南龍翼이 忽學山谷이라 한 것은 구분해서 언급한 것이다.

그리고 金昌協은 挹翠軒이 黃山谷과 陳師道를 배웠다고는 하나 천재가 뛰어나 지나치게 얽매이지 않았기 때문에 말이 淸渾하고 格力이 縱逸해 그의 우수한 작품에는 천진난만하고 氣가 넘친다고 했다.[47] 鄭斗卿(1597~1673)은 그의 시가 氣格이 放逸해 黃山谷과 비슷하다고 했다.[48] 挹翠軒遺稿의 三刊을 주선한 兪得一은 그를 중국 작가들과 비교해 보면 陳與義와 陸遊보다 우수하다고 했다.[49] 문집 挹翠軒遺稿 4권이 전한다. 그의 시 가운데 많이 알려진 福靈寺詩[50]를 들어 둔다.

伽藍却是新羅舊	가람은 신라 때부터 내려오는 옛절
千佛皆從西竺來	많은 부처는 모두 天竺에서 왔다네.
終古神人迷大隗	옛날 神人은 大隗에서 길을 잃었다는데
至今福地似天台	지금 복지는 天台와 같다오.
春陰欲雨鳥相語	비오려는 봄날 새들은 지저귀고
老樹無情風自哀	老樹는 무정해 바람만 슬퍼하구나.
萬事不堪供一笑	세상일들은 한 번 웃을 것도 못되니
靑山閱世只浮埃.	긴 세월 겪은 푸른산은 먼지 뿐이네.

---

46) 南龍翼, 『壺谷詩話』. "或云 國初以來 專尙東坡 而挹翠軒忽學山谷 故 儕類皆屈伏云 此說近是"

47) 金昌協, 『農巖集』 卷 34, 雜識. "挹翠軒雖學黃陳 而天才絶高 不爲所縛 故辭致淸渾 格力縱逸 至其興會所到 天眞爛漫 氣機洋溢"

48) 鄭斗卿, 重刊挹翠軒遺稿 序. "其詩氣格放逸 與黃太史鴈行"

49) 兪得一, 重刊挹翠軒遺稿 序. "較之中華作家 如簡齋放翁 猶有所遜於 公者"

50) 『挹翠軒遺稿』 卷 3.

李荇(1478~1534)의 호는 容齋이며, 18세에 문과에 급제하여 兩
館大提學과 左議政을 역임했다. 문집 容齋集 10권과 外集이 전한
다. 그는 문명이 높아 중국에서 使臣이 왔을 때 遠接使가 되어 영
접하면서 많은 일화를 남겼다. 그가 원접사였을 때 從事官이었던
蘇世讓은 명나라 使臣이 시 짓는 것을 좋아해 경치가 아름다운 곳
을 보게 되면 시를 지었는데 容齋가 당황하지 않고 즉석에서 시를
지었으며, 깊게 생각하지 않은 듯 하면서도 용어가 기발하니 명의
使臣들이 더욱 경복했다고 한다.[51] 그리고 許筠은 우리 나라 시에
서 容齋가 제일이라고 했다.[52]

李荇의 詩體가 江西派의 영향을 받은 것에 대해 李睟光은 李荇
과 鄭士龍의 시는 대체로 蘇黃의 시를 배웠다. 鄭士龍이 李荇에게
사람들이 자신은 蘇黃을 배웠다고 말하나 公은 배웠다고 말하지
않은 것은 무슨 까닭인가 하며 물었을 때 李荇이 웃으며 자네는 그
문자를 사용하기 때문에 사람들이 쉽게 알 수 있지만 나는 意格을
취하므로 사람들이 모른다고 하니 鄭士龍이 그 말에 승복했다고
한다.[53] 그런데 李睟光은 黃山谷만을 말하지 않고 蘇東坡까지 포
함시켰다.

金萬重은 건국 초기에는 고려조를 이어 東坡를 배워 成宗, 中宗
年間에 오직 李荇이 크게 성공했다고 했다.[54] 李睟光과 金萬重은

---

51) 蘇世讓, 東槎集 後序, 『容齋集』卷 10. "唐史兩使來也 今右相容齋公爲
　　遠接使 兩使喜文章 凡遇景興懷 輒把筆爲詩 夜以繼日 吟哦不輟 公怡
　　然受之 左酬右答 初不似經意 而語益奇 兩使大加敬服"

52) 許筠, 「惺叟詩話」『惺所覆瓿藁』卷 25. "我國詩當以李容齋爲第一"

53) 李睟光, 『芝峰類說』卷 9, 文章部 2. "李容齋鄭湖陰詩 大抵學蘇黃者也
　　湖陰問曰 人皆謂余學蘇黃 而不謂公學蘇黃何也 容齋答曰 君用其文字
　　故人見而易知 我取其意格 故人不知之 湖陰伏其言"

54) 金萬重, 『西浦漫筆』下. "國初承勝國之緒 純學東坡 以迄宣靖 惟容齋
　　大成焉"

唐詩를 선호했던 인물이다. 위에서 말한 바와 같이 宋詩가 唐詩에
서 분리되어 특색을 가지게 된 것은 東坡와 山谷에서 비롯되었기
때문에 蘇黃詩는 바로 宋詩를 의미한 것이다. 李睟光과 金萬重이
李荇詩의 특징을 말하면서 蘇黃 또는 蘇東坡라고 한 것은 그것이
宋詩를 대표하는 것으로 생각했기 때문이 아닌가 한다.

  그렇다면 李荇의 시가 宋詩에서 東坡와 山谷 가운데 어느 것의
영향을 받았는가 하는 것이 문제가 될 수 있겠는데, 許筠은 그의
五言古詩는 入杜出陳해 高古 簡切함은 필설로써 칭찬을 다 할 수
없다고 했다.55) 이와 같이 許筠이 그의 시에 대해 入杜出陳이라
한 것을 보면 東坡가 아닌 江西派의 영향을 받은 것으로 짐작된다.
그런데 出陳에서 陣師道가 아니고 陳與義로 추측한 바 있었으
나,56) 모두 江西派 시인이었으므로 여기서는 누구든지 문제가 없
을 것이다. 여기에 그의 書直舍壁詩57)를 들어 둔다.

    衰年奔走病如期   나이 드니 병이 약속이나 한 듯 빨리 오지만
    春興無多不到詩   봄 흥에 詩心은 더욱 억누르기 어렵다오.
    睡起忽驚花事晚   자다가 깨어 꽃이 졌을까 놀랐더니
    一番微雨濕薔薇.   한 번 내린 가는 비에 장미가 젖어 있다.

  鄭士龍(1491~1570)의 자는 雲卿, 호는 湖陰이며, 16세에 司馬試
에 합격했고 19세에 문과에 급제했다. 그리고 24세 때 湖堂에 피선
되었고, 25세 때 重試에 장원했다. 문집 湖陰雜稿 8卷이 있다.

  洪萬宗은 그의 시에 대해 극히 淸虛한 기상이 있어 神助라고 해

---

55) 許筠,「惺叟詩話」『惺所覆瓿藁』卷 25. "其五言古詩 入杜出陳 高古簡
    切 有非筆舌所可讚揚"
56) 車溶柱, 李荇 研究,『韓國漢文學作家研究』, 景仁文化社, 1996, 170~
    171쪽.
57) 洪萬宗,『小華詩評』上.

도 과언이 아닐 것이라 했다.[58] 洪萬宗의 이러한 논평은 그의 紀懷
詩를 두고 한 말이었지만 그의 시에 대해 매우 칭찬한 것은 사실이
다. 鄭士龍의 시가 江西派의 영향을 받았는가 하는 것은 위에서
인용한 바와 같이 사람들이 모두 자신의 시는 蘇黃을 배웠다고 말
한다 했으니, 이 말은 鄭士龍이 직접 한 말은 아니라 할지라도 그
가 宋詩를 선호했던 것임을 짐작할 수 있지 않을까 한다.

  그런데, 鄭士龍이 宋詩에서 선호했던 것이 東坡의 詩體인가 江
西派의 詩體인가 하는 것에 대해 權應仁은 湖陰의 시가 江西派에
근원을 두어 浮靡한 습성에 젖었기 때문에 당시 사람들이 그의 시
를 가볍게 여겼다고 했다.[59] 이로써 보면 그의 시가 江西派에 뿌리
를 두었음을 알 수 있다. 그리고 梁慶遇는 자신이 들은 바 湖陰이
매양 말하기를 평생 동안 李商隱集을 숙독하여 句法이 간혹 西崑
體에 가깝다고 했으나 그 뿌리는 蘇黃에 있다고 했다.[60] 여기에서
梁慶遇 역시 權應仁과 같이 江西派라 하지 않고 蘇黃이라 했는데,
그것은 李商隱이 晚唐의 대표적인 시인 가운데 한 사람이었으므
로 그와 對稱해서 宋詩를 대표하는 蘇黃으로 말하지 않았는가 생
각한다.

  이상에서 조선조 전기에 江西派詩體의 영향을 받은 인물로서
徐居正, 朴誾, 李荇, 鄭士龍 등에 대해 간단히 언급했는데, 선택기
준은 본인이 직접 말했거나 주위에서 지칭한 것을 근거로 했다. 사
실 어떤 성질의 것이든지 비슷한 것 가운데 선택한다는 것은 어려
운 것이다. 특히 우리 나라 漢文學史에서 조선조 초기에 江西派詩

---

58) 洪萬宗,『小華詩評』上. "湖陰詩 極有淸虛之氣 雖謂之神助 亦非過許"
59) 權應仁,『松溪漫錄』. "湖陰相公之詩 祖於江西派 擺落浮靡之習 故爲
    時所輕"
60) 梁慶遇,『霽湖詩話』. "余聞湖陰每自言 平生所熟讀者商隱集 以故句法
    或有近西崑體者 然原其所祖 則蘇黃耳"

體가 유행했던 것은 사실이었으나, 그 가운데 江西派의 영향을 받은 시인을 구분하기에는 어려운 바가 없지 않다. 이와 같이 어렵다는 것은 무엇보다 江西派詩體의 유행기간이 너무 짧았기 때문일 것이다.

宋詩에서 蘇東坡와 江西派의 詩體를 구분했을 때 이들 詩體가 유행했던 시기를 살펴보면 고려 후기에서 조선조 건국 초기까지는 江西派의 詩體가 알려지지 않았던 것은 아니었으나, 東坡의 詩體가 크게 유행했기 때문에 관심을 가지는 문인들이 많지 않았다. 그리고 成宗朝에서 中宗朝 사이에 江西派詩體가 한동안 유행했으나 얼마 되지 않아 新進士類들에 의해 산문은 漢의 것을, 글씨는 晉의 글씨를, 시는 唐의 것을, 인물은 宋의 선비들을 기준으로 한다는 주장이 나오기 시작하여[61] 唐詩體에 밀리기 시작했다.

어떤 성질의 文物이든지 보급되는 과정에는 시간이 필요하지만 퇴색될 때도 일시에 단절되는 것이 아니다. 江西派의 詩體가 唐詩體에 밀려 일시에 단절된 것은 아니라 할지라도 유행기간이 백년을 넘지 못했다. 이와 같이 유행기간이 짧았기 때문에 江西派 詩體의 특색을 갖춘 문인이 적었고, 또 있었다 할지라도 그 가운데는 다른 詩體의 영향을 받은 것도 없지 않았기 때문에 江西派로 구분하기가 어려운 바가 있다.

江西派의 詩體가 유행했을 때 영향을 받은 문인들 가운데 위에서 언급한 鄭士龍과 같은 경우도 그의 시가 蘇黃을 위주로 했지만 만년에는 후회하고 杜牧之와 李商隱의 시를 많이 읽었다고 했다.[62] 그리고 鄭士龍과 같은 시기에 생존했던 盧守愼(1515~1590)

---

61) 尹根壽, 漫錄,『月汀集』「別集」卷 4. "己卯名賢 一時之論 以爲文則法漢 書則法晉 詩則法唐 人物則當以宋諸儒爲準"
62) 李睟光,『芝峰類說』卷 14, 文章部 7. "鄭湖陰爲詩 主蘇黃 晚年心悔之 每讀樊川義山"

도 尚宋의 문인으로 지칭되고 있었으나, 梁慶遇는 그의 五律은 杜詩를 매우 닮아 一字一語가 모두 杜詩에서 나왔다고 했다.[63)]

작가연구에서 기록자료가 불충분했을 때 가장 정확한 것은 작품 분석에서 얻어진 결과일 것이다. 그러나 體裁를 중심으로 작품을 말한다는 것은 여간 어려운 것이 아니다. 더구나 江西派의 영향을 받은 작가의 작품과 같이 오랫동안 유행하여 체제가 구축된 후에 저작된 것이 아닌 작품을 중심으로 말하는 것은 더욱 어려울 것이다. 위에서 말한 鄭士龍은 江西派의 영향을 받은 작가라 하지만 만년에는 후회하고 晚唐詩人들의 작품을 읽었다고 하니, 그때에 지은 시는 江西派의 영향을 전적으로 받았을 때의 작품과 차이가 있을 수밖에 없을 것이다. 그리고 江西派가 杜甫를 祖로 내세우고 있으나 杜詩와 적지 않은 차이가 있다고 생각되는데, 盧守愼을 尚宋이라고 하지만 一字 一語가 杜詩에서 나왔다면 그의 詩體도 분류하기에 어려움이 없지 않을 것이다. 이와 같이 우리 나라 江西派는 유행이 오래가지 못했고 따라서 시인도 많지 않았으나 그 가운데 우수했던 작가들이 있어 좋은 작품을 적지 않게 남긴 것은 사실이다.

江西派의 詩體가 오래 유행하지 못하고 쉽게 퇴조된 것은 여러 가지 이유가 있었을 것으로 생각되는데, 만약 한 세기가 넘게 유행되었다면 우리 漢詩史가 더욱 다양하고 폭이 넓어지지 않았을까 한다.

---

63) 梁慶遇, 『霽湖詩話』. "盧蘇齋五言律 酷類杜法 一字一語 皆從杜出"

V. 結 言

이상에서 宋詩의 受容姿勢에 대해 蘇東坡詩體와 江西派詩體로 나누어 고찰해 보았다. 詩體의 변이는 어느 국가 또는 한 시대에 국한되는 것이 아니고, 문학사에서 흔히 볼 수 있는 것으로써 이 시기에 유행한 宋詩體는 우리 漢詩의 발전에 적지 않은 영향을 끼쳤다고 생각된다.

우리 漢詩史에서 詩體의 변이는 唐宋詩體의 반복으로 볼 수 있 겠는데, 이에 대해 唐詩를 좋아하는 자들은 宋詩를 배척하며 卑陋 해서 배울 것이 못된다고 하고, 宋詩를 배우는 자들은 唐詩를 배척 하며 萎弱해서 배울 것이 아니라고 하는데, 그것은 모두 偏僻된 주 장이다. 唐詩가 쇠퇴할 때 어찌 俚譜가 없었겠으며, 宋詩가 전성할 때 雅音이 없었겠는가. 단지 자신이 그 묘함을 얻는데 있다고 했 다.64) 이와 같이 어느 詩體가 더 좋고 나쁘고 할 것이 아니라, 그것 을 얼마나 자신의 것으로 개발하여 발전시키느냐 하는 것에 달렸 다고 생각한다.

위에서 고찰한 宋詩體의 수용에서 東坡詩體는 상당히 오랫동안 유행했으나 그 시기에 지은 작품들이 오늘날까지 전하는 것이 많 지 않고, 江西派詩體는 유행기간이 길지 않았다. 그러나 이러한 詩 體들이 유행하므로 인해 詩體가 단조롭지 않고 다양했으며 작품의 수준도 향상된 것은 사실이다. 그리고 이러한 詩體들은 뒤에도 단

---

64) 洪萬宗, 『詩話叢林』 卷末, 附證正. "世之言唐者斥宋曰 卑陋不足學也 學宋者斥唐曰 萎弱不必學 玆皆偏僻之論也 唐之衰也 豈無俚譜 宋之 盛也 豈無雅音 只在吾自得之妙而已"

절되지 않고 명맥을 유지하여 선호하는 문인들이 계속 있었으므로
우리 漢文學史에 적지 않은 영향을 끼쳤다고 할 것이다.

제7장

唐詩體의 受用姿勢에 대한 硏究

-朝鮮朝 中期를 중심으로-

I. 序言

　우리 나라 역대를 통해 우수한 문인들이 많이 배출되어 작품 활동이 활발했던 시기는 조선조 중기 宣祖 때로부터 肅宗 때까지가 아니었을까 한다. 이 시기에 漢文學이 발전할 수 있었던 것은 조선조가 건국과 더불어 崇文政策을 계속 장려해 왔고, 또 이 기간에 임진왜란과 병자호란과 같이 일찍 없었던 外侵이 있었으나 정치적으로는 안정되었기 때문이었을 것이다.

　漢文學史에서 詩體의 變移가 여러 번 있었는데, 이 시기에는 唐詩體가 크게 유행했다. 물론 唐詩體가 크게 유행했기 때문에 詩文學이 그만큼 발전했다고는 말할 수 없겠지만, 이 시기의 詩文學을 정확히 이해하기 위해서는 당시의 유행 詩體인 唐詩體의 수용과 그 자세에 대해 알아 볼 필요가 있을 것으로 생각된다. 그러므로 본고에서는 통일신라 때부터 唐詩體가 면면히 傳承되어 온 과정과, 宣祖 때 唐詩體의 보급에 크게 영향을 끼친 李達, 白光勳, 崔慶昌 등 三唐詩人들이 唐詩體에 접근하게 된 경위와 그 시기 唐詩體의 수용자세에 이르기까지 살펴보고자 한다.

Ⅱ. 唐詩體의 傳承과 三唐詩人

詩體는 變移하는 것이지만 한 번 유행하게 된 詩體는 쉽게 소멸
되지 않는다. 唐詩體는 중국 唐代에 유행했던 詩體이다. 唐代에서
도 詩體가 初唐, 盛唐, 中唐, 晩唐의 것이 서로 다르며, 다같이 盛
唐의 시인이었지만 李白과 杜甫의 詩體가 다르고, 晩唐의 시인인
白樂天과 李商隱의 詩體도 같지 않다. 그러므로 唐詩體에서 우리
나라에 영향을 끼친 詩體가 어느 것인가 하는 것도 문제가 될 수
있다.

唐의 여러 詩體 가운데 우리 나라에 많은 영향을 끼친 詩體는
盛唐과 晩唐의 詩體일 것이며, 시인으로는 杜甫와 李商隱이 아니
었을까 짐작되지만, 初唐과 中唐의 영향도 없었다고는 말할 수 없
을 것이며, 杜甫와 李商隱 외에도 李白을 비롯하여 영향을 끼친
시인들이 적지 않았다. 이와 같이 다양한 詩體를 구분하기도 어렵
기 때문에 이들 詩體를 總稱해서 唐詩體라 하고자 한다.

唐詩體가 우리 나라 시에 영향을 끼치기 시작한 시기에 대해서
는 참고할 만한 문헌이 零星하기 때문에 쉽게 말하기 어려우나 唐
詩體의 영향은 통일신라 때부터 받지 않았을까 한다. 신라는 唐과
연합하여 삼국을 통일했기 때문에 그 후 수백년 동안 양국관계가
매우 우호적이었다. 따라서 신라 자제들 가운데는 遣唐留學生이
많았고, 그들 가운데는 그곳에서 시행하는 賓貢科에 합격한 사람
들이 唐 穆宗의 長慶年間에서 唐末의 天佑에 이르기까지 모두 58
명이었고, 그 후 五代와 梁唐 사이에 32명이 되었다고 한다.[1] 이로
써 미루어 볼 때 통일신라의 문인들은 견당유학생들과 그들로부터

수업을 받은 인물들을 중심으로 이루어졌을 것이다.

그런데, 통일신라 때 생존했던 문인들 가운데 崔致遠을 제외한 다른 문인들에 대한 기록과 그들의 작품은 찾아보기 어렵고, 다만 東文選에 崔匡裕, 朴仁範, 崔承祐 등의 七言律詩가 각 10수씩 실려 있다. 이들에 대한 기록이 남아 있지 않기 때문에 정확히는 알 수 없으나 통일신라 때 인물로서 賓貢科에 합격했는지는 알 수 없지만 견당유학생이었을 것이고, 또한 유학생이 아니라 할 지라도 어떤 자격으로 갔는지 모르지만 전하는 시의 내용으로 볼 때 唐나라를 다녀왔음을 알 수 있다. 그리고 그 시기에는 중국에서도 다른 詩體가 없었기 때문에 통일신라 때 문인들의 詩體는 唐詩體의 영향을 많이 받았을 것이다. 다음에는 唐詩體의 영향을 받은 것으로 볼 수 있는 朴仁範의 涇州龍朔寺閣兼柬雲栖上人詩를 들어 둔다.

翬飛仙閣在青冥	나는 듯한 仙閣이 푸른 하늘에 솟아
月殿笙歌歷歷聽	月宮의 피리소리 역력히 들리는 듯.
燈撼螢光明鳥道	반딧불처럼 흔들리는 등불은 험한 길 비추고
梯回虹影到巖扃	사다리는 무지개처럼 돌아 바위문에 이른다.
人隨流水何時盡	인생은 흐르는 물처럼 어느 때 그칠 것이며
竹帶寒山萬古青	寒山을 두른 대는 항시 푸르다네.
試問是非空色理	是非와 空色의 이치 물었더니
百年愁醉坐來醒.	백년 동안 취했던 시름 일시에 깨었다네.
(東文選 卷 12)	

東文選에 崔匡裕, 朴仁範, 崔承佑 등의 시가 적지 않게 실려 있는 것으로 보아 東文選이 편찬될 때까지만 해도 그들의 시가 상당히 많이 전해졌을 것으로 짐작되는데, 오늘날 그것이 전하지 않는 것이 아쉽다.

---

1) 『增補文獻備考』 卷 185.

고려는 신라를 통합할 때 싸움으로 정복한 것이 아니었기 때문인지 신라 文臣들이 고려에 협력한 인사가 적지 않은 듯하다. 그 가운데 대표적인 인물이 崔彦撝가 아니었던가 한다. 그는 唐에 유학하여 賓貢科에 우수한 성적으로 합격했고, 신라에 돌아와서 瑞書院學士가 되었으며, 고려가 건국되자 太子의 師傳가 되어 文翰의 책임까지 맡았고 뒤에 平章事가 되었다.2) 이러한 사실들을 감안할 때 고려 초기의 詩體는 통일신라의 詩體를 그대로 계승하여 唐詩體가 유행했던 것으로 짐작된다.

고려 전기에는 문인들의 작품 활동에 관한 문헌이 零星하기 때문에 추측으로 그치는 것이 아쉽다. 그러나 후기로 내려오면서 기록자료가 남아 있는 것이 점차 많아 추측에서 벗어날 수 있게 되었다. 고려조의 대표적인 시인 중의 한 사람이라 할 수 있는 鄭知常은 唐詩體가 宋詩體로 변이되는 시기에 생존했다. 그의 시에 대해 鄭知常은 金富軾과 함께 시로써 명성이 비슷했다. 鄭知常의 시는 語韻이 淸華하고 句格이 豪逸하여 晩唐의 詩法을 깊게 터득했다고 했다.3) 이러한 鄭知常의 詩體가 唐詩體였다는 것은 그 前代의 詩體를 짐작하는 데도 도움이 되지 않을까 한다. 그의 西都詩를 들어둔다.

紫陌春風細雨過   화려한 거리 봄바람 불고 가는비 내린 뒤
輕塵不動柳絲斜   먼지도 일지 않고 버들가지 늘어졌다.
綠窓朱戶笙歌咽   푸른 창 붉은 집에 피리소리 요란한 곳은
盡是梨園弟子家.   모두 梨園弟子들의 집이라네.
(東文選 卷 19)

---

2)『高麗史』「列傳」卷 5, 崔彦撝條.
3) 徐居正,『東人詩話』卷 上. "金文烈富軾 鄭司諫知常以詩齊名一時 … 鄭詩語韻淸華 句格豪逸 深得晩唐法"

고려 후기에 생존했던 洪侃도 唐詩體를 선호했던 문인이었다. 그에 대해 許筠은 그의 시가 濃艶 淸麗하며 嬋婦引과 孤鴈行 등의 시가 가장 좋아 盛唐의 작품과 같다고 했다.4) 그리고 洪萬宗(1643～1725)은 侃의 호는 洪崖로서 바로 자신의 先祖이다. 고려 때는 東坡의 詩體를 숭상하여 과거 후면 33인의 東坡가 나왔다는 말이 있었으나, 홀로 洪崖만은 唐調를 깊게 터득하여 宋詩의 氣習에서 벗어났다고 했다.5) 그의 早朝馬上詩를 들어 둔다.

紫翠橫空澗水流   푸른 산은 솟았고 시냇물 흐르는데
風烟千里似滄州   천리의 아름다운 풍경은 滄州와 같다오.
石橋西畔南臺路   돌다리 서쪽 南臺 길에서
拄笏看山又一秋.   홀 잡고 산을 보니 또 한번 가을이라네.
(大東詩選 卷 1)

李崇仁(1347～1392)의 자는 子安이며, 호는 陶隱이다. 그는 14세에 成均試에 합격했고, 16세에 과거에 급제했다. 그는 25세 되던 해 元나라의 制科에 응시하기 위해 선발하는 시험에 일등으로 합격했으나 보내지 않았다. 그를 보내지 않은 것에 대해 高麗史 列傳에는 본국에서 文士를 선발하여 중국의 과거에 응시시키고자 했는데, 그가 일등을 했으나 나이 25세가 되지 않았기 때문에 보내지 않았다고 했다.6) 문집 陶隱集 6권이 있다. 許筠은 그의 시에 대해 그의 嗚呼島詩를 李穡이 높게 평가하며 盛唐의 시와 겨룰 만하다

---

4) 許筠, 「惺叟詩話」『惺所覆瓿藁』 卷 25. "洪舍人侃詩 濃艷淸麗 其嬋婦引孤鴈篇最好 似盛唐人作"
5) 洪萬宗, 『小華詩評』 上. "諱侃號洪崖 卽余先祖也 麗朝皆尙東坡 至於大比有三十三東坡之語 獨洪崖先祖 深得唐調 擺脫宋人氣習"
6) 『高麗史』 「列傳」 卷 28, 李崇仁條. "本國選文士應擧京師 崇仁爲首選 以年未二十五歲不遣"

고 했다. 그의 題僧舍詩를 들며,

山北山南細路分	남북으로 가는 길이 나뉘어져 있는데,
松花含雨落紛紛	松花가 비에 젖어 어지럽게 떨어진다.
道人汲水歸茅舍	道人이 물을 긷고 茅舍로 돌아가니
一帶靑烟染白雲.	한 띠의 푸른 연기 흰 구름을 물들인다.

이 작품에 대해 劉長卿보다 못하다고 하겠는가 했다.[7] 여기에서
盛唐의 시와 겨룰 만하다고 한 것은 詩體와 상관없이 작품의 수준
을 말한 것이라고 할 수 있을지 모르지만, 위에 인시한 시에 대해
서는 詩體까지 포함해서 말한 것이 틀림없을 것이다. 고려 후기는
蘇東坡詩體가 문단을 풍미했다. 그런 가운데서도 鄭知常, 洪侃, 李
崇仁 등은 유행과는 달리 唐詩體를 고수하며 그 명맥을 유지하고
있음을 볼 수 있다.

조선조는 건국 초기 한동안까지 蘇東坡詩體가 계속 유행했으나
얼마 후 같은 宋詩이면서도 詩體가 서로 다른 江西派詩體가 조선
조 중기 唐詩體가 대두될 때까지 유행하게 되었는데, 그 가운데서
도 唐詩體를 선호하는 문인이 없지 않았다. 다음에는 그 시기에 唐
詩體를 선호한 문인들에 대해 간단히 언급하고자 한다.

鄭以吾(1354~1434)의 자는 粹可, 호는 郊隱이며, 고려 恭愍王
때 문과에 급제했고, 조선조에서도 여러 관직을 거쳐 藝文館大提
學을 역임했다. 문집은 간행되지 않았는지 전하는 것을 보지 못했
다. 許筠은 국초에 鄭郊隱, 李雙梅가 시를 가장 잘 했는데, 鄭郊隱
의 次寄鄭伯容詩에,

---

7) 許筠,「惺叟詩話」,『惺所覆瓿藁』卷 25. "李陶隱嗚呼島詩 牧隱推轂之
以爲可肩盛唐 … 何減劉隨州耶"

二月將闌三月來	二月이 가고 三月이 오려는데
一年春色夢中回	일년의 봄빛이 꿈속에서 돌아오는 듯.
千金尚未買佳節	천금으로 아름다운 계절 살 수 없는데
酒熟誰家花正開.	술익는 뉘집에 꽃이 바로 피었을까.

라 했는데, 이 작품은 唐人의 情處에 손색이 없다고 했다.[8] 이 시
한 수만으로는 말하기 어려울 듯하나 그의 長竹寺詩를[9] 보면 唐詩
體의 문인이었음을 알 수 있을 듯하다.

李胄(1468～1504)의 자는 胄之, 호는 忘軒이며, 成宗 때 문과에
급제하여 벼슬은 正言에 이르렀다. 金宗直의 제자로서 戊午士禍
때 珍島에 유배되었다가 賜死되었다. 忘軒遺稿가 전하고 있다. 許
筠은 그의 시에 대해 沈著하여 盛唐의 風格이 있다고 하며 그의
通州詩의,

通州天下勝	通州는 천하에서 좋은 곳
樓觀出雲宵	樓觀은 높게 솟아 하늘에 닿았다.
市積金陵貨	저자에는 江陵의 물건이 쌓였고
江通揚子潮	강은 揚子江의 조수와 통한다오.
寒烟秋落渚	엷은 연기는 가을이 되자 물가에 끼었고
獨鶴暮歸遼	학은 날이 저물자 홀로 遼東으로 간다오.
鞍馬身千里	말을 타고 먼 길 가다가
登臨故國遙.	높은데 올라 바라보니 고국이 까마득하오.

라 한 시를 들며 경탄을 했다.[10] 그리고 許筠은 李胄의 시가 沈著
老蒼하기 때문에 仲氏(許篈)는 唐의 大曆 貞元年間의 작품에 가깝

---

8) 위와 같음. "國初之業 鄭郊隱李雙梅最善 鄭之 … 不減唐人情處"
9) 『東文選』 卷 22. "衙罷乘閑出郭西 僧殘寺古路高低 祭星壇畔春風早
紅杏半開山鳥啼"
10) 許筠, 「惺叟詩話」. 李忘軒胄詩最沈著 如盛唐風格 其通州詩曰 … 亦咄
咄逼王孟也.

다고 한다 했다.[11] 李胄가 생존했을 당시에는 江西派詩體가 유행
하고 있을 때였는데, 그는 드물게 唐詩體를 선호했던 문인이었다.

中宗 때를 전후로 하여 江西派詩體가 한동안 유행했다. 그때 시
는 아니지만 沈義(1475∼?)의 記夢에 唐詩를 강조하고 있다. 沈義
에 대해 號譜의 기록을 들어보면 자는 義之이며, 沈貞의 동생으로
서 中宗 때 과거에 급제했고 湖堂에 피선되었으며 문장에 능했다.
그는 형의 잘못을 보고 미친 것처럼 하여 화를 면했으며, 己卯名賢
들과 交遊가 있었다고 한다.

그는 記夢에서 꿈에 崔致遠을 天子로 하는 문장왕국을 설정했
다. 문장왕국에서는 詩體를 唐詩와 같게 지으면 높은 벼슬을 제수
하고 문단의 영수가 되게 했다. 그리고 沈義는 천자로부터 특별한
신임을 받았다. 이러한 정책에 반발하여 반기를 든 金時習이 각 지
방으로 보낸 檄文에 지금 천자가 성격이 편벽해 唐律을 芝蘭처럼
매우 좋아한다고 했다. 김시습의 반란을 沈義가 격파하고 개선하
자 천자로부터 높은 봉작을 받았다. 그리고 중국 唐의 천자인 杜甫
가 李白을 비롯하여 많은 신하들과 詞壇에 와서 會同하여 며칠 간
같이 글을 지으며 놀게 되었는데, 천자는 杜天子와 그의 群臣들의
문장을 칭찬하며 우리 왕국에 그들을 당할 사람이 없는 것을 탄식
했다고 한다.

이 記夢은 우리 나라 역대의 문인들을 중심으로 문장왕국을 설
정한 것에 의미가 있다고 하겠고, 또 唐詩를 강조한 것이 주목된
다. 沈義가 이 記夢을 저작한 해를 嘉靖 8년이라 했으므로 中宗 24
년이다. 이 시기는 江西派詩體가 유행할 시기였는데, 작품 내용에
서 천자로 하여금 唐詩를 강조하게 하고 있다. 다음에 다시 언급되
겠지만 조선조 중기 唐詩體를 유행하게 先導한 인물들은 己卯名

---

11) 許筠, 『鶴山樵談』. 忘軒李胄之詩 沈着老蒼 仲氏以爲 近於大曆貞元.

賢들이 아니었던가 생각되는데, 沈義는 그의 형과는 달리 기묘명현들과 交遊가 있었기 때문에 그들과 같이 唐詩에 대해 논의가 있었던 것이 아닌가 생각된다.

金淨(1486~1521)의 자는 元沖이며, 호는 沖庵이다. 그는 19세에 生員試에, 22세에 문과에 장원하여 湖堂에 피선되었고, 다음 해 文臣庭試에 장원하여 역대에 보기 드물게 이른 나이로 科詩에 우수한 성적으로 합격했다. 그는 己卯士禍의 중심인물 가운데 한 사람으로서 제주도에 유배되었다가 賜死되었다.

문학사에서 어떤 文體 또는 詩體가 유행할 때는 갑자기 되는 것이 아니고 점진적으로 보급이 되면서 유행하게 된다. 조선조에서 宣祖 초기부터 唐詩體가 크게 유행하게 되었는데, 위에서 언급한 바와 같이 唐詩體가 통일신라 때부터 면면히 전승되어 왔으나 그것이 구체적으로 논의된 것은 己卯名賢들에 의해 되었다고 한다. 그들의 주장에 산문은 漢의 것을, 글씨는 晉의 것을, 시는 唐의 것을, 인물은 宋의 선비들을 法으로 할 것이라고 했다.[12] 이로써 己卯名賢들에 의해 詩則學唐이라는 말이 강조되었음을 알 수 있다.

그리고 魚叔權은 己卯年間에 朴祥, 金淨 등이 시는 盛唐을, 산문은 西漢의 것을 높게 여기자 金絿, 奇遵이 그들의 친구들과 더불어 朴祥과 金淨을 師友로 했다고 한다.[13] 이러한 魚叔權의 기록에 의해 金淨이 朴祥과 더불어 己卯名賢 가운데 詩則學唐이라는 주장에 중심인물이었음을 알 수 있다. 許筠은 金淨의 感興詩,

落日臨荒野　　　지는 해가 荒野에 다다르니

---

12) 尹根壽, 月汀漫筆,『月汀集』「別集」卷 4. "己卯名賢 一時之論 以爲文則法漢 書則法晉 詩則學唐 人物則宋諸儒爲準"

13) 魚叔權,『稗官雜記』. "蓋己卯年間 訥齋沖庵諸公 詩尙盛唐 文尙西京 如金承旨絿 奇典翰遵與其儕 皆以訥齋沖庵爲師友"

寒鴉下晚村　　　갈까마귀가 마을로 내려온다.
空林烟火冷　　　숲에 낀 연기는 차갑게 여겨지고
白屋掩柴門.　　　집들은 싸리문을 닫는다.

라 한 시는 劉長卿과 酷似하다고 했다.14) 그리고 申緯(1769~1845)
는 唐調가 金淨으로부터 주장되었다고 하며 그의 시,

江南殘夢晝厭厭　　江南의 殘夢에 낮에도 한가로워
愁逐年芳日日添　　근심은 해를 따라 날로 더하는구나.
鶯燕來時春欲暮　　꾀꼬리 제비가 오자 봄마저 저무니
落花微雨下重簾.　　꽃 지고 가는 비 내리자 발을 내린다.

라 한 시가 그의 得意然한 작품이라 했다.15)

　　고려 후기의 蘇東坡詩體와 조선조 초기에 江西派詩體가 크게
유행할 때도 唐詩體를 선호한 문인들이 끊어지지 않고 나타나 그
명맥을 유지해 왔는데, 다음에는 그것이 조선조 중기에 이르러 어
떤 문인들에 의해 제기되어 문단을 풍미하게 되었는가 하는 것에
대해 살펴보고자 한다.

　　申欽(1566~1627)은 本朝에서는 산문과 시에 뛰어난 문인들이
많이 배출되어 오로지 한 곳에 힘쓰고자 했으나 唐詩를 法한 사람
은 매우 적었으며, 金淨과 李冑 뒤에는 崔慶昌, 白光勳, 李達 등
몇 사람이 가장 유명하다고 했다.16) 위에서 언급한 바와 같이 李冑
가 활동했던 시기에는 唐詩體를 선호했던 문인들이 드물었고, 金
淨은 己卯名賢으로서 朴祥과 더불어 詩卽學唐이라는 구호를 先唱

---

14) 許筠,「惺叟詩話」. 金沖庵, 酷似劉長卿.
15) 申緯 東人論詩絶句 三十五首,『警修堂全藥』17册. "唐調倡自金沖庵詩
　　 … 最得意"
16) 申欽,「晴窓軟語」下. "我朝文章巨公非不蔚然輩出 務爲專家 至於取
　　 法李唐者絶少 沖庵忘軒之後 崔慶昌白光勳李達數人最著"

했으나 동조하는 사람이 많지 않았으며, 唐詩體가 비로소 문인들로부터 주목을 받게 된 것은 崔慶昌, 白光勳, 李達 등이 문단에 등장한 후였다. 그러므로 이들을 三唐詩人이라 하기도 한다.

許蘭雪軒(1563~1589)은 그의 遣興詩에서 근자에 崔白의 무리들이 盛唐의 詩體를 따르고자 한다. 고요하고 맑은 소리가 그들로 인해 다시 아름답다고 했다.[17] 蘭雪軒도 唐詩體를 선호했던 시인이었는데, 근자에 崔白의 무리들에 의해 唐詩의 아름다운 소리를 듣게 되었다고 하며 그들을 唐詩體의 선두주자로 인정했다. 그리고 申緯도 崔慶昌, 白光勳, 李達을 세상에서 三唐詩人이라 한다고 했다.[18] 이로써 보면 崔慶昌 등에 대해 三唐詩人이라고 한 것은 최근에 부른 말이 아니고 조선조 때부터 그렇게 지칭하고 있었음을 알 수 있다. 다음에는 이들 三唐詩人들이 唐詩體를 선호하게 된 경위에 대해 먼저 李達부터 살펴보고자 한다.

李達(1539~1618)의 호는 蓀谷이며, 州妓에서 태어난 천출이었기 때문에 문재는 뛰어나 詩名이 일세를 풍미했으나, 벼슬은 하지 못하고 일생 동안 사방을 방황하며 살았다. 그가 문명이 크게 알려지기 전까지만 해도 宋詩의 蘇東坡詩體와 江西派詩體가 문단에 유행하고 있을 때였다. 李達이 唐詩體에 접근하게 된 동기에 대해 許筠은 李達이 蘇東坡詩體를 배워 그 진수를 얻어 지은 시들이 濃贍해 작품이 좋았다. 어느 날 朴淳이 李達에게 시는 唐詩를 正法으로 해야 할 것이다. 東坡의 시가 호방하기는 하나 그 다음이라 하며 李白의 樂府와 王維, 孟浩然의 近體詩를 주었다. 李達이 시의 정법이 唐詩에 있음을 알고 그때까지 배웠던 것을 버리고 蓀谷

---

17) 遣興, 許蘭雪軒, 『蘭雪軒集』. "近者崔白輩 攻詩軌盛唐 寥寥大雅音 得此復鏗鏘"

18) 申緯, 東人論詩絶句三十五首 其十七, 『警修堂全藁』17 册. 崔孤竹白玉峯李蓀谷 世所稱三唐.

庄으로 돌아가 文選, 太白 및 盛唐 12家와 劉長卿, 韋應物 등의 작
품을 중심으로 오년 동안 열심히 공부하여 시를 지었던 바 말이 매
우 淸切해 舊態에서 완전히 벗어났다고 했다.19) 이로써 보면 李達
도 처음에는 당시 유행에 따라 蘇東坡詩體를 배우다가 朴淳의 권
유에 따라 唐詩에 접근했음을 알 수 있다.

　그런데, 李達이 唐詩에 접근하게 된 경위에 대해 이러한 내용과
다른 기록도 있다. 李達이 처음에는 鄭士龍으로부터 杜甫와 蘇東
坡詩를 배워 상당히 성숙한 경지에 이르렀으나, 崔慶昌과 白光勳
을 사귀게 되면서 그때까지 배웠던 것에 부끄러움을 느껴 모두 버
리고 唐詩를 배웠다고 했다.20) 같은 許筠의 기록이면서 여기서는
李達이 崔慶昌과 白光勳을 사귀면서 唐詩를 배웠다고 했다.

　같은 인물에 대한 동일인의 기록이면서 이처럼 차이가 있을 때
는 기록의 선후를 참작할 필요가 있다고 생각되는데, 蓀谷山人傳
이 실려 있는 惺所覆瓿藁는 許筠이 사십대 초반에 편집을 완료했
다고 한다.21) 그리고 蓀谷集序는 끝에 萬曆 戊午 季春이라고 했으
니 光海君 10년으로써 그가 처형되던 해였다. 그러므로 그의 문집
에 蓀谷集序가 실려 있지 않았으며, 그 序文은 許筠이 최후에 남
긴 글이 아닌가 한다.

---

19) 許筠, 蓀谷山人傳,『惺所覆瓿藁』卷 8. "達方法蘇長公 得其髓 一操筆
　　輒寫數百篇 皆濃贍可詠 一日思菴相謂達曰 詩道當以爲唐爲正 子瞻雖
　　豪放 已落第二義也 遂抽架上太白樂府歌吟 王孟近體以示之 達矍然知
　　正法之在是 遂盡捐故學 歸舊所 隱蓀谷之庄 取文選太白及盛唐十二家
　　劉隨州韋左史棨伯謙唐音 伏而誦之 夜以繼晷 膝不離坐席凡五年 怳然
　　若有悟 試發之詩 則語淸切 一洗舊日態"
20) 許筠, 蓀谷集 序,『蓀谷詩集』. "蓀谷翁者 初學杜蘇於湖陰 其吟諷者 旣
　　鴻續紃孰矣 及交崔白 悟而汗下 盡棄其所學 而學焉"
21) 그의 시 文集完用閑吟韻에 四十三年攻翰墨이라 했으므로 그의 문집은
　　사십 삼세 때 편집이 완료되었음을 알 수 있다.

위에서 말한 바에 따라 기록의 선후를 참작하게 되면 후대의 기록을 따라야 하겠으나, 이 경우에는 꼭 그렇게 따르기도 어렵지 않을까 한다. 許筠은 누구보다도 李達을 잘 알고 있었다. 그의 말에 따르면 어렸을 때 仲兄의 명으로 그에게 시를 배웠다고 했다.[22]그리고 그가 세상을 떠나자 그의 유고를 모아 간행하고자 했다. 이와 같이 어렸을 때부터 잘 알고 있었기 때문에 蓀谷山人傳의 기록도 근거 없는 말은 아닌 것으로 생각된다. 그러므로 그가 唐詩體에 접근하게 된 계기는 朴淳과 崔慶昌 등과 교유가 원인이 된 것은 틀림없을 것으로 생각된다.

그렇다면 李達이 朴淳과 崔慶昌 등과 접촉에서 어느 쪽이 먼저였던가 하는 것도 생각해 볼 문제로 여겨지는데, 그들과 만난 시기에 대한 기록이 없기 때문에 정확히 알 수 없으나, 李達의 문명이 어느 정도 알려진 이십대 중반 이후가 아니었을까 추측된다. 朴淳과 李達과 연령의 차는 朴淳이 16세나 많다. 두 사람의 신분상의 차이로 보아 李達이 소년이었을 때는 만나기 어려웠을 것이고 그의 문명이 처음으로 알려지기 시작했을 때 당시 朴淳은 位品과 文名으로 명사가 되어 李達을 불러보면서 唐詩를 권하지 않았는가 한다.

그리고 李達과 崔慶昌 및 白光勳과의 나이 차는 白光勳이 李達보다 두 살 많고 李達과 崔慶昌은 같은 나이었다. 그런데 李達이 생장한 곳은 蓀谷山人傳에서 居于原州蓀谷이라 한 것으로 보아 原州가 아니었던가 한다. 白光勳은 全羅道 長興 출신이었으며, 崔慶昌은 和順이었다고 한다. 李達과의 만남은 서로 찾아가고 오지 않았다면 서울에서 만났을 것으로 짐작되는데, 白光勳이 17세 때 伯兄 白光弘을 따라 서울에 갔다고 했으나 오래 있지 않고 다음

---

22) 許筠, 蓀谷集 序. "不佞少日以仲兄命 問詩於翁 賴識塗向"

해 바로 돌아왔다고 한다. 崔慶昌도 같이 동행했다. 그때 그들의
연령으로 보아 서로 만나기 어려웠을 것이다. 그러므로 李達이 白
光勳 등을 만난 시기는 서로 문명이 어느 정도 알려진 후였을 것이
며, 朴淳을 만난 시기와 서로 비슷한 때가 아니었을까 한다. 이렇
게 보려는 것은 李達이 朴淳의 권고를 듣고 원주로 내려가서 오년
동안 唐詩를 공부하고 나온 뒤였다면 白光勳과 崔慶昌을 보고 땀
을 흘리지 않았을 것이다. 그러므로 그들을 만난 뒤에 바로 朴淳을
만났거나 아니면 朴淳을 만난 후에 잇따라 白光勳 등을 만나지 않
았던가 한다.

　李達에게 唐詩體의 시를 짓게 최초로 권한 사람은 위에서 말한
바와 같이 朴淳이었다. 그는 과연 唐詩體를 선호했던 인물이었을
까. 許筠은 隆慶 萬曆年間에 思菴 相公이 盛唐의 시를 높게 인식
했고 그의 시도 淸邵하다고 했다.[23] 申欽은 그에 대해 思菴 朴淳
이 근래 唐詩派를 접근해 그의 시가 매우 맑고 높다고 했다.[24] 그
리고 權應仁은 思菴 朴相公의 시가 李白에서 나왔는데, 그의 시가
淸新하고 俊逸해 세상에 전하는 것이 많다고 했다.[25] 이러한 기록
들을 보면 그는 唐詩를 좋아했고, 그의 詩體는 李白에서 나왔음을
알 수 있다. 그리고 李選(1632~1692)은 申欽이 朴淳의 문장을 논
하면서 淸邵 淡潔하고 시는 더욱 警發하며 唐詩體를 힘써 따르고
자 했기 때문에 그 뒤에 崔慶昌, 白光勳, 李達의 무리들은 그 뿌리
가 모두 公에서 나왔다고 했다.[26] 이로써 朴淳이 唐詩體를 선호했

---

23) 許筠, 蓀谷集 序. "逮在隆萬間 思菴相 知尊盛李 所詠頗淸邵"
24) 申欽,「晴窓軟語」下,『象村集』卷 60. "思菴朴公淳 近來稍涉唐派 爲
　　詩甚淸邵"
25) 權應仁,「松溪漫綠」. "思菴朴政丞 … 相國之詩 出於李白 淸新俊逸 傳
　　世者甚衆"
26) 李選 撰, 思菴行狀.『芝湖集』卷 10. "玄翁論其文章曰 淸邵淡潔 詩尤
　　警發 力追李唐 後來崔慶昌白光勳李達之流 其源皆自公所倡始"

던 인물임을 알 수 있고, 또 崔慶昌 등 三唐詩人들의 뿌리가 모두 그에게 있었다고 하니 당시 唐詩體의 보급에 적지 않은 공로가 있었음을 알 수 있다.

이와 같이 朴淳이 唐詩體를 선호하게 된 것에는 그 뿌리가 있다. 위에서 언급한 바와 같이 己卯年間에 朴祥과 金淨 등 여러 사람들이 시는 盛唐, 산문은 西漢을 法한 것을 주장했다고 말한 바 있었는데, 朴祥은 朴淳의 伯父이다. 그는 己卯名賢의 한 사람이었을 뿐만 아니라, 金淨과 같이 愼妃復位疏를 올린 것을 볼 때 金淨과는 서로 사이가 좋았음을 알 수 있다. 그리고 두 사람이 중심이 되어 詩尙盛唐이라고 했다고 하니 朴淳은 그의 백부의 영향을 받지 않았을까 한다.

白光勳과 崔慶昌은 서로 멀지 않은 곳에서 성장했고, 또 同門受學을 했다. 崔慶昌의 성장과정에 대한 기록을 보지 못했기 때문에 잘 알 수 없으나, 白光勳에 대해서는 李喜朝에 의해 修正된 年譜가 그의 문집에 부록으로 실려 있다. 그는 14세 때 靑蓮 李後白이 布衣로서 金陵의 博山에서 講學하고 있다는 말을 듣고 그곳에 가서 배우게 되었는데, 李後白은 그를 보기 드문 奇寶라 했고, 그때 崔慶昌도 같이 배우면서 열심히 하여 서로 도움이 되었다고 한다.27) 崔慶昌은 白光勳보다 두 살 적었다고 하니 그 때 열 두 살이었음을 알 수 있다.

白光勳과 崔慶昌은 그들의 나이로 보아 李後白 門下에서 만난 것이 처음이 아니었던가 짐작되는데, 뒤에 白光勳이 형 白光弘을 따라 서울에 가서 梁應鼎에게 시를 배울 때도 崔慶昌과 같이 가서

---

27) 玉峯年譜, 『玉峯集』 別集. "公十四歲 靑蓮李公以布衣 講學于金陵之博山 就而學焉 李公每以絶世奇寶稱之 一時有崔孤竹慶昌 … 幷有偲切薰陶之益"

배웠다고 하니, 두 사람은 소년 시절부터 시를 배운 과정이 같았음을 알 수 있다.

뒤에 다시 언급하겠지만 李後白은 높은 관직을 역임한 인물이었다. 그가 博山에서 講學을 할 때는 布衣였다고 하니 出仕하기 전이며, 따라서 그곳이 고향이 아니었을까 짐작된다. 金昌協은 李後白이 그곳에서 白光勳 등에게 가르친 것에 대해 湖南의 시에서 李後白이 처음으로 唐詩를 배우기 시작했고, 잇따라 白光勳과 崔慶昌이 대를 이어 일어나 문단에서 더욱 유명했다고 했다.[28] 이로써 보면 白光勳과 崔慶昌 등의 시가 唐詩體를 선호하게 된 것은 이때 李後白으로부터 배운 것이 아닌가 한다.

다음에는 李後白(1520~1578)의 인물에 대해 간단히 알아보고자 한다. 實錄에 실려 있는 그의 書卒에 따르면 자는 季眞이며, 호는 靑蓮이었다. 젊었을 때부터 詞章으로 湖南에서 유명했으며, 과거에 관심이 없었다가 중년이 되어 응시해 급제했다고 한다.[29] 그리고 다른 기록에는 그가 관직에 있을 때 맡은 일에 열심히 했으며 몸가짐을 매우 깨끗이 했다. 벼슬이 六卿에 이르렀으나 가난한 선비 같았고 뇌물을 전혀 받지 않아 손님이 왔을 때 술상이 冷淡했기 때문에 사람들이 그의 결백함을 승복했다.[30]

이러한 기록들을 미루어 보면 그가 높은 관직을 역임했으나 인품이 결백했고 문장에 능했음을 알 수 있다. 문집이 전하지 않아 그의 글을 볼 수 없는 것이 아쉽고, 다만 許筠의 國朝詩刪에 絶句

---

28) 金昌協, 笠川集 序,『農巖集』卷 22. "湖南之詩 自李靑蓮後白始學唐 因以崔白代興 益有聲詞苑"
29)『宣祖修正實錄』卷 12, 11年 10月. "戶曹判書李後白卒 字季眞 號靑蓮居士 少以詞藻擅名湖南 不屑擧業 中年始就擧登第"
30) 李珥 撰,『石潭日記』下. "資憲大夫李後白卒 後白字季眞 居官盡職 律身淸苦 位至六卿 寒素如儒生 賂遺一切不受 客至盃盤冷淡 人服其潔"

한 수가 전한다.

細雨迷歸路　　細雨가 돌아가는 길 흐리게 하는데
騎驢十里風　　나귀 타고 십리 길을 간다.
野梅隨處發　　매화가 곳곳이 피어
魂斷暗香中.　　그윽한 향기에 넋을 잃었다.

許筠은 이 시에 대해 公의 시가 많지 않지만 이 작품을 보면 비범함을 알 수 있다고 했다.[31] 그런데, 여기에서 주목되는 것은 이 시가 唐詩體이기 때문이다. 許筠도 이 시에 대해 超凡하다고 한 것은 唐調이므로 그렇게 평가한 것이 아닌가 한다. 그의 작품을 여러 수 보지 못하고 한 수만을 보고 말하는 것은 속단이 아닌가 할지 모르겠으나, 詩體는 작품마다 다른 것이 아니기 때문에 한 수로써도 詩體는 짐작할 수 있다고 생각된다. 그리고 이름을 後白이라 했고 호도 靑蓮이라고 한 것은 唐詩에서 특히 李白詩를 좋아한다는 의미까지 포함된 것이 아닌가 한다. 白光勳과 崔慶昌 등이 소년이었을 때 그로부터 글을 배웠다고 하니, 三唐詩人인 그들에게 唐詩를 처음 가르쳐 준 것이 그였기 때문에 주목이 되는 것이다.

이상의 고찰로써 白光勳, 崔慶昌 등의 唐詩體가 李後白으로부터 傳承되었음을 알 수 있는데, 그렇다면 李後白은 어디에서 영향을 받았을까 하는 것에 대해 살펴보고자 한다. 李後白은 戶曹와 吏曹判書를 역임했고, 淸白으로 유명했기 때문에 實錄에 그에 대한 기록이 적지 않으나 그의 성장과정과 생애를 알 수 있는 기록은 보지 못했다. 그런데, 그는 朴淳보다 세 살 많았다. 같은 湖南 출신으로 서로 멀지 않은 곳에서 생장했기 때문에 朴祥으로부터 직접 영향을 받았거나 그의 영향을 받은 朴淳과의 交遊가 그의 詩風과 전

---

31) 許筠,『國朝詩刪』卷 1, 五言絶句. "公詩不多 見此超凡"

혀 무관하지 않았을 것으로 짐작된다.

이상에서 고려조 후기에서부터 조선조 중기 三唐詩人에 이르기까지 唐詩體의 전승에 대해 살펴보았는데, 필자는 이미 李達,[32] 白光勳,[33] 崔慶昌[34] 등에 대해 그들의 생애와 문학에 대해 언급한 바 있었으므로 여기서는 唐詩體와 상관되는 것을 중심으로 간단히 살펴보고자 한다.

三唐詩人의 문학에 대해 許筠이 많이 언급했는데, 그는 崔慶昌, 白光勳, 李達의 무리들이 비로소 開元의 시를 공부하게 되었다고 했다.[35] 그리고 三唐詩人들이 활동하기 시작한 후부터 잇따라 唐詩體를 선호한 문인들이 적지 않게 배출되었다. 특히 許筠은 자신도 唐詩를 선호했을 뿐만 아니라, 그의 仲兄 許篈과 누이 蘭雪軒이 다같이 唐詩體의 시인이었음에도 그들을 始攻開元이라고 한 것을 보면 그 시기에 唐詩를 전공하며 보급의 殊勳은 그들에게 있었기 때문이 아닌가 한다. 그리고 許筠은 盧守愼이 스님이 가지고 있는 詩軸에서 崔慶昌과 李達의 시를 보고 당대 문장의 으뜸은 오직 李達과 崔慶昌이라고 했는데, 그것은 지나친 말이 아니라고 했다.[36] 그리고 許筠 자신도 그들의 시를 높게 인정하고 있음을 알 수 있다.

李達에 대해 崔錫鼎(1646~1715)은 本朝의 중엽 이전까지는 宋詩體를 선호하여 대부분 蘇東坡와 陳與義의 범위를 벗어나지 못했으나, 宣祖 때 문인들이 많이 배출되어 점차 三唐詩에 접근하면

---

32) 車溶柱, 李達 研究,『韓國漢文學作家研究』, 景仁文化社, 1996.
33) 車溶柱, 白光勳 研究,『韓國漢文學作家研究』3, 亞細亞文化社, 2001.
34) 車溶柱, 崔慶昌 研究,『韓國漢文學作家研究』3, 亞細亞文化社, 2001.
35) 許筠,『鶴山樵談』.“隆慶萬曆間 崔嘉運白彰卿李益之輩 始攻開元之學”
36) 許筠,「惺叟詩話」.“盧相見僧軸有孤竹及益之詩 題曰 當代文章伯 唯稱李與崔 蓋非溢辭也”

서 시를 논하는 자들이 宋元代의 시에 대해 말하는 것을 부끄럽게
여겼으나 완전히 그 習氣를 벗어나지 못했는데, 오직 李達과 權韠
이 唐詩에 접근했으므로 그들은 올바른 것을 시작하고자 倡導한
공이 있다고 했다.37) 崔錫鼎의 이러한 주장에 따르면 宣祖 때 초기
까지만 해도 宋元의 시에 대해 말하는 것을 부끄럽게 여기면서도
그 習氣를 탈피하지 못했는데, 李達과 權韠에 이르러 비로소 唐詩
에 접근했다는 것이다.

許筠은 자신의 仲兄인 許篈이 李達의 시는 신라 때부터 法唐한
시인으로는 그보다 뛰어난 자가 없다고 한다 했다.38) 그리고 이들
三唐詩人을 비교하면서 崔慶昌의 시는 悍勁하고 白光勳은 枯淡해
唐詩의 가는 길을 잃지 않았으니 진실로 긴 세월을 통해 보기 드문
작품이다. 李達은 더욱 커 崔白을 포함하여 大家가 되었다고 했
다.39) 이와 같이 許筠은 李達의 시가 崔白詩의 특징을 포함하고
있다고 하며 대가라 했다.

許筠은 李達이 자신의 仲兄인 許篈과 사이가 가까웠고, 또 자신
이 어렸을 때 그에게 시를 배웠기 때문인지 李達에 대해서는 특별
한 애정을 가졌다. 그는 本朝의 문인들이 산문은 蘇氏의 삼부자,
시는 黃山谷, 陳師道를 배웠기 때문에 野卑해 취할 것이 없으며,
唐詩를 하는 사람 가운데 崔白과 林許는40) 일찍 세상을 떠났고 지

---

37) 崔錫鼎, 鳴臯集 序, 『明谷集』 卷 8. "本朝之詩 中葉以前 皆效宋人 槩
不足蘇陳範圍 穆陵之世 文士蔚興 稍稍步驟於三唐 操觚講藝者 擧能
羞道宋元 而猶未能盡洗習氣 獨蓀谷石州號爲近唐 實有倡導正始之功"
38) 許筠, 「惺叟詩話」. "仲兄亦言 李之詩 自新羅以來法唐者 無出其右"
39) 許筠, 「惺叟詩話」. "崔詩悍勁 白詩枯淡 俱不失李唐跬逕 誠亦千載希
調也 李益之較大 故包崔孕白 而自成大家也"
40) 여기에서 林許는 누구를 지칭한 것인지 알 수 없으나 당시 唐詩를 전
공한 사람으로서 일찍 세상을 떠난 사람은 林悌와 그의 仲兄 許篈 및
누이 許蘭雪軒이 있었는데 혹시 이들이 아닌가 한다.

금 李達만 남아 있는데 비방이 산처럼 쌓여 있으니 재능을 사랑하
지 않음이 이와 같다고 했다.[41] 李達은 賤出이었고, 또 성격이 검
속성이 적었다고 하며, 그의 시가 특출했기 때문에 칭찬과 아울러
비방도 적지 않아 이와 같이 말한 것이 아닌가 한다. 그의 刈麥謠
詩를 들어둔다.

> 田家小婦無夜食　　농가의 젊은 아낙 저녁거리가 없어
> 雨中刈麥林中歸　　비를 맞고 보리 베어 숲 속에서 돌아온다.
> 生薪帶濕煙不起　　땔감은 물에 젖어 불이 일지 않는데
> 入門兒女啼牽衣.　　아이는 배가 고파 울며 따라 다닌다.
> (『蓀谷詩集』 卷 6)

　白光勳에 대해 李廷龜는 근세에 白光勳은 湖南에서 시로써 유
명해 그곳 사람들이 따를 수 없었다. … 특히 絶句에 뛰어나 盛唐
의 品格에 매우 접근했으며, 시는 脫稿도 하기 전에 사람들의 입으
로 전해 져 알려졌다. 처음 玉峯集을 본 바 句法이 精鍊하고 音調
가 響亮해 聲律의 법칙에 맞으므로 읽으면 鏘然해 금석과 같은 소
리가 있으니 진실로 그 취향을 올바로 하여 소리의 정수를 얻었다
고 할 것이라 했다.[42] 唐詩에서도 初唐, 晩唐보다 盛唐의 시를 가
장 높게 평가하는데, 白光勳의 시를 盛唐詩의 품격에 접근했다고
말한 것은 매우 칭찬한 말이다.
　그리고 鄭澔(1648~1763)는 公이 일찍 이름이 크게 알려져 함께
어울린 인사들은 楊士彦, 崔慶昌, 李達, 宋翼弼 등과 같은 인물들

---

41) 許筠,『鶴山樵談』. "本朝人 文則三蘇 詩學黃陳 故野卑無取 工詩者 崔
　　白林許 此早昇世 今只有一李益之 而積謗如山 其不愛才如此"
42) 李廷龜, 玉峯集 序,『月沙集』卷 39. "近世有玉峯者 以詩名於湖中 湖
　　中人士莫敢望焉 … 尤工於絶句 深得盛唐風格 詩未脫稿 人皆口相傳
　　以熟 … 始見所謂玉峯集 句法精鍊 音調響亮 中律度 讀之鏘然金石聲
　　眞所謂正其趣向 而得聲之精者也"

이었다. 모두 문장으로 일시에 뛰어난 사람들로서 혹은 四傑이라
하고 八文章이라 하기도 했다. 그리고 復古에 노력하고 唐詩에 가
깝게 접근한 인사를 논하고자 하면 公을 들지 않을 수 없을 것이라
고 했다.[43] 白光勳이 당시 唐詩體를 선호했던 문인들 가운데 선두
주자의 한 사람이었기 때문에 그의 시를 말할 때 이와 같이 唐詩와
연관시켜 말한 것이 아닌가 한다. 그의 弘慶寺詩를 들어둔다.

秋草前朝寺　　　가을 풀은 前朝의 절에 우거졌고
殘碑學士文　　　殘碑에는 學士가 지은 글이었다오.
千年有流水　　　천 년 동안 물은 그대로 흐르고 있어
落日見歸雲.　　　석양에 날아가는 구름만 본다오.
（『玉峯集』 卷 上）

崔慶昌에 대해 朴世采(1631~1695)는 公은 시에 재능이 뛰어났
으며 盛唐의 시를 法해 시를 말하는 자들이 國朝에서는 그와 같은
사람이 없다고 한다 했다.[44] 洪萬宗은 자신이 선배들로부터 들은
바 우리 나라 시에서 오직 崔孤竹이 처음부터 끝까지 唐詩를 배워
宋의 詩格에 빠지지 않았다고 했는데 믿을 만한 말이다. 그의 시
가운데 좋은 것은 武德과 開元의 작품과 비슷하며, 낮은 것도 長慶
이하로 내려가지 않을 것이다. 그의 시에서 春流繞古郭 野火上高
山은 中唐의 작품과 같고, 人烟隔河少 風雪近關多는 盛唐과 같으
며, 山餘太古雪 樹老太平烟은 初唐과 같으니 오늘날에 이와 같은
調響을 지닌 시가 있을 것인지 모르겠다고 했다.[45] 여기에 그의 過

---

43) 鄭澔 撰, 玉峯白公墓碣銘, 『丈巖集』 卷 17. "公早有大名 所與遊如楊蓬
萊崔孤竹蓀谷李達宋龜峯翼弼 … 皆一時英華 或稱以四傑 或謂之八文
章 然若論其刻意復古 直造唐人閫奧 則未有不歸於公也"
44) 朴世采, 孤竹集 後序. "公於詩 天才絶高 必皆軌範于盛唐 操觚家以爲
國朝所未有"
45) 洪萬宗, 『小華詩評』 上. "余嘗聞諸先輩 我東之詩 惟崔孤竹 終始學唐

楊照廟有感詩를 들어 둔다.

日暮雲中火照山	해 저문 雲中에 燧火가 오르더니
單于已近鹿頭關	單于가 이미 鹿頭關에 가까웠다오.
將軍獨領千人去	장군이 홀로 적은 군사 거느리고
夜渡蘆河戰未還.	밤에 蘆河를 건너 싸우다가 돌아오지 못했다오.
(孤竹遺稿)	

　　조선조 중기 이후부터 唐詩體가 크게 유행하면서 문인들의 시를
말할 때 唐詩에 접근했다고 말하는 것을 적지 않게 볼 수 있는데,
그것은 찬사임에는 틀림없으나 작품을 들어 말하지 않은 것은 막
연한 바가 없지 않다. 여기에서 洪萬宗은 崔慶昌의 작품을 들어
初唐, 盛唐, 中唐의 작품과 같다고 했으므로 더욱 진실함이 있지
않을까 한다. 같은 唐詩體라고 하지만 初唐과 盛唐의 詩體가 다르
다. 그런데 崔慶昌이 唐詩體에서 어렵다는 初唐, 盛唐의 詩體를
法할 수 있었다는 것은 문인으로서 詩才가 뛰어났기 때문이 아닌
가 한다.

　　이러한 三唐詩人에 대해 明나라의 朱之蕃이 우리 나라에 使臣
으로 와서 崔慶昌, 李達, 白光勳의 문집을 보고 크게 칭찬하면서
江南에 돌아가면 간행해서 貴國의 文物이 이와 같이 우수하다는
것을 자랑시키겠다고 했으니 그들 시의 우수함에 승복한 것이라고
했다.[46]

　　위에서 고찰한 三唐詩人들은 조선조 중기 唐詩體가 문인들 사
이에 처음 유행하고자 할 때 선두주자로서 유행을 선도한 것으로

　　不落宋格 信哉 其高者出入武德開元 下者亦不道長慶以下語 如 … 則
　　中唐似之 … 則似盛唐 … 則似初唐 不知今世 復有此等調響耶"
46) 洪萬宗, 『詩評補遺』. "朱太史見崔李白集 大加嘆賞曰 當歸梓江南 以
　　貴邦文物之盛 蓋服崔李白詩"

그들의 공로가 끝난 것이 아니고 唐詩體로써 작품도 우수했다는 것을 당시 또는 후대의 논평을 중심으로 고찰해 보았는데, 다음에는 그들에 대해 唐詩體를 보급한 공로는 인정하되 작품에 대해서는 우수하다는 것과 다른 견해에 대해 살펴보고자 한다.

李睟光은 崔慶昌, 李達은 한 때 시로써 능했던 사람이다. 그들의 시가 唐詩에 가장 가까웠다고 할 수 있으나, 지은 시에 唐詩의 문자를 많이 襲用해 간혹 全句를 截取한 것도 있어 사람들이 읽으면 唐詩를 읽는 것과 같으므로 좋아하게 된다. 그러나 자연스럽게 얻게 되고 運化의 功은 모자라는 듯하므로 換骨 奪胎했다고 말하기에는 미치지 못한 듯 하다고 했다.[47]

三唐詩人들의 시를 말할 때 두 가지 측면에서 논의가 될 수 있을 것이다. 하나는 그들의 시가 唐詩에 얼마나 접근했느냐 하는 것을 중심으로 말할 수 있을 것이고, 다른 하나는 唐詩體와 상관하지 않고 작품으로써 그 가치를 중심으로 논의할 수 있겠는데, 이들에 대해 이야기 할 때 대부분 전자를 중심으로 말하게 되고 후자에는 관심을 가지지 않은 듯 하나 唐詩體와 상관없이 그들의 작품 수준도 상당히 높다고 할 것이다. 李睟光이 그들에 대해 能詩者라고 한 것은 전자만을 중심으로 말한 것은 아니라고 생각된다. 그런데 그가 지적한 바와 같이 그들의 작품에 唐詩에서 全句를 截取한 것이 있다면 좋게 말할 수는 없을 것이다.

李睟光은 三唐詩人들을 唐詩體의 시인으로 인정하면서 비판도 적지 않게 했다. 그는 本朝의 시인들 중에는 宋元의 習氣에서 벗어나지 못한 자가 적지 않았다고 하면서 朴淳, 李純仁, 崔慶昌, 白

---

47) 李睟光,『芝峯類說』卷 9, 文章部 2. "崔慶昌李達 一時能詩者也 其最近唐 而但作句多襲唐人文字 或截取全句而用之 令人讀之 有若讀唐人詩者 故驟以尙唐而喜之 然其得於天機 自運造化之功似少 若謂奪胎換骨 則恐未也"

光勳, 李達 등이 모두 唐詩를 배웠으나 그들의 작품에서 좋은 것으로 지적할 만한 것은 絶句와 五言律詩이며 七言律詩 이상에서는 아름다운 것이 적다고 했다.[48) 漢詩에는 여러 가지 형식이 있는데, 여기에서 거명된 시인들의 작품에서 많이 알려진 시는 絶句와 같이 短詩가 많은 것은 사실인 듯하다. 그러므로 李睟光의 지적한 바가 지나친 것은 아니라고 생각된다.

柳夢寅(1559~1623)도 그들에 대해 李睟光과 비슷한 말을 한 바 있다. 그는 근래 唐詩를 배우는 자 모두 崔慶昌, 李達 등을 말하고 있으나 좋은 작품만 선택하여 기록할 만하며 단지 短詩만 지었는데, 원래 배운 것이 넉넉하지 못해 옛 사람처럼 크게 알려지지 못했으니 可惜하다고 했다.[49) 이와 같이 그들이 재능은 있었으나 배운 것이 부족해 옛 사람처럼 크게 유명하지 못한 것을 안타깝게 생각했다. 그리고 李睟光은 우리 나라 시인들이 蘇東坡와 黃山谷을 많이 숭상하여 이백년 동안 하나의 套式을 답습했는데, 근세의 崔慶昌, 白光勳 등이 비로소 唐詩를 배워 淸苦한 용어를 사용하고자 했기 때문에 일시의 사람들이 본받아 지난날의 習氣가 변했으나, 그들이 숭상한 것은 晩唐詩였고 盛唐에는 미치지 못했으니 재능의 탓인가 했다.[50)

三唐詩人의 작품에 대해 李睟光, 柳夢寅이 지적한 것을 요약하면 唐詩의 문자를 많이 襲用하고 短詩에 능했으며 晩唐詩에 가까

---

48) 李睟光, 『芝峯類說』 卷 9, 文章部 2. "朴淳崔慶昌白光勳李純仁李達皆學唐 其所爲詩 有可稱誦者 但止於絶句 或五言律 而七言律以上 則不能佳"
49) 柳夢寅, 『於于野譚』 卷 3, 文藝. "近來學唐者 皆稱崔慶昌李達 姑取其善鳴者而錄之 … 但此等人 只事小詩 元學不裕 終不如大鳴古人 可惜"
50) 李睟光, 『芝峯類說』 卷 9, 文章部 2. "我東詩人多尙蘇黃 二百年間 皆襲一套 至近世崔慶昌白光勳始學唐 務爲淸苦之詞 號爲崔白 一時頗效之 殆變向來之習 然其所尙者晩唐耳 不能進於盛唐 豈才有所局耶"

였다는 것이다. 唐詩와 宋詩의 구분은 用語와 聲律에서 많이 나타
난다고 하겠는데, 고려 시대 蘇東坡詩體가 많이 유행할 때 그가 사
용한 문자를 많이 인용한다는 지적이 있었다. 한자의 특성상 東坡
와 山谷詩體를 선호하게 되면 그들의 문자를 많이 사용하게 되었
을 것이며, 唐詩體를 선호하게 되면 唐의 시인들이 好用한 말을
많이 사용할 수밖에 없을 것이다. 全句를 襲用한다거나 그 文字를
많이 截取했다면 그 정도에 따라 지적이 될 수 있겠지만, 唐詩에
있는 말을 사용했다고 해서 그것이 크게 하자는 되지 않을 것으로
생각된다.

그리고 그들의 작품이 絶句 등 短型詩가 많았다고 했는데, 작가
에 따라 한시의 여러 형식에서 좋아하는 詩形이 있다. 그들의 작품
에서 많이 알려진 시가 絶句 등 短詩가 대부분인 것은 사실이다.
그러나 그것은 그들의 취향일 수 있다. 여러 가지 詩形을 두루 잘
지었다면 좋았겠지만, 그렇지 않다고 해서 크게 지적해서 말할 것
은 아니라고 본다. 李睟光은 그들의 시를 晚唐詩에 가깝다고 지적
했는데, 그것은 바로 지적한 것이 아닌가 한다.

唐詩體를 선호했던 우리 나라 문인들의 시가 대부분 晚唐詩體
에 가까웠다는 것은 일반적인 견해이다. 중국 문학사에서 唐代를
初唐, 盛唐, 晚唐으로 구분하기도 하고, 또 盛唐과 晚唐 사이에 中
唐을 넣어 구분하기도 한다. 盛唐은 징지직인 盛代를 의미한 것으
로 보는 것보다 詩의 盛代를 말한 것이 아닌가 생각되며, 李白과
杜甫 등 屈指의 시인들이 이 시기에 활동했다. 그런데 중국 역대의
시인들이 盛唐의 詩體를 따르고자 했으나 성공한 인사가 적었다고
하며, 우리 나라에서도 위에서 말한 바와 같이 唐詩를 선호했던 문
인들의 시가 대부분 晚唐詩體에 가까웠다고 하므로 三唐詩人들의
시가 晚唐詩體였다는 것은 그들에 국한된 것이 아님을 알 수 있다.

어쨌든, 三唐詩人에 대해 다양하게 말 할 수 있겠지만, 그들이 唐詩體를 초기에 受容하여 詩體에 변이를 가져오게 한 공로는 인정해야 할 것이다. 그들이 唐詩體로써 작품을 지으며 先唱을 하자 일시에 많은 문인들이 호응했다. 예를 들면 許筠도 처음에는 東坡詩體를 배워 시가 典實하고 穩熟했으나 湖堂에 피선되어 唐詩品彙를 숙독하고 그의 시가 비로소 淸健했으며, 晩年에 甲山으로 유배되어 갈 때 李白 詩集 일부만 가지고 갔다고 한다.[51] 許筠이 唐詩品彙를 처음 보게된 동기는 말하지 않았기 때문에 알 수 없으나, 그가 李達과 사이가 좋았던 것을 미루어 볼 때 三唐詩人들의 영향이 직접 또는 간접으로 없었다고는 말 할 수 없을 것이다.

문학사에서 유행하는 詩體를 변이시킨다는 것은 여간 어려운 것이 아니다. 三唐詩人들이 그러한 변이를 쉽게 할 수 있었던 것은 우리 나라 문단에 적지 않은 영향을 끼친 중국에서도 南宋 후기부터 唐詩體로 回歸할 것을 강조한 문인들이 있었다. 嚴羽는 漢魏로부터 내려오면서 미루어 생각해 보면 盛唐의 시를 法해야 할 것이다. 이렇게 주장하는 것이 사람들로부터 죄를 얻는다 할지라도 사양할 수 없다고 했다.[52] 嚴羽는 중국문학사에서 시에 대한 논평으로 비중 있는 인물이다. 그가 생존했을 때만 해도 東坡詩體와 江西派詩體가 크게 유행하고 있을 때였는데, 그는 盛唐詩體를 法해야 할 것을 이와 같이 강조하고 있었다. 우리 나라에서도 이와 비슷한 주장으로 成汝學은 시는 盛唐에 이르러 더 할 것이 없을 것이다. 비록 聖人이 본다 할지라도 좋다고 말할 것이라 한다 했다.[53]

---

51) 許筠, 『鶴山樵談』. "仲氏初學東坡 故典實穩熟 及選湖堂熟讀唐詩品彙 詩始淸健 晩年謫甲山 持李白詩一部以自隨"
52) 嚴羽, 『滄浪詩話』. "推原漢魏以來 而截然謂當以盛唐爲法 雖獲罪於世之君子不辭也"
53) 李睟光, 『芝峯類說』 卷 8, 文章部 1. "今成雙泉汝學言 詩至盛唐 無以

이와 같이 중국 문단의 變移는 우리 나라에 적지 않은 영향을 끼쳤을 것이고, 우리 나라에서는 己卯名賢들에 의해 詩則盛唐이라는 구호가 점차 폭넓게 설득력을 가지게 되었다. 그리고 당시 문인들 사이에서는 고려 후기부터 삼백여년간 유행해 왔던 宋詩體에 대해 싫증을 느끼며 새로운 詩體의 출현을 요구하고 있었기 때문에 변이가 쉽게 성공할 수 있었을 것이다.

Ⅲ. 唐詩體의 受用姿勢

조선조 중기 唐詩體가 三唐詩人들에 의해 先導되어 많은 문인들로부터 호응을 받았으므로 유행이 빠르게 진행되어 바로 문단을 席卷하게 되었다. 물론 그때까지 문단을 주도해 왔던 宋詩體를 선호한 문인들도 없지 않았으나 그 餘勢가 미미했으며, 뒤에는 明詩體도 전래되었으나 크게 유행하지는 못했다. 이러한 唐詩體의 유행은 조선조 중기에서만 그친 것이 아니고 근세에 이르기까지 선호하는 문인들이 많았다. 唐詩體가 크게 유행하는 과정에서도 비판 없이 追從하지 만은 않았으므로 다음에는 그 受用姿勢에 대해 살펴보고자 한다.

唐詩體는 初唐, 盛唐, 晚唐의 詩體를 총칭한 것이지만 구분해서 말하는 것이 일반적이다. 그러므로 唐詩體를 말할 때 구분하는 것에 대해 李睟光은 盛唐 때 많은 문인들이 배출되어 詩道가 크게

復加 雖使聖人見之 亦必稱善"

이루어 져 첨가할 것이 없었으며, 晚唐 때 이르러 詩體도 변하고 雜體까지 나와 詞氣가 萎弱했고, 간혹 陳言을 표절하는 경우도 있어 쉽게 싫증을 느끼게 하고 있다. 그러나 宋詩의 體格과 비교하면 구분이 된다. 후대의 사람들이 그 사소한 하자를 보고 唐詩를 과소평가하며, 또 晚唐詩가 唐詩의 전부임을 알고 初唐과 盛唐의 시가 있음을 알지 못하고 있다고 했다.54)

　唐詩를 初唐, 盛唐, 晚唐으로 나누면서 盛唐의 시를 으뜸으로 하고 晚唐詩를 初唐보다 낮게 평가하는 것이 문예사가들의 공통된 의견이라 할 수 있겠는데, 李睟光은 후대의 사람들 가운데는 晚唐詩를 唐詩의 전부인 줄을 알고 初唐과 盛唐詩의 가치를 모르고 있다고 개탄한 것이다. 이러한 주장을 한 李睟光은 唐詩를 극히 선호했던 문인이었으며, 그 가운데서도 盛唐詩를 높게 평가했다. 그런데 唐詩 가운데서도 盛唐詩體가 가장 어렵다고 한다. 李睟光이 이와 같은 주장을 하게 된 것은 당시 문인들이 盛唐보다 晚唐詩體를 선호하는 것에 대한 지적일 수도 있을 것이다. 그리고 宋詩體와 明詩體를 좋아하는 문인들이 晚唐詩만을 보고 唐詩를 평가절하하려는 주장도 있기 때문에 그와 같이 말했을 수도 있을 것이다.

　조선조 중기에 많이 유행한 唐詩體는 宋詩體의 유행을 계승했기 때문인지 서로 비교해서 언급한 경우를 적지 않게 볼 수 있다. 梁慶遇는 이에 대해 세상에서 시를 논하는 자들이 唐詩體와 宋詩體를 말하는데, 근세에 唐詩를 배우는 것은 晚唐詩體이다. 盛唐과 晚唐詩가 같지 않다는 것은 盛唐詩를 자세히 살펴보면 알 수 있을 것이다. 晚唐詩를 배우는 자들이 用事를 사용한 것을 보면 唐詩가

---

54) 李睟光,『芝峯集』卷 21 詩說. "以至盛唐諸人出 而詩道大成 蔑以加焉 逮晚唐 則又變 而雜體竝興 詞氣萎弱 間或剽竊陳言 令人易厭 然比之 於宋 體格亦自別矣 後之人驟見其小疵 而槩以唐爲可薄 又徒知晚唐之 爲唐 而不知始盛之爲唐"

아니라고 하는데, 盛唐詩에도 用事가 많아 때로는 宋詩와 비슷하
나 句法이 서로 다른데 그것을 아는 사람이 적다. 唐宋詩의 차이는
格律과 音響에 있는데 그것은 아는 사람만이 안다고 했다.[55] 여기
에서도 盛唐詩와 晩唐詩가 서로 같지 않음을 분명히 하고 있다.

　우리 나라 문단에서 이와 같은 견해가 평자들 사이에 논의된 것
은 위에서 말한 바와 같이 盛唐詩體보다 晩唐詩體가 많이 유행하
면서 盛唐詩에 대한 이해가 부족하기 때문에 그것을 시정하기 위
한 의도에서 한 것이 아닌가 한다. 그리고 用事는 宋詩에서 많이
사용한 것이지만 盛唐詩 특히 杜甫詩에서도 적지 않게 用事를 사
용한 것을 볼 수 있다. 晩唐詩體를 선호하는 문인들이 盛唐詩體에
用事를 사용한 것을 보면 唐詩가 아니라고 하는데, 唐宋詩의 구분
은 用事의 사용에 있는 것이 아니고 格律과 音響이 서로 다른 것
에 있다고 했다. 이로써 보면 唐詩에서도 盛唐과 晩唐의 시를 분
명히 구분하고자 했으며, 宋詩와의 차이는 用事의 사용 與否에 있
는 것이 아니고 句法과 아울러 聲律에 있음을 밝히고자 한 것이다.

　고려 후기 宋詩體가 크게 유행할 때도 唐詩體를 선호했던 문인
이 있었던 것과 같이 조선조 중기 唐詩體가 유행할 때도 宋詩體는
물론 明淸詩體까지 전래되어 유행하고 있었다. 金昌協은 本朝의
시가 宣祖 때 가장 성했는데, 나는 詩道가 그때부터 쇠퇴하기 시작
했다고 생각한다. … 宣祖 때 우수한 문인들이 배출되어 唐詩를
선호한 문인들이 점차 많았다. 그러나 중국의 王世貞, 李攀龍의 시
가 우리 나라에 전래되면서 문인들이 그 詩體를 좋아하여 字句를
精密하게 단련하는 것을 따랐다. 그 후부터 시를 짓는 수법도 한결

---

55) 梁慶遇,『霽湖詩話』. "世之論詩者 曰唐體 曰宋體 近世學唐者 出於晩
　　唐 盛唐與晩唐逈然不侔 取盛唐諸詩熟翫 則可知已 學晩唐者指用事
　　曰非唐也 盛唐用事處亦多 時時有類宋詩 然句法自別 世人鮮能知之
　　… 唐宋之辨 在於格律音響間 惟知者知之"

같고 音調도 서로 비슷해 사람이 가지고 있는 본연의 天性이 있지
않았다. 그러므로 宣祖 이전의 시를 읽으면 그 사람을 볼 수 있으
나, 宣祖 이후의 시를 보면 그 사람을 볼 수 없으니 그것이 시의
盛衰를 구분하는 것이라 했다.56)

우리 나라에 明詩體가 전래된 것은 정확히 언제부터였는지 말하
기 어려우나 壬辰亂을 전후해서 들어오지 않았는가 한다. 이렇게
보려는 것은 그때 명나라가 건국된 지 이백여년이 가까워 唐宋詩
體에서 탈피하여 독자적인 詩體를 형성할 시기가 되었고, 또 그 시
기에 王世貞과 李攀龍 등 傑出한 문인들이 차례로 등장하여 문단
을 주도하고 있었기 때문에 그 餘震이 우리 나라에까지 미쳤을 것
이다.

위에서 金昌協이 주장한 내용은 당시 우리 나라 문단에 유행하
고 있었던 唐詩體와 明詩體를 비교해서 언급했다고 볼 수 있는데,
唐詩體를 선호한 문인들의 시에서는 개성과 아울러 天賦의 순진
함을 볼 수 있으나, 明詩體의 시에서는 수법과 아울러 聲調에 이르
기까지 개성을 찾아보기 어렵다고 했다. 그렇기 때문에 唐詩體만
이 유행할 때는 詩道가 성했다고 할 수 있었는데, 明詩體가 유행하
면서 쇠퇴한 것이라고 한 것이다.

金昌協이 문단에서 활동할 때는 肅宗 때였다. 선비들이 道學에
능하면 詞章에 약하고 詞章에 능하면 道學이 부족한 것이 일반적
이었으나, 그는 道學과 詞章에 모두 능했다. 그리고 그는 유행에
따라 唐詩를 좋아했던 것이 아니고 그 특징을 정확히 파악하고 있

---

56) 金昌協, 『農巖集』卷 34, 雜識, 外篇. "世稱本朝詩 莫盛於穆廟之世 余
謂詩道之衰 實自此始 … 至穆陵之世 文士蔚興 學唐者寖多 中朝王李
之詩 稍稍東來 人始希慕倣効 鍛鍊精工 自是以後 軌轍如一 音調相似
而天質不復存矣 是以讀穆廟以前詩 則其人猶可見 而讀穆廟以後詩 其
人殆不可見 此詩道盛衰之辨也"

었음을 알 수 있다. 그가 활동했던 시기에는 明詩體가 상당히 유행
했고 淸詩體도 전래되었을 것이다. 그는 이러한 詩體들이 唐詩體
의 발전에 沮害가 되는 것으로 생각하고 특히 明詩體와의 比較優
位論을 적지 않게 주장했다.

  그는 唐詩體와 明詩體의 비교에서 明나라 문인들이 시를 말하
면 반드시 漢魏와 盛唐의 시를 말하고 있으나, 漢魏와는 거리가
멀고 그들이 말하는 唐詩體라는 것도 唐詩體가 아니다. 내가 唐詩
가 어렵다고 말하는 것은 奇俊 爽朗한 것이 아니고 從容하고 閒雅
한 것이며, 高華 秀麗한 것이 어려움이 아니고 溫厚 淵澹한 것이
며, 鏗鏘한 音響이 어려움이 아니고 和平 悠遠한 것이다. 明의 문
인들이 唐詩를 배운 것은 단지 奇俊 爽朗한 것만을 배웠고 그 從
容, 閒雅한 것은 얻지 못했기 때문에 많은 차이가 있다고 했다.[57]
이와 같이 金昌協은 唐詩와 明詩의 차이점을 구체적으로 지적했
는데, 여기에서 주목되는 것은 明의 문인들이 漢魏와 盛唐詩를 으
뜸으로 말하면서도 唐詩를 올바로 배우지 못했다는 것이다. 이것
은 단순히 唐詩와 明詩와의 비교로써 그치고자 한 것이 아니고 金
昌協이 당시 우리 나라 문인들 가운데 明詩體를 선호하는 인사들
에게 唐詩의 우수함을 분명히 하고자 하려는 의도가 없지 않았을
것이다.

  金昌協은 唐詩와 明詩의 비교에서 唐詩의 우수성을 말하면서
시는 性情에서 표출되는 것이며 天眞한 감정의 발동이다. 唐의 시
인들의 시는 이와 같은 순수한 감정에서 시를 지었기 때문에 初唐,

---

57) 金昌協,『農巖集』卷 34, 雜識 外篇. "明人稱詩 動言漢魏盛唐 漢魏固
    遠矣 其所謂唐者 亦非唐也 余嘗謂唐詩之難 不難於奇俊爽朗 而難於
    從容閒雅 不難於高華秀麗 而難於溫厚淵澹 不難於鏗鏘響亮 而難於和
    平悠遠 明人之學唐也 只學其奇俊爽朗 而不得其從容閒雅 … 所以便
    成千里也"

盛唐, 中唐, 晩唐 할 것 없이 대부분 자연스러운 것에 가깝다. 지금 문인들은 그 것을 모르고 聲調와 氣格을 모방하는 것으로 唐의 시인들을 따라가고자 하는데 소리와 모양은 비록 비슷하다 할지라도 감정의 발동이 전혀 같지 않다. 이것을 明의 문인들은 알지 못하고 있다고 했다.58) 여기에서 강조한 것은 시는 순수한 감정의 표출이기 때문에 모방으로 가능한 것이 아니며, 비록 비슷하다 할지라도 감정의 발동이 같지 않는 것이다.

金昌協은 唐詩와 明詩와의 차이점에 대해 언급했는데, 申景濬은 宋詩와 비교해서 말한 바 있다. 그는 사람들이 말하기를 唐의 문인은 시로써 시를 쓰고 宋의 문인은 글로써 시를 쓴다고 하니 唐이 분명히 이겼고 宋이 양보해야 할 것이다. 그것은 唐詩에는 묘사가 많고 宋詩에는 벌려놓은 것이 많기 때문이라고 했다.59) 고려 후기부터 조선조 초기까지 宋詩體가 이미 유행한 후 唐詩體가 유행했기 때문인지 唐詩와 宋詩의 비교는 문인들 사이에 적지 않게 있었다. 申景濬은 唐의 시인들은 以詩爲詩했고 宋은 以文爲詩했으므로 唐이 우수하다고 했는데, 이렇게 본 것은 唐의 시인들은 그 형상을 묘사하고자 했고, 宋의 문인들은 그 사실을 표현하는데 주력했기 때문이라고 했다. 역대를 통해 우리 나라 漢詩에 영향을 끼친 詩體는 唐詩體, 宋詩體, 明詩體 등을 들 수 있겠는데, 이러한 詩體들에 대한 논평에서 唐詩體가 가장 으뜸인 것으로 지적되고 있다. 그런데 이러한 주장에 대해 세상에서 唐詩를 선호하는 자들은 宋詩를 卑陋하다고 배척하고, 宋詩를 좋아하는 자들은 唐詩를

---

58) 위와 같음. "詩者性情之發 而天機之動也 唐人詩有得於此 故無論初盛中晩 大抵皆近自然 今不知此 而專欲模象聲色 黽勉氣格 以追躡古人 則其聲音面貌 雖或髣髴 而神情興會 都不相似 此明人之失也"

59) 申景濬,『旅庵遺稿』卷 8, 詩則. "世之人皆以爲 唐人以詩爲詩 宋人以文爲詩 唐固勝於宋 宋固遜於唐 此以唐詩多影描 宋詩多鋪陳故也"

萎弱하다며 배울 것이 못된다고 말하고 있으나 모두 偏僻된 주장이다. 唐이 쇠퇴할 즈음에 어찌 俚譜가 없었겠으며, 宋이 매우 盛할 때 雅音이 없었겠는가. 단지 자신들이 그 묘한 것을 어느 정도 터득하느냐 하는 것에 달렸다고 했다.60)

선택에는 편견이 있게 마련이다. 그러나 모든 선택이 다 그런 것은 아니다. 洪萬宗의 이러한 주장에는 타당성이 없는 바 아니나 조선조 중기 이후처럼 여러 詩體가 동시에 유행할 때 작가가 짓는 작품마다 詩體의 선택을 달리 할 수는 없을 것이다. 그렇기 때문에 詩體를 선택할 수밖에 없겠는데, 그 선택에는 본인의 취향과 당시의 유행과 상관이 없지 않을 것이다. 조선조 중기에는 여러 詩體가 유행하고 있었는데, 그 가운데 唐詩體를 으뜸으로 생각하고 선호하는 문인들이 많았다. 洪萬宗도 어느 詩體를 선택하든 自得之妙에 있다고 했지만 唐詩를 좋아했던 문인이다.

지난날 문인들은 중국의 사실을 들어 우리의 것을 설명하려는 경향이 적지 않았다. 李爗은 詩體의 변이에 대해 언급하면서 시를 평하는 자들이 盛唐을 가장 으뜸으로 말하고 中唐과 晩唐의 것은 쇠퇴했고 宋元의 것은 약하고 明의 것은 또 변했다고 한다. 詩道가 당시의 정치와 상관이 있기 때문에 시의 風氣와 聲韻도 자연히 그럴 수밖에 없으므로 시인만을 탓할 수는 없다고 했다.61) 이와 같이 시를 정치와 상관시켜 언급했다. 그리고 李爗은 이에 대해 약간 구체적으로 언급한 바도 있다. 즉, 盛唐의 王維와 岑參의 무리들이

---

60) 洪萬宗, 『詩話叢林』, 附證正. "而世之言唐者 斥宋曰 卑陋不足學也 學宋者斥唐曰 萎弱不必學也 玆皆偏僻之論也 唐之衰也 豈無俚譜 宋之盛也 豈無雅音 只在吾自得之妙而已"

61) 李爗, 「詩林瑣言」 『農隱集』 卷 4. "評詩者輒以盛唐爲宗 而至於中晩 則漸衰矣 宋元則弱矣 明則又變矣 然聲音之道 與政相通 風聲氣韻 不得不然 未可專咎於詩人也"

憲宗과 穆宗 때 있었다면 中唐의 氣習을 벗어나지 못했을 것이며, 韓愈와 柳宗元이 玄宗 때 활동했다면 盛唐의 風調를 지니게 되었을 것이다. 그러므로 그 시대를 무시하고 그 작품만을 중심으로 작자의 재능을 말하는 것은 작품에 국한되어 시대의 변천을 모르는 것이라 했다.62) 다시 말하면 韓愈가 盛唐 때 활동했다면 작품이 더욱 좋았을 수 있고, 王維가 中唐 때 살았다면 그 시대의 習氣에서 벗어나지 못했을 것이라고 했다. 이와 같이 시를 그 시대의 정치와 관련시킨 것은 중국 최고 고전의 하나인 詩經에서도 볼 수 있다. 이러한 주장이 일리가 없는 바 아니나 그 시대의 정치만으로 시의 발달이 좌우되는 것은 아니다.

中國文學史에서 시는 盛唐의 시가 가장 으뜸이었다고 하나 정치까지 으뜸은 아니다. 그리고 조선조에서도 宣祖 때를 穆陵盛際라 하여 시가 크게 발달했다고 하지만 7년 동안 임진왜란을 겪었을 뿐만 아니라, 黨爭도 격심하여 역대를 통해 정치적으로 크게 안정되었다고는 볼 수 없을 것이다. 그러므로 시의 발달은 정치적인 안정은 물론 그 시대의 思潮와 아울러 多元的인 요소가 복합되어 발전이 가능한 것이다. 다시 말하면 중국의 盛唐은 그때 近體詩 시형의 개발이 적지 않은 寄與를 했을 것이고, 宣祖 때는 宋詩體를 거쳐 唐詩體로의 변이도 영향이 없지 않았을 것이다.

조선조 중기부터 唐詩體가 크게 유행하면서 그에 대한 반성도 없지 않았다. 다시 말하면 우리 나라와 중국을 막론하고 역대를 통해 시는 唐詩에서도 盛唐의 시를 으뜸으로 여겼고, 시인으로는 杜甫를 위대하다고 생각하며 追從하고자 했다. 이에 대해 朴齊家

---

62) 李輝, 「詩林瑣語」『農隱集』卷 4. "王維岑參之徒 出於憲穆之世 則不能脫元和長慶之氣習 退之子厚之輩 生於玄宗之時 則亦足幷武於開元天寶之風調 然則不論其時 而只取其詩 而定作者才力之優劣者 局於聲病 而不達時運之變者也"

(1750~?)는 우리 나라에서 宋金 元明을 배우는 것이 으뜸이고 唐을 배우는 것이 그 다음이며 杜詩를 배우는 것이 최하이다. 배우는 것이 높을수록 그 재능을 낮게 말하는 것은 무슨 까닭이었을까. 杜詩를 배우는 자들은 杜詩만 알고 기타의 것은 보지도 않고 무시하기 때문에 시를 짓는 능력이 더욱 졸렬하고, 唐詩를 배우는 자들의 폐단도 같다고 할 수 있으나 조금 나은 것은 王維, 孟浩然 등 수십가의 성명을 알고 있기 때문에 杜詩를 배우는 자들보다 나을 수밖에 없다. 그리고 宋金 元明의 시를 배우는 자들은 唐詩를 배우는 자들보다 식견이 앞섰을 것이며, 또 많은 책을 넓게 보고 감정의 진실을 개발한 사람은 더욱 말할 것이 있겠는가. 이로써 보면 문장의 道는 心智를 개발하고 耳目을 넓히는데 있으며, 어느 시대의 것을 배우느냐 하는 것에 상관이 있는 것이 아니라고 했다.[63]

朴齊家가 생존했던 시기에 우리 나라 문단에 唐詩體는 물론 宋, 明, 淸 등 여러 詩體가 유행하고 있었으나, 그때까지만 해도 唐詩體가 가장 우세했다. 그런데 唐詩體가 상당 기간 동안 유행하면서 당시 편협한 문인들 사이에서 시는 唐詩가 으뜸이고 唐詩에서도 盛唐詩가 가장 좋으며, 盛唐의 많은 문인들 가운데 杜甫를 제일로 존숭하는 문인들이 적지 않았다. 그리고 자신들의 능력은 생각하지 않고 그를 追從하고자 했다. 朴齊家의 주장은 이러한 문인들에 대해 반성을 촉구하기 위한 질책이었을 것이다. 다시 말하면 杜詩를 배우고자 하는 자를 최하라고 한 것은 杜詩를 최하라 한 것이

---

63) 朴齊家,『貞蕤閣全集』文集 卷 1, 詩學論. "吾邦之詩 學宋金元明者爲上 學唐者次之 學杜者最下 所學彌高 其才彌下者何也 學杜者 知有杜而已 其他則不觀 而先侮之 故術益拙也 學唐之弊同然 而小勝焉者 以其杜之外 猶有王孟韋柳數十家之姓者 在乎胸中 故不期勝而自勝也 若夫學宋金元明者 其識又進乎此矣 又況博極羣書 發之以性情之眞者哉 由是觀之 文章之道在於開其心智 廣其耳目 不繫於所學之時代也"

아니고 다른 시를 무시하는 學杜者의 태도가 최하라고 한 것이다. 朴齊家의 이러한 질책이 나오게 된 것은 唐詩體가 오래 유행하면서 처음 대두될 때와는 달리 淸新하지 못하고 萎弱한 것에 빠질 뿐만 아니라, 문인들의 태도도 배타적이었기 때문일 것이다.

이와 같이 學杜者들의 배타적인 태도에 대해 반성을 촉구하는 것이 있는가 하면 지나친 追從에 대해서도 문제가 있음을 지적했다. 조선조 중기부터 唐詩體가 크게 유행하면서 문인들 가운데는 唐詩와 같은 시를 쓰고자 하는 문인들이 적지 않았다. 이러한 경향이 농후했기 때문에 李睟光이 지적한 바와 같이 唐의 시인들이 사용한 문자를 襲用하거나 全句를 截取한 것이 있게 되었다. 그리고 당시 시의 논평에 대표적인 인물이라 할 수 있는 許筠과 洪萬宗 등도 시를 격찬할 때 酷似唐人, 可肩盛唐, 不減唐人, 極逼唐家, 何讓唐人, 唐人絕調라 하여 논평 기준을 唐詩에 두고 했기 때문에 唐詩와 같은 시를 짓기 위해 문자를 襲用 또는 截取하는 것을 부끄럽게 여기지 않았을 것이다.

이러한 경향이 당시 문인들 사이에 있었기 때문에 金昌協은 시는 唐詩를 배워야 하겠지만 꼭 唐詩와 같이 할 필요는 없다. 唐의 시인들이 지은 시는 주로 性情을 표현하고자 하고 故實이나 議論은 중요시하지 않았으니 그것을 法해야 할 것이다. 그러나 唐人은 唐人이고 今人은 今人이다. 서로 천 수백년의 거리가 있는데 그 聲音과 氣調를 꼭 같게 하고자 하는 것은 이치와 형세로써 가능한 것이 아니다. 억지로 같고자 하면 나무와 흙으로 사람의 형상을 만든 것과 같은 것이다. 모양은 비록 같다 할지라도 사람만이 가지고 있는 天性은 있을 수 없으며, 또 그것을 귀하다고 할 수 있겠는가 했다.64)

---

64) 金昌協, 『農巖集』 卷 34, 雜識. "詩固當學唐 亦不必似唐 唐人之詩 主

고려 후기 蘇東坡詩體가 크게 유행할 때 과거의 합격자를 발표하게 되면 또 東坡가 32명이 나왔다고 한다 했으니, 이 말은 그들이 모두 東坡詩를 배울 것으로 생각했기 때문인데, 그렇다면 그들의 시에는 個性은 찾아보기 어려울 것이다. 金昌協 당시에도 唐詩體가 이백년 가까이 유행해 오면서 唐詩와 유사한 시를 짓고자 하는 風潮가 높아지기 때문에 이러한 주장을 하지 않았는가 한다.

金昌協의 이러한 주장은 상당히 타당성이 있다. 취향에 따라 唐詩를 배우되 唐詩와 같게 할 필요가 없다는 것은 唐人은 唐人이고 今人은 今人이기 때문이라고 했다. 그리고 唐과 지금과는 천 수백년의 시간상의 相距가 있으므로 聲音과 氣調가 같을 수 없으며, 같게 하고자 하면 그것은 거짓이라고 했다. 이와 같은 金昌協의 주장은 唐詩와 같게 짓고자 하는 인사들뿐만 아니라, 宋詩體와 明詩體를 지나치게 선호하는 문인들에게도 각성을 촉구하는 말이 될 것이다.

唐詩體가 유행하는 과정에 그 受容姿勢에 대해 이와 같이 질책과 반성을 촉구하는 주장이 없었던 바 아니었으나, 오랫동안 유행이 계속 되면서 唐詩體를 선호하는 인사들 가운데는 唐詩와 같은 시를 짓고자 하는 사람이 계속 적지 않았다. 그러므로 李用休(1708~1782)는 唐詩에서는 좋지 않은 시가 없다고 하는 것이 오늘날의 폐단이다. 그 체를 본받고 그 말을 배워 마치 한 악기를 부는 소리와 같으니 그것은 백 사람이 종일 앵앵거려도 자기 소리가 없기 때문에 싫다고 했다.65) 이러한 李用休는 唐詩와 같은 시를 짓고자 하

於性情興寄 而不事故實議論 此其可法也 然唐人自唐人 今人自今人 相去千百載之間 而欲其聲音氣調 無一不同 此亦理勢之所必無也 强而 欲似之 則亦木偶泥塑之象人而已 其形雖儼然 其天者固不在也 又何足 貴哉"

65) 李用休, 李華國遺草 序, 『惠寶雜著』. "詩無不詩唐詩者 近日之弊也 效

는 사람들에게 金昌協보다 더욱 부정적임을 알 수 있다. 그는 오늘
날 唐詩는 모두 좋다고 생각하는 태도가 폐단이라고 했는데, 그것
은 唐詩를 지나치게 선호하는 인사들의 唐詩만을 고집하는 배타적
인 태도를 지적한 것이 아닌가 한다. 그리고 체와 말까지 배워 唐
詩와 비슷한 시에는 개성을 찾아볼 수 없다고 했는데, 지나치게 추
종하게 되면 개성이 있기 어렵기 때문에 작품으로써 의미가 없게
될 것이다.

　이러한 주장은 唐詩體가 오랫동안 유행하게 되면서 생긴 폐단에
대한 것이라고 하겠는데, 그것은 唐詩體의 선호에서만이 있게 된
것이 아니고 어떤 詩體든지 유행이 오래 계속되면 그러한 폐단이
생기게 마련이다. 특히 唐詩體가 유행할 때 폐단이 많았던 것은 유
행기간이 길었고, 또 다른 詩體가 유행할 때보다 선호도가 높았기
때문에 폐단도 많았던 것이 아닌가 한다.

　이상으로 唐詩體의 수용자세에 대해 고찰하면서 그 폐단에까지
언급했다. 다음에는 詩體의 受容이 왜 필요한 것인가 하는 것에 대
해 간단히 살펴보고자 한다. 魚有鳳(1672~1744)은 자신이 지은 詩
卷을 선생(金昌協)께 보였던 바 선생이 보기를 다한 후 시는 좋으
나 法이 없는 것이 흠이다. 시가 비록 小道라고 하나 반드시 法하
는 바는 있어야 한다. 主唐, 主杜, 主宋을 해서 안정되고 중심이 잡
히는 곳이 있어야 볼 만한 작품이 된다고 했다.66) 이로써 볼 때 어
느 것을 선택하든지 安身 立命을 하기 위해서는 法한 것이 있어야
한다고 했음을 알 수 있다.

　글씨를 배우는 과정에 體本이 필요한 것과 같이 시에서도 體가

　　其體學其語 幾乎一管之吹 是猶百舌 終日嚶嚶 無自己聲 余甚厭之"
66) 金昌協, 『農巖集』別集 卷 3 語錄, 魚有鳳 錄. "余嘗以詩卷 質于先生
　　則先生覽訖 曰頗好 但欠無法 爲詩雖小道 亦必有所師法 或主唐 或主
　　杜 或主宋 以爲立身安命之處 方有可觀"

필요하며, 시뿐만 아니라, 산문에서도 마찬가지다. 만일 일정한 체
가 없이 짓는 작품마다 달라지게 되면 金昌協이 말한 바 安身立命
處가 없는 것이다. 그리고 글씨가 어느 정도 성숙하게 되면 그 체
본을 중심으로 자신의 체를 개발하는 것과 같이 시에서도 성숙해
짐에 따라 개성 있는 작품으로 발전하는 것이 일반적이다. 그러므
로 南龍翼은 本朝에서 시로써 유명했던 인사들은 각자 尊崇하는
바가 있었다. 徐居正, 朴誾, 李荇 … 은 尙宋을 했고, 李胄, 金淨,
申光漢 … 은 尙唐을 했으며, 高敬命, 林悌, 權韠 … 은 唐宋을 合
取했다. 그리고 申欽, 李明漢, 李敏求 …은 唐明을 合取했다.[67] 이
로써 볼 때 역대의 유명했던 문인들도 모두 法한 詩體가 있었음을
알 수 있으며, 이들에 대해 法한 詩體가 있다고 지적하면서 그들의
시가 개성이 부족하다거나 모방이 있었다는 말은 없는 듯하다. 그
러나 정해진 詩體를 지나치게 따르고자 하면 字句를 截取하게 되
는 경우가 있어 모방했다는 지적을 받게 될 뿐만 아니라, 편견에
사로잡히게 되어 질책을 듣게 될 수도 있을 것이다.

　그렇다면 한 시대에 유행했던 詩體가 그 시대 시의 발전에 도움
이 되었는가. 아니면 저해가 되었는가 하는 것도 생각해 볼 문제이
겠는데, 이것은 쉽게 말하기 어려울 듯하다. 그러나 이에 대해서는
우선 詩作에서 金昌協이 말한 바에 法이 필요한가 하는 것이다.
前代의 작가들이 詩體를 法한 것은 우리 나라 문인들뿐만 아니라,
중국에서도 唐代 이전은 몰라도 그 후에는 계속 되어 왔다. 詩作에
독특한 이론을 가진 宋의 江西派도 祖杜를 말하고 있다. 이와 같
이 詩作에서 法이 필요한 것이라면 法을 탓할 것이 아니고 受容姿

---

67) 南龍翼,『壺谷詩話』. "我朝詩諸名家 各有所尙 四佳挹翠容齋 … 尙宋
　　忘軒沖庵企齋 … 尙唐 石洲霽峰白湖 … 合取唐宋 象村白洲觀海 合取
　　唐明"

勢에 따라 달라 질 수 있을 것이다. 결과적으로 저해된 바도 전혀 없었다고는 말할 수 없겠지만, 발전에 많은 영향을 끼친 것도 부정할 수 없을 것이다.

우리 나라에서 漢詩가 가장 발달했다고 하는 시기는 고려 후기와 조선조 宣祖 때를 전후한 시기였다. 그 때는 蘇東坡詩體와 唐詩體가 크게 유행했던 시기였다. 詩體의 유행이 절대적인 것은 아니겠지만 그러한 詩體의 영향이 당시의 시의 발전에 결코 적었다고는 말할 수 없을 것이다.

IV. 結 言

우리 나라 漢詩는 고려 후기에서부터 조선조 전기까지는 宋詩體가 유행했고, 조선조 중기 이후에는 唐詩體가 주류를 이루었다. 宋詩體의 유행에 대해서는 따로 언급한 바 있었으므로 여기서는 唐詩體에 대해 그 傳承과 三唐詩人 및 그 受容姿勢에 대해 살펴보았다.

唐詩體의 傳承과 三唐詩人에서 통일신라에서부터 고려 전기까지는 唐詩體가 유행했을 것으로 추정했고, 고려 후기에서 조선조 전기까지는 宋詩體가 크게 유행했는데, 이 시기에 唐詩體를 선호했던 문인들에 대해 간단히 언급했다. 그리고 三唐詩人과 그들이 唐詩體에 접근하게 된 경위에 대해 살펴보았다. 受容姿勢에 대해서는 唐詩體가 크게 유행할 때 그 수용자세에 초점을 맞추었으며, 지나치게 선호했던 문인들에 의해 字句의 截取와 편견에 대한 지적이 있었음을 알아보았다.

　詩體는 漢詩가 가지고 있는 특징 중의 하나이며, 詩體가 형성되어 유행하는 과정에는 變移가 있었다. 이러한 변이가 漢詩의 발전에 적지 않은 영향을 끼쳤을 것으로 생각되기 때문에 漢詩를 이해하고 漢詩의 발전과정을 정확히 파악하기 위해서는 詩體와 그 변이에 대한 연구가 필요한 것이다.

松石園詩社의 研究

Ⅰ. 序 言

　우리 나라에서는 18세기 중엽부터 19세기에 이르기까지 委巷文人들을 중심으로 한 詩社 활동이 활발하게 전개되었다. 그 가운데 가장 대표적인 것이 松石園詩社가 아니었던가 한다.

　詩社는 委巷文人들만이 결성했던 것은 아니고 士大夫文人들도 결성할 수 있고, 또 없었던 바도 아니다. 그러나 사대부 문인들이 결성한 詩社는 그 시기와 성격에 따라 차이는 있을 수 있겠지만, 그것은 큰 의미가 있다고 생각하지 않는다. 왜냐하면 그들은 문단을 지배하고 있으면서 수시로 詩會를 할 수 있었기 때문이다. 그러나 委巷人들은 사대부문인들과 달랐다. 前代까지 委巷 출신의 문인들은 극히 零星했는데, 18세기경부터는 세태의 변천에 따라 委巷人들도 교육을 받을 수 있는 여건이 점차 호전되어 적지 않은 문인들이 배출되었으며, 그들의 수가 증가되자 詩社를 결성하여 활발한 활동을 하게 되었다. 이러한 詩社는 당시 사회에서 출세에 제한을 받았던 委巷人들이 중심이 되어 결성되었으며, 그것은 漢文學의 저변 확대와 수준을 향상시키는데 적지 않은 기여를 했을 것이다.

　조선조는 후기로 접어들면서 이러한 詩社들이 적지 않게 繼起되었다. 그 중에 규모면에서 松石園詩社가 가장 대표적인 것이 아니었던가 생각되므로 본고는 이러한 松石園詩社에 대해 고찰해 보고자 하며, 먼저 그 전에 있었던 詩社부터 차례로 간단히 언급하고자 한다.

Ⅱ. 松石園詩社 이전의 詩社

1. 竹林高會

竹林高會는 고려 明宗, 神宗 연간에 李仁老(1152~1220)를 중심
으로 결성된 詩社의 이름이다. 竹林高會의 결성에 대해 李仁老가
당세의 名儒인 吳世才, 林椿, 趙通, 皇甫抗, 咸淳, 李湛之 무리들과
忘年友로 하여 詩酒로써 서로 즐기었는데, 세상에서 그들을 江左
七賢에 비기었다고 했다.1) 이와 같이 李仁老를 중심으로 당세 名
儒들과 結社가 되었음을 말했다. 그리고 李仁老의 아들 世黃은 자
신의 아버지에 대해 날마다 林椿, 吳世才 무리들과 더불어 金蘭의
契를 맺어 아름다운 계절과 좋은 날이면 함께 놀았기 때문에 세상
에서 그들을 竹林高會라 했다.2) 그리고 李仁老와 동시에 생존했으
면서도 竹林高會에 관여하지 않았던 李奎報(1168~1241)는 선배로
서 세상에 文名이 있었던 일곱 사람이 스스로 일시의 豪俊이라 하
며 서로 더불어 七賢이라고 했는데, 晋의 竹林七賢을 사모한 것이
다. 매양 모여 술을 마시고 시를 지으면서 주위 사람들을 무시했기
때문에 세상에서 좋지 않게 여겼다고 했다.3) 이러한 기록들을 미

---

1) 『高麗史』 「列傳」 卷 15, 李仁老傳. "與當世名儒吳世才林椿趙通皇甫抗
   咸淳李湛之 結爲忘年友 以詩酒相娛 世比江左七賢"
2) 李世黃, 破閒集 跋. "日與西河耆之 濮陽世才輩 約爲金蘭 花朝月夕 未
   嘗不同 世號竹林高會"
3) 李奎報, 『白雲小說』. "先輩有以文名世者七人 自以爲一時豪俊 遂相與
   爲七賢 盖慕晋之七賢也 每相會飲酒賦詩 旁若無人 世多譏之"

루어 보면 그들은 수시로 모여 詩酒로써 즐거워했음을 알 수 있다.

列傳과 李世黃, 李奎報 등은 한결같이 그들을 江左七賢에 비겼
다고 했는데, 江左七賢은 竹林七賢의 異稱이다. 竹林七賢은 중국
晋代의 문인들이 결성한 것으로써 이에 대한 기록을 들어보면 嵇
康이 河南의 山陽에 寓居하고 있으면서 阮籍, 山濤, 向秀, 阮咸,
王戎, 劉伶 등과 친하게 지내며 竹林속에서 놀았기 때문에 竹林七
賢이라 했다고 한다.4)

李仁老를 중심으로 한 竹林高會와 晋代의 竹林七賢은 서로 유
사한 바가 없지 않다. 명칭이 다같이 竹林이었고,5) 우연의 일치인
지 모르지만 양쪽에 모인 사람도 모두 일곱 사람이었다. 그리고 그
들이 살았을 때의 시대적인 배경도 비슷한 바가 없지 않았다. 竹林
七賢 가운데 대표적인 인물이라 할 수 있는 阮籍에 대해 그는 본
디 濟世에 뜻이 있었으나 魏의 王朝가 晋으로 바뀌는 과정에 세태
가 어지러웠고 名士들이 많은 희생을 당하는 것을 보고 가졌던 마
음을 포기하고 항상 술을 마시며 취해 있었다고 한다.6) 이로써 보
면 그도 처음에는 현실에 강한 집착을 가졌으나 현실이 용납하지
않는 것을 알고 단념한 채 술을 마시며 詩作에 정진하지 않았던가
한다. 阮籍의 이러한 태도는 그만 가졌던 것이 아닐 것이고 竹林七
賢에 동참했던 인사들의 공통된 태도였을 것이다. 따라서 그들은

---

4) 『新編中國文學史』, 251쪽. "中國文學史硏究委員會 復文書局. 魏氏春
   秋說 嵇康寓居河南之山陽縣 相與友善 遊於竹林 號爲七賢"
5) 晋代의 七賢들이 그들의 모임 명칭을 竹林이라고 한 것은 그들이 竹林
   에서 놀았기 때문이라고 하겠는데, 竹林高會는 李仁老의 생애로 보아
   과거에 급제한 후에 결성한 것이 아니었던가 짐작되는데, 그때가 사실
   이라면 그들은 開京 또는 그 근처에서 모였을 것이다. 開京에는 대가
   자라지 않은 곳임에도 그 명칭을 竹林이라고 한 것은 竹林七賢의 영향
   을 받았기 때문이었을 것이다.
6) 『晋書』, 阮籍傳, 『新編中國文學史一』, 251쪽 再引. "籍本有濟世志 屬
   魏晋際 天下多故 名士少有全者 籍由是不與世事 遂酣飮爲常"

老莊思想에 심취하여 당시 유행한 淸談派에 가담했으며, 그들의 작품도 신비적이고 낭만적이었다.

　이러한 배경과 사상에서 결성된 것이 竹林七賢이었는데, 李仁老를 중심으로 한 竹林高會는 어떤 배경에서 결성되었는지 살펴보고자 한다. 竹林高會가 李仁老의 생애에서 어느 시기에 결성되었을까 하는 것부터 먼저 살펴 볼 필요가 있을 것으로 생각된다. 李仁老의 인물과 생애에 대해 그는 어렸을 때부터 총명하여 글을 짓는 데 능했고 草書를 잘 썼다. 鄭仲夫亂 때 승려가 되어 피해 있다가 평정된 후 환속했다. 明宗 10년에 과거에 장원하여 桂陽管記에 임명되었고, 直史館으로 옮겨 史翰에 십사년 동안 출입했다.7) 李仁老는 鄭仲夫의 亂이 일어났을 때 열 여덟 살이었다. 그때 亂을 피하기 위해 승려가 되었다면 그의 가족들도 많은 희생을 당했을 것이다. 이로써 보면 李仁老의 성장과정은 한 때 극히 불행했음을 알 수 있다.

　그리고 明宗 10년 그의 나이 28세 때 과거에 장원하여 바로 桂陽管記에 임명되었다. 그런데 李仁老가 과거에 합격한 해는 武臣亂이 일어난지 10년 후였다. 그때 鄭仲夫는 반대세력에 의해 살해되었으나 武臣들의 都房政治는 계속 되었다. 그리고 明宗 26년 崔忠獻이 정권을 장악한 후에도 한동안 문신들에 대한 살해와 냉대는 계속 되었다. 李仁老는 68세에 세상을 떠났으며, 14년 동안 史翰에 출입했다고 한 것은 그의 생애에서 후기였을 것이다. 이로써 미루어 볼 때 李仁老는 과거에 합격하고 崔忠獻이 집권한 초기까지는 높은 관직에 오르지 못하고 末職에서 전전했거나 벼슬을 하

---

7)『高麗史』,「列傳」卷 15, 李仁老傳. "自幼聰悟 能屬文 善草隸 鄭仲夫之亂 祝髮以避 亂定歸俗 明宗十年 擢魁科 補桂陽管記 遷直史館 出入史翰凡十有四年"

지 못하고 있었을 것으로 짐작할 수 있겠는데, 竹林高會는 이 시기에 結成되지 않았을까 추측된다. 竹林高會에는 李仁老 외에도 여섯 사람이 있었는데, 그 결성시기를 李仁老의 생애를 중심으로 추측하고자 하는 것은 무리가 아니겠는가 할지 모르겠으나, 李仁老가 불우했던 시기는 당시 문인들이 공통적으로 겪었던 것이기 때문에 부당한 추측은 아닐 것으로 생각된다.

역사적으로 名士들이 詩酒로 自娛했다는 것은 自意든 他意든 현실에서 不遇했다고 생각한 것이 아니면 소외되었기 때문이었을 것이다. 李仁老가 崔忠獻의 집권 후기에는 그로부터 총애를 받았으며 位品도 점차 높아졌다. 그가 과거에 합격하기 전에는 나이도 젊어 詩酒로 自娛하기 어려웠을 것이며, 明宗 9년 鄭仲夫가 살해되기 전까지는 그의 활동이 자유롭지 못했을 것이다. 그런데, 그가 과거에 합격한 후 崔忠獻의 집권 초기까지는 不遇했고 소외된 시기였으나 행동은 자유로웠을 것이기 때문에 竹林高會의 결성 시기를 이때로 보고자 한 것이다.

위에서 竹林高會의 결성과 그 활동 시기의 추정을 李仁老에 대한 기록을 중심으로 고찰해 보았으므로 다음에는 다른 기록을 들어보고자 한다. 李仁老와 吳世才 등이 스스로 일시의 豪俊으로 자처하며 結社하여 七賢이라 하고 매양 술을 마시며 시를 지었다. 吳世才가 죽게 되자 李湛之가 李奎報에게 그 빈자리를 자네가 메우지 않겠느냐 하자 七賢이 朝廷의 官爵이냐 하며 거절했다고 한다.[8] 李奎報(1168~1241)는 李仁老보다 16세가 적었다. 그는 明宗 20년 그의 나이 22세 때 과거에 합격했다. 吳世才가 세상을 떠났을

---

8) 『高麗史』, 「列傳」 卷 15, 李奎報傳. "時李仁老 自以爲一時豪俊 結爲友 稱七賢 每飮酒賦詩 世才死 湛之謂奎報 曰子可補也 奎報曰 七賢豈朝廷官爵 而補其闕耶"

때는 竹林高會의 활동이 활발했을 시기였으므로 李奎報가 일찍
문명이 있었고, 또 과거에 합격하자 그와 같은 제의가 있지 않았는
가 한다.

竹林高會의 인사들은 당시 문명이 높았으며, 그 가운데 과거에
합격한 인물은 李仁老를 비롯하여 吳世才, 趙通, 皇甫仁, 李湛之
등이었는데, 그들에 대한 기록자료는 零星하다. 그들 가운데 高麗
史에 立傳된 인물들은 李仁老밖에 없으며 吳世才, 趙通, 林椿 등
은 李仁老傳에 간단히 附記되어 있다. 吳世才는 어렸을 때부터 열
심히 공부해 六經을 직접 써 읽었고 날마다 周易을 외웠으며, 明宗
때 급제했으나 성격이 疎雋하고 검속성이 적어 세상에 용납되지
않았다고 한다.9) 吳世才는 이러한 성격 탓으로 과거에는 합격했으
나 벼슬은 하지 못했다고 한다. 趙通은 經史 百家에 관통했으므로
明宗이 그의 이름을 듣고 불러 물었다고 하며, 과거에 급제하자 벼
슬을 올려 주었다고 한다.10) 林椿은 문장으로 이름이 높았으나 과
거에는 합격하지 못했다. 鄭仲夫亂에 가족들이 화를 당했으나 그
는 도망쳐 면했다고 하며, 궁하게 살다가 일찍 세상을 떠났다고 한
다.11) 崔瑀는 그에 대해 뛰어난 재능을 가지고 열심히 공부하여 아
는 것이 많았는데 일찍 세상을 떠났으니 하늘이 어찌 이와 같이 인
색하게 하여 그의 능력을 발휘하지 못하게 하는가 했다.12) 그리고

9)『高麗史』,「列傳」卷 15, 李仁老傳. "世才少力學 手寫六經以讀 日誦周
易 明宗時登第 性疎雋少檢 不容於世"
10) 위와 같음. "經史百家 無不貫穿 明宗聞其名 屢召問 登第累遷正言 轉
考功郎中太子文學"
11) 위와 같음. "以文章鳴世 屢擧不第 鄭仲夫之亂 闔門遭禍 脫身僅免 卒
窮夭而死"
12) 崔瑀, 西河先生集 跋. "西河林先生椿 材之鉅者也 平生所綴緝 吞古
英豪 不幸而夭於時 寧夭於文章 有所嗇而然耶 何其功之不見施於世
如此"

林椿의 西河集(卷 2)에 賀湛之擢第, 賀皇甫若水及第의 시가 있는
것으로 보아 그들이 과거에 합격했음을 알 수 있다.

이와 같이 竹林高會의 인사들은 문장과 재능이 뛰어났음에도
당시 武斷政治로 인해 출세를 하지 못하고 그 불평을 詩酒로써 달
래고자 結社가 되었던 것이며, 그들의 행동이 晋代 竹林七賢의 영
향을 받은 것은 사실이나 竹林七賢의 인사들은 현실의 세태에 회
의적인 태도로 厭世的이었지만, 竹林高會의 인사들은 不遇했던
현실에 대한 불평으로 결성되었던 것이며, 또 일시적으로 몇 번 모
였다가 끝난 것이 아니고 정기적인 것은 아니었다 할지라도 상당
기간 동안 계속되었을 것으로 짐작된다. 그리고 그들 가운데 委巷
人들은 없었고 대부분 좋은 家門의 출신이었음을 알 수 있으며, 우
리 나라에서 詩社로써 알려진 것으로는 최초에 結成된 것이 아닌
가 한다.

2. 風月香徒

風月香徒에 대해서는 필자가 이미 언급한 바 있었으나,[13] 그 때
는 劉希慶에 관한 연구였으므로 논의의 초점을 風月香徒에 둔 것
이 아니었다. 風月香徒에 대해 유일하게 언급한 것은 李植(1584~
1647)이었다. 그는 劉希慶의 村隱集 跋文에서 國朝에 시가 매우
발달하여 위로는 士大夫들 가운데 우수한 작가들이 많았다고 전제
하면서 아래로는 平民과 胥吏들이 지은 작품까지 모두 鏗鏘해 聲
韻을 잃지 않고 있으니 그들이 바로 劉希慶, 白大鵬과 같은 무리
들이다. 당시 그들을 風月香徒라 불렀는데, 香徒라는 것은 庶流들

---

13) 車溶柱, 劉希慶 研究, 『韓國委巷文學作家研究』, 景仁文化社, 2003.

이 修禊한 것을 이름이다. 그들에 대해 선생들도 예를 갖추어 대하면서 간혹 같이 시를 짓기도 했으니 아름다운 三代의 風謠가 아니겠는가 했다.[14] 이로써 보면 風月香徒는 白大鵬, 劉希慶 등에 의해 결성된 詩社의 명칭이었음을 알 수 있으나, 香徒가 그들 외에 얼마나 있었는지 말하지 않았다.

그런데, 이 風月香徒에 대해 다른 기록들을 보지 못했기 때문에 구체적으로 알 수 없으나, 다만 柳夢寅의 劉希慶傳에서 그는 일찍 시를 배워 生業에 종사하지 않고 書吏 白大鵬과 더불어 酬唱한 시가 塡篦처럼 聲韻이 아름다워 일시의 士大夫들이 모두 칭찬한다고 했다.[15] 이로써 白大鵬과 劉希慶은 서로 자주 만나 같이 시를 지었음을 알 수 있다.

白大鵬과 劉希慶 등이 風月香徒라는 詩社를 결성한 것이 사실이었다면 어느 시기에 결성했으며, 당시 漢文學이 委巷人들에 보급이 잘 되지 않았기 때문에 禊員을 확보할 수 있었을까 하는 것도 생각해 볼 문제가 아닌가 한다. 風月香徒의 결성시기는 白大鵬과 劉希慶의 생존시기와도 상관이 있겠는데, 劉希慶은 仁祖 때까지 생존했을 뿐만 아니라, 그의 문집과 傳記 등이 전하고 있어 그의 일생이 어느 정도 잘 알려져 있으나, 白大鵬에 대한 기록은 극히 零星하다.

許筠은 白大鵬에 대해 그는 천한 사람이었으나 벼슬한 사람들과 어울렸으며 시에 능했다. 仲兄(許篈)과 沈喜壽와 더불어 平交를

---

14) 李植, 村隱集 跋,『村隱集』卷 1. "下至齊民小胥 野鵲之吟 沙鶴之句 擧皆鏗鏘 不失聲韻 卽如劉翁與白大鵬輩是已 當時號爲風月香徒 香徒者庶流修禊之名也 學士先生 降禮接之 往往酬詠相問 靄乎三代風謠之遺 噫 何其盛歟"

15) 柳夢寅, 劉希慶傳,『於于集』卷 6. "早學詩 不事生業 與書吏白大鵬 酬唱若塡篦 一時縉紳諸彦奬禮之"

했다. 그의 시 秋天生薄陰 華岳影沈沈이라 한 詩句를 仲兄이 매우 칭찬했으며, 伯兄(許篈)을 좇아 日本에 갔다가 돌아오면서 좋은 시를 많이 지었다고 했다.16) 이때 許篈은 劉希慶도 같이 데리고 가고자 했으나 그는 어머니가 나이 많은 것으로 사양했다.17) 許篈은 宣祖 23년에 書狀官으로 正使 黃允吉과 副使 金誠一과 같이 通信使 일행으로 日本에 갔다가 宣祖 24년에 돌아왔다. 그때 白大鵬이 어떤 자격으로 갔는지 알 수 없으나 다녀왔던 것은 사실이다. 白大鵬이 劉希慶과 같이 미천한 사람이었음을 알 수 있는데, 譯官도 아니면서 가게 된 것은 시를 잘 지었기 때문이 아닌가 생각된다.

白大鵬과 劉希慶은 風月香徒의 주도적인 인물로서 그들의 관계에 대하여 許篈도 두 사람을 같이 데리고 가고자 했다고 하니 두 사람은 비슷한 신분으로 다같이 시를 잘했음을 알 수 있으며, 劉希慶이 젊어서 扶安을 갔을 때 그곳 名妓 桂生이 서울에서 詩客이 왔다는 말을 듣고 劉希慶과 白大鵬 중에 누구냐 하며 물었다고 하니, 그것은 白大鵬과 더불어 원근에 이름이 많이 알려졌기 때문이라고 했다.18) 그리고 劉希慶의 佛頂臺別徐佐郎詩에 有客淸秋跨大鵬 飄然直上碧雲層이라 했으며, 그 詩題 밑에 細字로 時白大鵬從之라 했다. 이러한 기록들로 미루어 보면 白大鵬과 劉希慶은 일찍부터 서로 잘 알면서 행동을 같이 하며 시도 함께 지었던 것으로 짐작된다.

白大鵬과 劉希慶이 주도적인 역할을 했다는 風月香徒는 어느

---

16) 許筠, 『鶴山樵談』. "白大鵬者 賤隷也 補黑衣之列 仲兄與沈承旨喜壽 皆與之平交 秋天生薄陰 華岳影沈沈之詩 仲兄嘗稱贊不置 從伯兄往返 日本 甚多佳什"

17) 柳夢寅, 劉希慶傳, 『於于集』 卷 6. "名儒許篈愛之特甚 當其使日本也 欲與白大鵬洎生偕 生以養老辭"

18) 劉希慶, 行錄, 『村隱集』 卷 2. "少遊扶安邑 有名妓桂生 聞君爲洛中詩 客 問曰 劉白中誰耶 盖君及大鵬之名動遠邇也"

시기에 결성되어 활동했는지 이에 대해서는 다음 기록이 壬辰亂
전에 있었던 것으로 明證된다고 생각된다. 즉, 임진란이 일어났을
때 巡邊使 李鎰은 白大鵬이 日本 사정에 밝은 것으로 동행을 하였
는데 軍中에서 죽었다고 했다.19) 이로써 白大鵬이 임진왜란 초기
에 바로 전사했음을 알 수 있기 때문에 風月香徒의 결성은 임진왜
란이 일어나기 전이었음을 알 수 있다.

  그리고 風月香徒가 결성되어 어느 시기까지 계속되었는가 하는
것에 대해 추정할 만한 기록이 없기 때문에 알 수 없으나, 임진왜
란으로 중지되지 않았던가 한다. 이렇게 보려는 것은 위에서 언급
한 바와 같이 임진왜란이 일어나자 白大鵬은 바로 전사했고, 亂中
은 물론 亂後에도 한동안까지 詩社의 활동을 하기 어려웠을 것이
다. 劉希慶도 후기에는 枕流臺를 짓고 그곳에서 士大夫文人들과
많이 어울리었다. 이와 같이 주도적인 인물에서 白大鵬은 전사했
고 劉希慶은 사대부문인들과 많이 어울리게 되었을 뿐만 아니라,
칠년간 계속된 대란으로 전국이 초토화되었기 때문에 風月香徒는
임진왜란이 일어나면서 막을 내리지 않았던가 한다.

  李植은 風月香徒에 대해 庶流修禊之名이라 했는데, 修禊에는
禊貝이 필요하다. 임진왜란 직전까지만 해도 漢文學이 委巷人들에
게까지 많이 보급되지 않았기 때문에 白大鵬 등과 修禊할 수 있는
인물이 얼마나 되었을까. 있었다면 어떤 인물이었을까. 柳夢寅이
中世에 魚無迹, 朴繼姜, 鄭玉瑞 등이 詞章으로 유명했다고 했으
나,20) 魚無迹, 朴繼姜 등은 그들의 생존년대로 보아 風月香徒와는
상관이 없겠고, 鄭玉瑞는 禊貝이 아니었을까 한다. 그의 生沒年代

---

19) 柳夢寅, 劉希慶傳. "逮壬辰之亂 巡邊使李鎰 以大鵬諳倭中事 强之同行
   大鵬死於軍中"
20) 柳夢寅, 劉希慶傳. "中世有魚無迹朴繼姜鄭玉瑞 以詞章名"

를 알 수 없기 때문에 분명히 말할 수는 없으나, 海東遺珠와 昭代
風謠의 편집방침이 以年齒爲次한 것이 일반적이었는데, 昭代風謠
目錄에 그의 이름이 바로 鄭致의 위에 있다. 그리고 그의 아들 鄭
楠壽가 南應琛과 함께 六歌雜詠을 편찬했다고 하니, 이로써 미루
어 볼 때 風月香徒의 禊員일 가능성은 있다고 생각된다.

다음으로 거론될 수 있는 인물은 鄭致다. 그의 자는 可遠, 號는
櫟軒이며, 宣祖께서 그의 才藝를 듣고 內司 別坐를 내리었는데,
그것은 異恩이라고 했다.21) 그리고 그의 對酒招白萬里詩에22) 何
日忘之白大鵬이라 한 句가 있다. 이로써 보면 鄭致는 白大鵬과 동
시대의 인물로서 다같이 출신도 미천했을 뿐만 아니라, 서로 사이
도 매우 좋았고 시도 잘 지었음을 알 수 있다. 鄭致가 가지고 있는
이러한 점들을 미루어 보아 風月香徒의 禊員이 틀림없을 것으로
추측된다.

鄭彦官(1535~1612)의 자는 字容, 號는 蔥山이며, 詩文이 富贍하
고 奧妙하여 車天輅, 梁應鼎 등의 칭찬을 받았다. 그는 萬曆中 國
子試에 玉貌篇으로 壯元했으나 성격이 世氣에 不媚할 뿐만 아니
라, 출신도 미천했는데 節操를 고치지 않아 박명시인으로 그쳤다
고 했다.23) 이러한 鄭彦官의 작품은 볼 수 없으나 車天輅 등이 칭
찬했다고 하며, 그의 생존시기와 출신 등을 미루어 볼 때 風月香徒
의 禊員일 가능성이 있지 않을까 한다.

李精은 昭代風謠의 目錄에 호를 杏村이라 하고 다른 기록은 없
으나, 그의 客中贈舊友詩24)에 共憐雙鬢髮 白盡亂離中이라 했으니

---

21) 『昭代風謠』目錄. 鄭致條. 字可遠 號櫟軒 漢川人 宣祖聞其才藝 特差
內司別坐別人 而命是任 盖異恩也.
22) 『昭代風謠』卷 6.
23) 具滋均, 『朝鮮平民文學史』, 56~57쪽.
24) 『昭代風謠』卷 1.

壬亂을 겪었던 인물임을 알 수 있으므로 香徒의 禊員이 아니었던
가 한다. 그리고 六家雜詠의 六詩人도 劉白과 더불어 酬唱한 이른
바 風月香徒에 속한다고 했는데,25) 위에서 언급한 바와 같이 風月
香徒가 임진왜란으로 인해 修禊의 행사를 계속하지 못한 것이 사
실이라면 六家雜詠의 대표적인 인물이라 할 수 있는 崔奇男의 출
생이 1586년으로써 宣祖 19년이다. 이로써 볼 때 崔奇男은 風月香
徒의 禊員이 되기는 어려웠을 것이다. 필자가 아직 六家雜詠을 보
지 못했기 때문에 단정적으로 말하기는 어려우나 六家雜詠의 인물
들 가운데 崔奇男보다 나이 많은 인물이 있어 白大鵬과 酬唱이 있
었다면 모르겠으나, 劉希慶과 있었다고 해서 風月香徒가 아니었을
까 하는 것은 지나친 추측이 될 수 있다. 白大鵬은 임진란 초기에
전사했고 劉希慶은 仁祖 14년(1636)까지 살았기 때문이다.

우리 나라에서 임진왜란 전까지만 해도 漢文學이 委巷人들에게
까지 많이 보급되지 않았으나, 서울에는 한문교육을 받은 醫, 譯과
胥吏들이 많았기 때문에 風月香徒가 결성될 수 있는 인적자원은
충분히 있었을 것으로 짐작되며, 그 가운데 白大鵬과 劉希慶이 대
표적인 인물이 아니었던가 생각되므로 위에서 언급한 바 있지만
먼저 白大鵬부터 그의 인물에 대해 간단히 언급하고자 한다.

許筠은 그에 대해 시에 능했고 일찍 司鑰을 했으며 같은 무리들
이 그를 따랐다. 그의 시는 孟郊와 賈島의 시를 배웠기 때문에 枯
淡하다고 했다. 權韠이 당시 문인들이 晚唐詩體를 배우고자 하는
것을 보면 司鑰體라고 했는데, 萎弱한 것을 비웃은 것이라고 했
다.26) 이로써 보면 白大鵬은 시로써 당시 상당히 유명했음을 알 수

---

25) 具滋均, 『朝鮮平民文學史』, 57쪽.
26) 許筠, 「惺叟詩話」, 『惺所覆瓿藁』, 卷 25. "有白大鵬者亦能詩 嘗爲司鑰
    一時渠之儕類皆效之 其詩學郊島 枯淡而萎 汝章每見人學晚唐者 必曰
    司鑰體也 盖嘲其弱焉"

있다.

　그리고 熙朝軼事에는 그가 典艦司의 종으로서 시에 능하고 술을 좋아했으며, 성격이 俊逸 橫健하여 烈俠의 풍모가 있었다. 劉希慶과 더불어 친했는데 모두 시로써 유명했다. 萬曆 초에 通信使 許篈을 따라 日本에 갔고, 임진란 때 巡邊使 李鎰을 따라 尙州에서 싸우다가 죽었다. 그때 李鎰은 도망가고 그 從事들은 殉節해 국가에서 贈卹이 많았으나 大鵬은 받지 못했기 때문에 사람들이 모두 애석하게 여겼다.[27] 그의 시로써 지금 전하는 것은 九日과 秋日詩가 있다. 九日詩는 많이 알려졌으므로 秋日詩를 들어둔다.

秋天生薄陰　　가을 하늘에 엷은 구름이 끼니
華嶽影沉沉　　높은 산이 그림자 져 침침하다.
叢菊他鄕淚　　타향에서 국화보고 눈물 흘리며
孤燈此夜心　　외로운 등불 아래 이 밤을 지새운다.
流螢隱亂草　　나는 반딧불은 풀 속으로 사라지고
疎雨落長林　　성긴 빗방울 나뭇잎에 떨어진다.
懷侶不能寐　　님을 생각하며 잠 못 이루는 밤에
隔窓啼怪禽.　　창 밖에 새 우는 소리 들린다.
(昭代風謠 卷 4)

　위에서 언급한 바 있지만 이 시에 대해 許筠이 매우 칭찬했다고 한다. 그는 일찍 戰死하여 詩藁를 수습하지 못했기 때문인지 오늘날 전하는 시를 두 수밖에 보지 못했으나, 다 珠玉같이 아름다운 작품이다.

　劉希慶과 그의 枕流臺에 대해서는 이미 論究한 바 있으므로[28]

___

27) 李慶民,『熙朝軼事』上. "白大鵬者 典艦司之奴也 能詩善飲酒 俊逸橫健 有烈俠之風 嘗與劉希慶遊 二者俱以詩聞於世 … 萬曆初隨通信使許篈赴日本 壬辰之役 隨巡邊使李鎰 戰于尙州以死之 時鎰遁去 其從事皆殉節 贈卹甚優 獨大鵬不與焉 人皆嗟惜之"

여기서는 간단히 언급하고자 한다. 許筠은 그의 인물에 대해 본디 賤隷였는데 사람됨이 淸愼하여 주인에게 충성하고 어버이에게 효성하여 士大夫들이 사랑했으며, 시에 능해 매우 純熟하다고 했다.[29] 그의 문집 村隱集 3卷이 전한다.

枕流臺는 劉希慶이 거처했던 곳으로 당시 문인들이 많이 찾았다. 그가 언제부터 그곳에 있게 되었는지 정확히 알 수 없으나 임진란의 전후 복구가 어느 정도 된 후에 그곳으로 거처를 정하지 않았는가 한다.

이 枕流臺에 대해 公은 성격이 恬靜하고 욕심이 없었으며 山水를 좋아했다. 집이 淨業院 밑에 있었는데, 그 溪上에 돌로 臺를 만들어 枕流臺라 하고 그 옆에 桃柳 수십 주를 심어 봄이면 꽃과 푸른 잎이 아름다울 때 唐詩 한 권과 궤와 술그릇을 옆에 두고 그 사이에서 종일 동안 시를 읊으며 自適한다고 했다.[30] 이 枕流臺에 대해 任叔英, 李睟光, 成汝學의 枕流臺記가 있다. 그리고 그곳에 車天輅, 李睟光, 申欽, 金玄成, 洪慶臣, 任叔英, 曺友仁, 成汝學 등이 자주 찾았다고 한다. 이와 같이 枕流臺에는 士大夫文人들이 많이 찾았지만 劉希慶이 미천한 출신이었기 때문에 委巷文人들도 그곳을 적지 않게 찾지 않았을까 한다.

이와 같이 枕流臺를 문인들이 많이 찾았기 때문에 詩社가 결성되지 않았던가 하는 생각도 해 볼 수 있겠으나, 그렇지는 않았던 것으로 짐작된다. 그렇게 보려는 것은 枕流臺에 대한 많은 기록들

---

28) 車溶柱, 劉希慶 硏究,『韓國委巷文學作家硏究』, 景仁文化社, 2003.

29) 許筠,「惺叟詩話」,『惺所覆瓿藁』卷 24. "劉希慶者本賤隷也 爲人淸愼 事主忠 事親孝 士大夫多愛之 能詩甚純熟"

30) 李慶民,『熙朝軼事』劉希慶條. "公爲人恬靜寡慾 性愛山水 家在淨業院下 卽其溪上壘石爲臺 名之曰枕流 傍植桃柳數十株 每春時紅綠照爛 川谷 公手唐詩一卷 一几一罍 坐臥其中 嘯詠終日以自適"

가운데 詩社에 관한 말이 없을 뿐만 아니라, 士大夫 문인들은 수시로 만나 시를 같이 지을 수 있는 기회가 많았기 때문에 정치적인 탄압으로 현실에서 소외되지 않았다면 結社를 해 詩會를 가질 필요가 없었을 것이다. 그러므로 고려 때 竹林高會를 제외하고 사대부문인들을 중심으로 結社한 것을 보기 어려웠다. 그리고 委巷文人들도 枕流臺를 찾을 수 있었겠지만 사대부문인들이 많이 모이는 곳에서 그들만의 結社는 어렵지 않았을까 추측되며, 또 그러한 흔적도 찾아볼 수 없기 때문이다.

劉希慶과 白大鵬이 주도적으로 했다는 風月香徒는 결성되어 몇 년 동안 계속되었으며, 참여한 禊員이 얼마나 되었는지 참고할 만한 기록이 없기 때문에 정확히 알 수 없으나, 委巷人들만을 중심으로 임진란 전에 결성된 詩社가 있었다는 것은 주목할 만한 의의가 있다고 생각되며, 또 그것은 후대에 委巷人들을 중심으로 詩社를 결성하는데 적지 않은 영향을 끼쳤을 것이다.

3. 洛誦樓詩社

洛誦樓는 洛誦樓詩社의 중심인물이었던 金昌翕(1653~1722)이 살던 집 사랑채의 이름이며, 이 詩社에 적극적으로 참여했던 인사는 주인인 金昌翕을 비롯하여 洪世泰, 李奎明 등이었다. 이러한 洛誦樓詩社에 대해 詩社라는 명칭이 적합한가 하는 의견이 있을 수 있겠으나, 洪世泰도 自是詩社從遊之樂遂絶이라 하여 詩社라 이름했다.

金昌翕의 玄孫인 金邁淳(1776~1840)은 金昌翕과 洛誦樓詩社와의 관계에 대해 21세 때 進士試에 합격한 후부터 科場에는 발을

끊고 白岳山 밑에 洛誦樓를 세워 동지 몇 사람과 더불어 날마다
독서하는 것으로 즐거움을 여겼다고 했다.[31] 이로써 보면 洛誦樓
의 위치는 北嶽山 밑에 있었음을 알 수 있다. 이 洛誦樓에 대해 약
간 구체적인 기록을 들어보면 金邁淳이 撰한 金昌翕의 年譜 30歲
條에 洛誦樓를 北嶽山 양지쪽에 지었는데, 처음 지었을 때는 十餘
楹이었고, 별도로 그 동쪽에 한 칸을 小樓로 하여 莊子에 있는 말
을 취해 洛誦樓라 하고 날마다 동지 몇 사람과 더불어 그 위에서
독서하며 시를 지었다.[32] 이 年譜의 기록에 따르면 金昌翕이 30세
때 洛誦樓를 지어 동지들과 讀書賦詩했다고 하니 詩社는 그 즈음
에 結成되지 않았을까 한다.

洪世泰는 洛誦樓詩社와의 관계에 대해 자신이 소년이었을 때
妙軒 李奎明과 같이 놀게 되었다. 李奎明의 집이 북악산 밑에 있
어 金昌翕이 사는 곳과 가까웠다. 그때 金昌翕은 古詩를 倡導하며
洛誦樓를 열어 선비들을 초청했다. 李奎明은 시로써 金昌翕과 雙
璧이 되어 경쟁하며 서로 양보하지 않았다. 자신은 그들과 같은 나
이로써 쉽게 意氣가 投合되어 친하게 사귀었다고 했다.[33] 이로써
洪世泰가 洛誦樓詩社와 관계를 가지게 된 것은 李奎明의 소개였
고, 李奎明은 金昌翕의 집 근처에 살고 있었음을 알 수 있다.

그리고 그들이 洛誦樓에 모여 활동한 것에 대해 당시 우리 세

---

31) 金邁淳 撰, 高祖考妣墓誌, 『臺山集』 卷 10. "癸丑成進士 自是絶跡公車
建洛誦樓于白岳山下 與同志數人 日讀書爲樂"
32) 金邁淳 撰, 「三淵先生年譜」 三十歲條. 國立圖書館藏. "構洛誦樓于白
岳之陽 始營第凡十餘楹 而別其東一間小樓 取莊周語 名以洛誦樓 日
與同志數人 讀書賦詩於其上"
33) 洪世泰, 妙軒詩集 跋『柳下集』 卷 10. "余少時 從妙軒李公遊 公家北
山之下 與三淵金公居相近 時三淵倡爲古詩 開洛誦樓 以招諸子 而公
同時並峙 與之頡頏 不相讓焉 余於兩公 卽同年生 而一言道合 如石投
水 許以忘形之交 故得邀遊兩間"

사람은 나이도 젊고 氣槪도 높아 世間에 어떤 것이든지 좋아하지
않고 오직 시만 좋아해 날마다 만나지 않은 날이 없었고, 만나면
반드시 시를 지었으며, 지은 시는 金石을 연주하는 것처럼 아름다
워 이 세상에서 무슨 즐거움으로도 바꿀 수 없었다고 했다.[34]

그런데, 이 洛誦樓詩社에는 참여한 인원이 얼마나 되었으며, 또
얼마 동안 계속 되었을까하는 것에 대해 추정해 보고자 한다. 참여
한 인원에 대해 洪世泰는 吾三人이라 했고, 金邁淳도 同志數人이
라 했다. 그러나 이 詩社가 몇 년 동안 계속되었다면 듣고 찾아오
는 사람도 없지 않았을 것이고, 洪世泰도 以招諸子라 한 것을 보
면 개방적이었음을 알 수 있으므로 다른 문인들도 참여하지 않았
던가 하는 생각을 할 수 있겠으나, 다른 사람이 참여했다는 기록을
찾아볼 수 없다.

이 詩社의 중심인물이라 할 수 있는 金昌翕은 21세 때 進士試에
합격했으나 벼슬에 뜻을 두지 않고 일생 동안 布衣로 있으면서 詞
章과 道學으로 당시 士林의 領袖가 되었다. 李奎明은 일찍 세상을
떠났지만 역시 進士試에 합격했고, 洪世泰의 말에 따르면 시로써
金昌翕과 雙璧이 되어 경쟁하면서 서로 양보하지 않았다고 하니
그의 文才를 짐작할 수 있다. 그리고 洪世泰는 우리 나라 漢文學
史에서 委巷文人으로서 가장 대표적인 인물 중의 한 사람이라 할
수 있다. 그러므로 당시 그들과 對敵할 수 있는 文才를 가진 사람
이 흔하지 않았을 것이다. 그리고 뒤에 언급하겠지만 이 詩社가 오
래 계속되지 못하고 몇 년 사이에 중지되었기 때문에 호기심으로
그들의 詩社에 찾아온 사람들이 있었을 것으로 짐작되나, 매번 그

---

34) 위와 같음. "當此之時 吾三人年少氣高 於世間一切事物 無所愛好 而唯
嗜詩特甚 無日不相見 相見則必有詩 聲氣所感 金石迭奏 融融乎 渢渢
乎 不知天壤間 復有何樂 可以易此也"

들과 같이 모인 사람은 없었던 것 같고 간혹 찾아오는 사람도 얼마 되지 않았기 때문에 그들 외에 참여했다는 사람의 이름이 없지 않았는가 짐작된다.

金昌翕의 年譜에 따르면 그의 나이 30대 초에 洛誦樓를 짓고 바로 結社가 되었음을 알 수 있는데, 이 詩社가 얼마나 계속되었는가 하는 것에 대해 알아보고자 한다. 洪世泰는 이에 대해 얼마 되지 않아 李奎明이 세상을 떠났고, 잇따라 金昌翕도 깊은 산 속으로 들어가서 나오지 않았기 때문에 詩社의 즐거움이 없어졌다고 했다.35) 이로써 보면 李奎明이 세상을 떠나고 金昌翕이 그의 아버지 金壽恒이 賜死되자 雪嶽山으로 들어가면서 詩社의 활동이 중지되었음을 알 수 있다. 그리고 金昌翕은 李奎明의 挽詩에서 즐거움은 새롭게 아는 즐거움만 한 것이 없고 슬픔은 死別하는 것이 가장 슬프며 알았다가 헤어지는 것이 3년이 되지 못했다고 했다.36) 이러한 기록들을 참작하면 洛誦樓詩社는 金昌翕이 30세 때 洛誦樓를 지으면서부터 시작하여 李奎明이 세상을 떠나자 세 사람이 모이는 詩會는 끝나게 되었으며, 그 기간은 3년이 되지 못했다고 한다.

洛誦樓詩社의 중심인물은 金昌翕이라 할 수 있는데, 그는 淸陰 金尙憲의 曾孫으로서 領議政을 역임한 金壽恒의 아들이며, 또 領議政을 역임한 金昌集과, 詞章과 道學으로 이름이 높았던 金昌協은 그의 형이었다. 그는 37세 때 아버지인 金壽恒이 珍島에서 賜死되자 白雲山, 雪嶽山, 春川의 谷雲 등지에 머물면서 서울에 있는 것을 싫어했으며, 여러 번 관직에 임명되었으나 취임하지 않았다. 당시 그는 道學과 詞章으로 士林의 領袖였다.

---

35) 위와 같음. "曾未幾何 而公下世矣 又未數年 而三淵遁居窮峽 不復出矣 自是而詩社從遊之樂遂廢"
36) 金昌翕, 李瑞卿挽,『三淵集』卷 3. "樂莫新知樂 哀莫死別哀 新知而死 別 曾未三年來" 瑞卿은 奎明의 字임.

李奎明의 자는 瑞卿, 호는 妙軒이며, 進士試에 합격했다. 그는
30대 초에 세상을 떠났기 때문인지 그에 대한 기록은 보기 어렵다.
金昌翕은 그의 문집 妙軒集 序에서 瑞卿은 氣가 뛰어났고 생각이
깊었다. 그러한 재능으로 經典을 열심히 공부하면 성과를 거둘 수
있었을 것이며, 계속 열심히 하면 鄭士龍, 盧守愼, 黃廷彧 등과 같
을 수 있었으나 그것으로 만족하지 않고 屈原에 이르고자 하니 그
의 포부가 크지 않은가 했다.[37] 이로써 보면 그는 文才와 아울러
포부도 컸음을 알 수 있으며, 金昌翕이 쓴 그의 문집 序가 있는 것
을 보면 文集도 간행된 듯하다.

洪世泰의 생애와 詩文에 대해서는 이미 고찰한 바 있으므로[38]
여기서는 간단히 언급하고자 한다. 그는 한미한 가문의 출신이었
으나 詩文에 뛰어나 당시 문명이 높았던 士大夫文人들과 겨루었
다. 肅宗 때 通信使 일행으로 日本에 갔던 바 그곳 사람들이 비단
을 가지고 와서 시를 청하는 자가 많았으며, 얻은 자는 귀하게 여
기었고, 집에 그의 화상을 그려 가지고 있었다고 했다.[39] 이로써
그의 시는 日本에서도 높게 인정받았음을 알 수 있다.

洪世泰가 생존했을 당시만 해도 委巷文人들이 많지 않았다. 그
가 시로써 士大夫文人들과 爭衡하게 되자 委巷人의 자제들에게
많은 용기를 주어 공부를 열심히 하게 했다고 한다.[40] 그는 洛誦樓

---

37) 金昌翕, 妙軒遺藁 序, 『三淵集』卷 23. "若瑞卿者 氣足馳驟 思極深湛
則有其才矣 枕藉墳典 鈐彖佔畢 則有其功矣 以是循轍而趨 未知如前
輩湖蘇芝 孰先孰後 而猶有不屑 必欲上薄風騷而後已 其志豈不偉哉"

38) 車溶柱, 洪世泰 研究, 『韓國委巷文學作家研究』, 景仁文化社, 2003.

39) 鄭來僑 撰, 滄浪洪公墓誌銘『浣巖集』卷 4. "肅宗朝 壬戌從通信使往
日本 蠻人持牋練乞詩墨 所過堵立 … 得者皆藏 弄以爲寶 傾慕喧噪 至
戶繪其像焉"

40) 南有容, 『雷淵集』省齋集 序, 鄭玉子, 朝鮮後期의 文風과 委巷文學
307쪽 再引. "始滄浪徒手起委巷 一日唱爲正音 名動士大夫間 而閭井
之人 各自奮厲 咸知挾榮讀書之爲貴"

詩社뿐만 아니라, 다음에 언급될 洛下詩社에서도 활동했다.

洛誦樓詩社에 대한 구체적인 기록이 없기 때문에 자세히 알 수 없으나, 여러 사람이 참여하면서 오래 계속된 것이 아니고 몇 년 동안 계속하다가 중단되었으며, 참여한 인원도 얼마 되지 않은 듯하다. 그러나 화려한 家門의 士族 출신과 洪世泰와 같이 한미한 委巷人이 함께 했다는 것에 의의가 있다고 생각된다.

4. 洛下詩社

洛下詩社는 肅宗朝 후기에 결성된 詩社로써 서울에 거주하는 委巷人들을 중심으로 한 것이다. 이 詩社가 결성될 즈음에는 사회적으로 적지 않은 변동이 있었다. 이에 대해 壬丙兩亂을 겪은 후 자각과 반성이 제기되어 農村에서는 개량농법이 점차 보급됨에 따라 생산의 증대로 인해 농업경제에 변동이 야기되었고, 商工業에서는 국가 지배질서의 문란으로 인해 정부의 통제력이 약화되었으며, 對日 對淸의 무역이 종전보다 활발하면서 국내 생산력을 자극했다. 그리고 일부 지식층에서도 농업에만 의존하던 국가 경제의 취약성을 보완하기 위한 방법으로 수공업과 상업의 진흥이 필요하다는 주장이 있었다.[41] 이러한 사회적인 변동은 委巷人들의 사회적인 활동에 적지 않은 자극을 주었을 것이며, 따라서 신분제의 동요도 일어나게 되었다.

그리고 이 시기의 委巷文學의 형성에 대해 兩斑專有의 한시단에 먼저 역관계통의 사람들이 참가하고 뒤이어 京衙前이 委巷詩

---

41) 元裕漢, 商工業의 발달, 韓國史研究會編『韓國史研究入門』, 1981, 35 8~359쪽.

壇의 주류가 되는 것도 문화의 점진적인 아래로의 擴散이라는 추세와 함께 그것을 受容할 만큼의 분위기가, 혹은 정신적인 성장이 그 내부에 싹트고 있었음을 推定하게 했다고 했다.[42]

　洛下詩社[43]는 이러한 시대배경의 추세에 따라 委巷文人들만을 중심으로 결성된 것으로써 그 규모가 그 전에 있었던 어느 詩社보다 컸던 것이다. 그런데, 이 詩社에 대해 자세한 기록이 없고 다만 鄭來僑[44]의 林俊元傳에서 그는 매양 좋은 때와 아름다운 경치를 보게 되면 여러 사람들을 지정한 장소에 오게 하고 자신은 안주와 술을 준비해 가지고 가서 같이 시를 짓고 술을 마시며 즐겁게 놀다가 파했는데, 그것을 수시로 하며 오래 계속했기 때문에 서울에서 才名이 있다는 사람들이 그 모임에 참여하지 못한 것을 부끄럽게 여겼다고 했다.[45] 이로써 보면 洛下詩社는 林俊元이 주도했으며, 적지 않은 委巷文人들이 참석한 것으로 짐작할 수 있다.

　이 洛下詩社의 모임에 委巷文人들이 많은 관심을 가졌다는 것은 崔廷憲의 寄洛中舊遊諸友詩에 洛社舊遊猶不忘 夢中時把菊花杯라 했고, 愼惟明의 秋夜懷洛下詩友詩에 洛社故人空夢想 廣陵新月又秋團이라[46] 한 것으로 보아 이 詩社에 委巷文人들이 많은

---

42) 鄭玉子, 朝鮮後期의 文風과 委巷文學, 서울대, 인문대 사학과,『韓國史論』4, 1987, 291쪽.
43) 車溶柱, 洪世泰 研究,『韓國委巷文學作家研究』, 105쪽.
　　이 詩社의 명칭을 洛社라 하기도 하나 이미 洛下詩社에 따르고자 한다고 밝힌 바 있다.
44) 필자는 鄭來僑 研究에서 (韓國委巷文學作家研究) 그가 進士試에 합격했다는 기록을 찾아볼 수 없다고 했으나, 뒤에 합격했다는 기록을 보았으므로 여기에 밝혀 둔다.
45) 鄭來僑, 林俊元傳,『浣巖集』卷 4. "每遇良辰美景 招呼詩人 指某地爲期 俊元爲主 辨酒肴而隨之 輒賦詩酣飮 極驩而罷 以是爲常 久而不倦 洛下稍有才名者 以不得與其會爲恥"
46) 具滋均,『朝鮮平民文學史』, 61쪽 再引. 이들 두 시에서도 洛社라 했음

관심을 가졌던 것을 알 수 있다. 다음에는 이 詩社가 얼마 동안이나 계속되었으며, 참여한 인원은 어느 정도였으며, 또 그들은 어떤 성분의 인물들이었는지 살펴보고자 한다.

이 洛下詩社에 대해 다른 기록이 없기 때문에 구체적으로 알 수 없으나, 林俊元傳에 每遇良辰美景이라 했으므로 매년 정해진 날에 개최되었던 것은 아닌 듯하고 때와 장소에 따라 한 해 춘추로 두 번 정도까지도 모이지 않았을까 짐작된다. 그리고 久而不倦이라 했으니 몇 번으로 그치지 않고 오래 계속 되었음을 알 수 있다. 林俊元은 본디 가난했던 사람으로서 중년까지 노력하여 致富한 인물이었다고 하니 중년 이후부터 모이기 시작했을 것이며, 이 詩社는 林俊元 개인에 의해 주도되었기 때문에 참여인원의 규모와 계속하는 데는 한계가 있었을 것이다. 그러나 委巷文人들의 활동을 활발하게 하는 것에는 영향이 적지 않았을 것이다. 그리고 참여했던 인원에 대해서는 당시 서울에 委巷文人들이 적지 않았을 것으로 짐작되고, 다음에 언급되겠지만 林俊元은 義氣있는 인물이었기 때문에 그를 따르는 사람이 많았다고 한다. 林俊元傳에서 招呼諸人이라 했고, 또 참석하지 못한 자들이 부끄럽게 여겼다고 하니 적지 않은 인원이 참석한 것으로 짐작되나, 위에서 말한 바와 같이 당일의 비용을 林俊元이 홀로 부담했다고 하니 多衆은 아니었을 것으로 짐작된다.

이 洛下詩社의 중심인물인 林俊元에 대해 그는 文史로 즐거워했고, 날마다 그의 무리들과 모여 그의 사랑에는 신발이 가득했으며 술상이 그치지 않았다. 그의 무리들로는 庾纘洪, 洪世泰, 崔大立, 崔承太, 金忠烈, 金富賢 등이었다고 했다.[47] 이들은 모두 委巷

을 알 수 있다.
47) 鄭來僑, 林俊元傳.

人으로서 昭代風謠에 시가 실려 있는 것으로 보아 시에 능했음을
알 수 있고, 또 洛下詩社에도 참여했을 것이므로 林俊元과 함께
이들에 대해 간단히 언급하고자 한다.

林俊元의 자는 子昭, 호는 西軒이다. 그는 少時에 崔奇男에게
배워 詩才를 인정받았으나 집이 가난해 內司樣에 근무하면서 致
富한 후 그만 두고 委巷文人들과 가깝게 지냈다. 그는 庾纘洪이
술을 많이 마시므로 양대로 마시게 준비해 주었고, 洪世泰가 가난
해 老母를 봉양하기 어려움을 알고 양식이 떨어지지 않게 주선해
주었다. 그리고 崔奇男이 세상을 떠나자 가난해 관을 살 돈이 없었
다. 그 때 林俊元은 使臣을 수행하여 중국에 가고 없었다. 門徒들
이 만약 林俊元이 있었다면 선생님이 세상을 떠났는데 관이 없게
하겠느냐 했는데, 그때 林俊元의 사람들이 관을 가지고 왔다고 하
며, 그가 중국으로 떠날 때 집안 사람들에게 일러두었기 때문이라
고 한다. 그의 시가 海東遺珠에 많이 실려 있다고 했다.[48] 그의 義
氣에 대해 成海應(1760~1839)의 好義傳에도 언급되어 있다.[49] 그
의 喜仲瑞過詩를 들어둔다.

弊廬多日斷將迎   집에서 여러 날 손님 맞지 못했는데
獨見炎凉不易情   계절만은 변하지 않고 찾는구나.
一笑坐來開北牖   웃으며 앉아 北窓을 여니
柳塘微雨午風輕.   가는 비에 젖은 버들가지 바람에 날린다.
(昭代風謠 卷 3)

庾纘洪의 자는 述夫, 호는 春谷이다. 바둑에 능해 國碁였다고
하며, 司譯院 判官으로 冬至使를 수행하여 중국을 다녀왔다. 그는

---

48) 위와 같음.
49) 成海應, 好義傳『研經齋全集』卷 12.

성격이 오만하고 술을 좋아했으며 생업에 종사하지 않고 친구와
더불어 詩酒로 세월을 보냈다. 그는 술을 지나치게 좋아하여 밤낮
으로 마시다가 술이 떨어지면 다른 사람의 집을 찾아 술을 청해 마
시고 취하면 땅에 누워 노래를 불렀다고 한다.[50] 이로써 보면 그는
재능은 있었으나 한미한 가문의 출신이기 때문에 출세하지 못한
것에 울분을 가지고 詩酒로써 달래고자 한 것이 아닌가 한다. 그의
送春詩를 들어둔다.

    老病偏多感   늙고 병드니 더욱 다감해
    佳辰又送春   좋을 때 또 봄을 보내게 되었구나.
    幽禽如會意   산새도 이 마음 아는 듯
    終日語留人.   종일 가지 못하게 운다오.
    (昭代風謠 卷 1)

　　崔大立에 대해 다른 기록은 보지 못했고 昭代風謠에 그의 자는
秀夫, 호는 蒼厓 또는 筠潭이며, 繼母를 지극한 효성으로 섬기었고
譯官이었다고 한다. 그의 시가 海東遺珠에도 많이 실렸지만 昭代
風謠에는 수십수가 실려 있다. 風謠의 편찬태도를 쉽게 말할 수는
없으나 좋은 작품을 선발하되 많은 작가의 시를 싣고자 했다. 그러
므로 작가에 따라 한 수만 실린 작가도 적지 않다. 그런데 崔大立
은 여러 가지 형식의 시가 많이 실려 있는 것으로 보아 높게 평가
받은 작가가 아니었던가 한다. 그의 極樂庵詩를 들어본다.

    白雪擁松扃   흰 눈이 빗장문에 쌓였고
    千峰孤磬澄   깊은 산 속 경쇠소리 맑게 들린다.
    老僧年八十   늙은 스님 나이 팔십인데
    終夜話傳燈.   밤늦게까지 法統을 말한다오.
    (昭代風謠 卷 1)

50) 洪世泰, 庾述夫傳,『柳下集』卷 9.

崔承太의 자는 子紹, 호는 雪蕉이며, 崔奇男의 아들이다. 그는
어떤 자격으로 갔는지는 알 수 없으나 중국을 다녀왔다. 洪世泰는
그에 대해 자신이 少時에 그를 따라 三角山 香林寺에 갔는데, 절
은 산 頂上에 있고 높은 절벽에 폭포가 있었다. 그는 위에 올라 시
를 읊고 바위에 그 시를 썼는데, 시와 글씨가 뛰어났다. 그는 마음
이 담백해 세상일에 관심을 가지지 않고 좋아하는 것은 시뿐이었
기 때문에 그의 시가 좋지 않은가 했다.51) 이로써 보면 그는 세상
일에는 관심이 없었고 오직 시 짓는 것을 좋아했음을 알 수 있다.
그의 宿薪院詩를 들어둔다.

日暮行人少　　　날이 저무니 행인은 드물고
山家早閉門　　　山村의 집들은 일찍 문을 닫는다.
鴈呼沙上月　　　달빛 아래 기러기는 沙上에 놀고
砧動水南村　　　南村에서 물레방아소리 들린다.
客裏誰相語　　　객지에서 누구와 말하리
燈前獨斷魂　　　등불 아래서 혼자 생각에 잠긴다.
算來行漸遠　　　헤어보니 갈 길은 멀어
明日過西原.　　　내일에는 西原을 지나겠구나.
(昭代風謠 卷 4)

金忠烈의 자는 而彦, 호는 玉湖이다. 그에 대해 公私聞見錄의
기록에 따르면 光海君의 寵姬 金尙宮이 國政에 깊게 관여하자 그
는 上疏하여 삼백년 宗社를 金尙宮이 滅하고자 한다고 했다.52) 이
와 같이 관직에 있지 않으면서 하기 어려운 말을 한 것을 볼 때 義

51) 洪世泰, 雪蕉詩集 序,『柳下集』卷 9. "余少日嘗從公遊三角山之香林
寺 寺在岳頂 峭壁千仞 瀑布倒懸 公披髮鶴立其上 臨風高詠 聲撤雲際
詠罷引筆大書于石 錯落盤屈如龍蛇 詩筆俱奇 信絶異之觀也 盖其心泊
然 於世間事 無一掛意 而所嗜者詩耳 此其詩之所以工"
52)『昭代風謠』目錄, 金忠烈條.

氣있는 사람이었음을 알 수 있다. 그의 江頭晴望詩를 들어둔다.

長堤十里柳和煙   긴 언덕 버들잎은 연기처럼 깨끗하고
步出江頭雨後天   비 개인 후에 江頭에 나왔다.
水滿汀頭芳草綠   강물은 넘실거리고 풀빛은 푸르며
白鷗飛上釣漁船.   白鷗는 고기 낚는 배 위에 날고 있다.
(昭代風謠 卷 3)

  金富賢의 자는 栢倫, 호는 巷東이며 崔奇男의 外孫이라고 한다. 昭代風謠에 그의 시가 적지 않게 실려 있으나 그에 대한 다른 기록은 찾아보지 못했다. 그의 題道長寓舍詩를 들어둔다.

草際蟲鳴山日斜   풀밭에 벌레 울고 해는 기울었으며
疎林寂歷帶秋花   성긴 숲 속 고요한데 가을꽃이 피었다.
看君飽得煙霞氣   그대는 산천의 精氣를 많이 얻어
坐取終南半入家.   앉아 南山을 반이나 가졌네.
(昭代風謠 卷 3)

  이상으로 洛下詩社에 대해 살펴보았다. 비록 정기적 또는 조직적으로 詩會를 가진 것은 아니라 할지라도 상당기간 동안 자주 가졌던 것으로 짐작되며, 참여한 인사들은 모두 委巷文人들로서 그 수도 적지 않았음을 짐작할 수 있다.[53] 이로써 委巷文人들의 활동이 점차 활발해 지면서 그때까지 士族階層에서 독점해 왔던 문단의 一角을 점령하기 시작한 것이 아닌가 한다.
  이와 같이 洛下詩社는 委巷文人들을 중심으로 結社가 되었음을 알 수 있는데, 위에서 언급한 바와 같이 洛下詩社가 결성되기 전에

---

53) 洛下詩社에 참여한 인사들은 위에 언급한 사람들 외에도 李得元 등 시를 잘한 인사들이 적지 않았던 것으로 짐작되나 여기서는 더 언급하지 않기로 한다.

있었던 詩社로써 風月香徒는 劉希慶, 白大鵬 등과 같이 미천한 委
巷人들만을 중심으로 결성되었고, 洛誦樓詩社에는 金昌翕, 李奎
明, 洪世泰 등이었는데, 이들 가운데는 화려한 家門의 자제와 寒微
한 출신까지 있었으므로 의의가 있다고 하겠으며, 그것은 참여한
인원이 소수였기 때문에 가능했을 것이다. 詩社가 결성될 때는 출
신성분과는 상관없이 同好人들 끼리 되는 것이 당연하겠으나, 그
것은 오늘날의 관념이고 洛下詩社가 결성된 朝鮮朝 시대의 신분
질서에는 士族과 委巷人이 같이 結社하기는 어려웠다. 그러므로
洛下詩社의 구성원들은 委巷文人들을 중심으로 될 수밖에 없었을
것이다.

이러한 洛下詩社는 林俊元 개인에 의해 주도되었기 때문에 조
직적으로 진행이 되지 못했을 것으로 짐작되나, 좋은 계절이 되면
적지 않은 委巷文人들이 모여 자주 詩會를 가졌다는 것은 다음에
繼承된 松石園詩社의 결성에 많은 영향을 끼쳤을 것이다.

Ⅲ. 松石園詩社

1. 千壽慶의 人物 性格

松石園詩社는 委巷文人들을 중심으로 결성된 詩社로써, 참가한
인원의 규모면에서는 그 전에 있었던 詩社들은 비교할 바가 아니
고, 뒤에 結成된 여러 詩社들도 그에 미치지 못했을 정도로 盛況

을 이루었던 詩社였다. 이러한 松石園詩社의 중심인물이 千壽慶
이었으므로 먼저 그의 인물 성격부터 알아보고자 한다.

千壽慶(1759~1818)[54]은 松石園詩社를 주도했을 뿐만 아니라,
風謠續選을 편찬하여 조선조 후기 委巷文學의 발전에 공로가 많
았던 인물이다. 그의 인물에 대해 자는 君善이며, 집이 가난했으나
글 읽는 것을 좋아했고 시를 잘 지었다. 玉流泉 위에 띠집을 짓고
松石道人으로 호를 하고 石壁에 秋史 金正喜가 隸字로 크게 쓴 松
石園이 刻字되어 있었으며, 날마다 同人들을 모아 무리를 나누어
시를 지었는데, 당시 시를 아는 자들은 누구나 그곳에 참여하지 못
한 것을 부끄럽게 여겼다고 했다.[55] 이로써 보면 그는 집이 가난했
으나 시를 좋아했음을 알 수 있다. 그리고 어렸을 때 그와 이웃에
서 같이 자랐고, 風謠續選을 함께 편찬했으며,[56] 松石園詩社에서
千壽慶과 더불어 주도적인 역할을 한 張混(1759~1828)은 그의 성
격이 구속받는 것을 좋아하지 않았고 사소한 일에 얽매이는 것을
싫어했다. 집이 매우 가난했으나 生業에 종사하지 않았으며 어렸
을 때부터 공부하는 것을 좋아했고, 또 나무 심는 것을 좋아하여
鹿泉은 그가 나무를 심은 곳이라 했다.[57]

千壽慶과 연령의 차는 십여세 있었으나 松石園에 자주 출입했
으며, 그곳에 대해 적지 않은 기록과 시를 남긴 朴允默(1771~

---

54) 千壽慶의 출생년대는 千炳植의 考證에 따랐다. 千炳植,『朝鮮後期委
巷詩社研究』, 국학자료원, 1991, 73쪽.
55) 李慶民,『熙朝軼事』, 千壽慶條. "千壽慶字君善 家貧好讀書 工於詩 結
茅於玉流泉上 自號松石道人 石壁上松石園擘窠隸字 阮堂學士所書也
聚同人分曹 賦詩無虛日 世之解詩者 無少長 未與松石會者 人爲之恥"
56)『風謠續選』첫 장에 千壽慶 編, 張混 校라 했음.
57) 張混, 書君善鹿泉畊讀說後『而已广集』卷 11. "余有友同開知也 性放
曠 不屑瑣尾 家甚寠 不事生產 自童穉 唯好讀書好種樹 而鹿泉其松楸
之域也"

1849)은 松石先生의 집이 매우 가난하여 겨울에 따뜻한 옷과 여름
에 시원한 옷이 없었으며 궂은 쌀밥도 먹기 어려웠으나 좋은 경치
를 보고 읊는 소리는 金石에서 나오는 것과 같았다. 그가 시를 지
을 때 修辭에 힘쓰지 않았으나 순수한 기운이 意表에서 나와 보는
사람의 마음을 즐겁게 했다. 그의 집에는 당시 문인들의 왕래가 끊
어지지 않았다.58) 그리고 선생은 오십년 동안 숲 속에서 공부하면
서 天理의 떳떳함을 즐거워하며 세상일에 관심을 가지지 않고, 또
死生에 대해 일체의 모든 근심도 그의 마음을 흔들지 못했다.59)

이러한 기록들을 미루어 볼 때 그가 매우 가난했음을 알 수 있으
며, 또 그렇다고 해서 부당하게 현실과 타협하려 하지 않고 한적한
곳에서 일생 동안 詩文을 좋아하며 살았음을 알 수 있다. 千壽慶이
매우 가난했다는 것은 그에 관한 여러 기록에 나타나 있으나 소년
때까지는 여유가 있었다고 한다. 張混이 지은 그의 母夫人 輓詩에
따르면 옛날 이웃에 같이 살았을 때 그 댁의 생활은 여유가 있었는
데, 늙었을 즈음에 어려우니 부인의 마음이 어떠하겠는가 했다.60)
이로써 보면 千壽慶이 어렸을 때는 생활에 여유가 있었음을 알 수
있는데, 뒤에 가난하게 된 것은 그가 생업에 종사하지 않고 詩文만
을 좋아했기 때문이 아니었던가 생각된다.

千壽慶이 매우 가난했음에도 생활을 할 수 있었던 것은 마을 자
제들을 가르쳐 생활을 유지해 왔음을 알 수 있다. 이에 대해 마을

---

58) 朴允默, 松石翁回甲壽宴 序,『存齋集』卷 23. "今松石先生家甚貧 冬不
能裘 夏不能葛 雖糲飯日不給焉 然臨水朗咏 若響出金石 及其賦詩 不
事雕飾 渾然有筍蔬之氣 發於意表 熏人心目間 當時詩人操觚而工文者
皆相與往來不絶也"

59) 위와 같음. "先生林下讀書五十有餘年 樂其天理之常 而又未嘗汨汨役
役於車塵馬跡之間 一切無死生之患 以沸其心志"

60) 張混, 千君善大夫人輓,『而已广集』卷 5. "吾慈常說隔垣居 尊宅伊時
産羡餘 暮境艱辛一至此 夫人心緖政何如"

에 자제가 있는 부잣집에서 다투어 맞이하여 가르치게 하므로 그
에게 受業을 받는 자가 항시 오륙십명이 되었으며, 사람들이 詩文
에 능한 자를 보면 모두 千先生의 제자로 알고 있었다고 했다.[61]

   지난날 世業이 없는 가난한 선비들이 생활수단으로 쉽게 할 수
있었던 것은 다른 사람의 자제들을 가르치는 것이다. 여기에도 두
가지가 있었다. 하나는 관직에 있는 집과 부유한 집에 조치되어 그
들 자제를 가르치는 것이 있고, 다른 하나는 마을 자제들을 한 곳
으로 모아 가르치는 것이다. 千壽慶은 전자가 아니고 후자였다. 이
에 대해 약간 구체적인 것을 들어보면 가난한 선비들이 書堂의 스
승을 생계의 수단으로 하는 자가 많았지만 千壽慶과 같이 盛況을
이룬 사람은 없었다. 처음에 그는 가난해 老母를 받들기 어려워 마
을 아이들을 모아 가르치면서 한 달에 아이들에게 얼마를 내게 했
다. 배우는 아이들이 점차 많아지자 한 달에 60전을 내게 하면서
하루에 배우는 것이 二文은 되지 않겠느냐 했다. 이로써 배우는 아
이들이 삼백여명이나 되어 큰 아이가 작은 아이들을 분담하여 군
대처럼 질서가 있었다. 그리고 文人들도 날마다 많이 모여 술을 마
시며 놀았는데, 매우 추울 때가 아니면 松石園 내에 사는 사람들
집에서는 밥을 하지 않았다고 했다.[62]

   이러한 기록을 분석해 보면 많은 학생들이 모였고, 또 그 학생들
을 조직적으로 분담해 가르쳐 근대 초기의 학교 교육과 다를 바 없

---

61) 『里鄕見聞錄』卷 6. "千松石壽慶 里巷富室有子弟子 爭迎敎誨 從而受
    業 常五六十人 分曹講學 井井有規度 成材甚衆 人見有能文解詩者 皆
    知爲千先生弟子也"
62) 李慶民, 『熙朝軼事』卷 下, 千壽慶條. "寒士之以塾師爲生者多矣 未有
    如松石之盛 松石始貧無以養老母也 集里中少兒敎之 計一月之費 排於
    諸兒 旣而學徒漸繁 而俸入漸多 使之月出六十錢 日一日讀 寧不直二
    文哉 因以學徒多至三百 大者擧其少加制軍法 詩人日坌集園中 飮食若
    流 惟隆寒大多外 園居家小未嘗炊飯也"

다고 생각된다. 그리고 학생들로부터 月謝金을 받았다. 千壽慶은 그것을 營産하기 위해 저축하지 않고 찾아오는 문인들의 酒食代로 사용했음을 알 수 있다. 그리고 千壽慶의 이 書塾에 많은 문인들이 모였다고 했는데, 이것이 松石園詩社의 母胎가 되었을 것으로 생각된다.

千壽慶이 학생들을 모아 가르치며 살던 곳이 松石園이었는데, 그 이름은 전에부터 있었던 것이 아니고 千壽慶이 그곳에 살면서 소나무와 바위가 좋았기 때문에 자신의 號를 松石이라 했으므로 붙여진 이름이다. 이에 대해 松石은 玉洞의 북쪽에 있었는데,[63] 나무들이 푸르게 우거져 언덕을 따라 둘러싸여 있어 그 깊이를 알 수 없고, 또 바위가 우뚝 솟아 있어 그 높이가 몇 장 되어 보면 아름다웠다. 千壽慶이 그 사이에 집을 짓고 스스로 松石이라 호를 하고 두건을 벗은 채 나무를 어루만지며 옷을 풀고 돌을 베고 누어 날마다 문인들과 시를 읊으며 늙고자 했으니 시를 매우 좋아하는 사람이라 했다.[64] 또 이와 비슷한 다른 기록도 있다. 千壽慶이 그곳에서 생장하여 玉溪 위에 집을 짓고 松石園을 가꾸어 날마다 친구들과 모여 水石사이에 소요하며 物外에 放浪하면서 감정을 표출하므로 그의 의지를 나타내었다. 시가 많았는데 모두 絶調라 했다.[65] 이러한 기록들을 종합해 보면 千壽慶은 매우 가난했으나 학생들을

---

63) 仁王山 밑에 지금의 樓上洞 일대가 아닌가 한다.
64) 朴允默, 松石園記,『存齋集』卷 23. "松石園在玉洞北 有松蔥鬱蟠結 緣崖環列 其深若不可測 而又有石屹然壁立 其高幾丈許 使人望之 尤可愛也 千翁君善廬於其間 自號曰松石 岸幘而撫松 解衣而枕石 日與文人才子 吟哦婆娑 若將終老 是可謂好之之篤也"
65) 申宅權, 千壽慶玉溪癸丑春賞詩軸 序,『樗庵漫稿』. 具滋均,『朝鮮平民文學史』78쪽 再引. "詩人千壽慶 生長於此 結廬於玉溪之上 粧點於松石之園 日與溪友園翁 逍遙於水石之間 放浪於形骸之外 陶寫其性情 感發其志意 其詩盖以千數 儘絶調也"

가르치는 것 외에 달리 生業에 종사하지 않았으며, 松石園에서 문
인들과 더불어 시를 짓는 것으로 가난하게 일생을 마쳤으니 孤高
한 성격의 인물임을 알 수 있다.

2. 其他의 參與 人物

위에서 살펴 본 洛下詩社는 林俊元 개인이 주도한 것이다. 그는
財力이 있었다고 하지만 그때 詩會에 참여한 인원이 많지 않았기
때문에 비용의 부담이 가능했을 것이다. 이와는 달리 松石園詩社
의 중심인물은 千壽慶이라 할 수 있는데 그는 가난했고, 또 結社가
洛下詩社와 같이 초대에 의해 이루어진 것이 아니고 처음부터 몇
사람들의 동지들과 같이 結社한 것이다. 이에 대해 張混은 千壽慶,
王太, 金洛瑞 등 여러 사람들과 松石園社를 결성하여 술을 마시며
시를 지어 風流가 跌宕하다고 했다.66) 熙朝軼事에는 玉溪社의 白
戰을 말하며 千壽慶, 張混, 王太 들이 松石園에서 결사를 했는데,
모이는 사람들이 수백명이라고 했다.67) 그리고 朴允默은 千壽慶,
金洛瑞, 張混, 李宜秀, 金泰郁, 王太, 盧允迪 등의 七賢은 모두 西
社의 奇傑한 선비라 했다.68) 이러한 기록들을 미루어 볼 때 처음
結社 당시부터 적극적으로 참여한 인사가 있었음을 알 수 있으며,

---

66) 張志淵,『逸士遺事』卷 1. 張混條. "混與詩人千壽慶王太金洛瑞諸人
    倡松石園社 酒酣賦詩 風流跌宕"
67) 李慶民,『熙朝軼事』卷 下 千壽慶條. "客有言 玉溪社百戰之盛 千壽慶
    張混王太倡社於松石園 會者數百人"
68) 朴允默, 七賢悼亡詩幷小 序,『存齋集』卷 10. "松石園千壽慶 好古齋金
    洛瑞 而已广張混 錦里李宜秀 睡軒金泰郁 數里王太 書畫舫盧允迪 此
    七賢者 皆西社奇傑之士也"

그 가운데 張混은 이미 다른 곳에서 언급한 바 있었으므로[69] 여기
서는 王太, 金洛瑞, 車佐一, 朴允默 등에 대해 간단히 살펴보고자
한다.

王太의 자는 步庚이며, 호는 數里였다. 松石園 주위에 살면서
가장 적극적으로 참여한 인사 중의 한 사람이었다. 그에 대해 金虎
門 밖에 살고 있었던 王太는 酒家의 傭人이었다. 그는 글읽기를
좋아하고 시에 능했다. 가난해 남의 일을 하지 않으면 살기 어려웠
다. 임금이 듣고 불러 시를 짓게 시험했더니 시를 잘 지었다. 그의
소원을 물었던 바 綱目, 詩經, 書經, 諸子書를 보고 싶다고 아뢰었
다. 임금께서 기특하게 여기시어 壯勇營 軍案에 그의 이름을 넣어
월급을 주어 독서하게 했다.[70] 이로써 보면 正祖도 그의 이름을 알
고 있었음을 알 수 있다. 그의 江閣滯雨餞春詩를 들어둔다.

城中人欲老   城中에서는 쉽게 늙을 것 같더니
江閣一春間   江閣에 봄이 무르익었다.
芳草連天雨   아름다운 풀은 비에 젖었고
桃花兩岸山   복숭아 꽃은 양쪽 언덕에 피었다.
石村沽酒去   石村으로 술 사려 가고
煙渚提魚還   맑은 강물에서 고기 잡아온다.
回想要津處   나루에 있는 사람들을 생각해 보면
應無似我間.   아마 나처럼 한가롭지 않을 것이네.
(風謠三選 卷 4)

金洛瑞의 자는 文初, 호는 好古齋였으며, 奎章閣 書吏를 했다고

---

69) 車溶柱,『韓國委巷文學作家研究』, 景仁文化社, 2003.
70)『弘齋全書』卷 172,「日得錄」12 人物. "金虎門外有王太者 酒家傭人
好讀書能屬詩 而貧不能自存 上聞之 召太試而詩 太能製進 又詢其所
願 太對以願讀綱目詩書及諸子 上異之 命於壯勇營軍案中付太名 給月
料 仍使讀書"

한다. 그에 대해 洪奭周(1774~1842)는 그의 인품과 詩文을 말한
뒤에 그와 알게 된지 삼십년이 되었으나 그를 잘 알지 못한 것은
나의 불찰이겠지만, 그는 여러 가지로 아름다운 것을 가지고 있으
면서 알려지는 것을 원하지 않았으니 그것이 더욱 귀한 것이라 했
다.71) 이로써 그의 인물과 詩文이 우수했음을 짐작할 수 있다. 그
의 馬上口占詩를 들어둔다.

> 野鶴立淸晨　　野鶴이 맑은 새벽에
> 微茫煙水際　　뿌연 물가에 서 있다.
> 不隨老鶩飛　　늙은 오리들과 날지 않고
> 時向寒空唳.　　때때로 蒼空을 향해 운다.
> (風謠三選 卷 2)

　車佐一(1753~1809)의 자는 叔章, 호는 四名子이다. 그는 經史에
밝았고 書畫를 잘했으며 音律과 射藝에까지 능했을 뿐만 아니라,
九流 百家에 모르는 것이 없었으며 더욱 시에 능했다.72) 늦게 武科
에 합격하여 知世浦萬戶를 했으나 遞職된 후 벼슬에 뜻을 두지 않
았다. 그리고 그는 崔北, 千壽慶, 張混, 王太 등 名士들과 더불어
城西의 松石園에서 結社하여 文墨으로 優遊하며 山水間을 방랑하
면서 먹고 입는 옷이 없었으나 걱정하지 않았다.73) 문집 四名子集
이 전한다. 그의 有足腫或戒止酒戱答詩를 들어둔다.

---

71) 李慶民,『熙朝軼事』卷 下, 金洛瑞條. "嗟乎周旋往來三十餘年之久 而
　　猶不能盡知如此 此固余不晳也 然其內蘊衆美 而沖然不求炫于人如此
　　此其所以尤可貴者歟"
72) 呂圭亨 撰, 行狀,『四名子集』. "旣長通經史 工書畫 解音律 精射藝 九
　　流百家 無不博諳 尤長於詩"
73) 위와 같음. "與崔北千壽慶張混王太諸名士 結社于城西松石園 優遊文
　　墨 放浪形骸 屢空穿結 不以爲意"

曾讀軒岐術　일찍 醫書를 보았으나
元無禁酒方　禁酒하는 처방은 없었다.
生爲醉鄕伯　살아서는 醉鄕의 우두머리가 되고
死作修文郞　죽으면 修文郞이 되고싶소.
足病今何有　발에 병이 있으면 어떤가
身名久已忘　몸과 명예를 잊은지 이미 오래되었다.
對君須痛飮　그대 만났으니 痛飮하고 싶소
內托外應良.　몸을 보하면 병도 낫겠지.
(四名子集)

　朴允默(1771~1849)의 자는 士執, 호는 存齋이다. 그는 松石園詩社의 중심인물 등과 연령의 차는 적지 않았으나 詩社에 적극 참여했으며 玉溪詩史序, 白戰帖跋, 松石園記를 썼을 뿐만 아니라, 그의 시에도 松石園과 관련 있는 것이 많다. 그는 內閣에 있을 때 正祖로부터 은총을 많이 받았으나 자만하지 않았고, 正祖 諱辰에는 그의 친구들과 北漢山 정상에 올라 통곡했다. 평생 동안 재물을 가볍게 여기며 나누어주기를 좋아했기 때문에 그의 집도 점차 어려웠으나 아무렇지 않게 생각했다. 그의 시는 典雅하고 글씨도 뛰어났다.[74] 문집 存齋集 26卷이 전한다. 그의 雨中乘舟下松坡詩를 들어 둔다.

小艇輕於葉　작은 배는 나무 잎처럼 가볍고
孤帆恰受風　돛은 바람을 받은 듯하다.
樹奔指點際　나무는 가리킬 겨를도 없이 지나가고
山改送迎中　산은 잠간 사이에 모양이 바뀐다.
天地一身渺　하늘과 땅은 너무 넓고
江湖兩眼空　아름다운 강산은 두 눈에 가득하다.
浮雲望不極　떠 있는 구름은 끝이 없어
直與海門通.　바로 바다와 닿아 있다.
(『存齋集』 卷 2)

---

74) 徐俊輔 撰, 朴允默墓誌銘 참조.

千壽慶이 생존했을 때 松石園은 委巷文人들의 집합하는 장소로
서 많은 委巷文人들이 그곳을 출입하며 詩社 활동에 참여했다. 그
러므로 그 가운데 누가 더욱 적극적으로 참여했다고 말하기 어려
울 정도였다. 그런데, 위에 언급한 인사들은 松石園詩社에 관한 글
을 남겼거나 松石園을 말할 때 자주 거명되었던 인물들이다.

3. 詩社의 活動과 그 意義

松石園詩社는 千壽慶이 주도적인 역할을 한 詩社이다. 이 詩社
의 명칭에 대해 松石園詩社는 물론 松石雅會,75) 玉溪社,76) 西社77)
등 여러 가지 명칭이 있었다. 그런데 이러한 명칭에서 松石園詩社
와 松石雅會 등은 詩會가 열렸던 장소가 千壽慶이 살고 있었던 곳
으로써 소나무가 우거져 있고 바위가 좋아 그곳을 松石園이라 명
명했기 때문에 붙여진 이름으로 생각된다. 玉溪社는 松石園에 맑
은 시냇물이 흘러 그곳을 玉溪라 부르기도 했기 때문에 정해진 이
름인 듯하며,78) 또 그곳을 玉洞이라 부르기도 했다.79) 그리고 西社
는 松石園이 서울 서쪽 仁王山 밑에 있었기 때문에 그렇게 부른
것이 아닌가 한다. 이와 같이 여러 가지 이름으로 불러진 것은 당
시에 정해진 이름이 없었기 때문이 아닌가 생각되며, 그 가운데 松

---

75) 李德涵, 風謠續選跋. 癸丑春倣蘭亭故事 開松石園雅會.
76) 李慶民,『熙朝軼事』卷 下, 千壽慶條. "客有言玉溪社白戰之盛"
77) 朴允默, 七賢悼亡詩竝小序,『存齋集』卷 10. "皆西社奇傑不覊之士"
78) 申宅權, 千壽慶玉溪癸丑春賞詩軸 序. "詩人千壽慶 生長於此 結廬於玉
   溪之上"
79)『風謠續選』卷 6. "嚴啓興 千壽慶玉洞卜築 癸丑暮春 盛邀詩子 修蘭亭
   故事 强策赴會"

石園詩社로 불려진 것이 가장 많으므로 여기에 따르고자 한다.

　다음에는 松石園詩社의 結成 시기에 대해 살펴보고자 한다. 이 詩社의 결성시기에 대해 구체적인 기록은 없으나 위에 인시한 註 (74, 77, 78)에서 李德涵, 申宅權, 嚴啓興 등이 한결같이 蘭亭故事 를 본받아 修禊했다고 하며, 그 시기를 癸丑年 봄이라고 했다. 이 해는 正祖 17년으로써 風謠續選이 편찬되기 4년 전이며, 千壽慶의 나이 38세가 되던 해이다. 그의 나이에 비해 이르지 않은가 하는 생각도 없는 바 아니나, 여러 기록에서 癸丑春이라 했고, 4년 후에 는 風謠續選의 편찬과 같은 큰 사업을 착수하여 성공했을 뿐만 아 니라, 詩社가 처음 결성될 때는 뒤에 크게 盛況을 이룰 때와는 달 리 참여하는 인원도 많지 않았을 것이고, 또 잘 알고 있었던 친구 들을 중심으로 했을 것이기 때문에 나이 젊었다 할지라도 가능하 지 않았던가 한다.

　그리고 이러한 추정과는 달리 張混의 書玉溪社修禊帖後에 歲丙 午食瓜之月某日이라 한 기록을 들어 1789년(正祖 10) 6월이라는 견해도 있다.80) 이때는 千壽慶의 나의 31세가 된다. 松石園詩社의 결성시기에 대해 위에 인시한 기록들은 모두 詩會에 참여한 인사 들의 기록인데, 이와 같이 차이가 있으므로 이에 대해서는 後考를 기다리고자 한다.

　松石園詩社가 결성된 것에 대해 松石先生이 玉溪 위에 살면서 스스로 文史로써 즐거워하고 있었는데, 주위에 뜻이 맞는 선비들 이 그곳에 찾아가서 모여 시를 지은 것이 책이 되었다. 이것이 詩 史가 만들어지게 된 것이라 했다.81) 이로써 보면 千壽慶이 살고 있

80) 千柄植,『朝鮮後期委巷詩社研究』, 72쪽.
81) 朴允默, 玉溪詩史 序,『存齋集』卷 23. "嗚呼松石先生居玉溪上 以文史 自娛 鄉隣同志之士 相與往來於長松老石之間 會必有詩 詩又成卷 以 詩史之所以作也"

는 松石園의 경치가 좋았기 때문에 주위에 있는 친구들이 그곳에 모여 詩會를 가지게 되었는데, 그것이 詩社의 시초가 된 것이라고 했다. 그리고 그곳에 모여 시를 짓게 된 취지에 대해 辛亥年에 뜻이 맞은 친구들이 玉溪를 찾아 놀면서 그곳의 아름다운 경치와 술에 취해 잔을 잡고 말하기를 자연의 미는 스스로 아름다워 지는 것이 아니고 사람이 알리기 때문에 더욱 아름다워 지는 것이다. 이곳에서도 시를 짓지 아니하면 좋은 경치가 묻히게 될 것이니 시로써 표현하여 두고 보는 것이 어떻겠는가 했더니 모두 좋다고 한다 했다.82) 이와 같이 경치가 아름다운 곳을 시로써 표현해 두고 계속 보려는 의도에서 시를 짓고자 한 것임을 알 수 있다.

松石園에서 詩社가 결성된 것에 대해 여기 있는 사람들은 사이가 좋고 서로 가까운 곳에 살며 나이도 비슷하다. 경치가 아름다운 곳에서 좋은 계절을 만나면 서로 모이게 되는데 그것은 서로 취미가 같기 때문이다. 丙午年 어느 날에 모여 자신이 말하기를 簿奕으로 사귐은 하루를 못가고 勢利로 사귐은 일년을 넘기지 못하나 文學으로 사귐은 영원히 간다. 지금 이 자리에 모여 있는 사람들은 서로 사이가 좋으니 結社를 하여 한 달에 한 번 모여 잊지 않게 하는 것이 어떻겠느냐 하니 모두 좋다고 했다.83) 이러한 기록들을 미루어 보면 처음에는 뜻이 맞은 친구들이 水石이 좋은 松石園에 모여 아름다운 경치에 도취되어 시를 짓게 되었고 지은 시를 오래 두

---

82) 張混, 玉溪雅集帖 序,『而已广集』卷 11. "擧酒相屬而告 曰夫美不自美 因人而彰 自昔而然 不有所作 勝迹鬱湮 盍亦寫而留覽乎 咸曰善"

83) 張混, 書玉溪社修禊帖後,『而已广集』卷 11. "有人於斯 厭交膠漆 厭居孔邇 厭齒甲乙 其山水之會 風月之期 若合一契 吁亦異哉 氣味之酷肖也 歲丙午食瓜之月某日 牛馬走倡言曰 語曰 簿奕之交不日 勢利之交不年 惟文學之交 可以永世 今予及汝偕好 結一社 月一造 用作車笠不忘之知可乎 曰諾"

고 보기 위해 帖을 만들었으며, 계속 한달에 한번씩 모임을 가지기 위해 結社를 하게 된 것임을 알 수 있다.

이와 같은 張混의 기록에 따르면 처음 松石園詩社의 결성 취지는 중국 晋代의 竹林七賢보다 王羲之의 蘭亭修禊故事의 영향을 많이 받지 않았는가 생각된다. 竹林七賢과 蘭亭修禊故事는 다같이 晋代에 결성된 것이기는 하나 시대 배경이 서로 다르기 때문에 결성 취지에는 상당한 차이가 있다. 즉, 竹林七賢의 결성에는 현실의 어지러운 政情으로 인해 도피적인 것이었다고 볼 수 있으나, 蘭亭修禊는 세태의 구속을 받지 않고 좋은 계절에 가까운 친구들이 한자리에 모여 詩酒로써 즐겁게 놀면서 자연의 섭리에 따르고자 한 것이다. 松石園詩社가 처음 결성될 때 蘭亭修禊의 영향을 많이 받은 것으로 보려는 것은 張混이 말한 결성 취지에서도 알 수 있는데, 그것은 그들이 생존했던 시기가 英正 때로써 정치적으로 안정된 시기였기 때문일 것이다. 따라서 그들이 신분적인 차별에 울분을 가지고 있었다 할지라도 집단으로 감정을 표출하고자 하지는 않았던 것으로 생각된다.

이러한 松石園詩社가 처음 결성될 때는 禊員이 십여명 정도가 되지 않았을까 짐작되며, 그것이 계속되면서 委巷文人들이 점점 많이 참여하여 前無後無한 盛況을 이루었다. 그런데, 이 詩社가 점차 盛況을 이루면서 규모와 성격면에서 서로 다른 두 가지 모임이 있었다. 하나는 매일 수십명이 모이는 것이고, 다른 하나는 春秋로 通文으로 알려 많은 사람이 모이는 것이다. 前者의 경우에 대해 玉溪社 白戰의 盛況은 千壽慶, 張混, 王太 등이 松石園에서 詩社를 결성했는데, 모이는 사람들이 수백명이 되어 이들이 돌아가면서 모여 매일 삼십명에서 오십명이 되었다고 했다.[84] 張混의 玉溪社

---

84) 李慶民, 『熙朝軼事』, 千壽慶條. "客有言 玉溪社白戰之盛 千壽慶張混

修禊帖後에 따르면 정기적으로 한 달에 한 번씩 모이게 한다고 했으나, 정기 모임과는 상관없이 매일 수십명이 모였다는 것은 참여하는 禊員이 많았기 때문일 것이며, 이를 뒷받침하는 것은 詩人들이 날마다 모여 음식이 많았으므로 추운 겨울이 아니면 園中에 거주하는 가정에서 밥을 하지 않았다는 것에서도 알 수 있다.85) 이로써 松石園에는 매일 委巷文人들이 모여 詩會를 가졌던 것으로 짐작된다.

그리고 봄과 가을에 詩會를 개최한 것에 대해 通文을 보내 날짜를 약속하여 蓮塘에 모이게 하고 종이와 먹물을 많이 준비했다고 하며, 그 날에 참여하는 사람들은 두 사람분의 점심을 가지고 와서 가난해 가지고 오지 못한 사람들을 대접했다고 한다.

당일에 참여한 사람들을 南北으로 나누어 長竿에 詩題를 걸어 南題에서는 北韻으로, 北題에서는 南韻으로 하되 약간은 자유로운 선택에 맡겼다. 늦을 즈음이면 牛腰만한 詩軸을 거두어 당대 문명이 제일 높은 사람에게 평점을 받았다. 그리고 장원한 시는 많은 사람에게 傳誦되어 당일 서울에 두루 알려지게 되며, 평점받은 原軸이 장원한 사람에게 돌아가면 많은 사람들이 轉寫하여 종이가 해어졌다고 한다.

이 詩會에 대해 당시 풍속이 그러한 행사를 좋아했기 때문에 鉅金을 소비하면서도 아깝게 여기지 않았고 파산하게 되어도 후회하지 않았다고 하며, 巡邏軍도 밤에 그 詩會에 참여했다고 하면 잡지 않았고, 宰相들 가운데 문명이 높았던 자도 평점하게 된 것을 영광으로 여겼다고 하니 당시 사람들의 부러워함이 이와 같았다고 했

王太 倡社於松石園 會者數百人 輪流來集 日不下三五十"
85) 위와 같음. "詩人日坌集園中 飮食若流 惟隆寒大多外 園家小未嘗炊飯也"

다.86) 이로써 보면 당시 이 詩會가 얼마나 盛況을 이루었는가 하는 것을 짐작할 수 있다.

朴允默은 이러한 詩會에 대해 詩社의 여러 사람들이 날마다 松石園에 모여 지은 시로써 서로 경쟁하게 되는데, 그것은 시 짓는 재능을 발전시키며 놀이의 도구로 삼고자 한 것이지 長短을 비교하며 승부를 가리고자 하는 것이 아니다. 그렇다면 이 白戰은 君子의 다툼이며 詞壇의 義兵이라 해도 좋을 것이라 했다.87) 이와 같이 松石園詩社의 詩會가 長短을 가리고자 하는 것이 아니고 순수한 경쟁임을 강조했다.

이러한 松石園詩社의 詩會는 여러 가지 의미를 지니고 있다고 생각된다. 이 행사가 委巷人들을 대상으로 委巷人들에 의해 주관되었고, 당시 漢文學의 보급이 委巷人들에게까지 상당히 확대되었기 때문에 이러한 행사가 가능했겠지만, 이로써 漢文學의 보급이 더욱 가속화되었을 것이다. 그리고 이 詩社가 처음 結成될 때는 禊員 몇 사람에 의해 되었으나, 해를 거듭할수록 禊員에 국한된 것이 아니고 시를 지을 수 있는 모든 委巷人들을 대상으로 한 것이 되었다.

조선조는 士族中心의 사회로써 신분에 따른 차별이 심했다. 이 詩會가 이와 같이 盛況을 이루게 된 것은 委巷文人들이 적극적으로 참여했기 때문이라고 하겠는데, 그것은 士族들만이 가능했던 행사로서 종전에는 委巷人들에게 없었던 것이었으나, 委巷人들에 의해 주관되어 개최되었기 때문에 委巷人들의 호응이 많았을 것이다. 그러므로 도시락을 자발적으로 두 사람분을 지참했고 巡邏軍

---

86) 위와 같음.

87) 朴允默, 白戰帖跋, 『存齋集』卷 23. "猗歟社中諸君子 日聚會於雲下 書所詩以爲賭 盖出於長才藝之術 而謀濟勝之具也 非謂其品長短勝負 以取快於一時 若然則是戰也 卽君子之爭 而雖謂詞壘之義兵亦可也"

도 협조했을 것이다. 그런데, 詩軸의 평점은 당시 문명이 높은 宰相에게 받았다고 한다. 그것은 昭代風謠에서 風謠三選에 이르기까지 序文은 士大夫文人들에게 받은 것과 같은 脈絡일 것이다. 이러한 것에 대해 委巷文學이 上層文化의 동경에서 출발하여 성립된 문학으로 漢詩文學을 통한 士大夫들의 후원에 힘입은 바 크다고 했다.[88] 어쨌든, 詩軸의 평점을 士大夫文人들에 맡긴 것은 당시 委巷文人들의 漢文學의 수준이 士大夫文人에 미치지 못한 것은 사실이었기 때문에 평점의 권위를 높이기 위한 것이며, 또 委巷人들의 漢文學은 士族들로부터 傳受받은 것이므로 평점의 의뢰에 거부감을 가지지 않았을 것이다. 그리고 士大夫들도 협조하는데 인색하지 않았다. 그것은 평점을 의뢰했을 때 거절하지 않고 영광으로 생각했다는 것에서도 알 수 있다.

이상으로 고찰한 松石園詩社는 처음 결성될 당시의 인원은 정확히는 알 수 없으나 십수명으로 추측되며 그것이 해를 거듭할수록 많은 인원이 참여하여 매일 수십명이 모여 詩會를 가지기도 했고, 春秋로는 수백명이 참여한 듯하다. 松石園詩社가 이와 같이 盛況을 이루게 된 것은 종전까지만 해도 漢文學은 士族들의 專有物이었으나, 壬丙兩亂後 신분적, 경제적인 변동으로 인해 委巷人들의 사회적인 지위의 향상에 따라 漢文學의 보급이 점차 확대되었으며, 이에 따라 詩會도 순수하게 委巷人들에 의해 주관되어 개최되었기 때문에 委巷人들의 많은 호응이 있었을 것이다. 그리고 漢文學의 특수성으로 인해 다른 사대부 계층과 충돌을 야기하지 않고 오히려 협조를 얻을 수 있었던 것도 盛況이 된 요인의 하나가 아닌가 한다.

이러한 詩社의 활동에 대해 詩社는 委巷文學의 활동의 주된 무

88) 鄭玉子, 『韓國史論』 4, 265쪽.

대가 되었으며 이들 동인들의 동지적 결속과 부조리한 현실과 신
분적 차별에서 오는 불만과 갈등을 해소시켜 주는 구심체로써의
역할을 충분히 감당했던 것이라 했다.[89] 어쨌든, 이 詩社의 활동이
委巷人들의 불만과 갈등의 해소에도 도움이 되었겠지만 委巷人들
을 중심으로 한 漢文學의 보급과 발전에도 적지 않은 영향을 끼쳤
을 것이다.

Ⅳ. 結 言

詩社는 취향이 같거나 비슷한 문인들끼리 정기적 또는 수시로
그들끼리 詩會를 가지기 위해 결성한 것이다. 이러한 詩社는 지난
날 漢文化圈內에서는 어느 나라를 막론하고 있었던 것이다. 우리
나라에서는 竹林高會와 같은 詩社가 고려 때 이미 결성되었고, 조
선조 후기 18세기 경에는 委巷人들을 중심으로 적지 않은 詩社가
있었다. 그러나 그 가운데 松石園詩社가 가장 규모가 컸고 주목되
는 詩社가 아닌가 한다.

문학사에서 詩社가 주목받으려면 참여한 작가들의 작품이 새로
운 思潮를 제창 또는 수용하거나, 형식상의 변혁을 시도하여 주목
을 받게 된 것과 문학의 발전에 공헌을 남겨야 할 것이다. 松石園
詩社는 委巷人을 중심으로 한 詩社이다. 당시 委巷文學은 비로소
문단의 일각을 차지할 정도였으며, 그들에게는 새로운 것을 제창

---

89) 千炳植, 『朝鮮後期委巷詩社研究』, 158쪽.

할 만한 준비가 되어 있지 않았다. 그러나 많은 委巷文人들이 참여
하고 호응했기 때문에 委巷文學의 발전에 큰 공헌을 했다.

그리고 松石園詩社가 결성되기 전에도 委巷人들을 중심으로 한
詩社가 없었던 것은 아니었지만 활동이 미미했거나 前哨에 불과했
고, 그 뒤에 결성된 詩社도 그 규모와 활동양상이 松石園詩社에
미치지 못했다. 그러므로 松石園詩社에 대한 연구는 우리 나라 詩
社에 대한 연구와 아울러 委巷文學을 이해하는데 중요한 機軸이
될 것이다.

제9장

風謠에 대한 研究

I. 序 言

　風謠는 委巷文人들의 작품을 중심으로 委巷文人들에 의해 편찬된 漢詩 選集으로써 英祖 13년 丁巳年에 일차적으로 편집되어 간행되었고, 그 후 60년의 간격을 두고 續選과 三選이 편찬 간행되었다. 初選인 昭代風謠에서 三選에 이르기까지 그 전후집에 실려 있는 작가는 팔백여명이며, 수록된 작품은 천 구백여수가 된다.

　문학사에서 작가 또는 작품을 중심으로 편찬된 選集은 東西를 막론하고 옛날부터 많이 볼 수 있다. 그러나 風謠와 같이 委巷人들에 의해 委巷文人들만을 대상으로 하여 그들의 작품을 이와 같이 방대하게 수집 편찬한 選集은 그 類例를 찾아보기 어려우므로 그 가치는 높게 평가되어야 할 것이다.

　이러한 風謠가 지금까지 크게 주목을 받지 못하고 연구가 부진했던 것은 지난날에는 이들 작가들이 모두 委巷人들로서 당시 사회에서 천시를 받아왔기 때문에 작품까지 무시되었고, 또 실려있는 작품들이 漢詩였으므로 최근 한동안 우리 사회에서 한문을 기피했던 것이 그 이유가 되지 않았던가 한다. 본고는 이러한 風謠에 대해 그 편찬 취지와 체제 및 문학사적인 意義를 중심으로 살펴보고자 한다.

Ⅱ. 編纂 趣旨

風謠가 처음 간행될 때는 昭代風謠라 이름했는데, 그 昭代라는 말에 대해 序跋에서도 구체적으로 언급한 바 없다. 昭代에 대해서는 뒤에 다시 언급하기로 하고 여기서는 昭代風謠에서 風謠三選까지를 通稱해서 風謠라 하고 그 명칭과 編纂 趣旨에 대해 살펴보고자 한다.

風謠는 개인의 문집이 아니고 여러 사람들의 시를 수집한 것이며 작가도 士大夫가 아닌 委巷人들이었다. 風謠의 이러한 특징을 詩經의 國風과 同質的인 것으로 간주하고 붙인 이름이 아닌가 한다. 朱子는 詩經의 國風에 대해 이른바 風이라 한 것은 대부분 委巷의 가요에서 채집한 것인데, 그것은 남녀들이 불렀던 것으로 각자 그들의 감정을 자연스럽게 나타낸 것이라 했다.[1] 朱子의 이러한 견해에 따르면 風謠는 委巷의 남녀들이 부른 노래를 의미한 것이다. 이에 대해 약간 구체적으로 언급한 것을 들어보면 風이라는 것은 民俗 歌謠의 시를 말한 것인데, 그것을 風이라고 한 것은 위로 君王으로부터 敎化를 받아 부른 노래이기 때문에 사람들을 충분히 감동시킬 수 있다. 그것은 물체에 바람이 불게 되면 움직이게 되고 움직이면 소리가 나게 되는데, 그 소리가 물체에 감동을 주는 것과 같은 것이다. 이것으로써 그 풍속의 좋고 나쁜 것과 정치의 득실까지 알 수 있다고 했다.[2] 이로써 보면 風謠는 詩經에서 나온

---

1) 朱熹, 詩傳集註 序. "凡詩之所謂風者 多出於里巷歌謠之作 所謂男女詠歌 各言其情者也"
2) 『詩經』 國風一. 風者民俗歌謠之詩也 謂之風者 以其被上之化以有言

말로써 委巷人들의 순수한 감정을 노래한 것이라 할 수 있다.

昭代風謠가 처음 간행될 때는 風謠에 대한 언급이 없었으나, 뒤에 續選과 三選이 간행되면서 朱子가 詩經의 集註에서 말한 것을 근거로 하여 더욱 구체적인 견해가 없지 않았다. 鄭元容은 風謠에 대해 바람은 불 수 있는 힘을 가진 것으로써 사물을 불어 소리를 내게 하는 것이다. 그리고 謠는 읊는 것인데 뜻을 읊을 때 말로써 나타내는 것이다. 그것은 의도적으로 좋게 하고자 해서 되는 것이 아니고 사물에 닿게 되면 자연히 흘러나오는 소리로써 시골 마을의 평범한 남녀들과 아이들이 사물로부터 느낀 것이 있어 생각하게 되면 감탄하며 흘러나오는 노래를 억제할 수 없게 되는데, 그것이 바로 風謠가 지어지는 동기가 된다.

이러한 風謠는 한결같이 본연의 감정에서 흘러나오는 것이기 때문에 그 속에서 사람 마음의 간사한 것과 올바른 것과 당시 풍속의 좋고 나쁜 것과 정치의 득실을 살필 수 있을 뿐만 아니라, 政務까지도 미리 계획할 수 있다고 했다.[3] 鄭元容의 이러한 주장에 따르면 風謠는 시골 남녀들의 순수한 감정을 노래한 것이기 때문에 그것을 통해 현실세계를 다양하게 파악할 수 있다고 했는데, 詩經에서 稗官이 列國을 두루 다니면서 民謠를 채집해 오면 중앙정부에서 그것을 보고 政治의 得失을 알게 되었다는 것과 같은 의미임을 알 수 있다.

그리고 吳光運은 風이 세상에 돌아다니다가 사람을 빌려 울게

而其言又足以感人 如物因風之動以有聲 而其聲又足以動物也.

3) 鄭元容, 風謠三選 序. "風者吹也 吹物而爲之聲也 謠者詠也 詠志而形
   於言也 是皆無待乎飾美施巧 而觸應滌暢 流出自然之響 鄕黨閭里之夫
   婦長幼 感於物 發於思 而不能不有吟謳咨歎之節 此風謠所以作也 以
   其一出於本然之性情 故人心之邪正 時俗之美惡 王政之污隆 從可以察
   隱微 而測樞機"

되는 것이 謠가 된다. 그 소리가 전혀 가식이 없기 때문에 그것으로 사람의 감정을 표현했을 때 좋고 나쁜 것이 거울에 비친 것처럼 분명히 나타나며, 만일 조금이라도 사람들이 그것을 잡되게 하면 천진한 것을 어지럽히게 될 것이니 어찌 거울이라 할 수 있겠는가 했다.4) 이와 같이 風謠는 순수하고 깨끗한 서민들의 노래를 의미하고 있음을 알 수 있다. 다음에는 이 選集을 처음 간행할 때 昭代風謠로 命名하게 된 것에 대해 알아보고자 한다.

趙斗淳은 국가에서 인재를 선발할 때 신분을 지나치게 중시했기 때문에 士大夫들만이 가진 재능을 발휘할 수 있었다고 전제하면서 委巷人들은 그렇지 못하고 억눌려 밑에 있으면서 답답한 심정을 표출할 수 없었기 때문에 뛰어난 재능과 좋은 작품을 지었다 할지라도 사람들에게 알려질 수 없었다. 그러므로 李達의 작품과 같이 淸麗하고 劉希慶의 시처럼 高古한 것도 한 때의 風謠에 그치고 말았기 때문에 이 選集을 昭代風謠라 이름한 것은 여기에서 由來되었다고 했다.5) 이로써 보면 詩經 國風에 실려 있는 노래와 같이 시골 서민들의 노래이기 때문에 昭代風謠라 이름했음을 알 수 있다.

이와 같이 風謠에 채집된 작품의 작자들은 한결같이 委巷人이었는데, 뒤에 다시 언급할 기회가 있겠지만 특히 조선조에서는 신분에 대한 차별이 심해 委巷人들은 出仕하기도 어려웠을 뿐만 아니라, 사회활동에서도 적지 않은 제약을 받게 되었다. 이러한 차별이 風謠를 편찬하게 된 가장 큰 이유였으므로 이에 대해 살펴보고자 한다.

---

4) 吳光運, 昭代風謠 序. "風之行於天下 假人以鳴曰謠 其鳴也以天 故人之性情代之 汚隆如鏡焉 一以人而雜之 則其天汩矣 又何以鏡焉"

5) 趙斗淳, 風謠三選 序. "惟閭巷則不然 抑而在下 鬱而不暢 楚國之騷 不得爲廊廟朝廷之用 東野之詩 無由鳴國家之盛 如李蓀谷之淸麗 劉村隱之高古 槩歸之一時風謠而止 此昭代風謠所由名也"

曺命敎는 인간이 타고난 感性은 귀천이라고 해서 다를 것이 없으며, 그 감성에서 나타나는 것이 시가 되는데, 어찌 귀하고 천한 것에 따라 차이가 있을 수 있겠는가. 孔子께서 詩經의 三百篇을 선택할 때 委巷에 살고 있는 평범한 남녀들의 가요까지 포함시켰으며, 宗廟와 朝廷에서 부를 수 있는 노래만을 선택했겠는가. 그 출생의 신분에 따라 선택하지 않았음을 알 수 있다고 했다.[6] 그리고 趙斗淳은 시는 깨끗하고 순수한 바탕에서 나오는 것이기 때문에 기쁘고 슬픈 감정이 자연스럽게 흘러나오므로 올바른 감정의 분출이라 할 수 있는데, 어찌 顯貴한 사람만이 구분하여 독점할 수 있겠는가 했다.[7] 이와 같이 詩歌는 순수한 감정의 분출이기 때문에 貴賤이 다를 수 없으므로 구분할 수 없음을 강조했다.

尹光毅는 사람이 타고난 재능은 귀천이 같은 것이다. 貴顯과 賤微를 구분하는 것은 俗世에서 하는 것으로써 좋지 못한 것이다. 微賤하다고 해서 사람도 버리는데 그들이 지은 글을 누가 귀하다고 여기며 전하고자 하겠는가. 모아 두지 않으면 어찌 알려질 수 있겠는가. 靑丘風雅와 箕雅에 委巷文人들의 작품이 없는 바 아니나 그것은 백분의 일에 불과한 것이다. 옛날은 그 구분이 적었는데 근간에 와서 심해진 것인가. 埋滅되어 알 수 없기 때문인가. 昭代風謠를 간행하게 된 이유가 여기에 있다고 했다.[8] 이러한 尹光毅의 주

---

6) 曺命敎, 昭代風謠 序. "情性之賦於天 貴賤一也 其發於情性 而爲詩者 夫豈有間哉 詩本於三百篇 吾夫子採之者 類多閭巷匹庶謳謠之言 不但 郊廟朝廷樂歌之詞而已 其不以生地取舍之者可知已"

7) 趙斗淳, 風謠三選 序. "夫詩天機也 性情也 愉悅憂怨 皆得夫自然之天 而發於性情之正 則豈閭閻家世所獨蓱 而區以域乎其間者哉"

8) 尹光毅, 昭代風謠 序. "天之生才 無貴賤一也 而其貴顯賤微 乃俗之陋 也 苟微也 人猶不能用 況於其文 孰貴而孰傳之 不猶以輯之 其何以自 表 以靑丘風雅箕雅考之 委巷之作略槩見 而亦百之一二耳 豈古微而近 始盛 其或埋滅 而不能記耶 此乃斯集之所以作也歟"

장에 따르면 우리 나라에서는 貴賤의 구분이 심했기 때문에 微賤
한 사람들은 좋은 시를 지었다 할지라도 후세에 전하지 못하고 인
멸되므로 그것을 오랫동안 전하게 하는 것이 昭代風謠의 편찬 목
적이라고 했다.

委巷 출신으로서 昭代風謠의 편찬을 실질적으로 주도했던 高時
彦은 우리 나라는 옛날부터 시를 힘써 가르쳤기 때문에 委巷人들
에게까지 시를 짓는 것이 크게 유행해 우수한 시와 태평을 謳歌한
작품이 적지 않았으며, 그 가운데는 차별을 불평하고 慷慨한 것도
없지 않았다. 委巷人들의 글은 살아 있을 때도 전해지지 않을 뿐만
아니라, 사람들에게 부질없는 것이 되었다. 그리고 죽게 되면 육신
과 함께 그들의 시도 같이 썩게 되며, 조금 남아 있다 해도 항아리
나 덮게 되는 구실밖에 못했다. 그러므로 그들의 작품을 모은다는
것은 많은 노력이 필요하며, 슬프게도 신분이 寒微해 이름도 많이
알려지지 않았다. 좋은 작품만을 골랐더니 쌓인 감정을 힘차게 토
하는 듯하다. 하늘이 洪世泰와 같은 뛰어난 작가를 출생시켜 비록
委巷 출신이었으나 국내에서 그를 상대할 문인이 없었으며, 그 밖
의 작가들도 크지는 못했으나 그 格調는 跌宕함이 있어 東文選에
실려 있는 것과 비교할 만하므로 한 시대의 작품으로써 볼 만한 가
치가 있다. 귀천으로 나눈 것은 사람이 한 것이지만 하늘은 다같이
재능을 가지게 했다고 하며9) 차별을 개탄했다.

高時彦은 昭代風謠를 편찬한 주도적인 인물이었다. 昭代風謠가

---

9) 高時彦, 昭代風謠 卷首. "盛矣我朝興詩敎 下及閭閻風洋汪 或樂昌辰歌
畊鑿 或鳴不平辭慨忼 褐夫文章生無用 向人空爲巴里唱 死而身與草同
腐 殘篇斷簡覆瓴瓽 遺珠掇拾此意勤 爲哀寒微名不颺 把沙揀金最精約
爨音獄氣皆吐放 天生柳下奚篷蓽 健筆三韓無頡頏 自餘家數雖不大 瀏
瀏風調亦跌宕 與東文選相表裡 一代風雅彬可賞 貴賤分岐是人爲 天假
善鳴同一響"

간행되기 전에도 委巷文人들의 작품을 수집하여 간행한 海東遺珠
가 없었던 바 아니었으나, 규모면에서 昭代風謠와 비교가 될 수 없
다. 高時彦이 昭代風謠를 간행하기 위해 자료를 수집하는 데는 많
은 노력이 필요했을 것이다. 그가 그러한 어려움을 극복하고 편찬
한 것은 委巷文人들의 작품이 우수했다 할지라도 그들의 죽음과
함께 湮滅되기 때문에 그것을 사대부들의 작품과 같이 후세에 길
이 유전하게 하고자 했음을 알 수 있는데, 거기에는 자신이 委巷人
으로서 그때까지 받아온 차별 대우로 인해 통한에서 온 굳은 각오
가 있었기 때문에 가능하지 않았던가 한다. 그리고 昭代風謠가 사
대부들의 글을 選集한 東文選과 表裏가 될 것이라고 했으니, 이
選集에 대해 얼마나 긍지를 가졌던가 하는 것을 알 수 있다.

　昭代風謠가 처음 간행된 후 60년의 간격을 두고 續選과 三選이
간행되었는데, 여기에는 현실에 대한 委巷人들의 불평이 처절할
정도로 심각했기 때문에 계속 간행이 된 것이다. 이에 대해 丁彝祚
는 續選 跋文에서 이 책에 이름이 올린 작가는 삼백여명이며 작품
은 칠백여수가 된다. 이들은 국가에서 제도적으로 저지했기 때문
에 출세를 하지 못하고 생활이 어려운 자가 대부분이다. 선비가 글
에 능하면 窮苦하게 되는 것인가, 궁하기 때문에 글을 잘 하게 되
는 것인가. 그런데, 그들 가운데는 다행히도 遺稿가 전하기도 하고
자손들도 있는 자가 있으나, 유고도 잃어버리고, 또 자손이 없는
자도 없지 않으므로 그들의 작품을 모아 간행해 후대 사람들에게
알려 지게 되면 한을 품고 죽은 그들이 저세상에서도 얼마나 기뻐
하겠는가 했다.[10]

---

10) 丁彝祚, 風謠續選 跋. "嗟夫列名是編者 三百餘家 爲詩七百餘首 而悲
　　坎坷 憂衣食者 殆三之二. 豈士能文 則固窮耶 抑窮而後工也 雖然彼諸
　　賢 或幸而有遺藁焉 又或幸而有子孫焉 其不幸者 藁旣逸矣 世亦絶矣
　　而咸得付諸剞劂 使後世之人 知其有某家 彼齎志而歿者 安得不揚眉於

이러한 丁彝祚의 주장에 따르면 風謠를 간행하는 목적은 여기
에 작품이 실린 작가들은 모두 委巷人들이었기 때문에 출세를 하
지 못하고, 또 생활이 어려워 遺稿가 대부분 遺失되고 있으므로 그
들의 이름을 후세에 알리고자 하며, 이에 따라 일생 동안 한을 품
고 죽은 그들도 지하에서 기뻐할 것이라고 했으니, 이 얼마나 사무
치는 절규인가. 丁彝祚 역시 委巷人이였기 때문에 風謠에 대한 그
들의 절실한 감정을 이와 같이 말할 수 있었을 것이다.

조선조의 중기까지는 사대부 문인들이 문단을 독점해 왔으나,
후기로 접어들면서부터 委巷文人들이 점차 진출하여 문단의 일각
을 장악하기 시작했는데, 그렇게 되기까지에는 작가들이 많아짐에
따라 風謠와 같은 選集의 편찬과 詩社를 통한 시작활동도 상당히
활발했기 때문이라고 할 수 있을 것이다. 이러한 활동에 적극 참여
했던 인사 중의 한 사람인 張之琬은 風謠三選의 跋文에서 옛날 元
遺山이 中州集을 간행했을 때 꿈에 많은 詩鬼들이 나타나 축하했
다고 하니, 그들도 자신들의 시가 세상에 전하게 된 것을 기뻐했기
때문인가. 그들은 어려운 가정에서 태어나 어렸을 때부터 늙을 때
까지 노력해 비록 성취한 것은 차이가 있다 할지라도 물욕에 흔들
리지 않고 일생 동안 시에 精進했으니 그들의 뜻은 잊을 수 없을
것이다. 그들 가운데 자손들이 있어 그 업을 계승하여 이름이 알려
진 자도 있었으나, 그 중에는 살았을 때 생활이 어려웠고 죽은 뒤
에도 그들의 시가 전해질 계획이 없는 자도 있으니 시가 사람을 궁
하게 하는 것인가. 劉在健과 崔景欽이 경비와 작품을 모아 길이
전하게 하고자 노력했다. 옛 사람이 말하기를 시를 후세에 전하게
해 주는 것은 유골을 거두어 주는 것과 같다고 했으니 간행하는 것
도 積善이라고 했다.[11]

冥冥之中也"

이와 같이 張之琬은 委巷文人들이 사회적인 지위도 낮았고 경제적인 능력도 없었기 때문에 일생 동안 노력해 지은 작품이 후세에 전해지지 않은 것이 안타까워 風謠를 간행한 것인데, 그것은 露暴되어 있는 遺骨을 거두어 주는 것과 같은 공덕이 된다고 했다. 그리고 元遺山이 中州集을 간행했을 때 많은 詩鬼들이 찾아와서 축하했다고 한 것은 風謠가 간행되었을 때 委巷文人들이 얼마나 기뻐했던가 하는 것을 반영한 것으로 생각된다.

昭代風謠에서부터 風謠三選에 이르기까지 委巷文人들의 작품만을 실은 것에 대해 사대부들의 작품을 실지 않고 오로지 委巷人들의 시만을 모아 책을 만든 것은 옛날 국가에서 풍속과 민요를 채취할 때 委巷人을 중심으로 한 것은 외부에서부터 내부로, 말단에서부터 뿌리까지를 알고자 함이었으므로 委巷의 風謠로써 朝廷의 公卿과 士大夫들의 모든 것을 알고자 함이라고 했다.[12]

그러나 이러한 주장은 표면적인 이유에 불과한 것이고 실질적으로 委巷文人들은 사대부들과는 달리 일생 동안 노력하여 좋은 시를 지었으나 당시에도 알리지 못하고, 또 후대에 전하지 못하는 것에 사무친 원한이 싸여 있었기 때문에 風謠續選과 風謠三選까지 周甲이 되던 해 계속 간행이 가능하지 않았던가 한다. 그리고 風謠가 편찬되는 과정에 士大夫 문인들로부터 서문과 교정을 받았으

---

11) 張之琬. 風謠三選 跋. "昔元遺山著中州集 夢詩鬼數百來賀 彼九原者 亦幸其詩之傳耶 夫生乎蓬蓽 結髮事鉛槧 白首矻矻 所就雖有大小 若不累外物 含英撷藻 力追古人 其志不可沒也 其有子孫者 世其業梨棗 縹緗 固已焜耀當世矣 往往生不藉其力 死不爲傳後計 殆將泯焉者有之 詩果能窮夫人歟 而二君黽勉蒐羅 鳩材印布 隻字片句 圖永不朽 古人 云 傳人遺詩 與掩人遺骸同功 良亦仁心之用博矣"

12) 尹光毅, 昭代風謠 序. "今玆書不取搢紳大夫之作 而只采委巷風謠 合爲 一秩 此其意何也 噫 古之陳風採謠 自閭巷始 外可以推內 末可以知本 以閭巷而朝廷卿士之風可徵也"

나, 그것은 당시 사회 풍조가 사대부 중심이었기 때문에 그들에게 청탁했던 것으로 생각되고,[13] 또 그것은 儀禮的인 것에 불과한 것이며, 실질적으로 편집과 간행에 필요한 경비는 委巷人들이 부담했던 것이다.

그리고 尹定鉉은 風謠三選 序에서 사대부들 가운데 높은 벼슬을 한 사람도 세상을 떠나게 되면 바로 이름을 잊게 되는 자가 얼마나 많은가. 이 風謠三選이 간행되면 집에 두고 그 가운데 좋은 시를 외우게 되어 그의 이름이 湮滅되지 않을 것이니, 후대의 委巷文人들도 이것을 거울로 하여 窮愁에 빠져 있지 말고 風雅의 뜻을 깊게 생각하여 후대에 전할 수 있게 노력하면 四選, 五選은 물론 계속 간행되어 그 속에 실리는 시가 더욱 좋을 것이라고 했다.[14] 이와 같이 風謠가 계속 간행될 것이라 했는데, 이에 대해 다음 丁巳年인 西曆 1917년에도 幾堂 韓晩容이 風謠四選의 편집을 六堂 崔南善에게 의론한 바 있었으나, 班常의 계급차별이 철폐됨을 이유로 중지되었고, 張志淵, 李琦, 張鴻植 諸氏도 四選 편집을 기획한 바 있었으나 이루지 못했다.[15] (崔南善 張鴻植 兩氏談)

이로써 風謠四選의 편찬에 관한 논의가 있었음을 알 수 있으나, 四選의 周甲이 된 1917년은 종전과는 달리 사회계급이 급속도로 해체되어 가던 때였으므로 委巷人들의 작품만을 중심으로 選集을 간행한다는 것은 의미를 상실하게 되었으며, 이에 따라 風謠의 편찬 태도에 대해 편협하다는 비판도 없지 않았으므로 1916년에 大

---

13) 風謠에서 序文을 쓴 士大夫文人들 가운데는 당시 실세했던 南人 학자들이 많은 것도 주목된다.

14) 尹定鉉, 風謠三選 序. "士大夫仕宦隆盛 而身沒未幾 有不能擧其名姓者 何限 若此三選之刻 家置而人誦之 名章秀句 必不至湮滅無疑矣 後之人其鑑於斯 勿以窮愁自沮 覃思風雅之旨 以求爲可傳 四選五選至十百選 而其詩益昌有厚望焉"

15) 具滋均, 『朝鮮平民文學史』, 36쪽.

東詩選이 편찬되면서 역대 사대부문인과 함께 委巷文人들의 작품
도 많이 수록되었다.

Ⅲ. 編纂 體制

1. 昭代風謠

風謠의 편찬 체제는 전후의 選集에 따라 차이가 없지 않으므로
먼저 일차 選集인 昭代風謠의 체제부터 살펴보고자 한다. 그런데,
체제에 앞서 명칭에 대해 간단히 언급하고자 한다. 昭代風謠는 밝
은 시대 즉, 治世에 민간사회의 유행하는 노래라는 의미가 된다.
여기에서 昭代는 당시 군주의 治德을 칭송하는 套式的인 용어에
불과한 것이기 때문에 큰 의미를 부여할 것이 못된다고 생각된다.
그러므로 續選과 三選에서 사용하지 않았던 것이 아닌가 한다. 따
라서 일차 選集인 昭代風謠를 제외하고 그 명칭을 風謠라 하고자
한다. 그리고 風謠에 수록된 작품들이 비록 民謠는 아니었다 할지
라도 작자들이 모두 委巷人들이었기 때문에 詩經의 國風과 같이
서민들의 哀歡을 노래한 것으로 생각되기 때문이다.

일차 選集인 昭代風謠의 편찬자는 蔡彭胤으로 되어 있다. 그런
데, 그는 委巷人이 아니었다. 그의 인물 성격에 대해 英祖實錄에
있는 그의 書卒의 내용을 들어 보면 그는 육칠세 때 神童으로 유
명했고, 19세 때 進士試에, 21세 때 문과에 급제하여 讀書堂에 피

선되었으며, 肅宗은 사람을 시켜 그의 주위에 있게 하여 그가 시를
짓게 되면 바로 가지고 오게 했기 때문에 그의 문명이 일세를 풍미
했다. 중년부터 시골에 있으면서 문장에 더욱 주력했으므로 그의
시가 더욱 壯嚴했으며, 벼슬은 藝文提學을 역임했다. 문집 希菴集
29권이 세상에 전한다고 했다.16)

그리고 吳光運(1689~1745)의 序에 昭代風謠는 希菴 蔡公이 裒
選했고 잇따라 李達逢이 删正한 것이라고 했다.17) 또 洪良浩(172
4~1802)는 지난날 우리 나라가 태평성대였을 때 文柄을 잡았던
자가 작품을 모아 편집해 昭代風謠라 하여 세상에 전한다고 했
다.18) 이 서문에서 主文柄者는 누구를 지칭한 것인지 분명히 알 수
없으나, 蔡彭胤이 提學을 역임했기 때문에 그를 지칭한 것이 아닌
가 생각되므로 昭代風謠 9권의 편찬자는 蔡彭胤이며, 잇따라 删正
한 것은 李達逢이었음을 알 수 있는데, 뒤에 다시 언급하겠지만 그
도 委巷文人은 아니고 사대부 계층의 문인으로 추측된다.

그런데, 鄭元容은 風謠三選 序에서 昭代風謠는 高時彥이 편찬
한 것이라 했고,19) 그리고 委巷文人으로서 委巷文學의 발전에 공
로가 많았던 張之琬은 英祖 丁巳年에 高時彥이 민간에 숨겨져 있
던 162家의 시를 채집하여 昭代風謠를 편찬했다고 했다.20) 이와

---

16) 『英祖實錄』 卷 3, 8年 1月. "前蔡彭胤卒 彭胤自六七歲 以神童名 十九
進士 二十一登第 以翰林選讀書堂 肅宗常使掖隸隨其後 每一篇出 輒
騰入大內 於是詩名震一世 中年以後 屛居田野 益肆力文章 其詩汪汪
壯嚴 英宗朝官至藝文提學 六十三卒 有希菴集二十九卷行于世"
17) 吳光運, 昭代風謠 序. "而希菴蔡公所裒選 李達逢繼而删正者也"
18) 洪良浩, 風謠續選 序, 『耳溪集』 卷 10. "故國朝盛際 主文柄者 採而輯
之 名曰 昭代風謠 傳于世者 歲甲且一周矣"
19) 鄭元容, 風謠三選 序. "昭代風謠 高君時彥所選 後又有千君壽慶張君混
續選"
20) 張之琬, 風謠三選 跋. "英廟丁巳 省齋高時彥 采民間佚詩一百六十二家
作昭代風謠"

같이 昭代風謠의 편찬자에 대해 吳光運은 蔡彭胤이라 했고, 洪良浩는 主文柄者라 하여 蔡彭胤임을 암시적으로 지적한 듯하며, 鄭元容, 張之琬 등은 高時彦이라고 했다.

  昭代風謠의 편찬자에 대해 기록에 따라 다른 이름이 제시된 것은 昭代風謠가 편찬될 당시만 해도 委巷文人들의 작품에 대해 士類社會에서 주목하지 않았고, 高時彦도 크게 알려진 인물이 아니었기 때문에 昭代風謠의 실질적인 수집과 편찬은 高時彦이 하고 편찬이 완료될 즈음에 당시 관직과 문명이 높았던 蔡彭胤에게 양해를 얻어 편찬자로 그의 이름을 빌린 것이 아닌가 한다. 이렇게 보려는 것은 鄭元容, 張之琬이 분명히 알지 못하면서 이미 蔡彭胤의 이름으로 편찬 간행된 것을 高時彦이라 하지는 않았을 것이기 때문이다.21)

  昭代風謠의 실질적인 편찬자라 할 수 있는 高時彦에 대해 昭代風謠 別集 目錄에 있는 그에 대한 기록을 보면 자는 國美, 호는 省齋 또는 栗園이고, 松岳 사람으로서 譯官이었으며 品階는 嘉義大夫라 했다.22) 그리고 風謠續選 高時彦條에는 처음으로 風謠를 편찬하다가 마치지 못하고 세상을 떠났기 때문에 당시 사람들이 그의 시를 別集에 실었으며, 문집 한 권이 있다고 했다.23) 昭代風謠別集에 그의 시 한 수가 실려 있으며, 風謠續選에는 아홉 수가 실려 있다. 그리고 委巷文學 연구에 초석을 세웠다고 할 수 있는 具滋均은 高時彦에 대해 17세에 司譯院 漢學科에 급제하여 중국에 다섯 번이나 갔다고 하며, 象院에 40년이나 근무하면서 다른 사람

---

21) 현재 영인본으로 유행하고 있는 『昭代風謠』에 蔡彭胤 編이라 했음.
22) 『昭代風謠』, 「別集」 目錄, 高時彦條. "字國美 號省齋 又號栗園 松岳人 譯官嘉義"
23) 『風謠續選』, 高時彦條. "始選風謠 未竟而歿 時人載其詩于別集 有集一卷"

으로부터 惡評을 듣지 않았다. 省齋集 2권 외에 註疏箚疑 2권이
있으며, 시보다 산문에 더욱 능해 南有容, 洪世泰, 金昌翕 등의 칭
찬을 받았다고 했다.[24]

委巷文人들의 시를 수집 편찬한 것은 昭代風謠가 처음이 아니
고 그 전에 六家雜咏, 海東遺珠 등이 있었다. 六家雜咏은 필자가
아직 보지 못했으나 具滋均은 이에 대해 六家의 崔奇男, 南應琛,
鄭禮男, 金孝一, 崔大立, 鄭楠壽는 모두 胥吏 또는 中人出身의 詩
人이니, 六家雜咏은 實로 李朝 委巷詩人 共同詩集의 嚆失라 했
다.[25] 그리고 李景奭(1595∼1671)의 序文이 있는 것으로 보아 出刊
되었던 것으로 짐작된다. 이 六家雜咏은 洪世泰의 海東遺珠에 앞
서 최초에 편찬된 委巷文人들의 시 選集으로 그 의의는 크다고 할
것이다.

海東遺珠는 洪世泰(1653∼1725)에 의해 편찬된 것이다. 그는 편
찬동기에 대해 그 序에서 農巖 金昌協이 자신에게 우리 나라 시가
채집되어 세상에 유행하는 것이 많으나 애석하게도 委巷人들의 시
는 없어져 전하지 않고 있으니 그것을 채집해 보는 것이 어떻겠느
냐 했다. 그 말을 듣고 諸家들의 詩稿를 넓게 수색하여 그 가운데
좋은 작품만을 선택하여 편성하는데 십여년이 걸렸다. 朴繼光으로
부터 모두 48명이었고 작품은 230여수이며, 海東遺珠라 이름한다
했다.[26]

이러한 選集들이 작가에 대해서는 간단히 언급하는 것이 일반적

---

24) 具滋均, 『朝鮮平民文學史』, 民學社, 1974, 68∼69쪽.
25) 具滋均, 같은 책, 57쪽.
26) 洪世泰, 海東遺珠 序, 『柳下集』卷 9. "農巖相公嘗謂余曰 東詩之採輯
    行世者多矣 而閭巷之詩獨闕焉 泯滅不傳可惜 子其採之 余於是 廣加
    搜索 得諸家詩稿 披沙揀金 務歸精約 至於人所口誦 其可者靡不收錄
    積十餘年而編乃成 自朴繼姜以下 凡四十八人 詩數二百三十餘首 名之
    曰 海東遺珠"

인데, 海東遺珠에서는 작품 옆에 성명만 밝혔을 뿐이다. 그리고 六
家雜咏의 金孝一, 崔大立, 崔奇男 등의 시가 많이 실려 있다. 洪世
泰가 편찬시기에 대해 말하지 않았으나, 그 序에서 이 選集의 편찬
은 金昌協의 發意에 따라 시작되었으나, 지금 그가 세상을 떠났으
니 바로잡아 줄 사람도 없다고 했다.[27] 이로써 편찬이 완료된 시기
는 金昌協이 세상을 떠난 肅宗 34년(1708년) 이후였음을 알 수 있
다. 이 海東遺珠에 대해 具滋均은 대저 委巷文學은 海東遺珠의 출
판에 의해 一時期를 劃하였다 할 것이니 이에 의하여 委巷詩人은
비로소 그들의 李朝漢文學史上에 차지해야 할 엄연한 存在意義를
意識 自覺하게 된 것이라 했다.[28]

　昭代風謠는 그 편찬 체제에 중국 高棅의 唐詩品彙의 영향을 많
이 받은 듯하다. 모두 9권인데, 卷頭에 李宜顯, 吳光運, 曹命敎, 尹
光毅, 高時彦의 序가 차례로 있고, 目錄에는 8권까지 수록된 119명
의 성명과 그들의 약력이 간단하게 소개되어 있으며, 여러 형식의
시가 형식중심으로 분류되어 수록되었다. 9권은 附錄詩話인데 작
가 16명의 시가 실려 있다. 여기서 작가는 성명만 밝혔으며, 형식
과는 상관없이 작가 중심으로 했다. 그리고 拾遺에 2명, 別集에 16
명, 別集 附錄詩話에 4명, 別集 補遺에 6명, 附錄詩話에 1명의 시
가 실려 있으며, 작가의 약력을 간단히 소개한 것도 있고 성명만
밝히기도 했다. 그리고 작품의 배열은 형식중심으로 한 것도 있고
작가중심으로 한 것도 있어 일치하지 않으며, 후미에 吳光運과 崔
景欽의 跋文이 있다. 이로써 미루어 보면 9권에 있는 附錄詩話 이
후의 것은 뒤에 편찬되어 첨부한 것으로 생각되며, 그것도 서로 다

27) 洪世泰, 海東遺珠 序. "噫 斯編之作 實自農巖公發之 而公今已下世 無
可質者"
28) 具滋均, 『朝鮮平民文學史』, 35쪽.

른 사람들에 의해 편찬되지 않았는가 한다.

　昭代風謠는 委巷文人들의 시 選集이다. 목록에 수록한 작가들에 대해 약력을 간단히 소개해 놓은 것이 있으므로 그것을 근거로 하여 그들의 직업을 분석해 보면 국가에서 시행하는 科試에 합격한 인물로는 武科에 1명, 生員試에 1명, 進士試에 4명이다. 국가에서 인재를 선발하는 과거에 이와 같이 그들의 진출이 적은 것은 그들 가운데는 과거에 응시할 수 있는 자격이 없었거나 있다 할지라도 합격한 후 관직이 보장되지 않기 때문에 과거를 포기한 탓이었을 것이다. 그리고 그들이 가졌던 職種은 內司別坐 2명, 別提 1명, 太醫 및 醫業에 종사한 인물이 7명, 禁漏官 2명, 譯官 7명, 萬戶 1명, 察訪 1명, 參奉 2명, 主簿 3명, 寫字官 2명, 錄事 1명, 同樞 1명, 奉事 1명, 僉使 2명으로서 관직인 경우에는 대부분 從六品 이하의 品階이며, 양반계층에서는 하지 않은 職種들이다.

　그리고 수록된 인물들에 대해 거주지를 밝히지 않았기 때문에 전국에 산재해 있는 인물들인지, 近畿 또는 서울에 살고 있었던 인물을 중심으로 한 것인지 알 수 없으나, 吳光運의 序에 서울의 里巷 사람들이 지은 것이 대부분이라고 했다.29) 昭代風謠가 편찬된 18세기 중반까지만 해도 지방의 常人階層에서는 漢詩에 능했던 인물이 적었을 것이고, 또 편찬사업을 전국에 알려 거국적으로 추진했던 것이 아니며, 주도했던 인물도 高時彦과 같이 譯官 출신으로 서울에서 생장하고 있었으므로 吳光運이 말한 바와 같이 서울지역 사람들이 대부분이었을 것이고, 간혹 近畿地域의 인사들도 약간의 참여가 있지 않았는가 한다.

　작품은 五言絶句를 비롯하여 형식에 따라 분류했으며, 여러 형식의 작품 가운데 五言絶句 124수, 五言律詩 128수, 七言律詩 136

---

29) 吳光運, 昭代風謠 序. "大抵不出於都下里巷之作"

수로써 이러한 詩形들이 가장 많이 실려 있다.

附錄詩話는 卷 9에 실려 있는데, 趙崇禮 등 16명에 대한 詩話이다. 시는 한 수가 온전히 전하는 것은 없고 내용 이야기에 유명했던 句만 들어 놓은 것이 대부분이다. 그 가운데 表廷老에 대한 이야기를 들어 보면 萬曆年間에 문장에 대해 자부심이 대단한 중국 使臣이 우리 나라에 오면서 東國에서는 자신을 상대할 사람이 없을 것이라 생각했다. 그가 良策站에 이르러 銀杏을 먹으며 銀杏甲中藏碧玉이라 한 句를 지어 廷老에게 주며 遠接使에게 對를 받아오게 했다. 廷老가 그 자리에서 石榴皮裏點朱砂라 했더니 그 使臣이 크게 칭찬하며 通官이 이와 같으니 遠接使는 더욱 가볍게 볼수 없겠다고 했다 한다. 이 附錄詩話는 昭代風謠의 편찬 당시에 문인들 사이에 口傳하는 이야기를 중심으로 수록한 것이 아닌가 생각된다.

昭代風謠 拾遺는 아홉 사람의 시가 실려 있다. 그 가운데 崔承冑를 제외한 여덟 사람은 모두 昭代風謠에 그들의 시가 실려 있는 인물들이다. 이로써 볼 때 이 拾遺는 일차 昭代風謠가 편찬될 때 崔承冑와 같이 누락되었거나 좋은 작품이었음에도 수록되지 못한 시를 다시 찾아 편찬한 것임을 알 수 있다. 그리고 이 拾遺의 편찬 내용을 볼 때 昭代風謠의 9권까지는 먼저 편찬되어 간행되었고, 이 拾遺는 뒤에 첨부된 것으로 생각된다. 이렇게 보고자 하는 것은 拾遺에 실려 있는 9명 가운데 8명의 시가 昭代風謠에 실려 있기 때문인데, 拾遺가 편찬될 때 昭代風謠가 간행되지 않았다면 拾遺를 편찬할 필요 없이 昭代風謠에 삽입이 가능했을 것이다.

昭代風謠의 別集은 玄復泰 등 모두 16명이며, 뒤에 4명의 附錄詩話가 있다. 편찬체제는 昭代風謠와 같이 작가에 대해 간단히 약력을 소개했는데, 그 16명 가운데 進士試에 합격한 자가 3명이며

譯官이 2명이다. 그리고 昭代風謠를 편찬한 高時彦과 委巷文人으로 유명했던 鄭敏僑도 여기에 포함되어 있다. 이로써 볼 때 이 別集은 高時彦이 세상을 떠난 후에 편찬되었음을 알 수 있으며, 風謠續選 高時彦條에 그가 風謠를 끝내지 못하고 세상을 떠났기 때문에 그의 시를 別集에 실었다는 것이 이를 근거로 한 것임을 알 수 있다. 작품은 형식중심으로 실었는데, 五言絶句 14수, 六言絶句 1수, 七言絶句 13수, 五言律詩 10수, 七言律詩 14수, 五言古詩 2수, 七言古詩 3수가 실려 있다. 그리고 여기에도 附錄詩話가 있는데, 그 체제는 昭代風謠의 詩話와 같다.

別集 補遺는 韓復信 등 6명과 金殷鼎의 附錄詩話가 한편 실려 있다. 이들의 신분은 僉使, 譯官, 醫員이 각 1명씩 있으며, 작품은 五言絶句 4수, 七言絶句 4수, 五言律詩 4수, 七言絶句 3수가 실려 있다.

이와 같이 昭代風謠에는 附錄詩話, 拾遺, 別集, 別集補遺가 첨가되어 있는데, 그것은 위에서 언급한 바와 같이 昭代風謠와 동시에 편찬된 것이 아니고 뒤에 계속 첨가되었기 때문일 것이다. 이에 대해 吳光運은 昭代風謠 跋文에서 자신이 이미 風謠의 序文을 쓴 바 있었는데, 그 편찬을 주도했던 자가 편찬을 하다가 세상을 떠났으므로 수록되지 못한 작품 약간 편을 가지고 와서 보충하고자 하며 교정을 부탁했다. 그때 일이 있어 미루었더니 그 사람이 간곡하게 청하며 말하기를 그들은 모두 家事에 얽매여 일생 동안 겨우 몇 편 지은 것을 스스로 신기하게 생각하며 궁하게 살면서도 후회하지 않았는데, 죽은 뒤에도 이 選集에 이름이 실리지 못하게 되면 돈만 알고 사는 자들의 웃음거리가 되지 않겠는가 했다. 이 말을 듣고 슬프게 여기며 명예는 君子가 바라는 것이 아니나 그것이 이익에는 멀리하고 착한 것이면 가까이 할 것이라 했다.[30] 이로써 보

면 당시 委巷文人들이 昭代風謠에 그들의 시가 실리는 것을 얼마
나 염원했는지 짐작할 수 있으며, 이러한 염원에 따라 일차 편찬한
것에서 좋은 작품이 누락된 것을 발견하여 찾아 拾遺에 실었고, 또
처음 간행할 때 살아 있었기 때문에 작품을 실지 못했다가 간행 후
바로 세상을 떠난 사람들의 작품은 別集에 수록했음을 알 수 있다.
    위에서 昭代風謠는 편찬된 후 바로 간행이 되었을 것이라고 했
는데, 그 후에 수집 편찬된 拾遺와 別集 등은 어떻게 첨부된 것인
지 그 과정에 대한 기록이 없기 때문에 알 수 없으며, 다만 崔景欽
은 昭代風謠 跋文에서 이 風謠의 편찬은 英祖 丁巳年 지금으로부
터 120년이 되었는데, 세월이 오래되어 없어진 것이 많아 藏書家
들도 가지고 있는 사람이 적어 당시 채집한 의미가 상실되었다. 지
금 三選을 하면서 약간 卷을 重刊해서 널리 전하고자 한다 했다.[31]
이로써 哲宗 8년인 1857년에 昭代風謠가 중간되었음을 알 수 있는
데, 이때 拾遺 등이 첨부된 것이 있지 않았는가 한다.

2. 風謠續選

昭代風謠는 英祖 13년 丁巳年에 처음 간행되었는데, 그 후 丁巳
年이 돌아오던 正祖 21년에 千壽慶에 의해 風謠續選 7卷이 편찬

---

30) 吳光運, 昭代風謠 跋. "余旣叙昭代風謠 主其役者 又袞後死 而未及選
    者若干篇爲之補 乞余略加删存而識之 余適有事未之省 其人求益懇曰
    彼皆遺落家事 勤一生得一語以自奇 往往窮餓而不悔死 又不得列其名
    於斯選 不亦爲長金積玉者所笑乎 余聞而悲之 名者外物 君子不爲 然
    於利則反 於善則近"

31) 崔景欽, 昭代風謠重印 跋. "昭代風謠 選於英廟丁巳 距今百二十年 年
    久散亡 藏書之家 亦尠蓄之者 有非當日採輯之意 今因三選續成之役
    重印若干帙 以廣其傳"

간행되었다. 風謠續選은 昭代風謠가 간행된 해로부터 60년 후에
된 것이기 때문에 세태의 변천에 따라 편찬면에서 적지 않은 차이
가 있다. 우선 昭代風謠에서는 표지에 편찬자를 당시 位品과 文名
이 높았던 蔡彭胤으로 했으나, 風謠續選에서는 委巷文人으로서
松石園詩社의 중심인물이었던 千壽慶으로 되어 있다. 이와 같이
관직과 문명이 높았던 저명인사를 편찬자로 하지 않고 같은 委巷
文人 千壽慶으로 한 것은 昭代風謠가 간행된 후 사회적인 변동과
더불어 반응이 좋았으므로 그들의 이름을 빌리지 않아도 되겠다는
자신이 있었기 때문 아니었던가 한다.

　千壽慶이 風謠續選을 모집 편찬한 것에 대해 鄭元容은 昭代風
謠는 高時彦의 選集이었고, 뒤에 또 千壽慶과 張混이 續選을 했
다.32) 그리고 卷 1의 첫 머리에 千壽慶 君善 編, 張混 元一 校라
했다. 기초 자료가 정리되어 있지 않은 상태에서 이미 세상을 떠난
수백 사람의 委巷文人들의 작품을 수집해 좋은 시를 선택하여 편
찬한다는 것은 여간 어려운 일이 아니다. 그러므로 이와 같은 일은
개인이 단독으로 하기는 어려울 것이고 여러 사람이 참여해 추진
할 수밖에 없었을 것이다.

　그러므로 昭代風謠가 간행될 때도 실질적인 편찬자는 高時彦이
었다 할지라도 주위에서 참여했던 委巷 인사가 적지 않았을 것이
다. 따라서 續選이 편찬될 때도 많은 委巷文人들이 협력했을 것으
로 짐작되는데, 당시 千壽慶은 松石園詩社의 주도적인 인물이었으
므로 주위에는 委巷文人들이 많이 모여 있었으며, 그 가운데 張混
은 적극적으로 참여했던 인사 중의 한 사람이었다. 그러므로 千壽
慶이 風謠續選을 수집 편찬하고자 할 때 주위에 있었던 委巷文人

---

32) 鄭元容, 風謠三選 序. "昭代風謠 高君時彦所選 後又有千君壽慶張君混
　　續選"

들이 많이 참여했을 것이고, 張混도 모집된 草稿의 교정을 보았기 때문에 鄭元容이 千壽慶과 같이 續選을 편찬했다고 한 것이며, 卷 1의 卷頭에 校正을 본 것으로 했을 것이다.

千壽慶의 인물에 대해 옛 것을 좋아하고 시를 사랑했으며, 癸丑 年 봄에 蘭亭故事를 본받아 松石雅會를 열었으며, 丁巳年에 또 風 謠를 이어 여러 사람의 詩稿 모으는 것을 자신의 책임으로 하여 文名이 높은 사람에게 교정을 받아 險巧한 것은 물리치고 平正한 것을 선택했다.33) 이와 같이 千壽慶은 風謠續選의 詩稿를 모아 편 찬했고, 松石園詩社를 주도하여 우리 나라 委巷文學의 발전에 많 은 공헌을 했으나, 그에 대해 남아 있는 기록이 없어 인물 성격과 문학에 대해 구체적으로 알아 볼 수 없는 것이 아쉬우며, 다만 그 의 시가 風謠三選에 7수가 전한다.

지난날 우리 나라에서 文集이나 詩稿 등을 모아 간행하고자 할 때는 屈指의 大家가 아니면 校正을 받는 것이 慣行처럼 되었다. 昭代風謠를 간행할 때 李達峰의 刪正을 받았으며, 이 續選에서도 大司空 李公으로부터 校正을 받았는데, 그는 昭代風謠의 吳光運 의 序에서 말한 達峰 李公의 三從姪이라 했다.34) 大司空 李公의 이름을 밝히지 않았기 때문에 누구인지 알 수 없으나, 그의 叔姪이 昭代風謠와 風謠續選의 교정을 보게 되었음을 알 수 있다.

이렇게 편찬된 風謠續選에는 첫 머리에 洪良浩, 鄭昌順, 李家煥 의 序와 凡例가 있으며, 후미에는 丁彛祚, 李是鐥, 洪儀泳, 李德涵 의 跋文이 있다. 序文을 쓴 인물들은 士大夫들이었고, 跋文을 쓴

---

33) 李德涵, 風謠續選 跋. "千生壽慶好古愛詩 癸丑春倣蘭亭故事開松石 雅會 今丁巳又以繼風謠爲己任 裒集諸稿 就正於藝苑明鑒 斥險巧進 平正"
34) 李是鐥, 風謠續選 跋. "續選時就正於大司空李公 卽前選吳學士序中所 稱達峰李公之三從族子也"

사람들은 委巷人들이 아니었던가 짐작된다. 風謠續選의 편찬 태도
와 방법을 이해하기 위해 먼저 凡例에 대해 알아보고자 한다. 凡例
는 六條로 되어 있는데, 첫째는 昭代風謠가 英祖 丁巳年에 간행된
후 그 영향으로 작가들이 많이 배출되어 다시 丁巳年이 되던 해
續選을 간행한다는 것이며, 둘째와 셋째는 昭代風謠에 別集, 拾遺,
補遺, 詩話 등이 있어 체제가 통일이 되지 못했으므로 그들에 대한
자료를 보완하여 卷頭에 다시 한권으로 하여 실었다고 했다. 넷째
는 작가들은 연령에 따라 순서를 정했고, 성명과 字號 및 官職, 貫
鄕, 居住를 밝혔으며, 알 수 없는 것은 그대로 둔다고 했다. 다섯째
는 昭代風謠에서는 작품을 형식중심으로 했으나 여기서는 작가중
심으로 한다고 했다. 이로써 보면 편찬 체제면에서 前編에 비해 상
당히 보완되었음을 알 수 있다.

風謠續選 卷 1은 凡例에서 밝힌 바와 같이 昭代風謠의 別集 補
遺 등에 실려 있는 작가들에 대해 작품을 첨가해 실었다. 예를 들
면 高時彦條에서 작가를 간단히 소개한 후 첫 작품의 詩題 밑에
以下六首載前編別集이라 했고, 六首를 싣고 그 다음에 있는 詩題
밑에 以下三首新增이라 하여 前後集에 실은 작품을 구분하여 밝
혔다. 이와 같이 風謠續選의 卷 1은 昭代風謠의 別集 拾遺 등에
자료를 첨가하여 보완했다고 볼 수 있으므로 실질적인 風謠續選은
卷 2에서부터 시작되었다고 볼 수 있다.

風謠續選에 실려 있는 작가는 모두 333명이며, 그 가운데 승려
가 13명, 여성이 4명 있는데, 이것은 昭代風謠에서 볼 수 없었던
것이다. 편찬체제는 凡例에서 밝힌 바와 같이 작가의 약력을 卷頭
에서 언급하지 않고 개별적으로 작가를 간단히 소개한 후 작품을
실었다. 昭代風謠에서는 형식중심으로 작품을 분리하여 실었기 때
문에 권두에서 언급할 수밖에 없었겠으나, 風謠續選에서는 작가중

심으로 했기 때문에 작가와 작품을 같이 묶어서 했는데, 이것은 보
기에 편하게 하고자 한 것이 아닌가 한다.

風謠續選에 실려 있는 작가와 작품에 대해 李德涵의 跋文에 따
르면 작가는 333명이고 작품은 모두 723수라고 했으니,[35] 昭代風
謠에 비해 크게 증가되었음을 알 수 있다. 그것은 昭代風謠가 처음
간행된 후 60년 사이에 漢文學이 委巷人들에게 폭넓게 보급됨과
동시에 委巷文學이 더욱 많이 발전했음을 의미한 것이 아닌가 한
다. 그리고 소개된 작가의 약력을 중심으로 보면 그들 가운데 文科
1명, 武科 2명, 進士 1명이 있으며, 主簿 2명, 典籍 1명, 譯官 1명으
로서 昭代風謠에 실려 있는 작가 수에 비해 배가 많았으나 末職이
라도 관직에 진출한 인사는 오히려 줄었다. 특히 風謠續選에서는
문과에 급제한 자가 있었는데, 역임한 관직은 縣監이었다고 한다.
이로써 볼 때 18세기 후반에도 委巷人들의 官界 진출은 조금도 완
화되지 않았음을 알 수 있다.

3. 風謠三選

風謠三選은 모두 7卷이다. 張之琬의 跋文에 따르면 哲宗 8년
(1857)이 丁巳年이므로 劉在健, 崔景欽이 前集의 편찬에 따라 작가
305명의 시를 수집해 風謠三選이라 이름하여 간행한다고 했다.[36]
이로써 風謠三選의 편찬자와 편찬년대를 정확히 알 수 있게 되었
다. 이 風謠三選은 卷頭에 鄭元容, 趙斗淳, 尹定鉉의 序가 있고,

---

35) 李德涵 跋. "得人凡三百三十三家 詩總七百二十三首"
36) 張之琬, 風謠三選 跋. "今上八年 又値丁巳 於是劉君在建 崔君景欽思
    継前人躅 得三百五家 名曰三選 庸付剞劂"

후미에 張之琬의 跋文이 있다. 편찬 체제는 작가 중심으로 하여 風謠續選과 일치하며, 7卷 후미에 승려 13명, 여성 4명의 시가 실려 있으며, 수록된 작품 수는 808수가 된다. 風謠三選에 수록된 305명의 작가들 가운데 武科에 3명, 進士試에 합격한 인사가 3명이다. 그리고 縣監 1명, 僉節制使 4명, 僉中樞 1명, 判官 3명, 五衛將 1명, 主簿 1명으로 風謠續選에서 볼 수 있는 바와 같이 科試에 합격한 자가 전무한 것에 가깝고 역임한 관직도 縣監이 한 사람 있을 뿐 그 외의 직책은 역시 士大夫家에서 하지 않은 말직들이다. 이로써 19세기 중엽에도 관직에 委巷人들의 진출은 종전과 다름없이 철저히 봉쇄되었음을 알 수 있다.

앞서 昭代風謠에 실려 있는 작가들이 서울 또는 近畿地域의 인사들이라고 했는데, 120년 후에 간행된 風謠三選에서도 지방 출신의 委巷文人들은 많이 참여하지 못한 것으로 추정된다. 이렇게 보려는 것은 全卷을 통해 실려 있는 많은 인사들 가운데 殷大任, 李民璜, 吳天弼 등에 한해 貫鄕을 밝히고 그 밑에 居古阜, 居咸興, 居義城이라 하여 거주지를 썼다. 이로써 볼 때 이들 외는 서울 또는 近畿地域의 인물로 인정되기 때문이다.

Ⅳ. 文學史的 意義

尹定鉉은 風謠가 모두 丁巳年에 간행되어 이번에 三選이 나왔다. 昭代風謠에서 三選에 이르기까지 대상 작가는 사백여년 사이에 생존했던 인물로서 팔백여명이 되며 작품은 수천수가 된다. 비록 聲律과 辭理에는 차이가 있으나 특징이 있고 순수성을 잃지 않았다고 했다.37) 昭代風謠에서 三選에 이르기까지 사백여년 사이에 委巷人들에 의해 편찬되었고, 또 실려 있는 팔백여명의 작가가 모두 委巷人이었다는 것은 외국 문학사에서도 그 類例가 드물 정도의 작품 選集이라 할 수 있을 것이다.

이러한 風謠가 60년의 간격을 두고 세 번이나 나왔다는 것은 우리 나라에 委巷人이 많았다는 특수한 사정 때문이었을 것이다. 신분의 계층은 어느 민족이나 사회에서도 없는 바 아니었으나, 우리 나라에서는 사회 계급이 더욱 복잡하여 宗親, 國舅, 駙馬, 兩班 등은 약간의 차별은 있으나 上位階層이며 中人, 庶孼, 胥吏, 常人, 賤人 등은 下位階層이라고 하는데, 이들을 총칭하여 委巷人이라고 했다.

조선조에서 委巷人이 이와 같이 많았던 것에 대해 趙憲(1544~1592)은 옛날 三國은 나라가 작았으나 나라를 보존할 수 있었던 것은 인재의 선발에 차별이 없었기 때문이었는데, 고려조 중기부터 權臣들이 정권을 잡으면서 능력 있는 인물들이 草野에서 나와 그들의 정권에 위협이 될까 염려하여 庶孼의 진출을 막았고, 조선조에서는 권력을 장악한 인사들이 그들의 자손들을 위해 再嫁 자손들까지 禁錮시킨 것이 지금 法典에 기록되어 있다고 했다.38) 이러한 趙憲의 주장에 따르면 庶孼과 再嫁女의 자손들을 禁錮시킨 것

---

37) 尹定鉉, 風謠三選 序. "選風謠而刻之 皆在丁巳 而今刻爲三選矣 上下四百年所 人爲八百有餘 詩爲幾千篇 雖其聲律辭理之不齊 皆有所自立而不失其性情"

38) 趙憲, 擬上十六條疏,『重峰集』卷 4. "昔三國雖小 所以能各保方隅者以其用人之無間也 盖自高麗中葉 權臣當國 將恐忠智之士 起自草茅而有妨於世敎 謀廢庶孼之科 而賢路漸狹 國日以衰 至于我朝 謀國大臣 祗爲私其子孫之計 而不及于萬世失人之憂 幷與再嫁子孫而禁錮之載錄於今典"

은 權臣과 집권계층에서 권력을 세습하기 위한 것임을 알 수 있다.

庶孼과 再嫁女의 자손들에게까지 禁錮시킨 것에 대해 그 부당함을 지적한 견해는 적지 않았다. 許筠(1569~1618)은 本朝에 들어오면서 인재를 선발하는 길이 더욱 좁아져 화려한 가문의 자제가 아니면 높은 벼슬을 할 수 없고, 시골 출신은 奇才가 있어도 발탁이 되지 않으며, 과거에 합격하지 못하면 德望과 학문이 있다 할지라도 높은 벼슬에 오르지 못했다. 재능은 고르게 가지고 태어났는데 家門과 과거로써 제한하면서 인재가 없다고 탓한다. 그리고 古今과 천하에 庶出과 改嫁한 여인의 자손을 발탁하지 않는다는 말은 듣지 못했는데, 우리 나라는 그렇지 않아 庶出과 改嫁한 자의 자손들은 벼슬길에 오를 수 없다. 하늘이 내어놓은 인재를 사람이 버리니 이것은 하늘을 거스르는 것이다. 逆天을 하면서 하늘에 운명이 길기를 바라는 것은 있을 수 없을 것이라 했다.[39] 당시 국가에서 用人의 차별에 대해 許筠의 이러한 주장은 매우 신랄함을 알수 있다.

그리고 朴趾源(1737~1805)은 국가에서 제도적으로 庶孼의 出仕를 禁錮해 온 것에 대해 禁錮로써 그들을 버리는 것이 부족해 누구나 가지는 倫常까지도 가지지 못하게 했다. 은혜로는 아들에게 아버지가 중하나 아버지라 부르지 못하게 하고 의리로는 신하에게 임금이 제일 크나 임금에게 가까이 갈 수 없으며, 나이 많아도 끝자리에 앉아야 한다. 학교에서도 어른과 아이들 사이의 질서가 없

---

39) 許筠, 遺才論,『惺所覆瓿藁』卷 11. "入我朝 用人之途尤狹 非世冑華望 不得通顯仕 而巖穴草野之士 則雖奇才 抑欝而不之用 非科目進身 不得躋高位 而德業戊著者 終不躋卿相 天之賦才爾均也 而以世冑科目限之 宜乎常病其乏才 古今之遠且久 天下之廣 未聞有孼出而棄其賢 母改適而不用其才者 我國不然 母賤與改適者之子孫 俱不齒仕路 天之生才也 而人棄之 是逆天也 逆天而能祈天永命者 未之有也"

으며, 그들과 친구가 되는 것을 부끄럽게 여기기 때문에 그들에게
는 친구의 도리도 가질 수 없다고 했다.[40] 이로써 조선조 후기 서
출에 대한 차별이 얼마나 심했던가 하는 것을 알 수 있다.

조선조에서 출세를 防限한 것은 庶孽과 再嫁女의 자손들만은
아니었다. 柳馨遠(1622～1673)은 국가에서 인재를 선발할 때 家門
과 신분을 중시할 것이 아니라, 능력을 중심으로 해야 하며, 또 우
리 나라는 南方人士들을 많이 선발하고 西北人士들은 전혀 없는
데, 西北方에 인재가 없었던 것이 아니며, 멀고 그들을 끌어 줄 세
력이 없었기 때문이라 했다.[41] 이로써 보면 지역차별도 상당히 있
었음을 알 수 있다.

그리고 丁若鏞은 당시 국가에서 인재를 선발할 때 가문, 신분,
지역의 차별에 대해 인재는 얻기 어렵기 때문에 모든 사람을 대상
으로 선발하고 배양해도 부족할 것인데, 지금 국가에서는 그 팔구
할을 버리고 있지 않은가. 小民과 中人도 버리며, 關北과 關西를
버리며, 海西, 松都, 江都도 버리며, 關東과 湖南의 반도 버리며,
庶孽도 버린다. 그리고 北人과 南人은 버리지 않는다고는 하나 버
린 것과 마찬가지며, 오직 버리지 않은 것은 閥閱家 數十家門에
불과한데, 그 가운데서도 어떤 일로 인해 버림을 받는 자가 적지
않다. 이와 같이 버림을 받은 자들은 출세를 단념하고 학문에 정진
하지 않으면서 비분하며 스스로 자신을 버리고자 한다 했다.[42] 丁

---

40) 朴趾源, 擬請疏通,『燕巖集』卷 3. "噫 禁錮之不足而棄絶之 使其固有
　　之倫常 不得自列平人 則恩莫重於父子 而不敢稱父 義莫大於君臣 而
　　不得近君 老者坐末 而庠塾無長幼之序 恥與爲類 而鄕黨無朋友之道"
41) 柳馨遠, 任官之制,『磻溪隨錄』卷 13. "勿論門地與賤流 唯賢才是求而
　　已 我國多用南方之士 而西北則絶無焉 其實西北亦未嘗無才 特以地遠
　　而攀援之勢少也"
42) 丁若鏞, 通塞議,『與猶堂全書』第一集. 第九 卷 詩文集. "人才之難得
　　也久矣 盡一國之精英而拔擢之 猶懼不足 況棄其八九哉 盡一國之生靈

若鏞은 이와 같이 말하며 하늘이 이렇게 하게 했겠는가. 어찌 天地
와 山川의 정기가 이들 數十家에만 집중되고 더러운 것은 나머지
모든 사람들에게 가게 되었겠느냐 했다.[43]

　이상의 고찰로써 미루어 볼 때 조선조는 門地를 중시했기 때문
에 家門에 따른 차별과 신분 및 지역에 대한 구별이 엄격했으므로
현실정치에 참여하지 못하고 落拓된 인사를 비롯하여 여러 계층으
로 구성된 委巷人들이 국민의 다수를 차지하고 있었음을 알 수 있
는데, 風謠는 이러한 委巷人들의 시를 委巷人들에 의해 選集된 것
이다.

　風謠는 위에서 말한 바와 같이 昭代風謠가 英祖 13년에 처음 간
행된 것을 비롯하여 60년 간격을 두고 風謠續選과 風謠三選이 계
속 간행되었는데, 다음에는 이들 選集에 실려 있는 작품의 특징과
그 意義에 대해 언급하고자 한다.

　昭代風謠가 처음 편찬될 때 選者를 蔡彭胤, 또는 高時彦이라고
했으나, 주위에서 많이 도와주었기 때문인지 개인이 독자적으로
선발한 것과는 달리 選者의 嗜好가 크게 반영되지는 않은 듯하다.
그리고 편찬할 때 선발기준을 정해 두고 그에 따라 선발한 것도 아
니었을 것으로 생각된다. 昭代風謠의 편집에 따른 이러한 태도는
續選과 三選에서도 마찬가지였다. 그러나 전체적으로 보면 특징이
없는 것은 아니다. 風謠의 작품 선발에 대해 丁彝祚는 續選 跋文
에서 唐詩를 選集한 것 가운데 高廷禮의 唐詩品彙가 가장 으뜸이

　　　而培養之　猶懼其不興　況廢其八九哉　小民其棄者也　中人其棄者也　西關
　　　北關其棄者也　海西松京沁都其棄者也　關東湖南之半其棄者也　庶孽其
　　　棄者也　北人南人其不棄　而猶棄者也　其不棄之者　唯閥閱數十家已矣
　　　其中因事見棄者亦多　凡一切見棄之族　皆自廢　不肯留意於文學政事錢
　　　穀甲兵之間　唯悲歌慷慨飲酒而自放"
43) 위와 같음. "嗟乎　豈其天哉　何天地之聚會其精神　山川之亭毒其氣液也
　　　必鐘之於數十家之產　而以其穢濁之氣　播于其餘哉"

었으나 한결같이 平澹한 것을 중심으로 했고 奇한 것은 버렸는데, 대개 選詩者가 좋아하는 것과 가까운 것을 선택하게 된다. 그것을 음식에 비유하면 澹泊한 것을 즐기는 자는 짠 것을 버리게 되고, 단 것을 좋아하는 자는 쓴 것을 천하게 여기므로 고루 먹게 하고자 하나 쉽게 되지 않는다. 그런데, 이 選集에서는 平澹한 것을 중심으로 했으되 아울러 奇한 것도 버리지 않았다. 그것은 대개 작품 중심으로 선발했고 選者 중심으로 한 것이 아니기 때문이라고 했다.[44] 이로써 보면 選者의 기호에 따라 선택하지 않고 좋은 작품을 고루 선택했음을 알 수 있다.

風謠의 작품 선발에 選者의 기호에 따라 偏向되지 않고 고루 선발할 수 있었던 것은 처음부터 작품 선택에 기준을 정하지 않고 좋은 작품을 선발하되 많은 작가의 작품을 싣는다는 것에 따랐기 때문이며, 또 위에서 언급한 바와 같이 개인이 독자적으로 한 것이 아니고 여러 사람이 참여했기 때문에 개인의 嗜好가 선택에 지배할 수 없었을 것이다. 시를 감상할 때 누구나 嗜好가 있게 마련이다. 그리고 시를 선택할 때는 選者의 취향이 적지 않은 영향을 끼쳤을 수 있다고 생각되는데, 그렇게 하면 偏向性을 면치 못하게 될 것이다. 風謠가 편찬되면서 選者의 기호에 따라 偏向되지 않고 平澹하고 奇한 것을 고루 선택했다면 이 選集은 높게 평가되어야 할 것이다.

風謠는 三選까지 간행되면서 작가는 사백여년 사이에 생존했던 인물로서 팔백여명이 되며, 실려 있는 작품 수는 수천수가 된다. 그러므로 실려 있는 작품에 대해 일률적으로 그 특징을 말하기는

---

44) 丁彝祚, 風謠續選 跋. "唐詩選行於世者 惟高廷禮品彙 爲獨盛然 一於 平澹 而奇者見遺 蓋選詩者 每喜其資性所近 譬諸飲食 嗜澹者遺醎 慕 甘者賤苦 勉而並蓄 有不可强也 是選以平澹爲主 而兼取其奇 … 殆以 詩選詩 非以我選詩也"

어렵겠지만 전혀 언급이 없는 것도 아니다. 洪良浩는 지금 문인들
이 委巷人들의 시를 채집하여 3卷으로 續集을 간행했는데, 前集에
비해 손색이 없다고 전제하면서 자신이 그 시를 보았을 때 音調가
淸婉하고 내용이 華雅하여 溫柔 敦厚한 氣風을 지니고 있음을 알
수 있다. 이러한 聲調가 어찌 모방으로 가능하겠는가. 그것은 옛날
부터 전해 오는 것으로써 앞으로도 계속될 것이라고 했다.[45] 이와
같이 洪良浩는 聲調가 淸婉하고 내용이 溫柔 敦厚함을 지적했다.

李家煥(1742~1801)은 옛부터 시로써 이름 있는 자들은 궁한 下
位階層에서 많이 나왔다. 그러한 출신이었기 때문에 그들의 시가
분개하고 불평한 것이 많아 그것이 하자로 지적된다. 그런데, 이
選集은 溫柔 敦厚하면서도 感興과 그들 집단의 원망도 잃지 않고
있으니 太平聖代의 風謠라 했다.[46] 李家煥은 風謠의 작가들이 委
巷人으로서 국가로부터 차별 대우를 받아 일생 동안 궁하게 살았
으면서도 그들의 시가 지나치게 怨憤하지 않고 敦厚한 것은 昭代
의 風謠이기 때문이라고 했다. 洪良浩와 李家煥이 이와 같이 말한
것은 風謠를 詩經의 國風과 같은 성질의 것으로 보고자 한 것으로
써 높게 평가하고 있음을 알 수 있다.

吳光運(1689~1745)은 후세의 士大夫들은 科擧에 전력을 다해
순수한 감정을 온전히 지니지 못했고, 여기에서 제외된 자들은 멀
리 떨어진 方外의 사람들로서 溫柔 敦厚한 것과 상관이 없기 때문
에 風謠라 할 수 없을 것이다. 우리 나라 委巷人들은 국가에서 제

---

45) 洪良浩, 風謠續選 序. "當世詞林 又採而輯之 續成三乬 代級雖降 而人
才猶接踵焉 … 余觀其音調淸婉 文藻華雅 可驗東方之氣 獨得溫柔敦
厚之風 … 此豈聲音之所襲取哉 知風之自 猗歟遠乎 繼此以往 將至於
無窮矣"

46) 李家煥, 風謠續選 序. "此所謂古今稱詩 多出於窮 而在下者也 然旣出
於窮者 故例多感憤牢騷之辭 君子病之 而是集獨能溫柔敦厚 不失興觀
羣怨之旨 玆其所以爲昭代之風也"

도적으로 출세를 막았기 때문에 과거에 얽매이지 않았고, 또 서울
에서 생장하여 方外의 孤絶한 병도 없이 詩社의 활동을 하면서 시
를 지었다. 그 가운데 뛰어난 자는 옛날의 작가에 비교할 만하고,
그보다 못한 자들도 聲調가 아름다워 그 천성을 온전히 하여 자연
히 흘러나오는 것으로써 詩經의 國風 가운데 周南과 召南과 같은
작품의 遺風이 있다고 했다.[47] 吳光運의 이러한 주장에서 주목되
는 것은 과거에 전력을 다하고 있는 士族들의 시에는 순수한 천성
을 반영하지 못하고 있으나, 委巷人들은 국가로부터 출세에 차별
을 받아왔기 때문에 과거로부터 얽매이지 않고 시가 天機에서 흘
러나와 더욱 순수하다고 한 것이다.

우리 나라는 고려조 초기부터 국가에서 인재를 과거로써 선발한
것이 漢文學의 보급과 발전에 절대적인 영향을 끼친 것은 사실이
었으나, 문예가 지나치게 通俗的으로 흘러 순수성이 결여된 점도
부인할 수 없기 때문에 吳光運과 같은 주장이 나오지 않았는가 한
다. 그리고 吳光運은 이 選集에 대해 만약 국가에서 각 지역에 유
행하는 노래를 채집하여 民間의 疾苦와 和平을 알고자 한다면 반
드시 이 選集을 중심으로 할 것이니 어찌 과소 평가할 수 있겠는가
했다.[48]

吳光運은 風謠가 委巷人들의 작품을 選集한 것이기 때문에 당
시 민간사회를 이해하는데 크게 이바지 할 것이라고 했으나, 風謠

---

47) 吳光運, 昭代風謠 序. "且後世士大夫 揩揩然用力於擧業 尤不能全其天
外乎此者 不過遲荒山澤 方外孤絶之語 漠然與王化不相關 又烏足以爲
風乎 惟我國閭井之人 限於國制 科擧無所累其心 生於京華 又無方外
孤絶之病 得以遊間詩社 歌詠文化 大者能追步古作者 蔚然爲家數 小
者亦能嬌娜成腔 要之乎全其天性 發之天機 咨嗟咏歎 不能自已者 實
岐鑠江漢之遺也"
48) 吳光運, 昭代風謠 序. "一日國家陳詩 以觀民風 赫然思復二南之隆 則
採之必自玆編 始其所關 夫豈淺尠也哉"

의 가치는 그것만으로 그치는 것이 아니고 문학적인 가치도 매우 높다고 볼 수 있다. 이에 대해 洪世泰(1653~1725)는 委巷人들의 시에 대해 비록 그들의 학문이 넓지 못하고 取材한 것이 멀지 못하나 타고난 바탕이 뛰어나 깨끗한 風調는 唐詩에 접근했다. 그 寫景의 淸圓함은 봄날의 새소리와 같고, 抒情의 悲切함은 가을철 벌레 우는 소리와 같아 그 느낀 바를 표현한 것이 天機에서 자연히 흘러 나온 것으로써 이른바 眞詩라 할 수 있을 것이라 했다.49) 이와 같이 委巷人들의 시가 천기에서 자연히 흘러나온 것으로써 깨끗하다고 했다.

洪世泰는 당시 문명이 일세를 풍미하여 委巷文人들 가운데 가장 뛰어난 문인 중의 한 사람이었다. 그가 처음으로 委巷文人들의 시를 採集해 海東遺珠라 이름하여 간행하면서 이와 같이 말했는데, 風謠와 직접 상관이 없다고 말할 수도 있겠으나, 昭代風謠의 상당 부분이 海東遺珠의 것을 轉載한 것이기 때문에 風謠와 상관이 없는 것이 아니다. 그리고 洪世泰가 이들 시에 대해 한결같이 천기에서 자연히 흘러나온 것이라고 한 것은 그 다음의 다른 평자들의 견해에서도 볼 수 있다.

이러한 委巷文人들에 대해 李宜顯은 昭代風謠 序에서 이 選集에 실려 있는 시들에 대해 과소 평가할 수 없을 것이다. 그들의 사회적인 지위가 낮다고 해서 그들의 작품까지 버릴 수 있겠는가. 하늘이 인간의 재능을 매우 아껴 노력하면 성취할 수 있게 했기 때문에 노력하지 않은 것을 걱정할 따름이다. 그러므로 노력하면 下位의 사람도 올라갈 수 있고, 하지 않으면 上位의 사람도 떨어지게

---

49) 洪世泰, 海東遺珠 序, 『柳下集』 卷 9. "雖其爲學不博 取資不遠 而其所得於天者 故自超絶 瀏瀏乎風調近唐 若夫寫景之淸圓者其春鳥乎 而抒情之悲切者其秋虫乎 惟其所以爲感而鳴之者 無非天機中自然流出 則此所謂眞詩也"

되는 것은 理勢가 그런 것이기 때문에 이 책을 어루만지며 탄식한
다고 했다.[50] 이와 같이 사회적인 지위가 낮았다고 해서 작품까지
버릴 수 없으며, 그들의 작품이 좋은 것은 많은 노력이 있었기 때
문이라고 했다. 이러한 논의를 전제해 두고 風謠에 실려 있는 작품
에 대해 살펴보고자 한다.

風謠의 연구에서 실려 있는 작품에 대한 언급이 필요하겠으나,
많은 작가와 작품 가운데 어떤 기준을 설정하여 선택하는 것도 어
려운 바가 없지 않다. 그리고 본고는 風謠에 실려 있는 작품에 대
한 연구가 아니고 風謠 일반에 대한 고찰이기 때문에 많은 작품에
대한 언급이 필요하지 않다고 생각되므로 몇 개의 작품만을 들어
간단히 언급하고자 한다. 먼저 朴繼光의 贈人詩부터 들어본다.

花落知春暮   꽃이 지니 봄이 저물었음을 알겠고
樽空覺酒無   두루미 비자 술이 떨어졌겠구나.
光陰催白髮   光陰이 백발을 재촉하니
莫惜典衣沽.   옷 잡혀 술 사는 것 아끼지 마오.
(昭代風謠 卷 1)

朴繼光의 인물에 대해 기록이 없기 때문에 알려진 바가 없으나,
昭代風謠 目錄에 그의 號는 市隱이며, 시로써 유명하여 金淨(148
6～1521)과 더불어 酬唱했다고 한다. 朴繼光이 문명이 높았던 金
淨과 수창했다고 하니 그의 시의 수준을 짐작할 수 있을 듯하며,
洪裕孫 다음으로 초기의 委巷詩人이 아니었던가 한다. 위의 시는
平淡하고 閒雅할 뿐만 아니라, 修辭에 彫琢한 흔적이 없이 자연스
럽다. 반영된 내용은 극히 낭만적이며 현실적인 利慾에 물들지 않

---

50) 李宜顯, 昭代風謠 序. "如斯集所列 却不可少 是豈容以人地盡廢之耶
余益信天不愛才 爲之則是 患不力耳 爲則下者上 不爲則上者下 理勢
然也 余於是不堪撫卷一慨"

고 淡泊함을 느낄 수 있는데, 이것은 委巷人으로서 모든 것을 체념
했기 때문에 가능했던 것이 아닌가 한다. 다음에는 白大鵬의 九日
詩를 들어본다.

醉插茱萸獨自娛   취해 茱萸花 꽂고 혼자 즐기다가
滿山明月枕空壺   밝은 달빛 아래 빈 두루미 베고 누었다오.
傍人莫問何爲者   사람들아 무엇 하는 사람인지 묻지 말아라
白首風塵典艦奴.   백발 되도록 典艦奴를 한다네.
(昭代風謠 卷 3)

白大鵬은 宣祖 때 생존했던 인물로서 劉希慶(1545～1636)과 더
불어 시로써 유명했던 委巷人이었다. 그는 劉希慶 등과 더불어 委
巷文人들을 중심으로 修禊를 하여 詩作 활동을 했는데, 이에 대해
李植(1584～1647)은 國朝에 시가 매우 발달하여 위로는 士大夫들
가운데 우수한 작가가 많았다고 전제하면서 아래로는 평민들과 말
단 胥吏들이 지은 작품까지 모두 鏗鏘해 聲韻을 잃지 않고 있으니
그들이 바로 劉希慶과 白大鵬과 같은 무리들이다. 당시 그들을 風
月香徒라고 불렀는데, 香徒라는 것은 庶流들이 修禊한 것을 이름
이다. 그들에 대해 學士와 先生들도 예를 갖추어 대하면서 간혹 같
이 시를 짓기도 했으니 아름다운 三代의 風謠가 아니겠는가 했
다.51)

그리고 宣祖 23년에 日本에 通信使를 보냈는데, 그때 正使는 黃
允吉, 副使는 金誠一, 書狀官은 許筬이었다. 許筬이 특별히 劉希
慶과 白大鵬을 좋아했기 때문에 같이 데리고 가고자 했으나 劉希

---

51) 李植, 村隱集 跋,『村隱集』. "下至齊民小胥 野鵠之吟 沙鶴之句 擧皆鏗
鏘 不失聲韻 卽如劉翁與白大鵬輩是已 當時號爲風月香徒 香徒者庶流
修禊之名 學士先生降禮接之 往往酬唱相問 靄乎三代風謠之遺 噫 何
其盛歟"

慶은 나이 많은 어머니가 있어 사양했고, 白大鵬만 갔다고 했다.52)
이로써 보면 白大鵬은 통신사 일행으로 일본에 갔다 왔음을 알 수
있다. 그런데 임진왜란이 일어났을 때 그가 일본을 다녀왔기 때문
에 그곳 사정을 알 것이라 하여 巡邊使 李鎰의 요청에 따라 從軍
했다가 軍中에서 죽었다.53) 이러한 기록들을 종합해 보면 白大鵬
이 劉希慶 등과 더불어 수계하여 風月香徒를 한 것은 임진왜란 전
이었음을 알 수 있으며, 또 이것이 委巷人들을 중심으로 한 최초의
詩社가 아니었던가 한다.

許筠은 그의 시에 대해 白大鵬이 시에 능했으며 일찍 司鑰을 했
는데, 일시의 그들 무리들이 그의 시를 본받았으며, 孟郊와 賈島의
시를 배워 枯淡하고 약했다. 權韠이 晚唐詩를 배우는 사람을 보면
司鑰體라고 했는데 시가 약한 것을 조롱한 것이라 했다.54) 許筠과
權韠은 당시 문명이 매우 높았던 인물들이다. 白大鵬의 시가 그들
로부터 주목을 받았다는 것은 그의 시가 유명했기 때문이 아닌가
한다. 위의 시는 낭만적이면서 豪氣가 있지 않는가 생각되며, 그의
시를 여러 수 볼 수 없는 것이 아쉽다. 다음에는 劉光澤의 貧家女
詩를 들어본다.

拾穗山田薄暮歸　　밭에서 이삭 줍다 늦게 돌아오니
穉兒匍匐啼柴扉　　어린 아이 싸리문까지 나와 운다오.
吹火濕薪煙不起　　젖은 나무 불이 일지 않아

---

52) 柳夢寅, 劉希慶傳,『於于集』卷 6. "名儒許筬 愛之甚特 嘗其使日本也
欲與白大鵬劉生偕 生以養老辭 獨以大鵬行"
53) 위와 같음. "壬辰之亂 巡邊使李鎰 以大鵬諳倭中事 强之同行 大鵬死
軍中"
54) 許筠,「惺叟詩話」,『惺所覆瓿藁』卷 25. "有白大鵬者 亦能詩 嘗爲司鑰
一時渠之儕類皆效之 其詩學郊島 枯淡而萎 故汝章每見人學晚唐者 必
曰 司鑰體也 盖嘲其弱焉"

夕餐還到雞鳴時.　　닭 울 즈음에 저녁밥을 먹는다.
(昭代風謠 別集)

劉光澤의 字는 雲卿이며, 好學 能詩했다는 기록밖에 없어 그의
인물에 대해 알 수 없는 것이 아쉽다. 이 시에 대해 그가 여행 도중
에 村家에 자면서 본 것을 표현한 것이라 했다.55) 조선조 시대 서
울에 살고 있는 委巷人들 가운데 부모로부터 물려받는 世業이 있
었거나 醫業 등에 종사하지 않은 사람들은 생활이 어려울 수밖에
없었다. 그러므로 그들의 작품에는 빈곤에 대한 내용이 적지 않게
반영되었음을 볼 수 있다. 이 시는 山村 貧家의 어려운 情景을 표
현한 것이라고 했으나, 그 빈곤이 바로 자신의 처지와 직결되었기
때문에 이와 같이 절실하게 표현할 수 있지 않았을까 한다. 다음에
는 高時彦의 秋曉詩를 들어본다.

山雨入空庭　　비가 빈 뜰에 내려
寒聲五夜竟　　그 소리 五更에 그쳤다.
曉來催攬衣　　새벽 되자 옷을 재촉해 입고
欲問黃花病.　　국화꽃 떨어졌나 보련다.
(昭代風謠 別集)

高時彦은 昭代風謠의 실질적인 편찬자였는데 끝내지 못하고 세
상을 떠났다고 한다. 風謠에는 생존자의 시는 실지 않기로 했기 때
문에 그의 시가 原集에는 실리지 못하고 사후에 그의 여러 형식의
시가 別集에 다섯 수나 실려 있다. 그는 譯官이었다고 하나 위의
시에서는 世俗的인 사상이나 감정은 반영되지 않았다. 다음에 千
壽慶의 秋夜賞菊詩를 들어본다.

55)『昭代風謠』,「別集」附錄詩話. 盖於途中 宿村家 記所見者也.

園齋秋夜碧松淸	園齋의 가을 밤 나무 빛이 깨끗하며
石上潺流珮響輕	바위에 흐르는 물 옥소리처럼 맑다.
藻荇鱗鱗交樹影	마름 위에 나무 그림자 흔들리고
風霜淅淅應山鳴	바람소리 산에서 들려온다.
齡頹蟋蟀凄仍懼	늙으니 귀뚜라미 소리도 무섭고
歲暮衣裳薄自驚	저문 해 엷은 옷에 스스로 놀란다.
白酒故人來月色	달밤에 故人이 술을 가지고 왔으니
欄頭共賞菊花明.	함께 난간에서 국화나 보련다.
(風謠三選 卷 2)	

千壽慶의 자는 君善이며, 호는 松石이다. 그는 松石園에 집을 짓고 살면서 委巷文人들의 詩會인 松石園詩社의 주도적인 인물이었으며 風謠續選을 편찬했다. 이로써 보면 그는 당시 대표적인 委巷文人의 한 사람이었음을 알 수 있다. 그의 시가 風謠三選에 7수가 실려 있다.

이상에서 委巷文人들의 시를 몇 편 들어보았다. 많은 작가와 작품 가운데 대표적인 작품과 그들 작품의 특징을 알아보고자 한 것이 아니고 다만 委巷文人으로서 초기작가라 할 수 있는 朴繼光과 시로써 많이 알려진 白大鵬의 시를 들어보았으며, 風謠의 편찬에 주도적인 역할을 한 高時彦과 千壽慶의 시를 한 수씩 들어 보았는데, 그들이 委巷文學의 발전에 공로가 적지 않았으므로 그들의 작품도 알아보려는 의미였다. 그리고 委巷文人들 가운데 경제적인 여유가 있었던 사람도 없지 않았겠지만 대부분 빈곤에 시달렸다고 짐작되기 때문에 劉光澤의 貧家女詩 한 수를 들어 빈곤에 대해 얼마나 절실하게 표현했는가 하는 것을 알아보고자 한 것이다.

風謠는 昭代風謠에서부터 三選에 이르기까지 단순히 작품을 수집한 작품집이 아니고 選集이다. 選集에는 작품 선발에 기준이 있게 마련이다. 風謠續選의 凡例에서 선발 태도에 대해 몇 가지 밝힌 바 있으나 기준은 말하지 않았다. 그러나 기준이 없었던 것은 아니다. 委巷人들이 委巷人들의 작품을 선발할 때 그들의 감정과 생활양상을 반영한 작품을 중심으로 많이 선발할 수도 있었겠으나, 그렇게 하지 않고 많은 작가를 참여시키면서 좋은 작품을 선발하는 것으로 했다. 이렇게 보려는 것은 여러 수의 작품이 실려 있는 작가도 없지 않지만 한 수 또는 적은 수의 작품이 실려 있는 작가가 대부분이기 때문이다. 이러한 기준에서 선발했던 것이 風謠에 실린 작품의 수준은 높였다고 볼 수 있으나, 당시 委巷人들의 생활감정을 이해하는 데는 크게 도움이 되지 못한 점도 없지 않다.

風謠가 편찬될 시기에 우리 나라 詩壇에 유행했던 詩風은 唐詩體가 주류를 이루었고, 宋詩와 明 淸詩의 영향도 적지 않게 받았다. 風謠에 실려 있는 작품들도 당시 유행에서 벗어나지 못한 듯하다. 鄭玉子는 朝鮮後期의 文風과 中人階層의 신분을 말하면서 委巷文學은 독자적인 문학사상이나 文體가 아닌 한갓 下層階級의 上層文化에 대한 동경과 모방이라고 지적했는데,[56] 당시 委巷文學이 사상과 詩體면에서 독자적인 것을 가질 만한 시간적인 여유와 능력이 없었기 때문에 부득이 上流階層의 것을 따를 수밖에 없었을 것이다.

우리 나라에서 漢文學이 委巷人들에게까지 보급된 것은 오래된 것이 아니다. 역사적으로 통일신라 때까지만 해도 향유계층은 귀족에 국한되었으며, 고려 때는 士大夫 계층에서 크게 벗어나지 못했다. 그리고 조선조 초기에 이르러 士族들에게까지 보급되었으며, 壬, 丙兩亂을 거치면서 委巷人들에까지 확대되기 시작했다. 委巷人들은 어느 시대나 있게 마련인데, 兩亂을 겪게 되면서 身分制의 동요와 함께 경제력이 성장함에 따라 委巷人들의 사회활동도 점차

---

56) 鄭玉子, 朝鮮後期의 委巷文學, 『한국사론』 4, 서울대, 1981, 32쪽.

활발하게 되면서 문인들도 많아져 文壇의 一角을 차지하게 되었다. 이러한 과정을 감안할 때 독자적인 사상과 文體는 기대하기 어렵지 않을까 한다. 그러므로 사상적인 면에서도 빈곤에 대한 불평과 신분에서 오는 사회적인 제약에 항거하지 못하고 오히려 불운을 거역할 수 없는 운명으로 생각하고 초연하고자 하는 자세를 반영한 작품을 적지 않게 볼 수 있다. 그리고 漢文學의 특성을 감안할 때 개인의 詩體는 모르지만 당시 유행 詩體를 외면하고 委巷人들만의 독특한 詩體는 형성하기 어렵기 때문에 유행하는 詩體를 따를 수밖에 없었을 것이며, 그것을 모방이나 동경으로 지적하며 평가 절하할 것은 아니라고 생각된다.

風謠는 많은 委巷文人을 대상으로 하여 좋은 작품만을 수록한 選集이다. 조선조는 門閥을 중시했고 문단은 士大夫 또는 士族 출신의 문인들이 지배하고 있었다. 그러한 상황에서 많은 작가와 작품을 대상으로 하여 수차에 걸쳐 選集이 나왔다는 것은 놀라운 것이 아닐 수 없다. 그리고 選集의 명칭도 風謠라 하여 庶民階層의 작품집임을 밝혔다. 그러므로 風謠는 여러 가지 면에서 意義가 있다고 생각되기 때문에 우리 漢文學史에서 높게 평가될 것으로 생각된다.

V. 結 言

風謠는 조선조 후기 사백여년 동안에 생존했던 委巷文人만을 대상으로 하여 선발된 작가는 팔백여명이었고, 실려 있는 작품 수는 이천여수에 가깝다. 이와 같이 委巷文人들만을 대상으로 하여 선발된 방대한 작품집이 있었다는 것은 어느 나라 문학사에서도 그 類例를 찾아볼 수 없는 것이 아닌가 한다.

그런데, 이러한 風謠가 우리 나라 학계에서도 아직 주목을 받지 못하고 있는 것은 이상한 일이 아닐 수 없다. 물론 여기에는 몇 가지 이유가 있다. 지난날에는 문단이 士族 출신의 문인들을 중심으로 형성되었기 때문에 委巷文人들이 활발한 활동을 하지 못했고, 근대이후에는 세태의 변천에 따라 한동안 漢文學이 외면되었기 때문에 연구가 소홀할 수밖에 없었다. 그러나 계속 방치해 둘 수 없는 것이 우리의 漢文學이며, 특히 風謠는 委巷文人들만의 작품집이므로 그 시기에 그들의 사상 감정을 이해하는데 귀중한 자료가 될 것이다. 앞으로 風謠는 작품에 이르기까지 심도 있게 연구가 되어야 할 것으로 생각된다.

제10장

漢詩 選集에 대한 考察

I. 序 言

　문학사에서 높게 평가되는 작가라 할지라도 지은 작품마다 좋다고 하기는 어렵다. 그리고 前代에 있었던 작가들의 작품을 모두 보기도 쉽지 않다. 그러므로 우수한 작품들을 선발하여 모은 選集이 필요하게 되었다. 이와 같이 필요에 따라 시와 산문 등 여러 형식의 글들에 대한 選集이 우리 나라에서도 옛날부터 적지 않게 나와 전하고 있다.

　우리 나라의 漢詩는 지금 전하는 자료에 의하면 三國時代부터 저작되었다고 볼 수 있겠는데, 통일신라 및 고려 전기에는 選集이 있었다는 기록을 볼 수 없고, 고려 중기 이후부터 漢詩의 選集이 편찬되었으며, 조선조에서는 최근세에 이르기까지 국가 또는 개인에 의해 적지 않게 나왔다.

　본고는 지금 전하는 漢詩 選集에서 고려 후기에 편찬된 三韓詩龜鑑을 비롯하여 東文選, 靑丘風雅, 大東詩林, 國朝詩刪, 箕雅, 海東遺珠, 風謠, 大東詩選, 朝野詩選, 海東詩選 등을 중심으로 그 편찬 동기와 체재 및 그 의의에 대해 고찰해 보고자 한다.

II. 三韓詩龜鑑

　三韓詩龜鑑[1]은 첫 머리에 拙翁 崔瀣의 批點과 石澗 趙云仡 精選이라 했으므로 選者가 趙云仡이었음을 알 수 있으며, 우리 나라에서 지금 전하는 것 가운데 가장 오래 된 詩選集이다.

　그런데, 우리 나라에서 三韓詩龜鑑이 최초에 편찬된 詩選集은 아니다. 고려 忠烈王과 忠惠王 年間에 활동했던 金台鉉이 일찍 우리 나라 문인들의 詩文을 모아 東國文鑑이라 이름했고,[2] 三韓詩龜鑑의 批點을 한 崔瀣도 본국 名賢들의 詩文을 모아 그 이름을 東人之文이라 했는데, 무릇 25권이라 했다.[3] 이로써 보면 崔瀣도 편찬한 選集이 있음을 알 수 있으며, 이들 選集은 시만 모은 것이 아니고 散文까지 포함한 詩文의 選集이 아니었던가 한다.

　고려 후기에서부터 조선조 초기에 편찬된 選集에 대해 成俔 (1439～1504)은 東人文 幾十卷은 侍中이었던 崔滋가 편찬 한 것이며, 三韓龜鑑은 崔瀣의 편찬이다. 東國文鑑 幾十卷은 侍中인 金台鉉이 편찬한 것이며, 東文選 幾十卷은 徐居正이 국가로부터 명령을 받고 편찬한 것으로써 모두 前代 문인들의 詩文을 모은 것이라 했다.[4]

---

1) 본 고에서 臺本으로 한 『三韓詩龜鑑』은 二友出版社의 영인본임.
2) 『高麗史』, 「列傳」 卷 23. 金台鉉傳. "嘗手集東文東詩 號東國文鑑"
3) 같은 책, 卷 22, 崔瀣傳. 嘗選本國名賢詩文 題其目曰 東人之文 凡二十五卷.
4) 成俔, 「慵齋叢話」 卷 8, 『大東野乘』 卷 2. "東人文幾十卷 侍中崔滋所撰 三韓龜鑑一帳 崔瀣所撰 東國文鑑幾十卷 侍中金台鉉所撰 東文選幾十卷 徐達城受命所撰 皆集前賢詩文也"

이러한 慵齋叢話의 기록에 따르면 崔滋가 東人文 幾十卷을 편
찬한 것으로 말했는데, 高麗史 列傳 崔滋傳에는 家集 十卷과 續破
閑集 三卷이 세상에 전할 뿐이라 했다. 만일 그가 편찬한 東人文
選集이 있었다면 현재 알려진 選集 가운데 최초의 것이 아닌가 한
다. 三韓詩龜鑑의 편찬을 崔瀣라고 한 것은 批點한 것을 잘못 알
고 한 것이 아닌가 한다. 그리고 金台鉉의 東國文鑑이 幾十卷이
된다고 했으니 상당히 큰 분량의 選集임을 알 수 있다.

이러한 選集에 대해 徐居正은 金台鉉의 東國文鑑은 지나치게
疎略하고 崔瀣의 東人文은 散逸이 너무 많았으니 그것이 어찌 문
헌으로써 크게 개탄할 일이 아니겠는가 했다.[5] 그리고 權鼈은 快
軒 金台鉉, 槐山 崔瀣, 石澗 趙云仡의 選集이 각각 있었는데, 石澗
은 簡略하고 快軒은 雜되다고 할 수 있으며, 오직 槐山의 편찬만
이 체제를 얻었다고 할 수 있다 했다.[6] 이와 같이 각 選集에 대한
논평이 있는 것으로 보아 이들 選集이 壬辰亂 전까지는 전하고 있
지 않았던가 짐작된다.

三韓詩龜鑑의 選者 趙云仡은 高麗史에 立傳되어 있다. 그는 恭
愍王 6년에 登科했다고 하며, 그의 自述한 墓誌에 따르면 과거에
급제한 후 內外職을 역임했는데, 다섯 고을의 守令을 했고 四道의
按廉을 했으나 큰 업적도 없었고 그렇다고 크게 잘못함도 없었다
고 했다.[7] 그가 西海道觀察使로 부임하면서 글을 올리자 禑王이
그 글을 都堂에 내리며, 云仡이 관찰사가 되면서 기강이 엄해 범법

---

5) 徐居正, 東文選 序. "金台鉉作文鑑 失之疎略 崔瀣著東人文 散逸尙多
   豈不爲文獻之一大慨也哉"
6) 權鼈, 「海東雜錄」, 『大東野乘』卷 4. "金快軒台鉉崔槐山瀣趙石澗云仡
   各有選集 石澗略 快軒雜 惟槐山之編 頗有得體"
7) 『高麗史』, 「列傳」卷 25, 趙云仡傳. "李仁復門下登科 歷任中外 佩印五
   州 觀風四道 雖大無聲績 亦無塵陋"

자가 있으면 용서하지 않았기 때문에 部內가 大治한다고 했다.[8]
徐居正은 그가 어렸을 때부터 奇偉하고 뛰어나 세상과 쉽게 타협
하지 않았다. 고려 말에 세태가 어지러운 것을 보고 靑盲이라 하고
벼슬하지 않았으며, 조선조에서 鷄林과 江陵의 府尹이 되었으나
얼마 후 벼슬을 버리고 고향으로 내려갔다.[9]

　　그리고 太平閒話滑稽傳에는 趙云仡이 西海道觀察使로 있을 때
새벽에 일어나 阿彌陀佛을 念했다. 어느 날 白川에 이르러 그 고
을 군수가 새벽에 창 밖에서 云仡을 念하는 소리를 듣고 그 까닭
을 물었던 바 觀察使는 念佛을 해 成佛을 하고자 하는데, 자신은
云仡을 念해 觀察使가 되고자 한다고 했다는 笑話가 있다.

　　三韓詩龜鑑은 詩選集으로써 上, 中, 下 3권으로 分卷되어 있으
며, 上卷은 22인으로 91수, 中卷은 32인으로 132수, 下卷은 8인으
로 26수이다.

　　본 選集은 序跋이 없기 때문에 편찬 목적과 간행 경위에 대해서
는 알 수 없고, 書名을 三韓詩龜鑑이라고 한 것은 崔致遠의 시가
적지 않게 실려 있기 때문에 신라까지 포함된 것이라 하여 三韓이
라 하지 않았는가 생각되며, 崔光裕의 신분을 賓貢이라 한 것으로
보아 신라 말에 중국에 들어가서 賓貢科에 합격한 후 고국에 돌아
왔을 때는 이미 고려가 건국된 이후였기 때문에 벼슬하지 않고 있
었던 인물이 아닌가 한다. 그리고 그 외의 인물은 모두 고려조의
인물이다. 趙云仡이 고려 최후기에서 조선조 초기까지 생존했으므
로 三韓詩龜鑑이 어느 시기에 편찬되었는지는 알 수 없으나 崔瀣

---

8) 위와 같음. "禑下其書都堂 云仡觀察州郡 頓綱振紀 抑强扶弱 有犯法者
　　毫髮不貸 部內大治"
9) 徐居正, 「筆苑雜記」 卷 2, 『大東野乘』 卷 3. "趙石澗云仡 自少奇偉卓
　　犖 不與世低昂 麗季見世亂 托靑盲不仕 入本朝尹鷄林江陵二府 未幾
　　托病 卜居廣州之古垣村"

의 批點이 있고, 내용에 조선조 초기에 활동했던 인물은 없고 고려조의 인물만 있는 것으로 보아 고려조 때 편찬된 것이 틀림없을 것으로 생각된다.

三韓詩龜鑑과 같은 이러한 選集은 그 편찬 체제에 몇 가지 유형이 있다. 즉, 작자중심으로 한 것과 작품의 형식중심으로 한 것이다. 그리고 작자에 대해서는 첫 머리에 일괄해서 간단히 소개하고 작품에는 작자의 성명만 밝히는 것이 있는데, 중국 高棅의 唐詩品彙가 이와 같은 경우이다. 또 이와 다른 것으로는 작품 옆에 작자의 성명을 쓰고 그 밑에 작자의 약력을 간단히 기록한 것도 있다. 내용의 편찬 체제를 작자중심으로 한 것은 작자의 생존년대를 중심으로 한 것이며, 작품의 형식중심으로 한 것은 東文選과 같이 辭와 賦가 있을 때는 먼저 싣고 형식이 짧은 五言絶句, 五言律詩, 七言絶句, 七言律詩의 순서로 하며 古詩는 형식과 상관없이 뒤에 싣는 것이 일반적이나 東文選에는 먼저 실었다.

三韓詩龜鑑은 실려 있는 작품의 첫 머리에 작자를 밝혔다. 그들의 生沒年代를 정확히 알 수 없기 때문에 쉽게 말하기는 어려우나, 작자의 생존년대 순으로 편찬한 것이 아닌가 짐작된다. 이렇게 보려는 것은 上卷과 中卷 첫 머리에는 崔致遠으로 시작되었으며, 그 다음에 吳麟, 金富軾으로 이어졌다. 中卷에는 朴仁範, 崔光裕, 崔承老로 이어진다. 朴仁範 등이 金富軾 앞에 생존했던 인물이었는데, 上卷에 없는 것은 그들 작품 가운데 실을 것이 없었기 때문이 아닌가 한다. 그리고 작가에 대해서는 역임한 관직을 간단히 기록했다.[10]

이와 같이 작가의 생존년대를 중심으로 편찬하면서도 형식을 무

---

10) 崔致遠에 대해서는 字孤雲 新羅人 仕唐爲翰林侍讀學士 本集三十卷. 그 다음의 吳麟은 學士, 金富軾은 侍中이라 했다.

시하지는 않았다. 崔致遠의 경우 上卷에 五言律詩가 7수 있고,[11] 그 다음에 五言絶句 2수가 있다. 그리고 中卷 첫 머리에는 崔致遠의 七言律詩 6수가 실려 있고, 그 다음에 七言絶句 8수가 있다. 下卷에는 古詩가 실려 있다. 이로써 보면 작가의 생존년대를 중심으로 하되 형식도 무시하지는 않았으나 律詩를 먼저하고 絶句를 뒤에 실었다는 것을 알 수 있다.

작품을 선발할 때 우수한 작품을 선택하는 것으로 기준을 정했기 때문인지 崔致遠, 鄭知常, 林椿, 李仁老, 金克己, 李奎報 등의 시가 많이 실려 있는 것을 볼 수 있는데, 그것은 많은 작가의 작품을 싣고자 한 것이 아니고 좋은 작품만을 선택했기 때문에 이름 높은 작가들에 편중되지 않았는가 한다.

批點한 崔瀣는 총명이 뛰어나 고려의 과거와 元의 制科에 모두 합격하여 그곳에서 盖州判官을 역임했다. 故國에 돌아와서는 성격이 오만하여 주위와 타협을 하지 못했기 때문에 가난하게 살다가 세상을 떠났으며, 托傳으로 猊山隱者傳이 있다. 그는 三韓詩龜鑑의 실린 작품에 批點을 하기도 하고 貫珠도 했다. 그 예를 들면 崔致遠의 登潤州慈和寺上房詩에 畵角聲中朝暮浪 靑山影裏古今人에는 貫珠를 했고, 霜摧玉樹花無主 風暖金陵草自春에는 批點을 했다. 전편을 통해 貫珠는 극히 드물고 批點은 적지 않다. 그리고 작품 후미에 간단히 논평한 것도 볼 수 있다. 예를 들면 崔致遠의 蜀葵花詩 끝에 拙翁曰 公自況이라 했다.

趙云仡이 생존했을 시기까지만 해도 통일신라와 고려조 문인들의 시가 적지 않게 전했을 것으로 짐작되는데, 三韓詩龜鑑에 收載된 작품은 精選했기 때문인지 모두 249수에 불과하다. 權鼈이 海

---

11) 여기에 古詩인 江南女詩가 실려 있는데, 選者가 여기에 넣은 것은 그 시가 五言詩이기 때문이었을 것이다.

東雜錄에서 石澗의 三韓詩龜鑑은 簡略하다고 했고, 洪萬宗도 詩話叢林 附證正에서 多所缺略이라고 말한 것은 분량을 두고 한 말이 아닌가 한다. 본 選集의 분량이 적은 것은 精選한 탓도 있었겠지만 選者와 가까운 연대의 작가들의 작품을 실지 않았기 때문이다. 고려조는 후기에 우수한 문인들이 많이 배출되었는데, 그들을 제외한 것은 엄선하기 위한 것으로 생각되나 선발대상이 좁아진 것은 사실일 것이다. 어쨌든, 三韓詩龜鑑은 현재 전하고 있는 選集 가운데 가장 오래된 것으로 의의가 있다.

Ⅲ. 東文選

詩文에 대한 選集이 개인에 의해 이루어 졌다면 그것은 私選이라 할 수 있고, 국가로부터 직접 명령을 받고 한 것이면 國選이라 할 수 있다. 우리 나라 詩文 選集이 대부분 私選인데 반해 이 東文選12)은 國選이라 할 수 있다. 즉, 成宗의 명령을 받고 徐居正 등 24명의 문신들이 편찬하여 成宗 9년에 간행한 것이다. 그리고 中宗 13년에 續東文選이 간행되었다.

이러한 東文選은 시만 選集한 것이 아니고 신라 때부터 조선조 초기에 이르기까지 漢文으로 저작한 여러가지 형식의 글 가운데 우수한 작품만 선발하여 東文選이라 命名한 것이다. 고려 후기에 편찬된 몇 개의 選集이 있었으나 오늘날 전하는 것은 三韓詩龜鑑

---

12) 본고의 臺本은 民族文化推進會의 영인본임.

밖에 없으며, 조선조 초기 東文選이 편찬되기 전에 成三問에 의해
우리 나라 글을 편찬하여 東人文寶라 했으나 끝내지 못하고 죽었
고, 뒤에 金宗直이 그것을 완료하여 東文粹라 이름했다고 한다.[13]
이로써 보면 東文選은 여러 형식의 글을 편찬한 것으로써 그 분량
의 방대함과 아울러 조선조에서 최초에 나온 選集이다.

그리고 東文選은 위에서 말한 바와 같이 私撰이 아니고 成宗의
명령을 받고 편찬한 것으로써 卷頭에 徐居正이 쓴 東文選序에는
편찬 목적을 밝혔으며, 進東文選箋에는 취지와 아울러 盧思愼 이
하 23명의 纂集官 이름을 밝혔다. 편집은 언제부터 시작되었는지
밝히지 않았기 때문에 알 수 없으나, 많은 학자들이 동원되어 成宗
9년에 편찬이 완료되었음을 알 수 있다.

東文選은 우리 나라 역대의 우수한 작품을 선발하여 간행한 것
이므로 선비들의 많은 애독을 받아 뒤에도 여러 번 간행된 듯하고
保全에도 관심을 보였다. 특히 壬辰亂 때 宣祖는 우리 나라 實錄,
東國史, 東文選과 기타 우리 나라 서적을 깊은 산 험한 곳과 絶島
에 나누어 깊게 파서 매장하여 염려되지 않게 하라 했다.[14] 宣祖는
이와 같이 지시한 후에도 계속 관심을 가지고 東國史, 興地勝覽,
東文選, 續東文選과 같은 책들이 玉堂에 있느냐 하며 물었다.[15]
이와 같이 東文選은 전란을 당했을 때 實錄 등과 같이 보전에 관
심을 가지는 책이 되었다.

---

13) 成俔,「慵齋叢話」卷 10,『大東野乘』卷 2. "成謹甫在時 編東人文 名
   曰東人文寶 未成而死 金季醞踵而成之 名曰東文粹". 이 東文粹는 失
   傳이 되었는지 오늘날 전하지 않은 듯함.
14)『宣祖實錄』卷 32, 25年 11月. "丁卯上曰 … 我國實錄及東國史 如東文
   選 其他東國書籍 須於深山極險處 或於絶島山中分置 深堀埋藏 以備
   不虞"
15) 같은 책, 卷 56, 27年 10月. "傳曰 如東國史興地勝覽東文選續東文選等
   書 在於玉堂否"

이러한 東文選에 대해 徐居正은 그 序에서 시대마다 각각 그 시
대에 맞은 글이 있고, 글은 각각 그 글에 맞은 체가 있다고 전제하
면서 우리 동방의 글은 宋과 元의 글이 아니며 漢과 唐의 글도 아
니고 우리의 글이다. 마땅히 중국 역대의 글과 천지간에 병행해야
할 것이거늘 어찌 잊어버려 전함이 없게 하겠느냐 했다.16) 이와 같
이 우리의 글을 세상에 널리 알리고 잘 보전하기 위해 東文選을
편찬했음을 알 수 있다.

東文選은 辭와 賦를 비롯하여 여러 형식의 시와 산문에서 우수
한 글을 선발하여 편찬한 것이기 때문에 選集으로는 우리 나라에
서 전무후무할 정도로 방대한 것이다. 그런데, 본고는 漢詩 選集에
관한 고찰이므로 漢詩에 한해 언급하고자 한다.

일반적으로 選集에서 작자에 대해서는 選集에 따라 첫 머리에
일괄해서 간단히 소개하기도 하고, 또 작품을 실으면서 그 옆에 밝
히기도 했으나, 東文選에서는 작자의 성명만 밝혔을 뿐 역임한 관
직 등 약력에 대해서는 기록하지 않았다. 편집체제는 형식중심으
로 했으며, 먼저 발달한 詩形부터 차례로 실었는데, 형식에 따라
실은 순서는 작자의 생존년대순으로 했다. 이러한 편집 체제에 따
라 辭(卷 1) 賦(卷 2, 3)에서 시작하여 五言古詩(卷 4)로 이어진다.
五言古詩는 織錦獻大唐高宗詩로부터 시작되었는데,17) 卷 4에 76
수, 卷 5에 60수이며,18) 작자 가운데 승려로는 天因, 坦然, 禪坦 등

---

16) 徐居正, 東文選 序. "我東方之文 非宋元之文 亦非漢唐之文 乃我國之
文也 宜與歷代之文 並行於天地間 胡可泯焉而無傳也哉"

17) 이 시는 致唐太平頌으로 많이 알려졌으며, 眞德女王 때 織錦을 해 唐
에 보냈다고 하니 당시 문인들이 지었을 것으로 짐작되나 누가 지었는
지 알 수 없기 때문에 無名氏라 한 것이 아닌가 한다.
高棅의 唐詩品彙에 외국인의 작품으로 이 시 한 수를 실었으며, 新羅
王이라 했음.

18) 작품의 首數는 본문에 밝혀 놓은 것에 따랐음, 예를 들면 李仁老의 竹

의 시가 실려 있다. 조선조는 抑佛崇儒 정책으로 인해 승려들의 사
회적인 직위가 매우 천시되었는데, 私撰이 아닌 東文選에 그들의
시가 실려 있는 것은 매우 주목된다. 卷 6에서 卷 8까지는 七言古
詩인데, 林椿의 寄洪天院詩로 시작하여 69수가 실려 있으며, 卷 7
에는 56수, 卷 8에는 61수가 실려 있다. 작자 가운데 승려로 圓鑑,
達全 등의 시가 있다.

辭와 賦는 형식면에서 古詩 및 律詩와는 상당한 차이가 있으나
漢文學에서 가장 오래 된 詩形 중의 하나임에는 틀림없다. 그것은
楚辭와 離騷賦에서도 알 수 있다. 그런데, 이 辭賦가 고대에서만
유행했던 것이 아니고 후대까지 계속 지어졌으며, 우리 나라에서
도 문집 첫 머리에 辭賦가 실려 있지 않은 것이 드물 정도이다. 그
러므로 본 選集에서 먼저 실은 것이 아닌가 한다.

그리고 五言古詩와 七言古詩는 唐代 律詩가 발달하기 전까지
유행한 詩形으로써 특히 魏, 晋 때 盛行했다. 이 시형은 형식면에
서 律詩보다 자유롭기 때문인지 후대에도 계속 지어졌다. 이 시형
이 律詩와 같이 유행하고 있었으나 律詩보다 먼저 유행했기 때문
에 辭賦 다음으로 실은 것이 아닌가 한다.

卷 9와 卷 10에는 五言律詩인데, 卷 9에는 崔致遠의 長安旅舍與
于愼微長官接隣有寄詩로 시작하여 110수가 실려 있으며, 승려인
益莊, 圓鑑의 시가 있다. 卷 10에는 權漢功의 題拱北樓詩로 시작
하여 111수가 실렸으며, 승려인 祖異, 卍雨의 시가 있다.

卷 11은 五言排律이다. 이 排律은 漢詩의 한 형식으로써 五言
또는 七言으로 열 두짝 이상으로 짓는 律詩이다. 崔惟善의 御花仙
桃詩로 시작하여 45수가 실려 있다. 이 가운데 승려인 天因, 圓鑑

醉日移竹詩가 두 수 같으나 본문에서 二首라 하지 않았기 때문에 한
수로 계산했음.

의 시가 있다. 이 시형은 晋代에서 시작되어 후대에까지 계속 지어
졌으며, 우리 나라 문인들도 적지 않게 지었다.

卷 12에서 卷 17까지는 七言律詩이다. 卷 12에는 崔致遠의 登潤
州慈和寺上房詩로 시작하여 93수가 실려 있다. 이 가운데 崔匡
裕,[19] 朴仁範, 崔承祐의 시가 각 10수씩 실려 있다. 이들 가운데 朴
仁範은 唐의 과거에 합격했는지 알 수 없으나 崔匡裕, 崔承祐는
羅末에 唐에 가서 賓貢科에 합격했다. 이들 저작이 오늘날 남아
있는 것이 극히 드문데,[20] 여기에 그들의 시가 각각 10수씩 실려
있는 것은 다행이라 할 수 있다.

卷 13은 吳廷碩의 贈大光寺堂頭詩를 비롯하여 78수가 실렸으
며, 승려 惠文, 寥一의 시가 있다. 卷 14에는 金良鏡의 哭琴相國儀
詩를 비롯하여 113수가 실려 있으며, 승려 始寧, 眞靜, 祖英, 圓鑑,
達全 등의 시가 있다. 卷 15에는 己酉三月遞官後作詩(다음 여섯
수까지 작자를 밝히지 않았음)를 비롯하여 100수가 실렸으며, 승려
禪坦의 시가 있다. 卷 16에는 李容의 九日登明遠樓詩를 비롯하여
113수가 실렸으며, 승려 月窓의 시가 있다. 卷 17은 尹紹宗의 書懷
詩를 비롯하여 104수 실려 있으며, 승려 宏演, 懶翁, 丁近 등의 시
가 있다.

卷 18에는 七言排律인데, 金富軾의 和羅州倅李先生寄金郎中緣
詩를 비롯하여 39수가 실렸으며, 승려 天因의 시가 있다. 卷 19에
는 五言絶句가 실려 있다. 徐師曾의 詩體明辨에 따르면 五言絶句
와 七言絶句는 樂府 五言詩에 근원을 둔 것이라 하며, 그 형식이
唐代에 완전히 정착된 것이라고 한다. 五言絶句는 乙支文德의 贈

---

19) 「三韓詩龜鑑」에는 賓貢 崔光裕가 있어 다른 사람인가 했으나 長安春
日有感詩가 양쪽에 실려 있는 것으로 보아 같은 인물임을 알 수 있다.
20) 崔承祐의 지은 것으로 代甄萱寄高麗王書가 『東文選』 卷 57 書條에 실
려 있음.

隋右翊衛大將軍于仲文詩를 비롯하여 82수이며, 승려 圓鑑의 시가 있다. 여기에는 乙支文德, 崔致遠의 시가 있을 뿐만 아니라, 金富軾 앞에 張延祐, 崔思齊의 시가 있고, 金富軾과 李仁老 사이에 일곱 사람의 시가 있어 高麗 前期의 漢文學을 이해하는데 도움이 될 것으로 생각된다. 그리고 七言絶句는 崔致遠의 시를 비롯하여 97수가 실려 있으며, 승려 宗聆의 시가 있다. 여기에도 金富軾 이전의 인물로 崔承老, 崔沖, 朴寅亮, 鄭襲明, 宗聆, 東京老人 등의 시가 실려 있다.

卷 20에는 李仁老의 西塞風雨詩를 비롯하여 208수가 실려 있으며, 그 가운데 승려 圓鑑, 天因 등의 시가 있다. 卷 21에는 李齊賢의 比干墓詩를 비롯하여 165수가 실려 있으며, 승려 懶翁과 무명 승려의 시가 있다. 卷 22에는 許錦의 潤重陽日登屋山懷逸民憲叔詩를 비롯하여 158수가 실려 있으며, 승려 了圓의 시와 후미에 六言詩 3수가 있다.

이상의 고찰에서 東文選에 실려 있는 시는 고구려 乙支文德과 신라 眞德女王의 시를 비롯하여 조선조 초기 成三問, 李塏, 申叔舟 등에 이르기까지 많은 문인들의 시를 실었다. 東文選이 이와 같이 많은 작가를 대상으로 하여 폭넓게 작품을 실을 수 있었던 것은 개인이 편찬한 私撰과는 달리 국가의 명령을 받고 당시 大提學인 徐居正을 중심으로 적지 않은 문신들이 동원되어 편찬했기 때문에 가능했을 것이고, 또 간행 비용에도 부담이 적었기 때문이었을 것이다.

우리 나라 漢詩 選集들은 후기의 大東詩選을 제외하고 개인에 의해 편찬된 것이 대부분이다. 작품에 대해서는 選者에 따라 취향이 다르기 때문에 같은 작품이라 할지라도 견해가 다를 수 있다. 그러므로 東文選은 개인이 한 것보다 여러 문인들이 선발한 것이기 때문에 選者의 취향에 따라 선발된 것은 적을 것으로 생각된다.

그리고 우리 나라 문인들의 문집 가운데 지금 전하는 것으로 가장 오래 된 것은 崔致遠의 桂苑筆耕集, 林春의 西河集, 李奎報의 東國李相國集이다. 그러므로 李奎報 이전에 생존했던 문인들의 작품은 보기 어렵다.[21] 그런데 東文選에는 李奎報 이전에 생존했던 많은 문인들을 대상으로 했고, 또 많은 작품을 선발하여 실었다. 그 예를 들면 羅末 麗初에 생존했던 崔匡裕, 朴仁範, 崔承祐 등의 七言律詩가 10수씩 실려 있다. 이들 작품과 아울러 고려 초기에 생존했던 문인들의 작품을 많이 收載한 것은 東文選의 가치를 더욱 높이는 바가 되었을 것이다.

그런데, 이러한 東文選에 대해 成俔은 徐居正이 선발한 東文選은 類聚이지 選集이 아니라고 했다.[22] 類聚는 같은 종류의 것을 모은 것이며, 選集은 여러 개 가운데 좋은 것을 선택하여 모은 것이다. 成俔이 東文選을 類聚라고 한 것은 무슨 까닭이었을까. 그것은 東文選이 많은 작가를 대상으로 했을 뿐만 아니라, 작가에 따라 많은 작품을 실었기 때문일 것이다. 그 예를 들면 고려 李仁老의 경우 五言古詩 9수, 七言古詩 19수, 五言律詩 11수, 七言律詩 29수, 七言絶句 43수로써 모두 101수가 실려 있다. 이와 같이 작품이 많이 실려 있는 작가로는 崔致遠, 金克己, 金富軾, 李奎報, 李齊賢 등 적지 않다. 물론 그들의 작품 가운데 좋은 작품이 많았겠지만 嚴選했다고 볼 수는 없지 않을까 한다.

어쨌든, 東文選이 작품을 엄선하지는 않았다 할지라도 많은 작가의 작품을 실어 후대에 그들의 작품을 볼 수 있게 한 것은 東文

---

21) 『三韓詩龜鑑』에는 몇 사람의 작가를 제외하고는 작품을 적게 선발했기 때문에 한 작가에 대해 볼 수 있는 작품이 1·2수에 불과하다.
22) 成俔,「慵齋叢話」卷 10,『大東野乘』卷 2. "至如達城所撰東文選 是乃 類聚 非選也"

選이 지닌 가장 큰 가치일 것이며, 또 그것이 이 選集의 목적일 수
도 있을 것이다. 그리고 이 東文選이 편찬될 시기에는 국가에서 정
책적으로 抑佛崇儒를 강조했을 때였는데, 승려의 작품을 적지 않
게 실었다는 것은 의의가 있다고 생각된다. 續東文選은 中宗 때
申用漑, 南袞 등에 의해 편찬되었다고 하는데, (洪萬宗의 詩話叢林
附證正에는 蘇世讓이 편찬했다고 함) 앞서 편찬된 東文選에 비해
특이한 것이 없다고 하지만 구해 보지 못해 여기에서 언급하지 못
하게 되었음을 밝혀 둔다.

Ⅳ. 靑丘風雅

靑丘風雅23)는 金宗直(1431~1492)이 통일신라부터 조선조 초기
까지의 시를 선발하여 편찬한 選集이다. 金宗直에 대해서는 이미
말한 바 있으므로24) 여기서는 간단히 언급하고자 한다.

金宗直의 자는 季醞, 호는 佔畢齋이며, 학문과 詩文에 모두 능
했다고 한다. 明宗이 당시 大提學 鄭惟吉, 提學 李樑 등에게 건국
후 오늘에 이르기까지 詩文에 능했던 인물이 누구냐 하고 물었을
때 洪天民은 金宗直이라 했고, 鄭惟吉은 宗直이 학문과 詩文이 모
두 우수하다고 했다.25) 그리고 儒學의 道統에 대해 李滉은 鄭夢周

---

23) 亞細亞文化社 영인본을 臺本으로 함.
24) 車溶柱, 金宗直 研究,『韓國漢文學作家研究』, 景仁文化社, 1996.
25)『明宗實錄』卷 28, 17年 2月. "上御忠順堂 大提學鄭惟吉提學李樑入侍
　… 又問曰 我國祖宗朝以來 能詩文者何人耶 洪天民曰 金宗直是也 惟
　吉曰 宗直學門精微 詩文皆善"

가 吉再에게, 吉再가 金叔滋에게, 金叔滋가 그의 아들 宗直에게,
宗直이 金宏弼에게, 宏弼이 趙光祖에게 傳授하였다고 했다.26)

　이와 같이 金宗直은 학문과 詩文에 능했을 뿐만 아니라, 詩文을
選集한 것도 있다. 李睟光(1563～1628)은 우리 나라 詩文 選集이
많지 않았는데, 佔畢齋가 選集한 靑丘風雅와 東文粹는 정밀하게
선발한 것이기는 하나 너무 간략함을 면하지 못했다고 했다.27) 이
로써 보면 그의 選集이 簡略하다는 지적을 받고 있음을 알 수 있
다. 그리고 東文粹에 대해서는 위에서 언급한 바와 같이 成三問이
하다가 끝내지 못한 것을 金宗直이 끝을 맺었다고 하며, 이것은 산
문집이다.28)

　佔畢齋의 이러한 選集에 대해 그는 東文選은 私情에 따라 했기
때문에 공정하지 않고, 또 선택이 정밀하지 못하다고 하며 다시 우
수한 것을 골라 산문은 東文粹, 시는 靑丘風雅라 했는데 극히 精
選되었다고 할 수 있다. 그러나 그의 父親의 시가 뛰어나지도 않
는데 그 속에 있으니 私情이 없었다고는 말할 수 없을 것이라 했
다.29)

　佔畢齋가 靑丘風雅에 그의 아버지의 시를 실은 것에 대해 비난

26)『正祖實錄』卷 22, 10年 11月. "李滉嘗答華使之問曰 鄭夢周傳之吉再
　　吉再傳金叔滋 叔滋傳之其子宗直 宗直傳金宏弼 金宏弼傳之趙光祖 夫
　　斯文統緖 先正之言 炳若丹靑"
27) 李睟光,『芝峰類說』卷 7, 經書部 3 書籍條. "我東詩文選集不多 佔畢
　　齋所撰靑丘風雅東文粹 雖曰精抄 而不免太簡"
28) 이「東文粹」에 대해 成三問이 하다가 남겨 둔 것을 金宗直이 그대로
　　계승한 것인지, 무시하고 새로 했는지, 또 어디에서부터 金宗直이 한
　　것인지도 알 수 없다. 그리고 이 選集이 언제 실전 되었는지 오늘날 전
　　하지 않은 듯 하다.
29) 權應仁,「松溪漫錄」下『大東野乘』卷 56. "佔畢齋先生以東文選 徇私
　　不公 擇焉而不精 淘沙揀金 更拔其尤 文曰東文粹 詩曰靑丘風雅 可謂
　　極精矣 然其先大夫之作 非超羣拔華 而亦在選中 可謂公無私者乎"

도 없지 않았으나 다른 한편으로는 그가 靑丘風雅를 편찬하면서
단지 그의 아버지의 시 絶句 한 수를 실었는데, 그것은 좋은 시를
골라 이름만 전하고자 했을 따름이라 했다.[30] 이와 같이 佔畢齋가
그의 아버지의 시를 실은 것에 대해 이해하며 엄선한 것으로 인정
했다. 그런데 成俔은 그가 편찬한 靑丘風雅에서 시가 산문과 같지
않으나 시에서도 豪放한 것을 버리고 기록하지 않았으니 어찌 편
견을 고집하느냐 했다.[31] 그리고 洪萬宗은 金宗直의 靑丘風雅는
精簡한 것만 취하고 發越한 것은 버렸다고 했다.[32] 이로써 볼 때
選集에서 선자가 개인이었을 때 선자의 취향에 따라 선택하고 맞
지 않으면 버리게 되는 경우가 있는 것이 결점이 되지 않을 수 없
을 것이다.

　靑丘風雅는 모두 7 卷이다. 前後에 序跋이 없으므로 편찬 취지
와 간행 경위에 대해 말한 바 없기 때문에 알 수 없으며, 편집 체제
는 첫 머리에 작자 소개를 따로 먼저 하고 작품을 실었다. 작자 소
개는 新羅, 高麗, 朝鮮朝로 나누었다. 新羅 때의 인물로는 崔致遠,
崔承祐, 朴仁範, 崔匡裕, 東京老人 등이고, 고려는 崔承老 등 86명
이며, 조선조는 鄭道傳을 비롯하여 32명이었는데, 모두 世祖 때까
지 생존했던 인물들이다. 이러한 選集들이 작자들을 작품과 분리
하여 첫 머리에 소개하기도 하고 작품 옆에 소개하는 경우도 있는
데, 靑丘風雅는 첫 머리에 소개하면서 다른 選集에 비해 약간 자
세히 한 편이다.

　그리고 작품은 형식중심으로 실었다. 먼저 五古 七古, 五律 七

---

30) 魚叔權,「稗官雜記」二,『大東野乘』卷 4. "佔畢齋撰靑丘風雅 載其先
　　大夫詩 只絶句一篇 取其稍可人意者 以傳名而已"
31) 成俔,「慵齋叢話」卷 10,『大東野乘』2. "其所撰靑丘風雅 雖詩不如文
　　然詩之稍涉豪放者 棄而不錄 是何膠柱之偏"
32) 洪萬宗,『詩話叢林』附證正. "金佔畢靑丘風雅 只取精簡 遺其發越"

律, 五排律 七排律, 五絶, 七絶 순으로 실었다. 卷 1의 五言古詩는 崔致遠의 江南女詩를 비롯하여 50수이고, 卷 2의 七言古詩는 金克己의 醉時歌를 비롯하여 76수이며, 五言排律도 여기에 실려 있다. 卷 4와 5는 七言律詩인데, 卷 4에는 崔致遠의 酬楊瞻秀才詩를 비롯하여 55수이고, 卷 5에는 李穡의 讀杜詩詩를 비롯하여 51수가 실려 있으며, 七言排律 3수가 후미에 실려 있다. 卷 6에는 五言絶句로써 崔致遠의 秋夜雨中詩를 비롯하여 35수이며, 卷 7에는 七言絶句로써 尹澤의 從毅陵宴杏園詩를 비롯하여 99수가 실렸다.

이러한 靑丘風雅의 편찬 체제는 東文選과 같음을 알 수 있으나, 작품 선발에는 적지 않은 차이가 있다. 東文選에 대해 成俔은 類聚라 했고, 靑丘風雅는 精抄 또는 極精이라 했다. 이에 대해 兩篇에 실려 있는 崔致遠의 작품을 중심으로 비교해 보면 東文選에 실려 있는 崔致遠의 작품은 五言古詩 4수, 五言律詩 4수, 七言律詩 9수, 五言絶句 2수, 七言律詩 9수가 실려 있다. 그런데 靑丘風雅에는 五言古詩 1수, 五言律詩 2수, 七言律詩 3수, 五言絶句 1수, 七言絶句 3수가 실렸다. 選集에서 類聚냐 精選이냐 하는 것은 실린 작품의 수로써 말할 것이 아니라 할지라도 같은 작가의 작품을 중심으로 보면 어느 것이 정선인지 쉽게 알 수 있지 않을까 한다.

앞서 살펴본 選集에서 三韓詩龜鑑은 崔瀣가 批點을 했고, 東文選에는 批點을 하지 않았으며 難解한 말에 註解도 없었다. 그런데 靑丘風雅에는 간혹 평을 한 것도 있지만 극히 드물고 註解가 전편을 통해 많다. 그 예를 들면 金克己의 李花詩에서 그 詩題 밑에 開非其時 故云狂花라 했으며, 轉句에 聚窟이라는 말 밑에 十洲記에 有聚窟洲 出返魂香이라 했으며, 結句의 漢宮重見李夫人이라 한 句 밑에 李延年妹 武帝夫人也 此詩非特用姓字 事亦指實이라 했다. 이 시는 註解가 많은 경우겠지만 다른 작품에서도 註解가 적지 않다. 靑丘風雅에는 이러한 註解가 많으므로 실려 있는 시를 이해 하는데 적지 않은 도움이 되고 있으며, 편찬 시기를 말하지 않았기 때문에 알 수 없으나 박식한 註解를 볼 때 初年에 한 것은 아닐 것 으로 짐작된다.

靑丘風雅에 대해 豪放한 작품은 실지 않았다고 한다. 그렇다면 佔畢齋는 어떤 시를 많이 선발했을까. 이에 대해서는 쉽게 말하기 어렵다. 그러므로 그의 시에 대한 취향과 그때까지 유행한 詩風을 살펴볼 필요가 있지 않을까 한다. 우리 나라에 고려 전기까지는 唐 詩風이 주류를 이루었을 것이다. 이렇게 보려는 것은 통일신라 때 는 遣唐留學生이 많았고, 또 그들이 고려 초기에 出仕한 인사가 적지 않았기 때문이다. 그리고 고려 중기부터 宋과 교류가 되면서 詩風도 따라 변하기 시작하여 조선조 전기까지 宋詩風이 크게 유 행했다. 金宗直은 宋詩風을 선호했던 문인이었다. 選集은 選者의 취향에만 따를 수 없다 할지라도 영향이 전혀 없었다고는 말할 수 없을 것이다. 그러므로 그가 좋아하는 宋詩風에서도 典雅 精細하 고 爽朗한 시가 많이 선발되지 않았는가 한다.

그리고 洪萬宗은 柳根(1549~1627)에 의해 續靑丘風雅가 편찬 되었는데 取捨가 분명하지 않아 편찬의 요령을 얻지 못했다고 했 다.33) 洪萬宗이 생존했던 시기까지 續靑丘風雅가 전해졌음을 알 수 있으나 언제 逸失되었는지 지금은 볼 수 없고, 柳根의 문집인 西坰集에서도 續靑丘風雅에 대해 언급이 없으므로 편찬 시기와 체제에 대해 알 수 없다. 柳根이 활동했던 시기가 宣祖, 光海君 때 였으므로 그 시기에 편찬되지 않았는가 추측되며, 續靑丘風雅라 한 것으로 보아 체제는 크게 다를 바 없지 않을 것으로 생각된다.

---

33) 위와 같음. "柳西坰續靑丘風雅 與奪不明 不得其要領"

V. 大東詩林

大東詩林은 柳希齡에 의해 편찬된 詩選集이며, 洪萬宗이 생존했던 시기까지는 전해졌음을 알 수 있으나, 그 후 언제 逸失되었는지 오늘날 전하지 않고 있다. 大東詩林의 편찬에 대해 尹根壽 (1537~1616)의 漫錄에 柳參議希齡이 大東詩林를 편찬했다고 했다.34) 그리고 許筠은 柳希齡에 대해 자는 子羊이며, 호는 夢窩로서 中宗 때 과거에 급제하여 벼슬은 參議에 이르렀다. 그가 편찬한 大東詩林과 聯珠詩格이 세상에 유행한다고 했다.35) 이로써 柳希齡은 中宗 때 활동했던 인물이었고, 그가 편찬한 것은 大東詩林 외에도 聯珠詩格이 있었음을 알 수 있다.

大東詩林은 失傳되었기 때문에 편찬 체제를 알 수 없으나, 尹根壽가 柳希齡이 편찬한 大東詩林에 收載한 작가의 성명을 기록한 것 가운데, 廉興邦에 대해 遼를 공격하는 것을 諫하다가 피살되었다고 했다.36) 이러한 기록에 따르면 收錄한 작가의 성명과 略歷을 간단히 기록했음을 알 수 있으며, 廉興邦이 고려조의 인물이었으므로 실려 있는 시는 고려조는 물론 통일신라 때의 작품도 실지 않았던가 생각된다.

大東詩林에 대한 논평을 들어보면 許筠은 國朝詩刪에 그의 시 宿十三山次板上韻詩를 실으면서 公이 편찬한 大東詩林의 작품 선

---

34) 尹根壽, 漫錄, 『月汀集』 「別集」 4. "柳參議希齡撰大東詩林"
35) 許筠, 『國朝詩刪』 卷 4, 柳希齡條. "柳希齡字子羊號夢窩晋州人 中宗朝登第 官至參議 所撰大東詩林聯珠詩格 行于世"
36) 尹根壽, 『月汀集』 「別集」 卷 4. "柳希齡所撰大東詩林 錄詩人姓名 而於廉興邦曰 諫攻遼被殺"

택과 편찬 체제에 대해 말이 있으나 詩家에 공헌한 바가 매우 크다
고 했다.[37) 그리고 洪萬宗은 柳希齡의 大東詩林은 치우침을 면치
못했다고 했다.[38) 어쨌든 大東詩林을 보지 못했기 때문에 말하기
어려우나 書名을 大東詩林이라 한 것으로 보아 상당히 방대하지
않았던가 생각되며, 許筠이 詩家에 공헌한 바 크다는 것도 많은 작
가의 작품을 선발하여 收載한 것을 의미한 것이 아닌가 한다. 그리
고 大東詩選의 凡例에 따르면 東詩選, 大東名詩選이 있었다고 하
나 언제 누구에 의해 어떤 체제로 편찬되었는지 보지 못했기 때문
에 언급하지 못함을 여기에 첨기해 둔다.

Ⅵ. 國朝詩刪

國朝詩刪은 許筠이 조선조 건국에서부터 자신이 생존했던 시기
까지의 시를 편찬한 시 選集이다. 지금까지 許筠에 대한 연구가 많
았고, 필자도 許筠研究의 단행본이 있으므로 여기서는 선자에 대
해 간단히 언급하고자 한다.

許筠(1569~1618)의 자는 端甫, 호는 蛟山 또는 惺叟라고 했다.
그는 光海君 10년에 역적의 罪目으로 처형되었고, 그 뒤에도 계속
伸寃이 되지 않았기 때문인지 行狀과 碑碣이 없으나 최근에는 그
의 생애에 대해서도 많은 연구가 있었다.

---

37) 許筠, 『國朝詩刪』 卷 4, 柳希齡條. "公有大東詩林一部 衰次雖有議者
   而有功於詩家甚大"
38) 洪萬宗, 『詩話叢林』 附證正. "柳夢窩大東詩林 未免固詖"

許筠의 집은 당시 文翰家로 유명했다. 아버지 許曄은 학문으로
이름이 높았고, 형 許筬과 許篈 및 누이 蘭雪軒은 모두 문명이 있
었다. 그런데 許筠은 12세 때 아버지를 잃었고, 20세 때 仲兄 篈이
세상을 떠났으며, 22세 때는 蘭雪軒도 세상을 떠났다. 그리고 17세
때 결혼한 初娶夫人과도 24세 때 死別했다. 이와 같이 불행이 계속
되었음에도 21세 때 生員試에 합격했고, 25세 때 鶴山樵談을 썼으
며, 26세 때 庭試 2科에, 29세 때 文臣重試에 우수한 성적으로 합
격했다.

이와 같이 許筠은 靑少年期에 불행이 겹쳤기 때문에 그의 성격
형성에 적지 않은 영향이 있었을 것으로 생각되는데, 許筠과 같은
시기에 생존하여 그를 잘 아는 사람 중의 한 사람인 李植(1584〜
1647)은 그가 총명하고 문재는 있었으나 행동에 檢束性이 전혀 없
어 母喪中에 고기를 먹었기 때문에 淸宦을 하지 못하고, 이로써 仙
佛書를 많이 보아 스스로 얻은 바 있다고 하며 이로부터 더욱 기탄
하는 바가 없었다고 했다.39) 그리고 그의 外孫 李必進은 公이 일
찍 嚴訓을 잃었고 어머니의 사랑 속에서 자라 교훈을 충분히 받지
못했으며, 성격이 疎篤하고 放誕했을 뿐만 아니라, 과거에 일찍 합
격하여 높은 문명으로 得意然한 행동이 주위로부터 좋지 않게 보
였다고 했다.40)

許筠도 주위로부터 많은 비난을 받았기 때문인지 자신의 성격에
대한 기록을 적지 않게 했다. 그 가운데 자신의 성장과정과 성격에

---

39) 李植, 『澤堂集』「別集」卷 15, 雜著. "許筠聰明有文才 以父兄子弟發迹
  有名 而專無行檢 居母喪食肉狎娼 有不可掩 以此不得爲淸官 遂博觀
  仙佛書 自謂有所得 自此尤無忌憚"
40) 李必進, 『惺所覆瓿藁』卷 26, 說部 5 後尾. "盖公早失嚴訓 母夫人嬌愛
  之 不加誨救 性復疎篤 任誕自放 托興烟花 加以少捷蒐科 名騰藝苑 沾
  沾得意 傍觀者固已沈沈矣"

대한 기록을 들어보면 자신은 일찍 아버지를 잃고 母兄의 사랑 속
에서 자라 엄한 교훈을 받지 못하고 放誕해 里社中에 놀며 茶肆와
酒坊에 많이 출입했기 때문에 보는 사람들이 좋지 않게 여겼다고
했다.[41] 이와 같이 성격이 放誕하여 檢束性이 적었기 때문인지 그
의 의욕과는 달리 높은 관직에 오르지 못하고 있다가 七庶事件이
있은 후 大北에 投托하여 刑曹判書, 左參贊에까지 승진되어 권력
의 핵심에 있다가 大逆의 罪名을 쓰고 處刑되었다.

　國朝詩删에는 許筠이 쓴 序文이 없으나, 그의 문집에 題詩删後
라는 글이 있어 그가 편찬했음을 알 수 있다. 그리고 題詩删後에서
편찬태도에 대해 詩删이 詩選과 다르다는 것을 밝혔다. 즉, 자신의
詩删은 選한 것이 아니고 諸家의 選한 것을 删한 것이며, 자신은
删을 맡은 것이지 選者가 아니라고 하면서 選은 노력이 많이 필요
하지만 도리어 쉽고 删은 마음이 괴로운 것이다. 일반적으로 諸家
의 작품을 모아 尺度의 長短을 알아보지 않고 좋은 작품만을 모두
모으기 때문에 選者가 하는 것은 쉽고, 여러 選集의 것을 모아 長
短 厚薄을 비교하며 아름다움을 묻지 않고 반드시 粹然하면서도
법도에 맞은 후에 선택하기 때문에 删者는 많은 노력이 필요하다
고 했다.[42]

　이와 같이 選者보다 删者의 어려움을 말하면서 자신의 薄識 淺
見으로 衆說을 모아 删定하고자 하는 것이 어려움이 있었으나, 좋
은 작품을 적합하지 않다고 하여 버리는 것은 적을 것이며, 부적당

41) 許筠, 與李大中第一書,『惺所覆瓿藁』卷 9, 文部 6. "僕早失嚴訓 母兄
　　嬌愛之 不加誨敕 任誕自放 浮湛於里社中 茶肆酒坊 靡不出入 人見之
　　者 固已相輕"
42) 許筠, 題詩删 序『惺所覆瓿藁』卷 13, 文部 10 題跋. "盖採取諸家 不問
　　尺度之長短 悉綴其華者 選者之易也 合諸選而校其長短厚薄 不問其華
　　色 必令粹然合乎度然後 乃登諸策者 删者之勞也"

한 것을 선발한 경우는 없을 것이라고 했다.[43] 이로써 보면 許筠은
작품의 선발에 상당히 자신을 가지고 있었음을 알 수 있다.

許筠이 쓴 題詩刪後가 國朝詩刪에 실려 있지 않고 그의 문집에
다른 글들과 같이 실려 있어 쓴 연대를 밝히지 않았으므로 國朝詩
刪의 편찬이 언제 완료되었는지 알 수 없다.[44] 그리고 그의 다른
기록에서도 詩刪에 관해 언급한 것을 찾아보기 어렵고 다만 그의
惺叟詩話引(卷 25)에 丁未年에 東詩刪定을 끝냈고, 詩評을 저작한
다고 했으며, 또 그의 書簡인 與尹次野에서 詩刪想已熟覽矣 可付
權生回否라 하여[45] 詩刪을 익히 보았을 것으로 생각되니 權生편
으로 돌려주는 것이 어떻겠는가 했다.

위에 引示한 기록에서 許筠이 詩刪을 완료했다는 丁未年은 그
의 나이 39세 때이며, 또 尹暄에게 그 서간을 보낸 때를 己酉 10월
이라고 했으니, 그 해는 光海君 1년으로써 許筠의 나이 41세 되던
해였다. 이로써 미루어 보면 詩刪은 그의 나이 30대에 착수하여 41
세 전에 완료되었음을 알 수 있다. 國朝詩刪의 편집 체제는 형식중
심으로 했으며, 작품의 배열은 작가의 생존년대에 따라 했다. 그리
고 작가는 選集에 따라 卷頭에 같이 묶어 소개하기도 했고, 처음
실리는 작품 옆에 쓰기도 했는데, 詩刪은 후자에 속한다. 작자 소
개는 字와 號 및 貫鄕을 밝혔고, 登科한 인물은 그 시기와 최후에
역임한 관직과 諡號와 아울러 특기할 사항이 있는 인물은 간단히
기록했다.

---

43) 위와 같음. "以余之薄識淺見 會衆說而去就之 宜刪其之勞也 雖然有不
合而棄之 滄海或歎其遺珠也 至於不合度而進之者 則無有焉 庶免魚目
相混之誚也"
44) 國朝詩刪에 대해 필자가 이미 許筠硏究에서 언급한 바 있으므로 여기
에 詩刪의 편찬시기에 관한 것은 그대로 옮긴다.
45) 許筠,『惺所覆瓿藁』卷 20, 文部 17.

分卷은 元, 亨, 利, 貞으로 나누었다. 元은 卷 1에서 卷 3까지이며, 亨은 卷 4, 利는 卷 6, 貞은 卷 7에서 卷 9까지이며, 뒤에 國朝詩删許門世藁가 있다. 이 世藁에는 첫 머리에 許筠이 權韠에게 보낸 書札에 國朝詩删이 완료되어 가는데 자신의 先世와 父兄의 시는 자신이 선발할 수 없으므로 형이 선발해 주면 뒤에 첨부하겠다고 했다.[46) 그리고 世藁에는 許琛, 許輯, 許瀚, 許曄, 許筠, 許蘭雪軒의 시가 약간 수 실려 있다.

許門世藁에 실려 있는 인물과 작품 가운데는 우리 나라 시의 選集을 누가 한다 해도 제외할 수 없는 인물과 작품이 있다. 許筠이 許門世藁를 國朝詩删 許門世藁라 했으니 國朝詩删 속에 포함된 것이 아니라 할 수 없겠고, 또 許門世藁라 했으니 詩删과 같은 것으로 볼 수도 없을 것 같다. 그러므로 편찬자가 命名한 그대로 받아드릴 수밖에 없을 듯하다. 許筠이 世藁의 작품 선발을 權韠에게 부탁한 것은 先世와 父兄의 시를 자신이 직접 선발할 수 없다고 생각했기 때문이다.

國朝詩删의 편찬 체제를 살펴보면 모두 9권으로 되었다. 卷頭에 朴泰淳의 序가 있다. 卷 1은 五言絶句로써 成石磷의 楓岳詩를 비롯하여 無名氏까지 34인의 시 49수가 실려 있다. 卷 2는 七言絶句로써 鄭道傳의 癸酉正朝奉天門口號詩를 비롯하여 53인의 시 147수가 실려 있으며, 卷 3 역시 七言絶句로써 申潛의 醉題梨花亭詩를 비롯하여 失名氏와 아울러 60인의 시 169수가 실려 있는데, 여기까지 元卷으로써 모두 五言 또는 七言絶句이다. 卷 4는 五言律詩로써 鄭道傳의 山中詩를 비롯하여 58인의 시 153수가 실렸으며, 亨卷에 속한다. 卷 5는 七言律詩로써 鄭道傳의 草舍詩를 비롯하

---

46) 許筠, 與石洲書. "國朝詩删將完 而余家先世父兄所著 不敢自鈔 欲經老兄之眼 以證去就 略附于後"

여 36인의 시 110수가 실려 있다. 卷 6 역시 七言律詩로써 鄭士龍
의 黃山戰場詩를 비롯하여 41인의 시 116수가 실려 있으며 끝에
七言排律 3수가 있다. 여기까지가 利卷이다. 卷 7은 五言古詩인데
鄭道傳의 遠遊歌를 비롯하여 29인의 시 56수가 실려 있으며, 卷 8
은 七言古詩인데 鄭道傳의 公州 錦江樓詩를 비롯하여 22인의 시
35수가 실려 있으며, 卷 9는 雜體詩로써 姜希孟의 農謳詩를 비롯
하여 6인의 시 42수가 실려 있으며, 許門世蘽를 제외하면 여기까
지가 貞卷이 된다.

　위에서 고찰한 選集에서 選者가 어떤 형식으로 했던지 평을 한
것도 있고 東文選과 같이 選集만 해 놓은 것도 있다. 평을 한 것은
三韓詩龜鑑과 靑丘風雅와 여기에서 대상으로 한 國朝詩刪을 들
수 있겠는데, 三韓詩龜鑑은 選者가 아닌 崔瀣가 批點과 貫珠로써
詩句 옆에 했으며 간혹 후미에 평을 하기도 했다. 그리고 靑丘風雅
는 작품에 대한 평도 간혹 없는 바 아니나 註解가 많은 것이 특징
이다.

　그런데, 國朝詩刪에서는 어느 選集에서도 보기 드물 정도로 많
은 평을 했다. 예를 들면 鄭道傳의 訪金居士野詩에 秋雲漠漠四山
空 落葉無聲滿地紅이라 한 起承兩句 밑에는 如畵라 評을 했고, 立
馬溪橋問歸路 不知身在畵圖中이라 한 轉結兩句 밑에는 玲瓏圓轉
優入唐域이라 했다.[47] 이와 같이 한 작품에 두 번이나 평한 것도
적지 않고, 또 끝에 평을 하지 않은 작품은 드물 정도이다. 許筠이
이처럼 다양하게 평을 할 수 있었던 것은 시에 대한 眼識이 높았기
때문이 아닌가 한다.

　이러한 國朝詩刪에 대해 후대의 논평도 적지 않다. 南龍翼은 掌

---

47) 國朝詩刪에서 詩句 사이에 평한 것은 評이라 했고, 끝에 한 것은 批라
　　했다.

故氏들이 시를 채집한 것에 繁略이 고르지 못한데 근대 國朝詩删
이 상세하게 작품을 선택했으나 國初로부터 宣祖 때에 이르기까지
首尾가 완비하는 데는 결점이 있다고 했다.48) 洪萬宗은 國朝詩删
에 대해 李植 등이 모두 선발이 잘 되었다고 했기 때문에 세상에
많이 유행한다고 했다.49) 그리고 國朝詩删을 간행한 朴泰淳은 許
筠이 國朝의 시를 鄭道傳에서부터 權韠에 이르기까지 各體를 선
발하여 批評을 더해 國朝詩删이라 했는데, 우리 나라에서 시를 選
集한 것 가운데 논자들이 모두 이 詩删을 우수하다고 한다. 취한
시가 聲律의 맑은 것과 色澤의 아름다운 것만 취했기 때문에 輕靡
하고 脆弱한 작품이 많고 沈深 平遠한 것이 빠지게 되었으며, 그
의 비평한 말도 浮誇하고 過實한 것이 많아 간혹 지적되기도 한다
했다.50)

이와 같이 國朝詩删이 諸家들의 好評을 많이 받았으나 역적으
로 처형된 許筠이 選集한 것이기 때문에 전하는 것이 적었다. 朴泰
淳은 우리 나라 시의 選集이 많지 않고, 또 選集 가운데 가장 좋은
것이므로 전하게 하지 않을 수 없어 諸本을 널리 구해 證正을 더
하고, 또 諸家의 詩話로써 補綴해 몇 권으로 繕寫한다고 했다.51)
그리고 朴泰淳이 序를 쓴 해를 乙亥年이라 했으니 肅宗 21년이다.

國朝詩删에 李珥의 初出山贈沈景混詩(卷 6)가 실려 있다. 그 頷

---

48) 南龍翼, 箕雅 序. "掌故氏各有採輯 而繁略不齊 近代國朝詩删 頗似詳
   採 而起自國初 迄于宣廟朝 首尾亦欠完備"
49) 洪萬宗, 『詩話叢林』 附證正. "惟許筠國朝詩删 澤堂諸公皆稱善揀 詩
   删之盛行於世 蓋以此也"
50) 朴泰淳, 國朝詩删 序. "許筠取國朝詩 斷自鄭三峰道傳 下至權石州韠
   選各體 自加批評 名之曰國朝詩删 選東詩有數家 而論者咸稱是集爲最
   優 … 其所取多主於聲律之淸 色澤之絢 故輕靡脆弱之作 或有濫竽 沈
   深平遠之什 不免遺珠 至其批評之語 尤多浮誇過實 讀者或以是病焉"
51) 이로써 보면 許筠은 分卷을 元, 亨, 利, 貞으로만 했고, 1권에서 9권까
   지의 分卷은 朴泰淳이 한 것이 아닌가 한다.

聯에 前身定是金時習 今世仍爲賈浪仙이라 했다. 이 시에 대해 全
羅 儒生 吳言錫 등 삼백여명이 연명으로 上疏하여 許筠이 본집에
도 없는 것을 謀害하기 위해 僞作했고, 朴泰淳이 刊行하여 廣布시
켰으니 처벌해야 한다고 했을 때, 朝廷에서는 이 책이 이미 流布가
많이 되어 거두기 어렵다고 하며 朴泰淳을 파직만 시켰다.[52] 國朝
詩刪은 그때까지 편찬된 選集 가운데 가장 우수했다는 평을 들었
음에도 許筠이 역적으로 처형되었고, 또 위의 시로 인해 적지 않은
파란을 겪기도 했다.

Ⅶ. 箕 雅

箕雅[53]는 南龍翼에 의해 편찬된 역대의 시 選集이다. 먼저 選者
에 대해 간단히 살펴보고자 한다.
南龍翼(1628～1692)의 자는 雲卿, 호는 壺谷이다. 그는 19세에
進士試에, 21세에 庭試에 합격했으며, 湖堂에 피선되었다. 그가 역
임한 관직은 刑曹 및 吏曹判書와 大提學 등으로 화려했다. 그리고
通信使 일행으로 日本에 가서 그곳에서 지은 시가 문집에 많이 실
려 있으며, 중국의 기행시가 그의 燕行錄에 적지 않게 실려 있는
것으로 보아 중국에도 다녀왔음을 알 수 있다. 지난날 우리 나라에
서 중국이나 일본에 使臣을 보낼 때는 문명이 있는 사람을 선발해
서 보냈다. 南龍翼이 使臣으로 兩國을 다녀오게 된 것은 그의 문

---

52) 『肅宗實錄』 卷 34, 26年 2月.
53) 亞細亞文化社 영인본을 臺本으로 함.

재를 인정받아 선발된 것이 아닌가 한다.

南龍翼은 역임한 관직이 다양했으나 대부분 淸職이었고, 당시 朝廷에서는 당쟁이 매우 치열했을 때였는데, 그는 老論과 少論 인사들을 두루 사귀며 당논에 깊게 관여하지 않았다. 그의 書卒에는 사람됨이 和厚하고 偏私가 없으며 論議를 좋아하지 않았고 오직 詩酒로써 즐거워하며 세상일을 잊고자 하는 듯했으나 마음가짐은 흔들리지 않았다. 律身을 간략하게 하여 여러 번 世變을 겪으면서 조금도 이지러짐이 없었다고 한다.[54]

그의 문집 壺谷集 18권에서 13권까지는 모두 시이다. 그리고 壺谷漫筆 天, 地, 人 3권에서 1권은 그의 先代事實을 기록한 것이고, 2권은 經史와 다른 漫錄이며, 3권은 詩評, 詩話 등이다.

箕雅 역시 南龍翼이 신라 말 崔致遠에서부터 조선조 顯宗 때 申晸에 이르기까지 총 497家의 여러 형식의 시를 편찬한 시 選集이다. 南龍翼은 편찬 동기와 태도에 대해 지금까지 있었던 選集이 繁略이 같지 않다. 東文選은 넓으나 정밀하지 못하고 續集에는 작품이 많지 않다. 그리고 靑丘風雅는 정밀하나 넓지 못하고, 續靑丘風雅는 선택이 불분명하다. 근대의 國朝詩刪은 상세한 듯하나 首尾가 完備되어 있지 않다고 전제하면서 東文選, 靑丘風雅, 國朝詩刪 가운데 各體를 添刪하고, 또 근대 名家의 작품에서 전할 만한 것과 시골에 있는 시도 찾아 기록했으며, 羽士, 衲子, 閨秀 및 無名氏도 唐詩品彙의 例에 따라 끝에 첨부했으며, 또 除名氏 3인의 시도 끝에 실었는데, 옛 사람들이 좋은 작품은 버리지 않는다는 말에 따른 것이다. 위로 崔致遠에서부터 아래로 今時에 이르기까지 몇 권이 되어 箕雅라 이름한다 했다.[55] 이로써 보면 이미 있었던 選集의

---

54) 『肅宗實錄』卷 24, 18年 2月. "爲人和厚無偏 不喜論議 唯以詩酒自娛 有若忘懷世事 而中實有守 律身頗簡 屢經世變 素履無虧"

미비한 점을 보완하고, 또 羽士와 閨秀를 비롯하여 除姓氏의 시까지 실었음을 알 수 있다.

이러한 箕雅의 간행시기에 대해 南龍翼이 序를 쓴 해를 戊辰年이라 했으니 肅宗 14년으로서 그의 나이 68세 때이며, 그 序文 가운데 又得芸閣鑄字 始用印布라 했으니 戊辰年에 편찬이 완료된 것이 아니고 간행이 되었음을 알 수 있다.

그리고 편찬 체제는 新羅, 高麗, 本朝로 나누어 卷頭에 작자의 성명과 略歷을 밝히고 작품의 형식에 따라 분류했다. 卷 1은 五言絶句, 卷 2에서 卷 4까지는 七言絶句이며, 卷 5에서 卷 6까지는 五言律詩이며, 卷 7에서 卷 10까지는 七言律詩이다. 卷 11은 五言 또는 七言排律이며, 卷 12는 五言古詩, 卷 13에서 卷 14까지는 七言古詩이다. 附錄으로 不姓氏 세 사람은 筠, 鼎古, 烓 등인데 모두 역적의 죄명으로 처형된 인물인 듯하다.

그런데, 選集에 따라 작품 排列에는 차이가 있다. 東文選과 靑丘風雅에는 五言과 七言古詩, 五言律詩, 五言排律이며, 그 다음에 七言律詩와 七言排律이다. 그리고 그 다음에 五言과 七言絶句 순으로 실었다. 國朝詩刪은 五言 및 七言絶句, 五言 및 七言律詩, 五言 및 七言排律이며, 다음으로 五言 및 七言古詩 순으로 실어 東文選 등과 차이가 있다. 그런데 箕雅에는 卷 1은 五言絶句, 卷 2에서 卷 4까지는 七言絶句이며, 卷 5에서 卷 6까지는 五言律詩이며, 卷 7에서 卷 10까지는 七言律詩이다. 그리고 卷 11은 五言과 七言排律이며, 卷 12는 五言古詩, 卷 13에서 卷 14까지는 七言古詩이

---

55) 南龍翼, 箕雅 序. "玆將三選中各體刳繁添略 又取近來名家繡梓之已行者 撮其可傳之篇 至若草野韋布之詠 亦皆旁搜而並錄 曁其羽士衲子 閨秀旁流及無名氏之類 一依唐詩品彙例 各附其末 又附除姓氏三人於卷尾 實遵古人不廢斯曄之言也 上自孤雲 下逮今時 惣若干卷 名之曰箕雅"

다. 이로써 볼 때 箕雅는 東文選과 靑丘風雅보다 國朝詩刪과 같은
점이 많음을 알 수 있다.

漢詩 選集에서 律詩가 많은 것은 일반적인 현상이라 할 수 있는
데 箕雅에서도 律詩가 많으며, 특히 五言律詩보다 七言律詩가 많
다. 이에 대해 古詩와 排律이 律詩와 絶句보다 적은 것은 우리의
古詩가 중국보다 뒤떨어지고 排律은 원래 適用이 잘 되지 않았기
때문이다. 七言律詩가 五言律詩보다 많은 것은 작가들이 五律보
다 七律에 공력을 많이 들였기 때문이며, 五言絶句는 좋은 작품이
적었기 때문이라고 했다.56) 우리 나라 문인들의 문집을 보면 古詩
와 排律보다 五言 또는 七言律詩가 많고, 五律보다 七律이 많다.
그리고 五言絶句보다 七言絶句가 많음을 볼 수 있는데, 그것은 律
詩와 아울러 絶句에서도 短型이 어렵기 때문이 아닌가 한다.

그리고 箕雅 이전에 있었던 選集에서 三韓詩龜鑑은 작품에 批
點과 貫珠를 했고, 靑丘風雅에는 批評은 드물고 註解를 많이 했으
며, 國朝詩刪에는 많은 평을 했는데, 箕雅에는 評과 註解를 하지
않았다. 選集에서 평을 해 놓은 것이 이해에 도움이 될 수 있겠으
나 評者의 취향에 이끌려 들 수도 있을 것이다. 그러므로 평을 했
다고 해서 좋다고만 말할 수 없고, 않했다고 해서 나쁘다고만 말할
수 없을 것이다.

箕雅에서 주목되는 점은 羽士 3인, 僧侶 19인, 雜流 6인, 閨秀 7
인, 無名氏의 시 11수, 성을 말할 수 없는 인물의 시를 실은 것이
다. 羽士 3인에서 李逗春은 문과에 합격했고, 田禹治는 許筠의 惺
叟詩話에서도 그의 시가 淸越하다고 했으니 좋은 작품이 있으면

---

56) 南龍翼, 箕雅 序. "古排少於律絶者 我東古詩 大遜於中華 排律則元非
適用故也 七言多於五言者 諸家用功極於七字 而五字絶則 工者絶無
故也"

실을 수 있겠고, 僧侶의 시는 東文選에도 실은 바 있으나 箕雅와
같이 많지는 않았다. 雜流 여섯 사람은 신분이 賤流에 가까운 사람
들이다. 朝鮮朝 사회에서는 신분 차별이 심해 賤民들은 出仕도 할
수 없었을 뿐만 아니라, 士大夫들과 어울릴 수도 없었는데, 箕雅에
는 여섯 사람의 시를 실었다.[57) 閨秀 일곱 사람 가운데는 許蘭雪軒
과 같이 名門의 여인도 있으나 少室과 妓女들이 대부분이다. 이러
한 현상은 漢詩가 종전과 같이 士大夫들의 전유물이 아니었다고
볼 수 있겠는데, 그것은 壬丙兩亂 후 사회 각 분야에 변화의 조짐
에 따라 나타난 것으로 생각되며, 箕雅도 그것을 어느 정도 수용한
것이 아닌가 한다.

　이러한 箕雅에 대해 洪萬宗은 근세의 南龍翼이 風雅, 詩刪, 詩
話에서 시를 뽑고 근대의 시에서도 취해 한 권을 편성하여 箕雅라
이름하고 그 序에서 前輩들의 選集의 결점을 지적했다. 그것은 그
의 選集이 精選된 것임을 의미한 것이겠으나, 자신이 본 바 取舍
가 名實에 빠졌고 좋아하고 싫어한 것이 親疎에 치우쳐 아름답고
추한 것이 뒤섞임을 면하지 못했으며, 작자의 성명이 잘못된 것도
많다고 했다.[58) 洪萬宗은 논평에 신중했던 인물로 알고 있는데, 箕
雅에 대해 이러한 지적은 어떻게 받아드려야 할지 주저되는 바도
없지 않다.

　正祖는 選詩가 어려운 것이다. 調格을 중심으로 하면 事情을 잃
기 쉽고 事情을 중심으로 하면 調格을 잃기 쉽다고 전제하면서 우

---

57) 許筠의 惺叟詩話에는 箕雅에 시를 실은 여섯 사람 가운데 劉希慶, 白
　　大鵬의 시에 대해 언급한 바 있다.
58) 洪萬宗,『詩話叢林』附證正. "近世壺谷南龍翼 雜摭我東風雅詩刪詩話
　　等書 且取近代諸詩 輯成一帙 名曰箕雅 自撰其序 歷論前輩所選之失
　　盖自許其所選之精 然以余觀之 取舍失於名實 好惡偏於新疎 未免爲薰
　　蕕錯雜 至於作者名姓 亦多錯錄"

리의 國朝詩刪, 唐律廣選, 箕雅와 같은 책들이 選法에 맞다고는
할 수 없지만 鈔書家의 규범은 잃지 않았으며, 그 가운데 箕雅가
더욱 簡精하다고 했다.59) 이와 같이 箕雅에 대한 후대의 논평이 일
치하지 않음을 볼 수 있으나, 어쨌든 箕雅가 우리 나라 詩選集에서
차지하는 비중은 적지 않다고 생각된다.

Ⅷ. 海東遺珠

海東遺珠는 洪世泰에 의해 편찬된 委巷人들의 시 選集이다. 우
리 나라는 고려 후기부터 조선조 肅宗 때에 이르기까지 적지 않은
시 選集이 있었으나, 대부분 士大夫 또는 兩班階層의 시었고, 간혹
승려들의 시가 실려 있었으나 후기로 내려오면서 드물어졌으며,
箕雅에 雜流로 분류하여 여섯 사람의 시가 실려 있을 뿐이다. 그런
데 海東遺珠는 분량면에서 다른 選集과 비교가 안될 정도로 적었
다 할지라도 委巷詩人이었던 洪世泰에 의해 委巷人들의 시만을
選集한 것이기 때문에 더욱 주목되는 것이 아닌가 한다.

洪世泰(1653~1725)에 대해서는 이미 말한 바 있었으므로60) 여
기서는 간단히 언급하고자 한다. 그의 자는 道長, 호는 滄浪이며,
만년에 白蓮峰 밑에 집을 짓고 扁額을 柳下亭이라 했기 때문에 柳
下라 하기도 했다. 그는 당시 시로써 유명했으나 출신이 寒微했기

---

59) 『弘齋全書』 卷 161, 「日得錄」 1. "如我東之國朝詩刪唐律廣選箕雅等書
　　未必其脗合選法 而亦不失鈔家規範 惟箕雅差欠簡精耳"
60) 車溶柱, 洪世泰 硏究, 『韓國委巷文學作家硏究』, 景仁文化社, 2003.

때문에 察訪, 主簿, 監牧官 등 하위직을 역임했다. 그리고 肅宗 8
년 尹趾完이 日本에 通信使로 갈 때 그를 隨行하여 그곳에서 시로
써 유명했다. 문집 14 卷이 전한다.

洪世泰는 海東遺珠의 편찬 동기에 대해 金昌協이 자신에게 우
리 나라 시가 채집되어 전하는 것이 많으나 委巷詩만 없어 전하지
않게 되는 것이 가석하니 채집해 보는 것이 어떻겠느냐 하므로 자
신이 널리 찾아 諸家들의 詩稿 가운데 精選하여 좋은 작품을 收錄
하는데 십여년이 걸리었다고 했다.[61] 이로써 그때까지 委巷人들의
시 選集이 없었기 때문에 金昌協의 권유에 의해 착수했음을 알 수
있다.

그리고 편찬한 시기에 대해 언급한 바 없으므로 정확히 알 수 없
으나 위에서 말한 바와 같이 收錄하는데 십여년이 걸리었고, 또 序
를 쓸 때 金昌協은 이미 세상을 떠났다고 했으니,[62] 金昌協이 세
상을 떠날 때의 나이는 57세였고, 그때 洪世泰는 54였으며 肅宗 34
년이었다. 이로써 미루어 보면 洪世泰가 착수한지 십여년만에 편
성이 완료되었다고 했으니 40대 중반에 착수하여 50대 중반에 완
성되지 않았는가 한다.

편찬체제는 朴繼光에서부터 尹弘瓚에 이르기까지 48명의 시
232수를 실었다. 위에 살펴본 選集들은 卷頭 또는 작품 옆에 작자
의 약력을 밝히는 것이 일반적이었으나, 海東遺珠에서는 작품 옆
에 작자의 성명만을 밝혔다. 그것은 그들이 모두 委巷人들이었기
때문에 쓸 것이 없었거나 고의로 밝히지 않았는지 알 수 없다. 그

---

61) 洪世泰, 海東遺珠 序. "農巖金相公嘗謂余 曰東詩之採輯行世者多矣
而閭巷之詩獨闕焉 泯滅不傳可惜 子其採之 余於是廣加搜索 得諸家
詩稿 披沙揀金 務歸精約 至於人所口誦 其可者靡不收錄 積十餘年而
編乃成"
62) 위와 같음. "噫 斯篇之作 實自農巖公發之 而公今已下世 無可質者"

리고 다른 選集에서는 작품을 형식중심으로 실었거나 작자의 생존
년대 순으로 하고 있는데, 본 選集은 후자에 속한 것이 아닌가 생
각된다.

洪世泰는 이 選集에 실린 작품에 대해 그들의 학문이 넓지 못하
고 取材한 것이 멀지 못했으나 순수한 자연에서 얻었기 때문에 맑
은 風調는 唐詩에 가까우며, 그 寫景의 淸圓함은 봄날 새소리와
같고 敍情의 悲切함은 가을철 벌레 우는 소리와 같아 그들이 느끼
고 말하는 것은 순수한 감정에서 자연히 流出된 것이 아님이 없으
므로 참으로 시라 할 수 있을 것이다. 만약 孔子께서 보았다면 신
분이 미천하다고 해서 버리지 않았을 것이라 했다.[63] 이와 같이 洪
世泰는 海東遺珠에 실은 시들을 높게 평가하고자 했다.

우리 나라는 조선조에 접어들면서부터 신분차별이 심해 班常의
구분에 따라 常人은 능력과는 상관없이 출세하기가 매우 어려웠
다. 그리고 常人들은 교육을 받을 기회가 적었으며, 또 좋은 시를
지었다 할지라도 알려지기가 쉽지 않았다. 그러므로 海東遺珠 이
전에 편찬된 시 選集에는 委巷人들의 시를 보기 어려웠다. 그런데
海東遺珠는 委巷詩人인 洪世泰에 의해 委巷人들의 시를 選集한
것이기 때문에 더욱 의의가 있을 것으로 생각되며, 또 이것은 英祖
13년에 나온 委巷人들의 시 選集인 昭代風謠의 편찬에 導火線이
되었을 것이다. 그리고 본 選集이 편찬될 당시까지만 해도 委巷詩
人들은 많지 않았기 때문에 選者의 취향과 愛憎에 따라 선발되지
는 않았을 것이며, 選者가 말한 바와 같이 委巷詩人들의 작품으로
口誦되어 전하는 시가 많이 수록되었을 것이다.

---

63) 위와 같음. "雖其爲學不博 取資不遠 而其所得於天者 故自超絶 瀏瀏乎
風調近唐 若夫寫景之淸圓者 其春鳥乎 而敍情之悲切者 其秋虫乎 惟
其所以爲感而鳴之者 無非天機中自然流出 則此所謂眞詩也 若使夫子
而見者 其不以人微而廢之也審矣"

IX. 風謠

　風謠는 委巷文人들의 작품을 중심으로 委巷人들에 의해 편찬
간행된 漢詩 選集으로써 英祖 13년인 丁巳年에 昭代風謠가 처음
간행되었고, 그 후 60년 간격을 두고 續選과 三選이 간행되었다.[64]
먼저 風謠의 의미와 편찬 취지부터 살펴보고자 한다.

　昭代風謠가 처음 간행될 때 그 序跋에서도 書名에 대해 언급한
바가 없었으나, 昭代는 밝은 시대 즉, 태평성대를 의미한 것으로
여기서는 冠頭詞에 불과한 것이 아닌가 생각되며, 風謠는 詩經의
國風에서 비롯된 것으로 짐작된다. 朱子는 詩經의 國風에 대해 이
른바 風이라고 한 것은 대부분 委巷의 가요에서 채집한 것인데, 남
녀들이 불렀던 것으로써 감정을 자연스럽게 표현한 것이라 했
다.[65] 朱子의 이러한 견해에 따르면 風謠는 委巷의 남녀들이 부른
노래를 의미한 것이라 할 수 있다.

　風謠가 續選과 三選이 간행되면서 朱子의 그러한 논의를 근거
로 하여 風謠에 대한 견해가 없지 않았다. 鄭元容은 風謠에 대해
風은 불 수 있는 힘을 가진 것으로써 사물을 불어 소리를 내게 하
는 것이다. 그리고 謠는 읊는 것인데 뜻을 읊을 때 말로써 나타내
는 것이다. 그것은 의도적으로 좋게 하고자 해서 되는 것이 아니고
사물에 닿게 되면 자연히 흘러나오는 노래로써 시골 마을의 평범

---

64) 風謠에 대해 따로 論究한 바 있으므로 여기서는 간단히 언급하고자
　　한다.
65) 朱熹, 詩傳集註 序. "凡詩之所謂風者 多出於里巷歌謠之作 所謂男女詠
　　歌 各言其情者也"

한 남녀들과 아이들이 사물로부터 느낀 것이 있어 생각하게 되면
감탄하여 흘러나오는 노래를 억제할 수 없게 되는데, 그것이 바로
風謠가 지어지는 동기가 된다.66) 이와 같이 風謠는 순수하고 깨끗
한 서민들의 노래를 의미하고 있음을 알 수 있다.

다음에는 風謠를 편찬한 취지에 대해 살펴보고자 한다. 曺命敎
는 인간이 타고난 感性은 귀천이라고 해서 다를 것이 없으며 그 感
性에서 나타나는 것이 시가 되는데, 어찌 귀하고 천한 것에 따라
차이가 있을 수 있겠는가. 孔子께서 詩經의 三百篇을 刪定할 때
委巷에 살고 있는 평범한 남녀들의 가요까지 많이 선택했으며, 宗
廟와 朝廷에서 부를 수 있는 노래만 선택했는가. 이로써 신분에 따
라 선택하지 않았음을 알 수 있다고 했다.67) 조선조에서는 신분에
따라 차별이 심했기 때문에 委巷人들 가운데 시에 능했으나 인정
해 주지 않으므로 이러한 주장을 하게 되었을 것이다. 그리고 尹光
毅는 사람이 타고난 재능은 귀천이 같은 것인데 顯貴와 微賤을 구
분하는 것은 俗世에서 하는 것으로써 좋지 못한 것이다. 微賤하다
고 해서 사람도 버리는데 그들이 지은 글을 누가 귀하다고 여기며
전하고자 하겠는가. 모아 두지 않으면 어찌 알려질 수 있겠는가.
青丘風雅와 箕雅에 委巷文人들의 시를 약간 볼 수 있으나 그것은
백분의 일에 불과한 것이다. 옛날에는 그 구별이 적었는데 근간에
와서 심해졌는가. 埋滅되어 알 수 없기 때문인가. 昭代風謠를 편찬
하는 이유가 여기에 있다고 했다.68) 이와 같이 재능에는 귀천의 차

---

66) 鄭元容, 風謠三選 序. "風者吹也 吹物而爲之聲也 謠者詠也 詠志而形
   於言也 是皆無待乎節美施巧 觸應滌暢 流出自然之響 鄉黨閭里之夫婦
   長幼 感於物 發於思 而不能不有吟謳咨歎之節 此風謠所以作也"
67) 曺命敎, 昭代風謠 序. "情性之賦於天 貴賤一也 其發於情性而爲詩者
   夫豈有間哉 詩本出三百篇 吾夫子採之者 數多閭巷匹庶謳謠之言 不但
   郊廟朝廷樂歌而已 其不以生地取舍之者可知已"
68) 尹光毅, 昭代風謠 序. "天之生才 無貴賤一也 而其貴顯賤微 乃俗之陋

이가 없는데 신분이 미천하다고 해서 그들이 지은 작품까지 버렸
기 때문에 오늘날 전하는 것이 없으므로 이 昭代風謠를 통해 委巷
文人들의 작품만을 모아 전하고자 한 것임을 알 수 있다.

風謠의 체제는 전후 選集에 따라 약간씩 차이가 있으므로 일차
選集인 昭代風謠부터 살펴보고자 한다. 먼저 昭代風謠의 편찬자
에 대해 吳光運은 希菴 蔡公이 裒選했고 李達逢이 删正했다고 했
다.69) 이로써 希菴 蔡彭胤(1669~1731)이 작품을 選集했음을 알 수
있다.70) 蔡彭胤은 委巷人이 아니었고 당시 문명이 높았으며 藝文
提學을 역임했다. 그런데 鄭元容은 이와는 달리 昭代風謠는 高時
彦(1671~1734)이 選集한 것이라 했다.71) 그리고 風謠續選 高時彦
條에 따르면 처음으로 風謠를 選集하다가 마치지 못하고 세상을
떠났기 때문에 그의 시를 別集에 실었다고 했다.72) 이와 같이 昭代
風謠의 편찬자에 대해 蔡彭胤, 또는 高時彦이라 하여 일치하지 않
음을 볼 수 있는데, 그것은 高時彦이 委巷人으로서 많이 알려진
인물이 아니었기 때문에 실질적인 수집과 편찬은 高時彦이 하고
관직과 문명이 높았던 蔡彭胤에게 양해를 얻어 편찬자로 한 것이
아닌가 한다.

昭代風謠의 편찬 체제는 중국의 唐詩品彙의 영향을 많이 받았
다. 卷頭에는 李宜顯, 吳光運, 曹命敎, 尹光毅, 高時彦의 序가 있
고, 목록에는 洪裕孫 등 작가 162명의 성명과 그들의 약력을 간단

也 苟微也 人猶不能用 況於其文 孰貴孰傳之 不有以輯之 其何以自表
以靑丘風雅箕雅考之 委巷之作 略槪見 而亦百之一二 豈古微而近始盛
其或埋滅而不能記耶 此乃斯集之所以作也歟"
69) 吳光運, 昭代風謠 序. "而希菴蔡公所裒選 李達峰繼而删正者也"
70) 昭代風謠의 표지에 蔡彭胤編으로 전하고 있음.
71) 鄭元容, 風謠三選 序. "昭代風謠 高君時彦所選"
72) 「風謠續選」, 高時彦條. "始選風謠 未竟而歿 時人載其詩于別集 有集
一卷"

히 소개했으며, 附錄詩話에 실려 있는 16인은 성명만 기록되어 있다. 1권부터 8권까지는 여러 형식의 시가 형식중심으로 분류되어 수록되었으며, 9권은 附錄詩話이다. 그리고 拾遺, 別集, 別集補遺, 附錄詩話와 후미에 吳光運, 崔景欽의 跋文이 있다. 昭代風謠에 附錄, 詩話 등 첨가된 것이 많은 것은 처음 간행되었을 때 반응이 좋았기 때문이었을 것이다.

風謠續選은 昭代風謠가 처음 간행된 해로부터 60년 후인 正祖 21년에 간행되었다. 風謠續選은 60년 후에 간행되었기 때문인지 昭代風謠에 비해 체제면에서 적지 않은 차이가 있다. 우선 昭代風謠에서는 편찬자를 位品과 文名이 높았던 蔡彭胤으로 했으나, 續選에서는 委巷文人으로서 당시 松石園詩社의 중심인물이었던 千壽慶으로 했다.

이러한 續選은 첫 머리에 洪良浩, 鄭昌順, 李家煥의 序와 凡例가 있으며, 후미에 丁彝祚, 李是鏐, 洪儀泳, 李德涵의 跋文이 있다. 續選의 편찬 태도와 방법을 이해하기 위해 먼저 그 凡例에 대해 알아보고자 한다. 첫째 昭代風謠가 간행 된 후 그 영향으로 많은 작가들이 배출되어 다시 丁巳年이 되던 해 續選을 간행한다는 것. 둘째와 셋째는 前編에서 別集, 拾遺, 補遺, 詩話 등이 있어 체제가 통일이 되지 않았으므로 그들에 대한 자료를 보완하여 卷頭에 한 권으로 해 다시 실었다. 넷째 작가들은 연령에 따라 순서를 정했다고 했으며, 다섯째 前編은 작품을 형식중심으로 했으나 여기서는 작가중심으로 한다고 했다. 이로써 보면 편찬 체제면에서 昭代風謠에 비해 상당한 차이가 있음을 알 수 있다. 모두 7권이며 작가는 333인이다. 그 가운데 승려가 13인, 여성이 4인인데, 이것은 前集에서 볼 수 없었던 것이다.

風謠三選은 張之琓의 跋文에 따르면 哲宗 8년(1857)이 丁巳年이

므로 劉在健, 崔景欽이 前集의 편찬에 따라 작가 305인의 시를 수집해 三選이라 이름하여 간행한다고 했다.73) 이로써 편찬자와 간행 연대를 정확히 알게 되었다. 모두 7卷인데 편찬 체제는 續選과 일치하며, 권두에 趙斗淳, 尹定鉉의 序가 있고 후미에 張之琬의 跋文이 있다.

昭代風謠에 실려 있는 작가들은 서울 또는 근기지역의 인사라고 했는데, 120년 후에 간행된 三選에서도 지방인사들의 참여는 극히 드물었다. 이렇게 보려는 것은 三選이 前集과는 달리 작가의 字와 本鄕을 빠짐없이 밝혔는데, 그 중에 殷太任, 李民璜, 吳天弼 등은 거주지를 古阜, 咸興, 義城이라 했다. 이로써 三選에서도 서울 중심이었고 지방인사들의 참여는 극히 드물었음을 알 수 있다.

이러한 風謠에 대해 尹定鉉은 風謠가 모두 丁巳年에 간행되었는데 이번에 三選이 나왔다. 昭代風謠에서 三選에 이르기까지 대상작가는 사백여년 사이에 생존했던 인물로서 팔백여명이며 작품은 수천수가 된다고 했다.74) 여기에서 팔백여명의 작가가 모두 委巷人이라는 것을 감안할 때 風謠는 외국 문학사에서도 그 類例를 찾아보기 어려운 選集이 아닌가 한다. 특히 이 選集이 간행된 조선조는 門閥을 중시했고 문단은 士大夫 또는 士族 출신의 문인들이 지배하고 있었다. 그러한 상황에서도 많은 委巷作家의 작품을 대상으로 하여 수차에 걸쳐 選集이 나왔다는 것은 놀라운 일이 아닐 수 없다. 그리고 다른 選集과는 달리 選者의 취향에 치우치지 않고 많은 작가를 대상으로 하여 우수한 작품을 선발한 것으로써 사백여년 동안의 委巷文學의 총결산이라 할 수 있지 않을까 한다.

73) 張之琬, 三選 跋文. "今上八年 又値丁巳 於是劉君在建崔君景欽 思繼前人之躅 得三百五家 名曰三選 庸付剞劂"
74) 尹定鉉, 三選 序. "選風謠而刻之皆在丁巳 而今刻爲三選矣 上下四百年 所 人爲八百有餘 詩爲幾千篇"

X. 大東詩選

우리 나라에서 詩選集은 위에서 살펴본 바와 같이 고려 후기 三韓詩龜鑑을 비롯하여 조선조에서도 계속 나왔다. 이들 選集에 실린 작가들의 인물 성격을 보면 東文選, 靑丘風雅, 國朝詩刪, 箕雅 등은 士大夫와 土族階層 문인들의 시를 중심으로 실었고, 海東遺珠와 風謠 등은 委巷文人들의 작품만을 실었는데, 大東詩選은 신분을 구분하지 않고 작품 중심으로 실었다.

이 大東詩選은 張志淵(1864～1921)이 중심이 되어 편찬한 시 選集이다.75) 간행 시기는 張志淵이 序를 쓴 해를 柔兆 執徐라 했으니 丙辰年으로써 1916년이다. 張志淵은 그 序에서 편찬동기에 대해 大東詩選을 편찬하게 된 것은 우리 詩歌를 잃어버리지 않게 하기 위한 것이다. 시를 말하는 자 중국 시를 높게 여기고 우리 시를 낮게 생각하는데, 사람이 외부의 것을 좋아하고 먼 것을 귀하게 여기기 때문인가. 우리에게는 우리 시가 있고 중국에는 중국 시가 있으며, 모든 나라들도 각자 그 소리로써 시를 짓고 있으므로 꼭 중국의 시와 같이 할 필요가 없다고 했다.76) 이와 같이 張志淵은 우리 것을 귀하게 여기며 잃어버리지 않게 하기 위해 편찬했음을 알 수 있다.

---

75) 大東詩選의 1권 첫 머리에 張志淵 編輯, 權純九 同輯, 洪弼周 校閱, 鄭萬朝 尹喜求 同校라 했음.

76) 張志淵 序. "大東詩選何爲而述也 爲吾東歌詩之不沒 世之言詩者 恒崇中土而卑吾東 人之好外貴遠 固至是乎 … 東自有東詩 中自有中詩 西南北自有西南北 歐美諸國 莫不皆然 各自鳴其聲而發爲詩 不可以苟同也"

張志淵이 편찬동기에 대해 더욱 심각하게 표현한 것을 들어보면 자신이 選詩를 하고 있을 때 주위에서 시는 사회가 급하게 요구하는 것도 아니고 한가한 사람이 파적으로 하는 것인데 그렇게 급하게 하느냐 했을 때 시가 급한 것은 아니라 할지라도 지금 세태가 변하고 詩道가 萎靡해 가고 있어 우리 나라 수천년의 시가 인멸되어 전할 수 없게 되었으니 政敎와 風氣의 변천을 뒷사람들에게 어떻게 알게 하겠느냐 했다.[77] 이로써 보면 日帝의 被侵 당시에 우리의 시를 보호하기 위해 절박한 심정에서 한 것임을 알 수 있다.

본 選集을 大東詩選으로 書名을 정한 것에 대해 凡例에서 그때까지 있었던 選集에 增選 續補했기 때문에 大東詩選이라 한다 했다. 그런데, 후미에 있는 張鴻植의 跋文에 따르면 張志淵이 자신과 選集의 이름을 의론하면서 箕雅는 좁고 風謠는 편벽하므로 두 選集을 합쳐 보완하여 大東風雅라 했는데 해를 넘겨 끝냈으며, 뒤에 風雅는 두 개의 이름이 혐이 된다고 하여 詩選으로 바꾸었다고 했다.[78] 이로써 보면 처음에는 大東風雅라 하고자 했다가 詩選으로 바꾸었음을 알 수 있다.

우리 나라 詩 選集에는 靑丘風雅, 國朝詩刪, 箕雅와 같이 士大夫 또는 士族階層을 중심으로 한 것과 海東遺珠, 風謠 등과 같이 委巷人들의 작품을 중심으로 한 것이 있었는데, 張鴻植의 跋文에서 箕雅는 狹하고 風謠는 偏하다고 한 것은 箕雅에서는 羽士, 僧侶, 旁流, 閨秀 등을 구분해서 실었기 때문일 것이며, 風謠가 偏하

---

77) 위와 같음. "或曰 詩非時宜之急 只開漫人消遣方而已 子奚爲汲汲於是哉 余曰 噫 詩固謂之不急也 顧今時移世變 詩道萎靡 吾東數千年 風雅歌謠之什 迨將泯滅無傳 則政敎汚隆 風氣變遷 後之人將於何考徵乎"
78) 張鴻植, 大東詩選 跋. "去年夏 葦庵以選詩事 謀余曰 箕雅狹 風謠偏 合二選幷補續 而選編之 爲大東風雅 … 經年告訖 而後以風雅嫌二名 改稱詩選"

다고 한 것은 委巷人들의 작품만을 실었던 까닭이었을 것이다. 이
로써 보면 大東詩選은 좁고 편벽되지 않고자 했음을 알 수 있다.

그리고 委巷人들의 시 選集인 風謠가 英祖 13년(丁巳)에 처음
나온 후 60년 간격을 둔 丁巳年에 續選과 三選이 나왔으며, 다시
丁巳年이 되던 해에 風謠의 편찬이 거론되었는데, 이에 대해 최근
逝去한 韓晩容은 1917년경에 張志淵, 李琦, 張鴻植 諸氏와 風謠四
選 편집계획을 했으나 사회정세에 鑑하여 중지하고 大東詩選 卷
9, 卷 10에 三選 이후의 委巷詩人의 시가 수록되었다고 했다.79) 이
로써 보면 甲午更張 후 국가에서 제도적으로 계급을 타파했으므로
委巷人들만을 중심으로 한 風謠四選이 의미가 없게 되자 계층을
구분하지 않고 시 選集을 만들고자 한 것이 大東詩選의 편찬 목적
가운데 하나였음을 알 수 있다.

大東詩選의 편찬 체제는 앞서 나온 選集들과 크게 다를 바 없다.
卷頭에 鄭萬朝, 尹喜求, 張志淵의 序가 있고, 後尾에 洪弼周, 權純
九, 張鴻植, 金弘祚의 跋文이 있다. 그리고 보기 드물게 凡例가 9
條로 나누어 있는데, 편찬 체제는 全唐詩의 체제를 따른다고 했으
며, 그 가운데 편찬 태도와 상관이 있는 것을 들어보면 본 選集은
평등을 主旨로 하기 때문에 箕雅에서 姓을 쓰지 않고 따로 기록한
것과 雜流로 분리한 자들을 모두 생존했던 시대의 인물들과 같이
기록한다고 했다.80) 張志淵은 序에서 본 選集의 편찬과정에 어려
운 점으로 精選, 博採, 辨訛, 無偏을 들었다. 이것은 전기의 選集들
에서 하자로 지적되어 왔던 것이므로 보완하고자 노력했음을 알
수 있다.

---

79) 具滋均,『朝鮮平民文學史』, 111쪽.
80)『大東詩選』, 凡例. "本編以平等爲主旨 故變箕雅例其去姓別錄者 及雜
流云者 幷從時代 記錄原編 以示公平"

大東詩選은 모두 12卷과 補遺로 되어 있다. 먼저 나온 選集들을 보면 卷頭에 작자의 성명과 略歷을 쓰고 작품 옆에는 성명만 밝히는 것이 있고, 이와는 달리 작품 옆에 성명과 약력을 쓴 경우도 있다. 본 選集에서는 각 권마다 그 권에 실리는 인물의 성명만을 卷頭에 쓰고 작품 옆에 작자의 성명과 약력을 간단히 밝혔다. 이러한 편집방법은 古詩와 近體詩의 五言 또는 七言詩를 각 작자의 성명 밑에 기록하여 보는데 편리하게 하고자 한다 했다.[81] 그리고 작품 배열은 작자의 생존년대를 중심으로 한 것과 형식중심으로 한 것이 있었는데, 본 選集은 작자의 생존년대를 중심으로 하면서 短型에서 長型으로 이어지고 있다.

大東詩選은 우리 나라에서 편찬된 시 選集 가운데 가장 방대한 것이다. 이와 같이 방대하게 된 것은 많은 작가와 작품을 실었기 때문이다. 東文選에서도 한 작가의 작품을 많이 실었으나,[82] 대상 인물은 조선조 초기 몇 사람에 그쳤으나, 大東詩選은 편찬 당시 생존했던 인물의 시는 제외한다고 했으나,[83] 대상인물의 폭이 東文選보다 넓었기 때문에 한 작가의 작품 수는 東文選에 비해 적게 실었지만 전체 분량이 많을 수 밖에 없다. 그러나 다른 選集에 비하면 많은 작품을 실었다.[84] 大東詩選이 이와 같이 많은 작가의 시를 실은 것은 편찬시기가 日帝의 被侵期였기 때문에 精選하면서도 博採해 인멸하지 않게 하려는 의도가 깊게 깔려 있었기 때문이었을 것이다.

---

81) 위와 같음. "本編倣全唐詩明詩綜例 勿論古近體五七言 列錄各人姓名 下 以便考覽"

82) 예를 들면 東文選에서 고려 李仁老의 시를 101수 실었으나, 大東詩選에서는 19수를 실었음.

83) 『大東詩選』 凡例. "本編雖詩文大家 現時生存者 不得編入"

84) 李達의 시는 39수, 權韠의 시는 50수가 실렸다.

우리 나라에 詩選集이 적지 않게 나왔고, 또 選集에 따라 후대에
서 간단히 논평을 하기도 했다. 그런데 大東詩選은 漢文學이 쇠퇴
할 즈음에 편찬되었기 때문인지 편찬에 대한 논평을 보지 못했다.
어쨌든, 大東詩選은 偏狹한 습성을 타파하고 精博하고 辨訛와 無
偏에 힘써 우리 나라 詩選集 가운데 양적 질적으로 주목할 만한
것이 아닌가 한다.

XI. 朝野詩選

朝野詩選은 필사로 전해 오다가 최근에 亞細亞文化社에서 영인
되어 많이 알려지게 되었다.85) 이 選集은 選者의 성명을 밝히지 않
았고, 卷頭에 鄭萬朝의 序만 있다. 그리고 選者의 序와 跋文이 없
기 때문에 편찬 목적과 경위에 대해 알 수 없는 것이 아쉽다.

鄭萬朝는 序에서 選者를 蘭佗라 했으며 校閱은 吳世昌이 한 것
이라 했는데, 蘭佗는 李琦의 호이다.86) 鄭萬朝는 그의 인물에 대해
才高 學博하고 樂善 愛才하는 것이 천성이었는데, 만년에 한가할
때 選詩하는 것을 즐겼다고 했다.87) 이로써 보면 그는 鄭萬朝와 같

---

85) 亞細亞文化社 영인본 南智大의 해제에 따르면 坤卷 뒷표지 이면의 添
    紙에 서울 李駿基가 소장하고 있던 寫本을 1940년에 謄寫했으며, 그
    校正은 玄陽燮이 맡았다고 밝혔다 한다.
86) 『朝野詩選』(卷 4)에 白春培의 和韻寄李蘭佗詩에 蘭佗의 이름을 琦라
    했음.
87) 鄭萬朝, 朝野詩選 序. "老友蘭坨子 才高學博 樂善愛才 卽其天性 晩年
    養閑間 以選詩自適"

은 시기의 인물이며, 그의 인물 성격에 대해 대략 짐작 할 수 있게
되었다.

李琦는 위에서 언급한 바 1917년 丁巳年의 甲年이 될 즈음 그는
張志淵, 張鴻植 등과 같이 風謠四選을 계획했다가 시대의 변천에
따라 委巷文人들의 시만을 중심으로 편찬할 필요가 없다는 여론에
의해 중지했던 인물 중의 한 사람이다. 이로써 보면 鄭萬朝가 말한
바와 같이 그는 詩選을 좋아했음을 알 수 있고, 자신이 委巷人인지
는 알 수 없지만 委巷文人들의 시에 관심이 많았음을 짐작할 수
있다. 校閱을 했다는 吳世昌은 委巷文人으로서 3·1운동 때 33인
중의 한 사람이었으며, 특히 글씨로써 유명했다.

朝野詩選의 편찬 취지에 대해 選者는 序를 쓴 鄭萬朝를 통해 말
하기를 중국에서는 賈島와 方干과 같이 궁했던 시인들도 작품이
전하고 있으나, 우리는 그렇지 못했으니 이제 우리의 시를 選集해
야 할 것이다. 백년 전의 옛 사람들의 시는 전하고 있으므로 백년
이하 사람들의 시를 選集할 것이며, 이미 간행된 시는 알려졌으니
제외하고 근대 시인들의 작품 가운데 전할 가치가 있음에도 힘이
없어 전하지 못하는 작품을 취한다고 했다.[88] 이로써 편찬취지와
태도를 대략 짐작할 수 있겠는데, 여기에서 주목되는 것은 전할 만
한 가치가 있는 작품임에도 신분이 微賤했거나 가난해 전할 수 없
게 된 것을 선발한다고 한 것이다.

우리 나라 역대 시 選集의 명칭은 三韓, 靑丘, 箕雅, 大東, 海東
등으로써 모두 우리 나라를 지칭하는 말이다. 그런데 본 選集은 朝
野로써 위의 명칭들과 다름을 알 수 있다. 朝野에 대해 選者가 말

---

88) 위와 같음. "而其言 曰中國之詩 如賈島方干之窮者 皆得而傳矣 吾無與
也 乃就東國而選之 又曰 遡百年以上之古人 皆已有傳之者矣 吾無與
也 乃就百年以下而選之 又曰 旣已刊藁而布諸世者 吾又何與也 乃取
近代詩人 其當傳而力不得傳者"

한 바 없기 때문에 쉽게 말하기는 어려운 바가 없지 않으나, 근대 백년 사이의 在朝 在野를 의미한 것이 아닌가 생각된다. 그렇다면 관직을 역임한 인사들도 포함될 수 있었을 것으로 생각되나 이미 문집이 간행되어 세상에 알려진 인사들의 것은 제외한다고 했으니 자연히 在野의 委巷文人들의 시가 선택의 대상이 될 수밖에 없었을 것이다.

그리고 본 選集의 간행 시기는 鄭萬朝가 序를 쓴 해를 壬戌年 (1922)이라 했으니 張志淵의 大東詩選의 序를 쓴 해보다 6년 후가 된다. 李琦는 張志淵, 張鴻植 등과 함께 風謠四選을 편찬하고자 계획했던 인물이다. 그런데, 風謠四選의 편찬 계획이 중지되자 張志淵은 士大夫 및 兩班階層과 委巷人들을 구분하지 않고 여러 계층의 인물들의 시를 편찬하여 大東詩選이라 했다. 張志淵은 그 序에서 참여한 인사들에 대해 同志二三人이라 했으니 李琦가 참여했는지는 알 수 없다.

朝野詩選에 실려 있는 인물들은 字號와 貫鄕만 밝히고 약력은 쓰지 않았기 때문에 姜瑋, 黃玹, 金澤榮 등과 같이 많이 알려진 인물 외에는 대부분 어떤 인물인지 알 수 없다. 편찬 취지에서 이미 문집이 간행되어 알려진 것은 제외하고 전할 가치가 있음에도 힘이 모자라 전하지 못하는 작품만을 수록한다고 했으니 여기에 실린 작가들은 그 신분이 委巷人이거나 委巷人들에 가까운 인물들이 대부분일 것이다.[89] 이로써 볼 때 李琦는 大東詩選의 간행 취지가 마음에 맞지 않아 먼저 계획한 대로 風謠四選을 의미하는 태도에서 편찬한 것인지, 아니면 風謠四選을 위해 수집한 자료를 大東詩選이 나온 후에 간행하고자 편찬한 것으로 생각되는데, 필자는 후자가 아닌가 한다. 그것은 鄭萬朝(1858~1963)가 양쪽의 序를

---

[89] 『朝野詩選』卷 1, 2에 실려 있는 작품의 작가들은 風謠三選에 실려 있는 인물들이 적지 않다.

썼고, 朝野詩選에 校閱을 했다는 吳世昌이 大東詩選의 題署를 했기 때문이다.

朝野詩選과 大東詩選에 실려있는 委巷文人들을 비교해 보면 兩篇에 실려 있는 작가들은 대부분 겹쳐지나, 수록된 작품에는 적지 않은 차이가 있는데, 그것은 수록된 작품이 많을수록 더욱 그러하다. 大東詩選은 우리 나라 역대의 시를 대상으로 선발했기 때문에 委巷人들의 작품을 구분하지 않고 싣는다고 했으나 분량상으로 제약을 받지 않을 수 없었을 것이고, 朝野詩選은 백년내의 문인들 가운데 문집이 나온 인사들은 제외한다고 했으니 대상이 된 작가의 많은 작품을 실을 수 있었기 때문이었을 것이다.

朝野詩選의 편찬 체제는 卷頭에 鄭萬朝의 序가 있고, 모두 4卷으로 分卷되었으며, 첫 권 머리에 2권까지의 작가 성명이 실려 있고, 3卷에는 4卷까지의 작가 성명이 실려 있다. 그리고 작품 옆에 작자의 字號와 貫鄕을 밝혔고 역임한 관직이 있으면 썼는데, 下位職이 대부분이다. 4卷 후미에는 僧侶와 女性들의 시가 실려 있다. 본 選集은 형식중심으로 하지 않고 작가중심으로 했다.

지난날 우리 나라는 신분에 따른 계층간의 차별이 심해 委巷人들의 시는 選集에서 제외되는 경우가 많았는데, 大東詩選이 비로소 그것을 타파했으나 한계는 남아 있었다. 朝野詩選은 大東詩選이 가진 한계를 제거하고 많은 委巷文人들의 작품을 실었다. 그리고 昭代風謠와 續選, 三選에 시가 실려 있는 작가들은 대부분 서울지역의 인물이었고 근기지역의 인사들도 극히 드물었는데, 朝野詩選에서는 忠淸道, 全羅道, 慶尙道 인사들이 많은 것으로 보아 전국적인 인물을 대상으로 한 것이다. 그러므로 본 選集은 백년이내의 작가의 시를 실으면서 風謠와 大東詩選을 보완한 것으로 의미가 있다고 생각한다.

XII. 海東詩選

海東詩選은 大東詩選 및 朝野詩選과 같은 시기에 편찬되었으며, 그 방대한 분량은 大東詩選과 서로 비슷하다. 본 選集의 편찬 시기를 大東詩選과 같은 시기로 보려는 것은 尹喜求(1867~1926)가 兩篇의 序를 썼기 때문이다. 그리고 편찬자에 대해서는 尹喜求는 序에서 李圭瑢이라 했고,[90] 後尾에 있는 崔永年의 跋文에는 幾堂 韓晚容과 紹雲 李圭瑢이라 했다.[91] 韓晚容은 張志淵, 張鴻植, 李琦 등과 함께 風謠四選을 계획했던 인물이라는 것만 알 뿐 이들에 대해 참고할 만한 기록을 보지 못했다.

본 選集의 편찬 취지에 대해 尹喜求는 그 序에서 우리 나라는 삼국시대부터 시가 있었고 작가가 많아지면서 選集도 많았는데, 근간에는 없기 때문에 李圭瑢이 그것을 개탄하면서 폭넓게 모아 간결하게 선발했다고 한다.[92] 이로써 보면 지난날에는 選集이 적지 않았으나 근간에는 없었기 때문에 본 選集을 편찬한 것임을 알 수 있다.

우리 나라에 시 選集은 箕雅 이후에는 조용했다고 볼 수 있다. 물론 海東遺珠와 風謠가 三選까지 나오지 않았는가 할지 모르겠으나, 그것은 委巷階層의 시만을 選集한 것이고, 모든 계층의 시를 대상으로 편찬한 選集이 아니기 때문에 본 選集은 계층을 초월하

---

90) 尹喜求, 海東詩選 序. "李子圭瑢慨然之 遂博集而簡選之"
91) 崔永年, 海東詩選 跋. "今幾堂韓晚容 紹雲李圭瑢兩先生 蒐輯海東古今 名家二千三百餘首 合成一編"
92) 尹喜求, 海東詩選 序. "吾東自三國有詩 作者寢衆 而選者亦浸廣 一彼 一此 均之爲齊楚 然近日寥寥矣 李子圭瑢慨之 遂博集而簡選之"

고자 한 것임을 알 수 있다.

그리고 편찬 태도에 대해 尹喜求는 乙支文德 이하로 천 이백여명의 시를 한 두편씩 선발했는데, 선발한 취지를 살펴본 바 大家들의 우수한 작품에 치우치지 않고 奇人의 작품도 포함시켰으니 그것은 폭넓게 많이 보이고자 한 것으로써 選集이 아니며, 또 작가의 폭은 넓히면서 시는 간략하게 精選했으니 그것은 選이며 集이 아니라고 했다.93) 이러한 본 選集의 편찬 태도는 大東詩選과는 달리 大家인 경우에도 많은 작품을 선발하지 않았고, 朝野詩選과는 달리 한 작가의 작품을 적게 실으면서 많은 작가를 대상으로 하고 있음이 본 選集의 특징이라 할 수 있다.

본 選集의 편찬 체제는 卷頭에 尹喜求의 序가 있고, 그 다음에 王朝에 따라 작가의 성명과 호를 밝혔으며 약력은 쓰지 않았다. 작품은 형식중심으로 실었는데 五絶, 五律,94) 七絶, 七律, 五古, 七古 순으로 실었으며, 分卷은 되어 있지 않으나 詩型에 따라 章을 따로 잡았다. 그리고 실려 있는 작가는 천 이백여명이라 했고, 작품 수는 이천 삼백여수라 했다. 작가 수에 비해 작품이 적음을 알 수 있는데, 그것은 위에서 언급한 바와 같이 작품보다 작가를 많이 실고자 한 것이 편찬의 취지였기 때문이었을 것이다.

본 選集의 序를 쓴 尹喜求가 생존했을 시기에 海東詩選, 大東詩選, 朝野詩選 등이 나왔다. 정확히 말하기는 어려우나 이들 選集의 選者들은 연령이 비슷하고 대부분 서울에 거주했던 인물이었을 것이다. 그러므로 각자 편찬을 하면서 서로 의견의 교환이 있었을 것

---

93) 尹喜求, 海東詩選 序. "自乙支公而下 得一千二百餘人 人一二篇 予觀其意 非謂彼二三大家矯然龍驤者 美止是已 亦非謂畸人片隻之一二冥合者 皆足方駕也 盖欲極其大觀焉爾 是集也 非選也 又觀其博於人 簡於詩 是選也 非集也"

94) 五律 끝에 六言絶句 22首가 실려 있다.

이다. 위에서 大東詩選과 朝野詩選의 편찬과정과 그 차이점에 대해서는 언급한 바 있다. 그런데, 본 選集과 朝野詩選과의 對比는 의미가 없겠고, 大東詩選과 그 차이점에 대해 살펴볼 필요가 있을 것으로 생각된다.

大東詩選은 우수한 작가의 작품을 많이 실었으므로 작품중심으로 실었다고 할 수 있다. 그런데, 海東詩選은 작품보다 많은 작가를 대상으로 하고자 했다. 예를 들면 고려조의 李齊賢의 경우 大東詩選에는 七言絶句가 7수 실렸는데, 海東詩選에는 한 수만 실었다.95) 이와 같이 海東詩選이 한 작가에 대해 적게 실었으면서도 실린 작품은 五絶 426수, 五律 680수, 六絶 22수, 七絶 651수, 七律 499수, 五古 12수, 七古 12수로써 우리 나라 역대 시 選集 가운데 大東詩選과 더불어 가장 큰 選集이 아닌가 한다. 海東詩選이 한 작가의 작품을 적게 실었으면서 전체적인 분량이 많을 수 있었던 것은 조선조 중기까지의 작가들에 대해서는 大東詩選과 비교해서 가감이 없었겠으나, 조선조 후기 특히 근대인물에 대해서는 大東詩選에 없는 인물들이 많이 실려 있기 때문이다.

그리고 海東詩選이 근대 인물에 대해 이와 같이 많이 실었으면서도 朝野詩選과 다른 점은 朝野詩選에 실린 작가들은 委巷人들이 대부분이었다고 생각되는데, 海東詩選은 委巷人은 물론 지방 출신의 이름 높은 학자들과 국내에 알려진 家門의 후손들도 적지 않게 포함되었다. 大東詩選에서도 僧侶와 女姓의 시가 적지 않게 실려 있지만, 海東詩選에는 僧侶의 시가 67수, 女姓의 시가 168수나 된다. 이로써 海東詩選은 大東詩選과 朝野詩選 등이 지니고 있는 미비점을 보완했다고 볼 수 있지 않을까 한다.

---

95) 海東詩選은 한 작가의 시를 같은 형식에서는 한 수씩 실었고, 간혹 두 수씩 실기도 했으나 드물다.

본고에서 臺本으로 한 것은 世昌書館에서 발행한 洋活字本인
增補 海東詩選이다. 尹喜求의 序와 崔永年의 跋文에 增補했다는
말이 없는 것을 보면 增補는 뒤에 되었음을 알 수 있는데, 이에 대
해 언급이 없으니 알 수 없으나, 海東詩選이 李圭瑢에 의해 편찬
되어 필사로 전해 오다가 뒤에 洋活字로 간행할 때 편찬자 또는
다른 사람에 의해 增補되지 않았는가 한다.

XⅢ. 結 言

어떤 것이든지 선택에는 選者의 취향과 선택 당시의 사회적인
여건의 영향을 받게 마련이다. 본고는 고려 후기에 편찬된 三韓詩
龜鑑에서부터 근세에 편찬된 시 選集 등에 이르기까지 고찰해 보
았다. 이러한 選集을 통시적으로 보면 三韓詩龜鑑은 현존하는 것
가운데 최초의 것으로, 東文選은 많은 작품을 수록한 것으로 의의
가 있다고 할 수 있을 것이다. 靑丘風雅와 國朝詩删과 箕雅는 다
같이 選者의 취향이 적지 않게 반영되었다고 볼 수 있겠는데, 선택
된 작품의 작가들은 士大夫階層 즉, 벼슬을 했거나 문벌이 좋은 士
族 중심이었고, 편찬자도 역임한 관직이 높았다.
그런데, 조선조 중기를 지나면서 士大夫 및 士族階層의 選集은
한동안 볼 수 없고 海東遺珠와 風謠가 三選까지 나왔는데, 이것은
委巷人에 의해 委巷人들의 작품을 중심으로 選集된 것에 의의가
있다고 생각되며, 이러한 현상은 壬丙兩亂後 사회 각 분야의 변동
에 따라 身分制의 動搖와 상관이 없지 않았을 것이다. 그리고 20세

기 전후에 3편의 詩選集이 나왔는데, 그 중에 大東詩選은 역대의
士大夫 중심의 시와 아울러 委巷文人들의 작품도 많이 싣고자 했
으나, 분량에 한계가 있었기 때문에 많이 실지 못한 듯하다. 朝野
詩選은 백년이내의 委巷文人들과 각 지방문인들의 작품을 많이
실었다. 海東詩選은 작품은 적게 실으면서 많은 작가를 대상으로
했다. 근대의 지방문인들의 시도 많이 실었다. 이 시기에 편찬된 3
편의 選集이 이와 같이 여러 체제로 편찬된 것은 日帝 被侵期에
우리의 것을 더욱 많이 알리고 보호하기 위한 생각에서 한 것이 아
닌가 한다.

찾아보기

ㄱ

차 용 주(車溶柱)

啓明大學校 國文學科 敎授 및 西原大學校 國文學科 敎授 歷任

著 書
夢遊錄系構造의 分析的 硏究, 玉樓夢硏究, 古小說論攷, 韓國漢文小說史,
韓國漢文學史, 許筠硏究, 韓國漢文學作家硏究 1·2·3, 韓國 委巷文學作家 硏究

譯 註
彰善感義錄

鈔 譯
陽園遺集, 海鶴遺書, 明美堂集, 韶濩堂集, 深齋集

編 著
燕巖硏究, 韓國漢文選

韓國 漢文學의 理解 정가 : 20,000원

| 2005년 10월 15일 | 초판인쇄 |
| 2005년 10월 25일 | 초판발행 |

저   자 : 차 용 주
회   장 : 한 상 하
발 행 인 : 한 정 희
발 행 처 : 경인문화사
편   집 : 김 소 라
　　　　　서울특별시 마포구 마포동 324 - 3
　　　　　전화 : 718 - 4831~2, 팩스 : 703 - 9711
　　　　　E-mail : kyunginp@chollian.net
등록번호 : 제10 - 18호(1973. 11. 8)

ⓒ 2005, Cha Yong-Ju. Kyung-in Publishing Co, Printed in Korea
ISBN : 89-499-0334-2 94810

* 파본 및 훼손된 책은 교환해 드립니다.